儒家思想與生態文明

第五屆儒學國際學術研討會論文集

伍鴻宇 主編

臺灣學生書局 印行

感謝
馮燊均國學基金會
香港孔教學院
贊助第五屆儒學國際學術研討會

感謝
香港中華禮儀振興會
上海明德基金會
資助第五屆儒學國際學術研討會出版論文集

感謝
聯合國際學院（UIC）校內科研基金
對本項目的資助

北京師範大學－香港浸會大學聯合國際學院

國情國學教育系列叢書編輯委員會

儒家思想與生態文明

第五屆儒學國際學術研討會論文集

目 次

主題演講

回應現實挑戰　建構新人文主義儒學

郭少棠[*]

各位尊敬的嘉賓、各位老師、各位同學：

　　今天我們學校舉辦第五屆儒學國際學術研討會，對於我個人來說，有特別的意義。1968-1972 年間，我在香港中文大學新亞書院研習歷史、哲學。那時候我的老師們，在歷史、哲學、文學等方面，都曾經對中華民族文化的危機與未來做出過深刻的思考。一群知識分子在建校初期面對各種困難，在當時招生人數很少的一個學院，承擔起民族的文化使命。我離開香港中文大學新亞書院到美國念書的時候，我的恩師唐君毅先生曾經從香港寫信來加州大學伯克萊分校給我鼓勵（唐先生親筆題贈的影本已分發現場與會學者）。唐先生、牟先生他們對我影響深遠。在那個時候，我不單是受到儒學以及中國傳統文化的洗禮，更重要的是，我們已經看到，雖然在六〇年代，儒學以及中國傳統文化在大陸是受到非常大的衝擊。可是，我這批老師們一直說儒學是有未來的，中國傳統文化一定會有一天在大陸全面建立起來。所以也就是在那個時候，我去美國讀書的時候，已經下定決心，希望將來有機會回到大陸建一所新的大學，要把中國傳統文化放在一個完全可以與世界對話、交流的地位。不只是在政治、經濟層面，更是在文化層面，完全可以跟世界其他不同的哲學、文化系統交流、對話。

　　儒學的命運代表著中華民族近百年的命運。也可以說，儒學在中國走進世界這

---

[*]　郭少棠，北京師範大學－香港浸會大學聯合國際學院常務副校長，香港浸會大學社會科學院講座教授。

一百多年裏，不可以、也不可能放棄自己在兩三千年中華民族的文化基礎上，傳承、更新、復興這種任務。從鴉片戰爭一直到今天，中國人和整個世界結合的時候，中國人要考慮怎麼樣貢獻於世界的發展。在新亞書院讀書的時候，我跟唐先生、牟先生都說，中國人懂的東西西方人可能懂，可西方人知道的、認識的東西，中國人很多都不懂。要跟整個世界對話，沒有一個世界性的眼光以及視域是沒辦法把中國文化重建起來的。關起門自己說自己漂亮，自己有能力，是不行的。所以，唐先生在我讀大學三年級的時候跟我說：「到美國讀書，千萬不要只學中國的東西。」唐先生是黑格爾的專家，牟先生是康德的專家。我在新亞書院新儒學發展的傳統中間，反思我自己希望走的路，不只是在哲學的層面，還是在整個人類歷史的層面來思考。所以我去美國讀書的時候，主要是學歐洲的歷史、歐洲的思想、歐洲的哲學。把中國哲學跟歐洲哲學、歐洲思想結合起來去尋找新的體驗。在美國伯克萊大學，杜維明教授也是我的老師，我們在過去二、三十年間，不斷思考中華文化傳統怎麼樣跟整個世界文化對話，這個是當今中國，以及未來的中國知識分子對中國傳統文化更生、改變、發展、復興的一定要面對的一個問題。儒學，如何尋找新的命運？它不可以只是停留在一個概念上、理念上的一種遊戲。我們在對經典重新整理的過程中，一定要給經典新的意義，把新的意義放在社會現實這個層面，在儒學、道學、佛學三個大的學術傳統中間融合，去為中國現實以及未來尋找新的方向，對世界人類的問題提供一種有意義的反思。

從十九世紀中期一直到現在，整個世界思想的領域裏，思考的方式、理論多得可以說數不清。大概五年前，美國舉辦了一個非常重要的叫「多元現代化」的研討會，參加研討會的都是歐美以及亞洲包括中國很有代表性的學者。大家探討的所謂「現代性」，一百多年來在不同的國家民族、不同的領域有不同的理解。對這個「現代性」的理解、討論為什麼重要？因為一個價值觀念、體系，它不可能像一個博物館中的一件藏品一樣，只可以拿出來看，跟現實生活沒有聯繫。每個民族、每個社會有它特定的一種「現代性」。現代性有共同的地方，也可以有它特別的地方。這種理念可以說是後現代主義的一種理念，也可以說是詮釋主義在過去六十多年發展、發揮出最大的影響力。

在這種環境中間我們會考慮儒學，假如要真正復興，如何為當前的中國以及世

界提供有意義的意見參考，為中國以及世界尋找有效的一種轉變的、改革的、發展的機會。馮友蘭先生很早的時候就提出一個概念，叫超越的繼承。超越是超越時間空間，繼承是把這些觀念的價值應用在當前這種環境。不同的歷史的時間空間，價值觀念思想是有特別的意義的，他不可以脫離這個時代。在這種環境中間，我們看到中國儒家思想在亞洲一直到今天的發展。1970 年當時我是學生的時候，聽唐先生一個非常重要的演講，其中講到「花果飄零」，錄音帶還在我家裏，他講傳統文化在五、六〇年代，以及七〇年代是花果飄零。今天，孔子學院建立了，儒學和其他的中國傳統文化都得到尊重。可是在這個歸屬的過程中間，國學是在大學研究機構中間交流的一種思想的遊戲，還是有現代的意義？

　　五年前，我離開我工作了 27 年的香港中文大學，受香港浸會大學的委任，在這裏建立香港和內地第一家合作辦學的大學，把香港的課程管理學位以及國際的一種經驗帶到這裏。那個時候我想，新亞書院在 1949 年的時候建立，在香港非常困難，全部老師，包括唐老師他們那個時候是用自己的生命，寫文章的稿費，以及演講的稿費來應付建立這個新亞書院。聯合國際學院五年前在這裏建立的時候，我們根本就沒有錢，我們要裝修，都要靠別人借錢給我們。

　　中國文化走的路是不可以脫離現實的。儒學的建立在整個東南亞以及整個亞洲，它有充分的機會在現實生活之間去找到新的資源——好像我們今天這個研討會的主題一樣。這個時代，在西方的科技、工業種種的發展，已經出現很多問題。從西方在六〇年代最流行的學術的方向叫比較現代化的理論中間看，先進的國家走的路，它受到的經驗的歷史的教訓，在效仿的國家，發展中的國家是可以也可能避開的。儒學與後現代的對話在八〇年代，在香港與美國越來越流行。儒學與後現代有不協和的地方，可是也有可以交流互動的地方。後現代主義以及後現代對整個西方工業文明，機械主義的一種生態自然、社會經濟的描述提出很深刻的批判。今天我們討論生態的危機，西方幾十年間不斷討論，他們自己有自己的文化傳統來思考這個問題，生態文明，今天我們的討論，可以視為中華文化，對世界發展的一種回應。不過我覺得更為重要的是，儒學的復興需要一個全面的思考，要把儒學落實到現實生活中間，發揮它的影響力。大概兩個月前，在珠海舉辦了一個老子道學活動，我就受他們委託參加了這個活動。老子道學對中華文化的影響也是非常深厚

的。儒學、道學、佛學很多地方是有交流有影響的。現實生活中間，傳統文化要走的路，一定要有生活意義。更重要的是，一個全方位的對儒學未來的思考，需要現實的生活來平衡。在我原來對自己設定的計畫中間，我過去十幾二十年都沒有寫儒學，我從我老師的新儒學中學到的東西一直不願意寫下來，其實是我希望，等待我自己對中國尤其中國大陸有了真正的瞭解後，經過實踐，經過生活的體驗，才做出這個反思。所以我跟伍鴻宇博士說，這個研討會來得早了幾年。我是準備過兩三年退休以後，我可以真真正正到不同的大學去，在不同的地方，跟學者交流。在目前當代中國，尤其中國大陸，甚至於我們說臺灣跟香港，很多很多的發展，儒學不一定可以找到既定的方法。儒學應該謙虛，應該知道，一個農業社會，兩千年前建立的一種思想的體系，經過中國兩千年專制的這種政治的統治之下，儒學不斷尋找新的生命。在鴉片戰爭以後，儒學如何為中國建立一種新的國家、新的文化，如何跟馬克思主義、中國共產主義、中國共產黨對話。很多這些問題是避不開的，中國經濟改革開放，產生很多的問題。儒學如何跟中國整個政府以及公務員體制解決這些問題？在教育方面，一個非常關鍵的地方在於，儒學如何把一種新的教學理念推展，以一個以人為本、全人的教育方式去為中國教育改革提供一個新的路？國家重視倫理，可是在獨生子女的家庭中間，儒學的倫理如何去理解，如何去解釋？人口的問題、社會高速發展經濟所帶來的問題，像龔教授的論文講到的，面對城市生態的這種轉折，儒學如何提供解決的方案？

今天的研討會是儒學為主的一個重要的標誌。可是儒者一定要知道，面對人類的發展，儒學整個層面的創新改造可能需要很大很大的力氣，需要很長的時間，在政治、社會、經濟、文化以及生活等不同的領域，透過經驗、透過實踐，與現實結合。我們現在需要的是一種新的人文主義的儒學、一種開放的儒學、包容的儒學、可以把心靈跟自然結合的一種儒學。把儒學以及中國傳統文化帶到世界，可以真真正正為民族建立一個可以跟世界共建、共生、互動的一種思想的體制。儒學的未來不可以停留在大學的研究機構，而是一定要走出去，一點一滴地把儒學的價值跟現實生活相結合。所以今天，我非常感謝大家給聯合國際學院這個機會。聯合國際學院是中國目前大陸真正全面開放給世界的一個大學。我們可能也是唯一一個主要用香港以及國際的管理體制來建立的大學。這個大學既有歐洲一些傳統的環境，比如

在歐美博雅學院舉行的高桌晚宴的一個傳統；也有非常開放創新的學生活動，比如全人教育讓學生有機會用一個經驗方式去開放他們的心靈，學生享受的自由，是讓他們去看到真正以人為本、以學生為本的一種教育，這個也是儒學的一種精神。我們願意看到我們的教師有一半是外國人，這一半的，差不多接近兩百人的外國教師，可以看到一個中國人建立的學校，既有世界文化的多元，也有中國傳統文化的優美，有互相尊重文化的國情國學的結合。我們把國學跟當代的國情結合起來教育學生。今天我們儒學的活動，也是國情國學的一個重要的部分，所以我們希望各位專家來到這裏，給我們學校未來的發展帶來一次契機，我們會努力尋求如何共同建立復興儒學的一個小的基地，把儒學帶向一個真正的新的人文主義，一種開放、包容、有生機、有動感、有生命的儒學。

在這裏再次感謝大家的支持。謝謝！

主題演講

本體與生態：
導向環境倫理天人關係八原則

成中英[*]

各位學生，各位同事：

今天我是第一次到聯合國際學院來開會。事實上，我知道這個學校是在兩年前，當時我在香港開會，香港浸會大學的吳清輝校長跟我講到他們在珠海辦了這麼一個學校，希望我來參觀，但一直沒有機會。這次我找到了這個機會，這個機會是我個人的一個選擇。這個學校創造了一種全新的教育模式，我希望這個模式能夠不斷地推廣。剛才郭少棠校長說的中西融合發展的方式，對中國、對大陸有它的作用，對世界、對人類的發展也有好處。所以這是非常非常重要的一個起步。

今天我要講的是我對儒學的一些認識。我把它整理出來以後，和大家來分享。

易學的觀感基礎

孔子的仁的體驗是建築在對人的生命的關懷上面，而對人的生命的關懷則建築在對自然天地的生命的認識上面。孔子欲無言，他說：「天何言哉，四時行焉。百物生焉，天何言哉」（論語 17-17）。在孔子的啟發下才有易傳中對生命更深刻的探索，因而有「天地之大德曰生」（繫下一）的肯定，甚至進而認定「生生之謂易」

---

[*]　成中英，美國夏威夷大學哲學系教授。

（繫上五）。易傳又提出「大哉乾元，萬物資始乃統天」、「至哉坤元，萬物資生，乃順從天」（乾坤象辭），乾坤兩卦所代表的陽陰之道的宇宙創造力為生命的創生與持續的基礎。如何得到此一結論與看法是要說明的。我的說明就是觀天察地，不能不見到一個生機活潑的生命宇宙，品物流行，萬象並陳，不只是動植物各具生態，就是雲石水火，草木清華，都是生機盎然，生機蓬勃。原來生命動靜都可以體現生之力。所謂生就是從無到有從靜到動，而新象新意不斷呈現的活力。但誠如荀子所說，物之生顯示氣，然後是生，生而後有覺，覺而後有義。人就是有氣有生有覺有義的存在物，從氣到生到覺到義，也顯示出生命發展的過程，代表了生命向上演化與追求的一個方向，可說具有內在的目的性。每升上一個層次就有一個層次的優勢與價值，但也有每一層次的要求與責任。如果一個存在不能發揮他那個層次的優勢與價值，如果他也不能善盡他那層次的要求與責任，他就會下降到下一個層次的危險。所謂存在的層次是與存在的生態息息相關的，他的下落就是他那個層次的下落，引發整個村次的生存危機。另外一點明顯的是：上面的存在層次是靠下面的所有的層次支援的。如果下面的層次無論哪一個出了問題，上面的層次已就難以為繼了。

環境生態的危機因之有兩種：一種是自我層次下落，指的是我們自身不能向上發展以盡自我發展之責；一種是相關層次的崩潰，指的是支持或支撐我們的存在層次發生了問題，無法支援或支撐上面的層次，我們的存在也就面對崩潰的危險。在這裏我們也就可以引進**本體**的概念：**本體**是根植在生命起源處的生命之體。人的**本體**涵蓋了人的生命身心與精神。所謂生命就是**本體**，因其原本於天地之生而自然形成形體與心靈的活動二為一個有機的整體。因之他有**本來的**根源，為其生命的元氣，又有**本體**在一定條件下發展出來的身心存有，並有基於心身的思維情緒與意志精神活動，且能自覺其存在以及其存在的條件，故成為人的**本體**。天地的本體有其宇宙的根源以及包含天地萬物的體，如果未能生生不已，宇宙生命之體也將消解流失矣。**本體**需要生力來持續發展，以成就其**本體**的最大性能與其提升，也就更表現為生態的形象了。成其**本體**就有其生態，失其**本體**就失其生命與生態，反之亦然。**本體**與生態的關係於此可見。生態是**本體**顯現自己的方式，**本體**是生態所依託的存在結構與潛力。兩者實為一體之兩面有如動靜、內外、虛實、剛柔之間的互動關

係。

必須要表明的是：**本體**的概念有異於**本質**（essence）的概念，也不等同具有本質的**實體**（substance）的概念。**本體**的概念是由一個開放的動態的創化的宇宙體系所規範的，見之於周易的易道生成論或太極創化論。而本質與具有本質的實體的概念則見之於古希臘亞里斯多德形上學與近代理性主義形上學。本體的概念可以包含實體的概念而為一自組織、能演化而不具本質不變性的實體概念。我曾用五個易的世界或五個易的屬性來加以說明。❶

我們可以把宇宙的發展看成生命發展的過程，有過程也有層次，是由低層次向高層次發展的過程：此中層次為：無機物質，有機物質，簡單生命，植物進化，動物進化，物種進化，高等動物進化，人類進化，人類文明進化。人類的文明應有向上發展的潛力與動力，而非向下沉陷。但往往是欲速則不達，見小利則大事不成。科技發展也是一樣。我們人類需要什麼樣的環境才能向前發展，我們所作所為有可能提升我們也有可能陷落我們。正如善惡問題一樣，我們可以為善也可以為惡。所謂善是人自身與人際間的完整性與統合性的內在價值，只有在此基礎上我們才可以實現生命進一步實質的躍升。我在此一理解的基礎上提出以下一個文明進化的一基本規律：

體現與維護生命的道德→擴大生命能力的知識與技能→維護新的生命體制的道德→新知識與新技能的再擴充→……

對此規律的論證我在此處省略。我基於考察與思考要表明的是生命的道德是同時順應整體、體現個體的活力，因而同時引生了知識技能與維護共存的道德。但其中的危險是我們會不自覺的後退，下落，是因為我們的道德有自覺的一面也有不自覺的一面。自覺的不違反道德不等於不自覺的也不違反道德或相對於某一知識前提的應發展出來的道德。舉例來說，過去人以為胖為美為好，但相對現有的知識，仍然刻意追求胖的美，是對自家生命的不道德的行為。污染的情形也也一樣，我們有

---

❶　見我所著《易學本體論》一書中的第一章，北京：北京大學出版社，2006。

許多不自覺污染環經或傳染疾病的習慣或行為，也正因為積習我們知道了仍然不加防範與改進也就是不道德了。

何謂環境污染？

在此有一個重要的對污染的理解：何謂污染？即引發或製造有害生命與其存在發展的物質或環境，是把生命向下拉陷落行為。此一行為能使個別生命受損，也能使整個層次下落或其他相關層次崩潰。我們的鉛污染將造成疾病，妨害生命。我們應用核子燃料不當，將造成輻射污染。在強烈的輻射線下，生命將不可能存在。如今我們面臨二氧化碳排放造成的全球暖化的生態危機，有可能摧毀人的生命存在的基礎。加上其他種類的污染，有可能把宇宙的存在落下到無機物質的層次，不知要多少年代才有機會能使生命開始活動起來。❷此是常識，但一般卻不知道要保護環境來保護生命，不但是人的生命，而且是一般的生命以及促進生命發展的生命，其中包含動植物的生態連鎖。

當代環境倫理學的基礎問題

After the name "ecology" and "eco system" were invented, there is the problem of finding a foundation for the understanding the living modes of all living things in their respective abodes (eco). There is in Gregory J. Cooper a search for evolutionary biology as basis for life of all forms. And the law of life is the law of struggle for survival and the law of the survival of the fittest.❸ What is purpose of human being as a biological species? It should enjoy a status of the following:

---

❷　如果把所有生命均消除了，只剩下無機物世界，即是污染之至。宇宙是否走向消寂以及 entropy 化是否為污染應加討論。也許可區分內在的與外在的導向下落與生命受損，內在的為自然，非污染；外在的為外力所為，故為污染。

❸　見其所著書 *The Science of Struggle for Existence: Foundations of Ecology*, Cambridge: Cambridge University Press, 2003.

1) It originates from nature in its life-exploding impulse and its continuous sustainable creativity;

2) It has surpassed all species in its ability of transcending all niches and in a drive to realize the essence or spirit of life in general;

3) It can be understood as cosmos coming to consciousness of its own and represents the cosmic will to life and perfection;

4) Human being can help and support nature in healing the violence of nature and achieves a better form of values as values are inherent and creative in human consciousness, better in the sense of improving qualities of enjoyment / sustenance and integrity of life and therefore bringing out an end-in-view of life;

5) Given this cosmic significance of values, moral action and aesthetic feelings are ways for realizing these values and thus for generating a natural order and a natural harmony to this creative universe.

6) Men are destined to create values consistent with the creative impulse or will of the world or cosmos as we understand it.

7) But we may become dangerous because we can pollute this universe if we lost our conscience or cosmic conscience. That is why we should have developed personal conscience to expand to include community and society and eventually to cosmic conscience. That makes the initial moral reflection in classical Confucianism and a deep moral interiorization in Neo-Confucianism important and significant;

8) We should cultivate values for norms and we should therefore develop environmental / ecological ethics and environmental / ecological aesthetics as an integral program of self-cultivation and fundamental humanistic self-education.

9) What does Humanism means if not to effect the goodness of humanity for the goodness of the world and universe, for improving intrinsic harmony and extrinsic order of both man and the world?

道家道與氣的內外丹生態學

在我早期的一篇論文中我總結了「道氣環境倫理學」的要點❹。但從道家發展到道教則似乎更重視人的存在發展的記憶體生理，謂之內丹性命之學，如何理解此一性命學的生態與環境倫理的意義？內丹家提出精、氣、神、虛、道的五個人的生態的轉化過程，其目的在追求最高的無形的生命的存在方式。也可以看成宇宙達到個體化以內在化的發展與成就方式。其起點應該是個體化的物或質的人。物者，具體存在也；質者，性能存在也。人者，自覺轉化力的自然動力而有自由創造的意義者。由此逐漸提升為精，精者，性能之極微生化之力也。進而為氣，氣者，動而能造物者，然後集氣練為神，神者不可測也之力。然後化為虛，虛者神之不執著者，然後可以為道，道者持續不斷的生生之化也，可以為一切而超越不居者。重點在取得超意識的生命力，而非安於無意識的盲動者。所謂無意識的盲動則是此宇宙發生的過程，可以把內丹家的練功轉化過程逆溯為：道、虛、神、氣、精、物質（質→物）的發展進程。此可視為宇宙的外丹發展。有人後的向道發展並非真正的還原，而是道的再道化，可視為宇宙的內丹發展。因之宇宙的發展與生成與成就的整個方式為：

道→虛⇒神⇒氣⇒精→物質（質⇒物）→人⇒精⇒氣→神⇒虛⇒道

此一過程中人為轉捩點，之前為無意識的道，之後為有意識或超意識的道。此一過程包含了一個大循環，也包含了無數的小迴圈，只有促進大循環的方有大的生態價值。

儒學生命本體論與宇宙生態學

基於以上的分析，我們當如何理解生命？生命是一種動力，包含一切潛力，有

---

❹　見 Cheng, Chung-ying, "On the Environmental Ethics of the *Tao* and the *Ch'i*." *Environmental Ethics* 8, 1986. 351-370.

一個發展的方向，但其發展確守整體生命力發展的節制。我們可以提出宇宙生化論的進化論主張：宇宙是有一個生命發展的動力與起源的。發展之道是陰陽分化與融合：先分化後融合，不斷分化不斷融合分化形成物種的 niche 或利基化，而不能前進了卻成為其他物種發展的條件。人的發展示高度分化與高度整合的結果，而又避免了利基化。

此乃向上發展的趨勢：何謂上？荀子所謂生而有智，知而有義。我們可以再加更高層次：義而有神（所謂「精義入神」），而每一層次都包含了先前的層次。此一分化而融合而分化的發展即是創造力實現的模型，我們假設此一創造力的無限性：起源的無限與發展的無限。

在人的層次，人們可以思想與想像或甚至信仰一個完美的創造者作為動力或作為終極目標，具有天人合一或天人合德的含義。就儒家來說，此一含義是精神性的。甚至用合乎道德的天的信仰來鞭策我之為人的發展，包含擇善固執，鍥而不舍的要求。但從道家或道教來說，道與人的合一卻有可能轉化為人的另一形態的真實，所謂道成肉身或肉身成道。

導向天人環境倫理八原則

我提出一個重要的命題：人的污染行為反映了人的素質的下落或不能持續上升。此一上升在儒家思想的發展中最有體會。我們看到從象傳中的「品物流行，保合太和」到王船山「日新與富有」，中經張載程朱陸王等大家的充實與精化，到了近代卻喪失了。回復儒學就是要先回復宇宙生態學與相應的心靈生態本體涵蓋宇宙及其於人的關聯：有自發性與自約性。我們列舉八項儒學的生命提升的灼見如下：

周敦頤：太極圖說：人因宇宙而生

張載：西銘：宇宙因人而更有生氣與價值目的

程顥：仁者與萬物為一體

程頤：理氣分明：以理克制私欲

朱熹：道體自然德行化，與自然的道德性，私欲破壞自我與自然

王陽明：良知本體即是宇宙本體

劉蕺山：理解人之本善之意志何以失落

王船山：生生不已之易要把握以重建文明

相應以上的探討，我提出儒家天人生態倫理學八原則：

陰陽自然創生原則

人存涵攝天地原則

仁者和樂一體原則

涵養致知克治原則

天人德性互通原則

良知貫通知行原則

返本善意篤行原則

生生更新文明原則

中國在世界上扮演重要角色，要使中國和其他國家在世界上站起來，能夠對於人的自我存在有正確的認識，還需深入瞭解儒學，加以運用。

謝謝大家！

大會總結

龔鵬程[*]

各位朋友，經過這兩天熱烈的討論，本次大會就要圓滿閉幕了。

我想各位朋友都參加過許多學術研討會，在每年，可以說從 9 月紀念孔子誕辰開始，一直到年底這段時間，相關的儒學研討會此起彼落，到處都在辦。其實我們這個會跟其他的很多會都是不同的，所以在昨天開幕式的時候，成中英先生就說，他推掉了別的一些會，特別來參加這個活動。這個會，馬來西亞孔學研究會的林金華先生他們從 2004 年開始，就在吉隆坡召開第一屆大會，然後陸陸續續在印尼，在馬來西亞，在香港和其他地方都辦過，這次我們選擇在珠海辦。那麼這個會它有什麼特點呢？

第一個特點就是我們這個研討會可以算得上一種通過民間力量跟高校的結合而形成的這樣的研討會，它跟其他很多由高校或者政府的基金會，像孔子學會、孔子基金會等等有政府的支持或高校的團體，高級的研究院研究機構他們來推動的這些學會、研討會不是完全一樣的。這樣的研討會，它的意義性質當然是非常特殊的，而且與會的人員結構也不太一樣。在這次會議中，我們看到除了高校的很多朋友來參與這個研討會之外，還有很多民間推動儒學，推動儒家教化的人士，他們在各個領域裏面用他們的方法，可能辦書院，可能有自己講學的團體，或者辦一些文化產業，把儒學發展到社會的各個領域去。對於這麼多在社會上共同推動儒學的一些朋友到這邊來開會，來整合我們的力量，特別是像我們這些在學校裏工作的人，是非常感動的。我們也會覺得，這樣的大會更顯示了儒學重新在我們社會復蘇，成為一

* 　龔鵬程，北京大學中文系教授、北京師範大學－香港浸會大學聯合國際學院特聘教授。

個重要力量。

儒學沒有民間性也就沒有其未來性，我覺得這是我們大會最特別的一個地方。這是我第一點想談的。「風雨如晦，雞鳴不已」，我們這些知識分子，在這個時代裏應該更好的發揮我們的角色，而這個大會正是能夠共同展現我們的意願和我們的能力的一個場所。

那麼其次呢，這次會議的主體是論文的研討，有很大的成果，100多個學者專家朋友一起來開會，非常的不容易，有一百多篇論文，這在很多大會都是不容易的；地區含包了大陸、臺灣、香港、澳門、新加坡、馬來西亞、印尼、美國等等這些地方。我們這些論文的內容是非常豐富的，我本來準備了一個很厚的稿子本來想一一闡述各位論文裏面蘊含著的一些精義，限於時間，我在這裏主要說幾點。現在對於整個生態文明的反省不是由我們中國首先提出來的，對於整個生態的反省，是西方工業化發展到某個地步以後，他們的自我反省。他們開始覺得我們就只有一個地球，從過去的羅馬俱樂部開始，他們開始意識到這樣的工業文明繼續發展下去我們的地球會死掉的，我們的人類到底還有未來嗎？那麼從這裏開始反省，才開始提出了很多生態學上的一些想法。對於西方的現代文明——在工業革命以後的這個現代文明，提出了一些反省。這個反省跟我們中國前面一段時間的發展很像。我們急於要發展，即使污染了，大家也會覺得這是一個必經的過程，反正先污染以後再說，覺得生態問題不關我們的事。衣食足而後知榮辱，倉廩實然後禮儀，慢慢我們也覺得現在生態問題這麼嚴重，是迫切跟我們的生存問題相關的。我們也呼應西方所提出來的生態的反省，但是我們覺得我們有原來的一些思想的寶藏是可以提供給西方的，協助西方，與西方提出生態文明的人一起共同努力。那麼我們在討論這個問題的時候，我們跟一般人在談生態文明的討論的時候是有很大不同，從我們這個大會能看的出來。一般在談這個問題的時候，他們特別是從政治、經濟、環境，從物質層面來談這些問題。像哥本哈根的討論會，討論怎麼樣減碳等等，談這些問題。在我們在這次大會中，從大家所發表的論文裏面，除了我們談一般的物質性的生態，自然生態外之外，我們還談到造成這種現在生態環境破壞污染的現象的背後人的問題。人們的精神狀態出現問題，扭曲了，人才會把這個世界造成這個樣子，我們更進一步從精神生態然後再討論到我們的社會生態，還包括了政治的、經濟

的、社會結構的生態。我們的討論其實做得很全面，包括開幕式上成中英教授的主題演講提出幾大層次的生態思想，把我們這個生態反省打開了幾個比較大的格局和框架。

這樣一個討論的方式我覺得非常好，它在儒學的發展史上也有兩個很大的意義。

第一個意義是，從過去70年代到80年代，開幕式上郭少棠先生作主題演講時提到了當代新儒家，牟宗三、唐君毅那些老一輩的老先生，他們在談中國儒學的時候主張建體立極。就是說這個人心敗壞人淪喪滅花果飄零的時代裏面，我們應該把人的良知從新喚起，重新把人心拯救起來，所以強調的是歸根復命，窮理盡性這一部分，所以心命論、倫理學這些部分在當代新儒家佔據重要地位，但是它有時也會被人家批評內聖太多，外王不足。就是外王事業的開展，在過去當代新儒家他們的那個時代裏面，做得是不夠的，我們還可以進一步再來展開。而我們今天這樣一個研討會，所涉及到的當代的這種生態問題，我們的物質生活以及社會生態結構的重建，以及這種倫理方式的重整，這些問題恰好是延續著過去重內聖的闡述。它可以給我們當代社會所遭遇到的一些問題重新結合起來，而讓儒學協助這個社會，讓我們生活的更好，我覺得這從儒學的發展史上來講，這是我們當代儒學學者的使命。

那麼另外就是我們現在這個討論，我們現在雖然講的是面對當代社會，但是其實也回應了古代的儒者。就是說其實我們沒有脫離儒學的大傳統，因為儒家的大傳統其實就是要經世濟用，它是要己立而立人，己達而達人。那麼我們看過去的宋明理學家他們從家庭中講家訓，講族譜，像朱熹、司馬光都編過族譜。我們這些朋友的論文中，談到家訓在家庭生活中的重要性、孝的重要性、孝的意義等等。這其實就是呼應了原來的儒者他們談家禮、家訓、族譜這樣的一些含義。從家庭、宗族再發展到書院，再來是鄉約，過去的儒者以此教化民眾，這些探討都不是為了治國，而主要是平天下。它是希望我們整個社會變成人文有文化的文質彬彬的社會。那我們現在所談的這個工作，其實就是跟古代的哲學儒者他們的做法都是互相呼應的。我們很多朋友有談到，比如說皮介行先生談到農村，我們在農村裏怎麼來做，還有一些朋友談到比如說在城市、廣東，在我們的客家文化圈，我們要怎麼做，所有這些，既面對當前的問題，又回應了傳統儒學的根本精神，延續來發展，我覺得這是

我們這次大會可貴的精神。

　　大會聚集這麼多朋友在一起當然非常不容易，但是大會很快就要結束了。我也希望我們大家能分散在世界各地，繼續秉持著我們的這次大會中大會的一些期許，在儒家發展的道路上繼續奮鬥，謝謝。

王陽明的物我一體觀

陳　奇

【作者簡介】陳奇（1949-），男，貴州赫章人，貴州師範大學歷史與政治學院教授，主要從事中國近代史、中國思想文化史研究。

【摘　　要】王陽明提出「天地萬物與人原為一體」命題，以為天地萬物、鳥獸蟲魚、沙石草木皆源自於心、統一於心，人與萬物「一體」具有內在的根柢與依據；心的本質在於良知，在於仁愛，以仁愛之心待人，以仁愛之心待物，視我同萬物，視萬物同我，人與萬物「一體」具有內在的道義根源與依據，人與自然的協調共處乃宇宙間的自有之義、本有之義、自覺之義。王陽明的「天地萬物與人原為一體」命題強調物我即人與自然協調共處的必要性，更強調這種協調共處的內在可能性，這對於面臨巨大生態危機的當代人類來說，無疑可以起到提升信念的作用。

【關 鍵 詞】王陽明　天地萬物為一體　源自於心　良知仁愛　生態危機

王陽明的物我一體觀

陳　奇

王陽明繼承中國古代「天人合一」理念，「一宗程氏仁者渾然與天地萬物同體之旨」，❶提出「天地萬物與人原為一體」❷的命題，以為天地萬物、鳥獸蟲魚、沙石草木皆源自於心、統一於心，人與萬物「一體」具有內在的根柢與依據；心的本質在於良知，在於仁愛，以仁愛之心待人，以仁愛之心待物，視我同萬物，視萬物同我，人與萬物「一體」具有內在的道義根源與依據，人與自然的協調共處乃宇宙間的自有之義、本有之義、自覺之義。王陽明的「天地萬物與人原為一體」命題強調物我即人與自然的協調共處的必要性，更強調這種協調共處的內在可能性，這對於面臨巨大生態危機的當代人類來說，無疑可以起到提升信念的作用。

一、從「天命觀」、「天人合一」到「天地萬物與人原為一體」

中國上古先民，在長期的生產生活實踐中，就已經意識到天地萬物對人類的巨大威力，意識到人類對天地萬物的巨大依賴性。太陽給人類帶來了光明，但也會帶來乾旱；河流帶來滋潤，也會帶來洪澇；烈焰帶來溫暖，也會帶來火災；電閃雷鳴，天崩地裂，更讓人感到奇異、恐懼。自然界在賜給人類以幸福的同時，也會給人類帶來巨大的災難。在無法對自然力做出科學解釋的情況下，他們就用自身類比

---

❶　《王陽明先生全集》卷三七，湛若水〈陽明先生墓誌銘〉，中華圖書館民國二年影印本。
❷　《王陽明先生全集》卷三，《傳習錄》下，中華圖書館民國二年影印本。

的方法,將日、月、山、水、風、火等具有巨大力量的自然物想像為各種各樣的自然神,進而在眾多自然神之中抽象出一個統一至上神——天神,將自然物人格化,變成超自然的神靈;將自然力人格化,變成超自然的神力——「天命」。他們用神靈崇拜、神靈祭祀即畏懼、順從、祈求的方式求得人與自然的和諧共處。這個時期的人與自然的對立博弈中,自然物處於至上的、絕對的支配地位,人類處於極端被動而無奈的狀態。萬物有靈論及多神崇拜、天命觀及天神崇拜,就是人類這種極端被動而無奈心態的反映。

西周以降,人們應對自然力的信念有所萌生,產生了「天命有德」及「以德配天」論,以為天固然是至尊至上、主宰一切的,但天在做出有關人事的決定時,也要考慮人間的意願。只有有德亦即能保民的王,天才會把治理人間的權力交給他,否則就會授予別人。換句話說,人在自然力面前開始有些許話語權,可以多少影響天,不再是完全無所作為的奴隸。西漢董仲舒將「以德配天」發展為「天人感應」、「天人合一」,謂:「天人之際,合而為一」。❸其一,人與天不僅僅是對立、屈從,而且應當是一個整體,和諧共處,「合而為一」。其二,人與天相處的方式是感應,即心靈的溝通,而不是單方的、粗暴的強制。其三,天人感應的表象為符瑞災異,降下吉祥的自然物或自然現象以表示讚賞,降下怪異的甚至災難性的自然物或自然現象以表示譴告。傳達神旨,充當天、人之間信使的不再是跳神、請神、通神的巫師,而是符瑞災異。符瑞災異的詮釋雖然有牽強附會、虛妄迷信之處,但符瑞災異畢竟屬於自然物或自然現象,可觸可摸,可感可覺,較之詭秘的請神通神,是一大進步。這表明,人類應對自然力的信心有所增強,人與天是可以努力做到和諧相處的。

宋明理學的產生,使「天人合一」思想發生了重大轉變。王陽明和諸多理學家們,繼承古代思想家「天人感應」、「天人合一」理念,進而將神秘化了的天神請下了神壇,還原為物;將神秘化了的天意、天命請下了神壇,還原為一種意識。在王陽明那裏,天不再是一個人格化了的天神,而是自然物,萬物中之一物,相對於大地之一物,高懸於大地之上的茫茫星辰宇宙,萬物中最高之物。天意、天命不再

---

❸ 《深察名號第三十五》,《春秋繁露》中冊,北京:中華書局 1975 年版,第 359 頁。

是一種人格化了的自然力，而是宇宙間的一種意識。王陽明把這種意識稱之為「天理」——一個在宇宙萬物之先就存在的、化生宇宙萬物的精神本體。這裏的「天」，乃先天、本源之意，不再是天神、天命。他進而把這個「天理」稱之為「心」，將作為宇宙萬物本源的理說成是先天地存在於人的，是人生而具有的。儘管這依然是一種顛倒了的認識，但是，它畢竟將神秘化的天神還原成為了意識，一種在宇宙間真實存在的精神現象，一種人人都可以實實在在地感知的宇宙現象。天神揭去了它的神秘面紗，從天上降落到了人間，不再是高不可攀、遙不可及的神。人與天，或者說人與自然之間，不再需要由符瑞災異現象來充當仲介，更不需要由巫師來充當仲介。人類可以直接面對自然，通過自己的思維活動、意識活動、精神活動，思考人與天地萬物的關係，尋求人與自然協調共處的路徑。人們在天人關係的認識與協調方面又前進了一大步。

王陽明反覆強調，以「天地萬物為一體」，是大人之心、聖人之心、仁者之心、仁人之心：

> 大人者，以天地萬物為一體者也。❹

> 大人者，以天地萬物為一體也，夫然後能以天地萬物為一體。❺

> 夫聖人之心，以天地萬物為一體。❻

> 仁者以天地萬物為一體。❼

> 仁人之心，以天地萬物為一體，訢合和暢，原無間隔。❽

---

❹　《王陽明先生全集》卷二六，《大學問》，中華圖書館民國二年影印本。
❺　《王陽明先生全集》卷七，《親民堂記》，中華圖書館民國二年影印本。
❻　《王陽明先生全集》卷二，《傳習錄》中，中華圖書館民國二年影印本。
❼　《王陽明先生全集》卷八，〈書王嘉秀請益卷〉，中華圖書館民國二年影印本。

真能以天地萬物為一體，實康濟得天下，挽回三代之治，方是不負。❾

「天地萬物為一體」，天乃在上者，茫茫星辰太空，地乃在下者，遼闊寰宇九州，物乃禽獸草木，山川土石，一言以蔽之，為自然，為生態。體者，身體，天、地、萬物，猶如人體的軀幹、四肢各個部分，共同構成為一個如同身體的整體，一個密切合作、相互依賴、不可分割的整體。在王陽明那裏，構成為「一體」的，必須成為「一體」的，當然不僅僅是天、地、萬物，不僅僅是自然物，更重要的是人，是人與天地萬物的一體。在與湛若水論學中，王陽明明確揭示：「天地萬物與人原是一體，其發竅之最精處，是人心一點靈明。」風雨露雷，日月星辰，禽獸草木，山川土石，即天地萬物，「與人原只一體。」故五穀禽獸之類，皆可以養人；藥石之類，皆可以療疾。「只為同此一氣，故能相通耳。」❿湛若水〈陽明先生墓誌銘〉亦謂，王陽明「一宗程氏仁者渾然與天地萬物同體之旨」。⓫不僅天地萬物相互依賴、不可分割，更重要的是人類、人類社會與天地萬物相互依賴、不可分割，人與自然協調共處，物我和諧。

二、心：人與天地萬物之源

自然賜福人類，也肆虐人類；人類仰賴自然，也損毀自然。生存、欲求推動開發，開發的盲目、過度造成自然的失序、毀損。物我之間的矛盾對立，從人類誕生的那一天就出現，伴隨人類的蔓衍而趨緊張。既要開發，又要保護，既要對抗，又要妥協，維繫物我之間的平衡協調，與天地萬物為一體，的確如王陽明所云，是「大人」、「聖人」、「仁者」、「仁人」必須思考的頭等大事。

人與天、我與物、人與自然能和諧相處嗎？王陽明的答案是鮮明的、肯定的、斬釘截鐵的。在他看來，人與天地萬物本自一源，本為同源，和諧相處有其內在的

---

❽　《王陽明先生全集》卷五，〈與黃勉之〉，中華圖書館民國二年影印本。

❾　《王陽明先生全集》卷三四，《年譜》三，中華圖書館民國二年影印本。

❿　《王陽明先生全集》卷三，《傳習錄》下，中華圖書館民國二年影印本。

⓫　《王陽明先生全集》卷三七，湛若水〈陽明先生墓誌銘〉，中華圖書館民國二年影印本。

根柢與依據。「人者，天地萬物之心也；心者，天地萬物之主也。」⓬「天下之事雖千變萬化，而皆不出於此心之一理，然後知殊途而同歸、百慮而一致。」⓭人心、我心乃天地萬物的本源，推而廣之，心乃人與天地萬物的本源，乃宇宙的本源、總根源、唯一的起源：「夫在物為理，處物為義，在性為善，因所指而異其名，實皆吾之心也。心外無物，心外無事，心外無理，心外無義，心外無善」。⓮

王陽明進而認為，心的本體為良知：「良知者，心之本體」。「吾心之良知，即所謂天理也。」⓯推而言之，良知也就是人與天地萬物的本源，也就是宇宙的本源、總根源、唯一的起源，天地萬物都是由良知化生出來的：「良知之虛，便是天之太虛，良知之無，便是太虛之無形。日月風雷，山川名物，凡有貌像形色，皆在太虛無形中發用流行，未嘗作得天的障礙……天地萬物俱在我良知的發用流行中，何嘗又有一物超於良知之外」。縱然是神妙莫測的鬼神上帝，也是由良知化生的：「良知是造化的精靈，這些精靈，生天生地，成鬼成帝，皆從此出，真是與物無對。」⓰良知是「天下之大本……致是良知而行，則天地以位，萬物以育」。⓱

心也好，良知也好，實質上是人的意識。既然天地萬物都是由良知化生的，都是由良知而出的，那麼，人與天地萬物自然應當是同一的、同源的，彼此相依，不可或缺。天地萬物仰賴人而存在：「人的良知，就是草木瓦石的良知。若草木瓦石無人的良知，不可以為草木瓦石矣。豈惟草木瓦石為然，天地無人的良知，亦不可為天地矣。」「我的靈明，便是天地鬼神的主宰。天沒有我的靈明，誰去仰他高？地沒有我的靈明，誰去俯他深？鬼神沒有我的靈明，誰去辨他吉凶災祥？天地鬼神萬物離卻我的靈明，便沒有天地鬼神萬物了」。反之，人亦仰賴天地萬物而存在：「目無體，以萬物之色為體；耳無體，以萬物之聲為體；身無體，以萬物之臭為體；口無體，以萬物之味為體；心無體，以天地萬物感應之是非為體。」「我的靈

⓬　《王陽明先生全集》卷六，〈答季德明書〉，中華圖書館民國二年影印本。
⓭　《王陽明先生全集》第卷七，《博約說》，中華圖書館民國二年影印本。
⓮　《王陽明先生全集》卷四，〈與王純甫二〉，中華圖書館民國二年影印本。
⓯　以上引文均見《王陽明先生全集》卷二，《傳習錄》中，中華圖書館民國二年影印本。
⓰　以上引文均見《王陽明先生全集》卷三，《傳習錄》下，中華圖書館民國二年影印本。
⓱　《王陽明先生全集》卷八，〈書朱守乾卷〉，中華圖書館民國二年影印本。

明離卻天地鬼神萬物，亦沒有我的靈明。」**⑱**

　　心為人及天地萬物的本體、根源，這種說法固然不科學，但它卻道出了世界的統一性這一真諦。世界是統一的，這種統一性於它的物質性。天地萬物都是由物質構成的，人也是由物質構成的，也是天地萬物中之一物。從世界的統一性這個意義上講，王陽明的心學是科學的。近現代生命科學、化學、物理學的成果都為此提供了佐證。地球誕生於約 46 億年前，原本沒有生命，只有無機物。經過了漫長的演化，36 億多年前，才誕生了最簡單的生命——蛋白質，其後，才漸次演化出有機物、生物、動物。大約300 多萬年前，動物中的類人猿才進化為最早的人類——猿人，人類自身就是自然的產物。人體由水、蛋白質、脂類、糖類等自然物質組成，其中水占 55～65%，蛋白質、脂類、糖類、無機鹽占 30% 以上。這 5 類基本物質加上維生素，構成為生命活動的物質基礎。這些物質的化學成份主要為氧、碳、氫、氮、鈣、鈉、鎂、鐵、磷、鉀、硫、鈾、氯、碘等，此外還有微量的氟、矽、錳、鋅、銅、鋁、砷。其中，氧占 65%，碳占 18%，氫占 10%、氮占 3%、鈣占 1.5%、磷占 1%。從物理學的角度而言，則一切物質都由原子構成，天地萬物如此，人也如此，無一例外。人與天地萬物同出一源，同出於自然，毀滅了自然，毀滅了物，也就是毀滅了自己，毀滅了自身。

　　人與物既相互對抗，又相互依存。這種依存不是可有可無，其程度之深，以至於「天地鬼神萬物離卻我的靈明，便沒有天地鬼神萬物了」；「我的靈明離卻天地鬼神萬物，亦沒有我的靈明。」**⑲**對抗只會兩敗俱傷，乃至兩敗俱亡。破解的辦法，就只有化解對抗，尋求溝通、合作，萬物一體，「天人合一」。正是基於人與天地萬物同出一源的認識，人類才意識到，人與天、我與物、人與自然必須和諧相處。通過心或良知，人與天地萬物得以同一、溝通，相互感應，融為一體，人類社會與自然界的矛盾、對立，都經由心或良知而得以和解。物我和諧有其內在的根柢與依據。

---

⑱　以上引文均見《王陽明先生全集》卷三，《傳習錄》下，中華圖書館民國二年影印本。

⑲　以上引文均見《王陽明先生全集》卷三，《傳習錄》下，中華圖書館民國二年影印本。

三、以仁愛之心待人待物，視我同萬物，視萬物同我

人與天地萬物同出於心，同出於良知，良知的精髓是仁愛。人與天地萬物一體，就應以仁愛之心待人，特別是以仁愛之心待天地萬物。「君臣也，夫婦也，朋友也，以至於山川草木鬼神鳥獸也，莫不實有以親之，以達我一體之仁，然後吾之明德始無不明，而真能以天地萬物為一體矣」。❷⓪以仁愛之心待己之父，進而推廣到他人之父，則「天下之父子莫不親」；以仁愛之心待己之兄，進而推廣到他人之兄，則「天下之兄弟莫不親」；將仁愛之心「推而至於鳥獸草木也，而皆有以親之……夫然後能以天地萬物為一體。」❷①仁愛之心就是將心比心，推己及人，己所不欲，勿施於人，己欲立而立人，己欲達而達人；亦即同情之心，憐憫之心，不忍之心。「見孺子之入井，而必有怵惕惻隱之心焉，是其仁之與孺子而為一體也」；「見鳥獸之哀鳴觳觫，而必有不忍之心焉，是其仁之與鳥獸而為一體也」；「見瓦石之毀壞而必有顧惜之心焉，是其仁之與瓦石而為一體也」。以仁愛之心待物，視我同萬物，視萬物同我，善待萬物，人與萬物「一體」具有內在的道義根源與依據，人與自然的協調共處乃宇宙間的自有之義、本有之義、自覺之義。「大人之能以天地萬物為一體也，非意之也，其心之仁本若是，其與天地萬物而為一也」。❷②以仁愛之心待物，「民胞物與」，是王陽明天地萬物與人一體命題的核心，是其化解物我矛盾，實現物我和諧共處的不二法門。

對天地萬物「達我一體之仁」，❷③是王陽明對中國古代「天人合一」思想的重要發展與貢獻。北宋張載提出：「民，吾同胞，物，吾與也」，❷④主張如同對待同胞手足一樣對待萬物。王陽明明確提出，這種待天地萬物如同兄弟手足一樣的感情，就是仁愛之情。他進而把這種仁愛之情上升到人類生而具有的、至高至尊的地位，強調對天地萬物「達我一體之仁」的至為重要性。仁愛是人類特有的思維、情

---

❷⓪　《王陽明先生全集》卷二六，《大學問》，中華圖書館民國二年影印本。

❷①　《王陽明先生全集》卷七，《親民堂記》，中華圖書館民國二年影印本。

❷②　以上引文均見《王陽明先生全集》卷二六，《大學問》，中華圖書館民國二年影印本。

❷③　《王陽明先生全集》卷二六，《大學問》，中華圖書館民國二年影印本。

❷④　《乾稱篇上》，轉引自王夫之：《張子正蒙注》，北京：中華書局1975年版，第316頁。

感，張揚仁愛、良知、心性，並把它提高到宇宙本體的高度，是對人的肯定與頌揚，是對生命的肯定與頌揚。王陽明肯定人，頌揚人，但是，他沒有把這種肯定、頌揚局限於人，局限於社會，他把對生命的關愛，把仁愛、良知、人性的張揚進而擴大到天地萬物，把人類社會的仁愛倫理擴大為自然倫理、世界倫理、宇宙倫理，將天地萬物視為如同人一樣的鮮活生命，視為整個生命體系的一個部分。上古及中古之初，在強大的自然力面前，無力而又無奈的人類，也曾把自然物人格化，把自然物想像為如同人一樣有思想、有感情的生命體，稱之為神、天帝，頂禮膜拜。那是一種盲目的信仰，盲目的崇拜。王陽明還原了天神的自然物本來面目，意識到人與自然物的相互依賴性，密不可分性，重新賦予自然物以生命：「人的良知，就是草木瓦石的良知。若草木瓦石無人的良知，不可以為草木瓦石」。這不是簡單的重複、輪回，而是理性的回歸，是由自發走向自覺的螺旋型上升。毀滅了自然，也就毀滅了人類自身的生存條件，也就毀滅了自己。正是在這個意義上，天地萬物是生命密不可分的一個部分，「天地萬物與人原為一體」，❷⁵人與自然的協調共處乃人類的自有之義、本有之義、自覺之義，人與萬物「一體」具有內在的道義根源與依據。

四、物我和諧──至善人格的最高境界

古代社會，人與自然的博弈中，人類處於弱勢地位。生產力及科學技術的落後，使人類不僅在自然災害面前顯得很無助，而且在利用自然解決基本生存欲求方面也顯得很艱難。另一方面，自然也因為人類的開發而開始受到破壞；不過，也正由於生產力及科學技術的落後，自然的破壞還不至於如同現代那樣達於災難性的程度。

18 世紀歐洲率先開始的啟蒙運動以及以蒸汽機、電動機、電腦為主要標誌的三次產業革命，極大地提升了人的尊嚴、價值、地位，極大地提升了科學技術與生產力水準。人類在自然力面前信心倍增，不僅一改遠古先民在自然力面前畏懼、順

---

❷⁵　《王陽明先生全集》卷二，《傳習錄》下，中華圖書館民國二年影印本。

從、無所作為的心態，而且樹立了人類中心及科學理性工具決定論，以為人類完全可以憑藉科學工具，征服自然，從自然取得人類幸福所需要的一切產品。兩個多世紀的工業化進程，物質財富奇跡般地湧現出來，人類的物質文明發生了前所未有的富足，人類在與自然的博弈中轉而取得了強勢地位。

然而，資源的破壞、生態環境的惡化及地球家園的生存危機，同時也在對物質的無限追求及對自然的瘋狂征服中愈演愈烈。土地、森林、礦產、水資源的過度開發，工業合成品的濫用，二氧化碳排放的急劇增長導致的全球氣候變暖，使平原變成了沙漠，青山變成了石漠，綠水變成了濁水，空氣倍受污染；氣候異常，洪災、旱災、雪災、海嘯頻頻發生，癌症、沙斯、禽流感、豬流感肆虐；氟利昂、哈龍等氟氯碳化物廢氣的排放導致的地球臭氧層的洞開，更直接威脅到了人類的生命。

面對地球家園的生態災難，猛回首，人類才意識到先人天人合一、天人和諧相處思想的深邃及智慧，意識到王陽明人與天地萬物「原為一體」、❷⁶人當對天地萬物「達我一體之仁」❷⁷思想的前瞻性及博大的胸懷。王陽明以至善人格的養成自許，以修身、齊家、治國、平天下自期，不僅追求身心的和諧、人際的和諧、社會的和諧，而且把目光視野擴大到天地萬物，「達我一體之仁」於天地萬物，「致吾心之良知於事事物物」，使「事事物物皆得」吾心之良知，❷⁸追求物我和諧、人與自然的和諧、整個宇宙的和諧，實現人道與天道的融合，超越自己、超越家族、超越國家、超越「人類中心主義」。「當關注中心移向天人合一的時候，便超越了世俗的人本主義這一啟蒙精神的帶有明顯的人類中心說特色的形式。這一整合……可能很適合作為一種新的全球倫理學說達到起點。」❷⁹物我和諧是生命的真正的、全部的含義，是至善人格追求的最高境界。

自然有肆虐人類的一面，人類必須抵抗自然，改造自然；人類要生存、發展，要改造自然，要讓自然為自己所用。但人又出自自然，仰賴自然，毀滅了自然，毀滅了物，也就毀滅了自己，毀滅了自身，因而要順從自然。在自然面前，人類是不

---

❷⁶　《王陽明先生全集》卷三，《傳習錄》下，中華圖書館民國二年影印本。

❷⁷　《王陽明先生全集》卷二六，《大學問》，中華圖書館民國二年影印本。

❷⁸　《王陽明先生全集》卷二，《傳習錄》中，中華圖書館民國二年影印本。

❷⁹　杜維明：《文明的衝突與對話》，長沙：湖南大學出版社 2001 年版，第 183 頁。

能為所欲為的，人類的行為必須順應自然固有的規律，尊重自然規律；違背了這種規律，就會遭受自然的懲罰、「報應」。從這個意義上講，「天命」是至高無上的，「天命」是不可違背的，人類必須對「天」常懷敬畏之心。這不是原始的、盲目的天神崇拜，而是在新的高度的理性認識。

　　人與自然的關係是極為複雜的，實現人與自然的協調融合是一個至為複雜的系統工程。自然規律是不可違抗的，自然資源是有限的，但人口的增加以及人追求更好生活的欲望同樣是難以抗拒的，開發與保護之間抉擇艱難，困難重重，矛盾尖銳。王陽明關於心為「天地萬物之主」、❸天地萬物俱為我良知的「發用流行」❸的論斷，在強調人與天地萬物「一體」的同時，更在於激勵人們在自然面前的勇氣和信心，這對於面臨巨大生態危機的當代人類來說，無疑可以起到提升信念的作用。

---

❸　《王陽明先生全集》卷六，〈答季德明書〉，中華圖書館民國二年影印本。

❸　《王陽明先生全集》卷三，《傳習錄》下，中華圖書館民國二年影印本。

儒學普及要儒教化

陳啓生

【作者簡介】陳啓生，馬來西亞孔會研究會秘書長。

【摘　　要】在科技與資訊發達的現代，絕大多數人生活物質化嚴重，精神空虛，要有「宗教」調適，華人（可能要包括中國人）的華夏文化與當今的各大宗教教理大有出入，特別是「一神教」。華人不信自己本土宗教，是政治企圖，又是文化自信喪失，二千多年來的「自力」能力也喪失；依靠「一神」救贖，是拋棄五千年文化後，思想水平低落，必需依靠「他力」求自慰。不可能有中國化的機會（佛教例子不可能，佛教傳入中國後，在印度消失了，所以可以自由中國化。其實和南傳佛教也大有不同，簡直是中國佛教）。只要翻開「一神教」經典誡律，便明白只有兩個可能，一是重新接受本土「宗教－儒、道」，不然就是繼續完成「去中國」化。

【關 鍵 詞】儒教

儒學普及要儒教化

陳啓生

2009 年 10 月 29 日 BBC 中文網有則新聞報導美國會眾議院通過紀念孔子決議案：

> 「美國國會眾議院星期三（2009 年 10 月 28 日）以 361 票贊成，47 票反對，通過一項決議案，紀念孔子誕辰 2560 周年，並且讚揚儒家思想對人文社會的貢獻。
>
> 民主黨德州聯邦眾議員格林在 9 月底提出一項決議案，紀念孔子誕辰 2560 周年。一個月後，決議案獲得國會眾議院通過。
>
> 他說：「孔子的儒家思想對全球許多國家的社會與政治思想帶來深遠的影響，包括中國、韓國、日本、臺灣以及越南等等。孔子的著名思想包括『己所不欲，勿施於人』的哲學。」
>
> 這項旨在表達國會立場的決議案還列出一些著名的儒家哲學，包括君子的為政之道、忠、孝、以及仁、愛等哲學。」

這項議案是由得克薩斯州眾議員格林代表另外 41 名眾議員提出的，稱孔子理念體現「最高境界的道德品質」和「促進人類和諧」，美國最高權力機構國會眾議院通過這項決議案，是代表美國人民欣賞中華文化的思想、智慧、道德——對孔子思想中普世和普適價值的認可。以美國人的文化自傲，肯定不會認為孔子的思想都是精華，但對孔子宣導作人自省自愛，對人尊重誠信，社會道義……如己所不欲勿施於人、己欲立而立人己欲達而達人、仁愛忠恕、為政以德……都予高評價：「體

現最高境界的道德品質」。

我以這則報導開始，目的是要讓那些百年反孔而慣性漫罵的腦袋，看了會「愣一愣」，會愣的，可能尚有希望。

常思儒學普及的問題，為了多點參考，相當長時間細看儒學文章、儒學報導後面的「文明上網，提交評論」，這群廣大的讀者，仇孔乃至辱罵者超過三分之二，文中看不出年齡，以浮詞濫調字間，應屬於青年人吧！讀了無數條，歸納起來，最大理由：「中國衰弱是儒家思想所害！」關於這種看法，我年青時也是這麼認為，這麼堅持過。1988 年的一個講座會上，一位洋老先生在回答發問，就這麼說（大意華譯）：「你這麼認為嗎？這樣認識歷史嗎？從歷史講，中國在之前的二千餘年，多數時間是處在世界最強國家的地位，你應該稱讚孔子和儒家。清朝下半葉開始衰弱，至到不可收拾。那時是實行儒政嗎？你們的電影不也已表達清楚，臣屬的每句話頭都加「奴才」二字。我翻讀《論語》和儒家著作，感受到的是「剛毅不屈又能溫和有禮」，和「奴才」現象完全是兩回事，至於為何如此劇烈反孔，That is politics！」這之後，開始學習「審問、慎思、明辨」，體會到，果然是智者之見！有學人做過青壯年調查，認識孔子者，有 20% 是因為掛鉤林彪認識的；92% 不知孔子的思想是什麼，有 30% 人會記得「有朋自遠方來，不亦樂乎；四海之內皆兄弟也；己所不欲，勿施於人；德不孤，必有鄰；禮之用，和為貴。」中的一兩句；仇孔人群，大學生比中學生多，受教育高比率也高。面對如此龐大的反孔群體說儒學普及，還敢談儒教化，可要有虎山行之膽子。

經過全民兩三代人，反孔已成為政治正確了，破除這種心理障礙，自力恐怕不足，要外力提供心藥解。從美國人的認可，而且還是最高權力機構的國會，認可了孔子思想中的精華是具普世價值。作為孔子本土，這樣的事實，可以令一些人感到自豪和驕傲，有提升國民民族與文化自信心的作用。信心加強，慢慢培養思想健康的強大，「敢於虛心有禮」也會強大；自卑感漸漸減少了，當聽到批評，尤其尖銳些的言語，就不會過度反擊，硬要力證對方是反華集團。

海外儒學發展

　　談國內儒學，就得談海外儒學發展，過去出流到海外的華人，他們的存在，給近代國內儒學發展儲存著巨大的能量，時至今時，他們扮演著前瞻性發言的角色，起著儒學儒教活動的先行示範與續斷作用，他們扮演的角色就如堤垻上一隙裂縫的涓涓細流，期待浪瀾壯闊。

　　海外儒學，實事上祇限於（部分）華人社群裏流行，承繼主要是來自父母輩生活儒行的薰陶，日用常行的待人接物：謹言講信、長幼有序、禮尚往來；生活傳統儀規：如生日、成年禮、婚禮、死喪的儀式；重視過年過節：如冬至、除夕、元宵的農曆新年、清明、端午、中元、中秋……等等。蘊藏在這些生活中的儒行是世代薰染相傳，說不上什麼大理論傳授。這些「賣豬仔」多數已超過五代人了，在初將的一兩代人是過著貧窮和戰亂的日子，那個時代，識字的儒學人稀少，很珍貴，受鄉眾村人敬重。我八九歲時，常到一間寫著大字「德」的廟裏，有位老人家給孩子教千字文和三字經，他們是尊師重道的護衛者。當時社會只有稀少的報紙雜誌，而儒學文章卻頻頻出現，常佔版位，可惜後來受到文化大革命影響，儒學活動大為沉靜。

　　不要以為海外華人一帆風順，可以自由繼承傳統文化，實事上剛好相反，他們面對的災難和犧牲是不可思議的，如當地實施排華政策，手段無所不用其極，有政策同化、法律同化、武力同化和血腥排華，華文老師要逃命，被扣拘的等於永遠失蹤，為了文化，把儒學化為孔教生存下來，這是佔印尼 3% 的華人經歷；馬來西亞文明多，佔 30% 的華人允許學華文，只是要能應付刁難，就可以自生自滅發展。最具前瞻性要算星加坡，華人雖佔人口百分九十，卻主動把所有華校關掉……。海外華人的新焚書坑儒是更絕的！

　　海外儒學儒行能薪火相傳，臺灣是居功厥偉。華人有再窮也不能窮教育的觀念，稍有能力的，都把子弟送到臺灣深造，這些留學生回到居留國後，都不經意地肩負起鞏固和催化作用，提升了儒學發展，民間推廣尊孔活動更加蓬勃。今天印尼有一百七十餘間孔教會，加上文廟，儒學會，德教會，聖道教，不下二百間，他們祭祀孔子，以儒家經典為誦讀課本。星加坡有三間附在廟觀的孔廟，有一些團體辦

讀經。我熟悉馬來西亞，華人的生活最具傳統，如清明節祭祖，墳山上是人山人海。中元祭眾生成了感恩節，中秋拜月吃月餅成為文化節日。雖為西方母親節，活動卻是子女敬茶，講孟母事跡。農曆新年回家團圓，幾百公里的快速公路成了慢車道（全國國土南北總長約 850 公里），……祭祀孔子有聖道會（400 多所）、德教會（約 180 所），開辦兒童讀經班約有 700 餘處，還有孔學會、孔教會、尊孔學校。很早便有國際化向活動，曾經主辦的國際會議有：儒學、易經、漢學、詩詞、儒商、中國畫、書法、紅學、朱學、漢字……還辦回儒對話呢！

反觀曾經是儒家治國的越南、韓國、日本，特別是越南和朝鮮，趁儒家本土的中國進行激烈去傳統文化時，效法徹底，在短短的時間裏，清除一切中國文化的內容。而南韓與日本，政治上和中國不同一個陣營，反而保留不少。兩國經過千餘年發展，已經形成自己的一套系統。韓國儒文化極其「純厚」地保留在民生中，千餘年的承傳，確完全是儒家繼承人自許。假如在三十多年前，莫說申遺中秋清明端午，就是替孔子孟子入籍韓國，或把三孔搬走也問題不大，那時候中國想丟棄唯恐不及呢，現在嘛，文化商業正盛，會多些人反對！爭著申遺興起，其實不是好現象，它提示著「文化」在消退中，本來是和生活契合的東西，有分離的現象，必需「申遺」來證明它還存在——韓國年青人，思維已傾向西化，在基督文化的傳入，成均館是老人活動場所，有後續無人之憂。

談海外儒學發展，或許有些地方可供借鑒。

本土儒學

一甲子的「新中國」過程，應了一句「置之死地而後生」，後半個三十年進入生地，中國經濟開放後，生活奔小康，有條件了，將來三十年可能會推上「雅地」：

第一、開始有坐物質望文明的需要。講文化會流行起來的，博士群冒起可以為證。

第二、眼看世界，耳聽西方，洋學者對中國的欣賞，原來是五千年形成的傳統文化。居然還會有人對這傳統文化，表現嚮往之情，發出讚譽孔子的聲音。崇洋的

仇孔人，開始有反省和鬆動；開放空間，諸野有了回饋途徑；諸野的示範，起著積極的促進力量，這個轉機，給了未曾老去的儒學人一個難得機會，趁不多的暮年，能及時再講儒、研儒。此時的弘儒可不是件容易的事，要講求隱誨，以免晚來又獲災惹禍。拿寫文章來說，祇敢於徘徊在論古人之間，把古人的文章互相挪移重組一番。雖然做著一項本來不需做的工作，卻起了積極的弘揚效果。莫看你移來我挪去，卻應了「真理越辯越明」的格言，因此吸引了左右不是的人，讓他們看到傳統文化有驕人的內涵，發現西方人要從中吸取智慧的道理；自己棄之如履的態度好像不高明。重新認識傳統，生起重拾文化的迫切感——這些老人多寫多講之後，儒學發出生命的火花。

第三、傳統文化在反對聲中日益見起色，開始恢復孔子名譽，敲邊擦邊讓離開了林彪，轉去當商品推銷員、加入旅遊創匯，掛個名招牌……。搞了二十多年，雖然未完全拋開勞碌命，但也催醒了文化大國民的情緒——看看會議頻開，文章論文書集，什麼什麼論壇……，需求規律，儒學學人增加得快；民間反應更直接，辦起開筆禮、讀經班、禮儀班、著起漢服來……。莫以為熱鬧了，以中華之大地，形容麟毛鳳爪也不為過，還是要面對大人先生道貌岸然給添帽子。間歇性出現的生機，算是民間在發萌——果然不差，自信的增強，是因為自卑感在丁點中消退；有股文化傲氣，精神面貌便開始煥發。

普及條件

今天有兩項好條件：其一是經濟能力：許多人度過活養生命階段，進了物質追求（稱追求更好的生活）。物質最易令人氣餒和頹喪，需要文化精神調劑；或有了物質，就想有文化襯托，兩者都是文化再生的大好條件。其二是空間無界：世界藩籬隨著經濟往來而打破，伴隨而來是，衝擊力巨大的無形文化。面對百般的世界文化洗滌衝擊，釋放了五千年文化的魅力。唯有這文化，才能立足，有比描的能力，有融匯的懷襟，不必立甚麼國教而受政治擺弄，不必有長官意識來污染，只要空間釋放，讓儒學回到民間——二千五百年的儒學，若說它經受不起，必需淘汰，那就認命，讓它被同化算了！若自己用手繼續去窒息它，那才是罪過。

講了好的，再看惡劣的環境。當今民眾不僅對儒學缺乏起碼的認識，甚至仇視態度未減，講儒學尚未開聲就先反抗，是普及儒學的困境。解開這個死結不易，要借助外力，而外力又得符合分量要求。這是個極嚴重的現象，部分國民生活略有好轉之後，便傲慢自大起來，若你舉東亞南亞國家深行儒學，只會受到他們的輕蔑；自卑心理的作祟，不可能接受國土小、人口少地方的文化素質高的實事，做不到不恥下問的胸襟，看一看那些知識層組織在弘揚儒學或寫現代儒史時，根本對此區的儒學繼承一字不提。民間對日韓千餘年儒化光輝，所給的評語絕大多數非常污穢不堪。寄望美國再多幾位半路出家的洋博士，多講點半淡半鹹儒學，促進促進！

普及就是讓那些不知的、誤知的人「有知」，能知己自彼、知易知難，普及化儒學的工作，考慮就會細膩些。普及首要依靠宣傳，有兩個途徑，一是多講，二是多寫。在這個視聽時代，講比寫更直接有效。講要有場所，場所就是「課堂」。今天的講堂形式多樣化，如：講座會、電視講堂、大眾傳媒、各類研討會（講寫合併），長久性的「課堂」，如：一個學人可以成立精舍講經學、幾個人可以成立書院弘儒，社區成立儒學會、儒教會……最有效果的「課堂」是兒童讀經班、《四書》進入小學中學「課堂」。廣泛宣傳要有大量的普及性視聽讀物，用現代資訊，網頁、郵刊、Facebook、U-Tube……等等。

多講多寫也分兩類。1.精英儒學：一部「儒藏」皆是精英文獻（《儒藏》編纂中），但是，現代的精英儒學要額外承擔，本著這些資產，面向世界各族文化，特別要與基督文化和伊斯蘭文化交匯集，朝「和而不同」方面努力，建立自己，又幫助他倆消減衝突。2.世俗儒學：把典籍契合到新時代來，儒學大眾化就是普及儒學。其實這項工作不需要創新，只是要把極端思維回歸到中庸想，把被輸入的記憶，什麼吃人、封建、腐朽、麻痺、剝削、歧視、不平等……的等符號暫時擺一旁，思量一下兩千多年來，「庶民」的生活、思維、智慧、文化，是如何推動儒家文明，這不就是普及化嗎？講近的，五千萬海外華人，他們絕不是學者專家，但他們的學儒儒言儒行，難道不是在普及化嗎？

允許民間有儒學活動的空間，大眾普及就有活路：普及工作將是長期、逐步的，平反儒學，讓知識分子在行動中先貫徹儒學思想，通過以身作則來影響社會。如推動讀經，有更多人讀讀《論語》，對幫助認識孔子及其形成的儒家學說大有裨

益。人人都能引用幾句《論語》和《孟子》，普及化便形成了。

儒學生活化

只要讀一遍《論語》，可以發現，它是講做人講生活、講學習講待人接物、講為政當官之德，內容樸實辭意無華，《論語》如此，四書五經亦如此。儒學就不是了，是讀書有心得的人，寫領悟自然是繁衍深引，後人甚至落入理論清談中，這種傾向在二千餘年確是時有流行。現在又和域外各文化蹤撞，說道論理之風尤甚，大有把能實踐能落實的本質掩蓋了。

進行了二十多年「理論建設」是非常豐富，加上國人生活條件已具備，且日趨優越了，是推展的時候了；儒學的活力是在生活化，終究要回到實踐上──實踐，理論提升，再實踐，儒學就生活化。

教育由幼小開始，無需創造，有現成的課本「弟子規，聖人訓，首孝悌，次謹信，汎愛眾，而親仁，有餘力，則學文。……」童蒙就學習希賢希聖講尊師重道、以孝悌為先、處事謹言慎行、待人誠實信用、有愛心、接近仁者智者、著力去實踐、再學文學藝。如此童蒙養正，身教言教引為生活舉止，就是儒學普及。生活化是能深廣銘刻，所以要「節日化」、「禮儀化」。「節日化」可以立刻實施，如：以孔子誕辰為中國教師節，強化尊師重道，在教育企業化當兒，彌補弊端。以母親節紀念孟母，其教育內涵豐富，可以促成家庭教育。還有農曆新年、清明、端午、中秋都是可以優化人文的節日，不忘記它紀念它就起著文化鞏固作用。列為公假，略加引導，民間的紀念方式就會無限提升。

儒學可以如此實踐在生活中，前述海外華人就是這樣保留傳統，雖經五六代貧窮苦難，還能承傳不輟，還被誇張形容為「流淌在血液中」（是細胞基因），這是「節日化」、「禮儀化」的成就實例，可以作為參照。「禮儀化」更能深入人心，能成為生活禮儀，豈不是宗教化了嗎？

宗教化

「宗教」被冠上迷信之後，成為敏感問題，人人皆避之唯恐不及，因此「無可禱」沒有了精神扶持、「無畏憚」漸失去了道德，「無人文」也失去了異於獸禽的特點。但又不是一視同仁，其反對主要是儒教，一提宗教，劇烈爭論便會出現，這種爭論，主要是來自文化底蘊薄弱，讓西方宗教模式和定義深置在頭腦裏，其慣性就好像泰國的養象故事：「一隻小象用一條繩索紮劄在木樁上，長年累月後，它長得強大有力，這小木樁和繩子對它來說，已經不能起到作用，但它就沒有也不會去嘗試脫離它，因此終生劄在這個樁上。」我們許多學人就在這個樁上，否定已有二千多年的「儒教」之稱，拿著耶教帽子衡量，與傳教士並肩，提出挑剔和否定，在這廂否定二千多年的信仰，那廂有大量人民洗禮視而不見，真是令人不知其所以然。

科學發達，有人在上個世紀便預言，二十一世紀，宗教會消失。發展結果完全不是這麼回事，若說有改變，是對現在的宗教有不滿足或起了疑情。世界有幾大宗教都相類似，有個無所不能的主宰神，以二世論，引導人們在受裁制之前要向善。這樣的信仰方式，在二十一世紀有觸礁的現象，由於過去對神的描繪任意性，反而描黑了，使知識分子起疑情。科學雖然很發達，解譯宇宙力量還是膚淺的，科學發明，製造出來的產品，反而令人們更顯得無力感。對塞車無力感、對車禍無力感、對自殺炸彈無力感，對貪污、弄權、黑社會、安全、醫藥費乃至沒錢不可死、⋯⋯都感到無力感，「天啊！」之聲，比不明風雨雷電的時代還多，城市人幾達百分之五十有精神病症。精神上的他求心態不斷滋長，宗教更加受落，人們需要宗教精神感召。

描繪主宰神所能，漸失信服力，知識和科學的增長，自力認同提高了，又更傾需要宗教信仰，什麼宗教才能達到這樣的要求？看佛教論三世「業力說」，它吻合自力的趨向；他力自力的結合，我努力修行，可以到達佛境，這樣的教理，具有的很大的吸引力。儒教有嗎？有！儒教的儒學更具人生的要求，都是在於解決社會與人生困惑，起到指導精神生活的作用。解脫困惑，完全不亞於佛教或基督的脫苦宗旨。

　　「儒教」不是耶教的宗教。「儒」這個字在孔子之前已經有了，先古的含義不同。孔子的言教出現君子儒和小人儒，「儒」是指讀書人，如今「儒」是以孔子學說為本的一家之學。「教」之稱已久遠，早在宗教二字之前，《中庸》解譯了：「修道之謂教」，是不同於西教的「教」，儒教取「修道之謂教」義，具有一「家」之教。孔教或孔子教，是相當後期出現的觀念，具有西教的宗教觀，印尼就直稱孔教。「儒教」「孔教」，我們不存分別心，而視它為「同是學儒而異稱」。儒教也被稱作「禮教」，禮儀教育是普及儒學重要一環，孔子時代「禮儀教育」是學校教育的重要內容。

　　「儒教」本來是在日用常行之中，只是在長久政權鬥爭和政治運動的利用中，被毀掉多個重大環結，令一條連貫鍊脫了銜接，失落的扣環尚待修理，便可以普及。

　　1.孝悌開始：人存在是因為孝悌持家。家中設祖先牌位，讓祖先有家可歸，世代同堂，家鍊銜接。若設「天地君親師」，更為周全。從家做起，建立良好家庭教育。

　　2.節日化：是生活化鍊銜接，全民共同懷念祭祀，如，農曆新年、清明、端午、中秋、母親節（孟母日）、教師節（孔誕日）……文化在其中。

　　3.禮儀化：慶生、彌月、開筆禮、成年禮、婚禮、喪禮、祭禮……儀禮方式，可以儉侈雅俗由人，我們要的是，儒禮在其中。舉韓國鄉校一例，至今依然是學校教育的一個部分，其功能是普及韓國的儒學傳統。現在韓國大約有234所鄉校，每逢假期，鄉校為7歲到14歲的少年開設忠孝禮儀體驗課程，學生必須穿著傳統韓服上課，學習傳統的生活禮節；也為成年人舉行傳統成年禮儀和傳統婚禮，還舉辦耆老宴並表彰孝行者和善行者。「鄉校通過各種中小規模的課程和傳統儀式，為當地居民提供實踐傳統儒家禮節的標準，使得一般韓國人能夠體會到儒教的生活方式與儒教的價值觀念」。

　　儒教化即是生活行止上學儒，把儒行、儒言、儒思，作為生活修行，實踐教理（修行）中求得人生解惑、脫困、昇華。

　　㈠君子有三畏，畏天命、畏大人、畏聖人言；天網恢恢、疏而不漏，畏敬天德之道。畏敬有德之人，社會有序。畏敬聖人的教誨，則能知「道」。心生畏敬之

情，對己則能有崇高的道德要求，人格因此無限提升；自力性強能有所為有所止，可以做自己的主人，是謂克己復禮。

㈡有惻隱之心則能愛人、有羞恥之心則公義顯、辭讓恭行人際自然和平、有智慧則明白是非、言行誠信人本必固；以五常仁義禮智信為安身立命之指南，人生就趨吉避凶。

㈢己欲立而立人、己欲達而達人，這是堯舜所實踐的仁道聖行。自己要做好立身處世的修養，也讓別人能做好立身處世的修養，自己能夠明白事物道理，也讓別人也明白事物道理，是最高的仁德天道。

㈣知天命、尊天道，君子卻要不語怪力亂神。這是儒教的特點，正好今天的宗教弊端，人把上帝、主宰過度描繪和濫用，不僅弄巧成拙，反陷了泥沼中，多少人假借它，為惡為兇，禍害人間，完全應了「怪力亂神」之言。

儒教的推行不難，祇要把儒學轉而成為學儒！這個過程取巧不得、沒有捷徑、要一步一腳印地落實。

儒家傳統家訓中的生態倫理教化研究

陳延斌

【作者簡介】陳延斌，徐州師範大學倫理學與德育研究中心主任、教授，兼任中國倫理學會理事，中國人民大學倫理學與道德建設研究中心特約研究員，中國德育專業委員會常務理事，徐州市倫理學會會長等。在《光明日報》、《哲學研究》、《道德與文明》等國內外刊物上發表論文 140 多篇，著及主編有《雕塑明天的品質——跨世紀國民思想道德素質建構》、《中國家訓史》、《新倫理學》等書 16 部。成果獲第七屆全國優秀青年讀物二等獎，江蘇省政府社科獎等多項獎勵，主持國家基金項目《青少年道德養成的可操作性研究》及中宣部、教育部、省政府課題 10 多項。

【摘　　要】儒家傳統家訓中蘊含不少生態倫理教化思想，如取用有度，珍惜資源；愛惜物命，樂善好生；隨順自然，不違自然之法等。在具體實踐上採取了規範引導與嚴格踐行相結合、填寫「功過格」知非改過、注重家風的薰陶、通過家庭聚談會以及福報、因果勸喻等不少卓有成效的途徑和手段。儒家傳統家訓的生態倫理教化理論和實踐為我國生態文明和道德文明建設提供了可資借鑒的倫理文化資源。

【關　鍵　詞】儒家　傳統家訓　生態倫理　道德教化

儒家傳統家訓中的生態倫理教化研究

陳延斌

建設生態文明社會是黨和政府努力踐行的社會發展目標之一，也是對積極宣導的科學發展觀、和諧社會理念認識的進一步深化。生態文明概念雖是近年提出，但生態文明觀念卻在中國有著其深厚的思想淵源尤其是儒家倫理思想淵源。中國傳統家訓作為儒家倫理思想及教化的載體，其中的生態倫理思想及其教化實踐值得我們研究和發掘，以便為我國的生態文明和道德文明建設提供參考借鑒。

一、儒家傳統家訓中的生態倫理教化思想

家訓是隨著家庭的產生而出現的一種教育形式，而且隨著家庭性質、形式、結構、功能的變化而不斷發展變化。一般是指父祖對子孫、家長對家人、族長對族人有關治家理財、修身處世等的教誨訓示，也有一些是夫妻間的囑告、兄弟姊妹間的誡勉、勸喻，或者後輩賢達者對長輩建議與要求。儘管有文字資料記載的家訓思想具有三千年之久的歷史，然而，作為真正意義上的全面而系統的家訓則是進入封建社會以後才出現的，而對中國社會生活發生影響的家訓應該說是在漢代儒家思想占統治地位以後，並且後世所有有影響的家訓著作中無不貫穿著占「獨尊」地位的儒家思想觀念。因此，在這個意義上我們甚至可以說，中國古代的家訓文化實際上是儒家的家訓文化。❶

儒家傳統家訓的生態倫理教化思想主要包括三個方面的內容：

---

❶　參見拙文：〈論傳統家訓文化對中國社會的影響〉，《江海學刊》1998 年 2 期。

(一)取用有度，珍惜資源

中國傳統思想中，珍惜自然資源的觀念早已有之。先秦時期，管子就提出對自然資源要根據時節封禁和開發（「以時禁發」）的合理思想。在人與自然的關係上，傳統倫理思想的「愛物」、「惜物」思想主要包含兩個方面的要求：一是取之有度，用之有節，不要為了自己的私欲而無度地掠奪自然資源；二是根據生物的生長規律合理加以利用，取之有時，不能不分季節地濫伐、濫捕、濫用。如《呂氏春秋》就要求：「孟春之月……禁止伐木，無覆巢，無殺孩蟲胎夭飛鳥……。」這些愛護自然資源、防止過度索取的思想在儒家傳統家訓中得到充分體現。無論帝王、官宦還是黎民百姓之家的家訓，教化家人、子弟屬行節儉，力戒奢靡、貪婪的內容都佔據較大的分量。

譬如唐太宗李世民在其為教誨太子李治而撰寫的家訓〈帝範〉中，就要李治注重崇尚節儉，不要浪費物力。指出：「夫聖代之君，存乎節儉。富貴廣大，守之以約。」❷（〈崇儉〉）他說人君雖富有四海，但若「好奇技淫聲、鷙鳥猛獸，遊幸無度，田獵不時」，那就會徭役繁重，人力枯竭，農桑荒廢，國家危傾。（〈誡盈〉）清康熙皇帝為訓戒皇家子孫，在《庭訓格言》中指出：「世之財物天地所生以養人者有限，人若節用自可有餘，奢用則頃刻盡耳，何處得增益耶？朕為帝王，何等物不可用，然而朕之衣食毫無過費，所以然者，物為天地所生有限之財而惜之也。」貪心殘暴的欲念不消除，必然會加重對自然資源的索取，對民生的剝奪，從而使自然承擔更大的產出壓力，甚至會造成對生態環境的巨大破壞。

一般官吏、百姓的家訓在論及治家時無不極力宣導儉約立世。如清代蔣伊的《蔣氏家訓》中就強調：「不得從事奢侈，暴殄天物。廚灶之下，不得狼籍米粒。」清康熙時曾任江南學政和禮部尚書等職的許汝霖針對攀比繁華、追求享受的不良社會風尚專門訂立了《德星堂家訂》這部家訓，對宴會、衣服、嫁娶、凶喪、安葬、祭祀等作了力戒奢侈、非常切於日用、具體詳細的規定。如對喪葬禮儀的規定就包括置辦壽器、蓋棺、開喪、殯葬等。但這些規定卻是簡樸而隆重、盡禮而不

---

❷　徐少錦，陳延斌等《中國歷代家訓大全》，中國廣播電視出版社 1993 年版。本文所引家訓，除注明的外，均引自該書。

從俗。比如，成殮時「衣裘之屬，務求完整，金珠之類，勿帶纖毫」；定下喪期後，一切節儉，「弔唁者，祭無牲牢，幛無綾緞；款待者，饗無腥酒，送無犒程。」絕不能誦經禮懺、鼓樂張席筵。尤為難能可貴的是他告誡子孫要用祝壽、祭祀等省下來的錢，濟孤寡、助婚喪、立家塾。

(二)愛惜物命，樂善好生

中國傳統哲學思想中的「天人合一」、「天地萬物一體」觀念對於儒家家訓倫理文化影響極大。在人類與動物的關係上，孟子是較早提出珍惜動物生命、保護動物資源這一問題的思想家。他認為人之所以為天下貴，就在於人之心性與天相通。為此，他主張人類應該「恩足以及野獸」，仁人君子應該「遠庖廚」。❸這一樸素的憫物愛物、樂善好生觀念，將人道思想推人及物，對後世的家訓等產生了較大的影響作用，然而將這一思想貫徹於家訓之中，南宋袁采的《袁氏世範》恐怕是開了先河。在這部被譽為「《顏氏家訓》之亞」的家訓中，袁采專門論述了憐惜動物的問題。他指出「飛禽走獸之於人，形性雖殊，而喜聚惡散，貪生畏死，其情則與人同。」因而，「物之有望與人，猶人之有望於天也。」他要求家人天氣寒冷時，經常去檢查一下牛馬豬羊雞狗鴨的圈窩是否遮風擋寒。他認為「此皆仁人之用心，見物我為一理也。」康熙的《庭訓格言》強調在食用動物上要講究「義」。指出「古者大烹，為祭祀則用之，為賓朋則用之，為養老則用之，豈以恣口腹為哉？」他說自己過壽及逢年過節時均「諭令少殺生」。為了教育子孫好生萬物、取用有度，他援引《禮王制》中「諸侯無故不殺牛，大夫無故不殺羊，士無故不殺犬豕，庶人無故不食珍」，以及《論語》中「子釣而不綱，弋不射宿」的話，要求他們學習古之聖賢，「於犧牲禽魚之類，取之也以時，用之也以節」。紀曉嵐針對三子喜愛「張羅布網」、捕殺動物的愛好，專門寫信要他不可妄殺生命。❹清代官至文華殿大學士兼禮部尚書的張英在其家訓《聰訓齋語》中告誡兒子「戒殺生以惜物命，慎芻伐以養天和」。

---

❸　《孟子·梁惠王上》。
❹　包東坡：《中國歷代名人家訓精粹》，安徽文藝出版社 2000 年版，第 372 頁。

有的家訓將「愛惜物命」提到了「養心」、「求仁」、「積德」的高度，極力抨擊濫殺動物以滿足口腹之欲的行為。明代東林黨首領高攀龍在《高子家訓》中說：「少殺生命最可養心，最可惜福。一般皮肉、一般痛苦，物但不能言耳。不知其刀俎之間何等苦惱，我卻以日用口腹，人事應酬，略不為彼思量，豈復有仁心乎？」因而，他要家人待客時少用肉肴，兼用素菜，以少殺生命，積德行善。在佛教界流傳甚廣的明代袁黃撰寫的《訓子言》說：「何謂愛惜物命？凡人之所以為人者，惟此惻隱之心而已。求仁者求此，積德者積此。」他認為前輩所講的「聞殺不食，見殺不食，自養者不食，專為我殺者不食」的四不食之戒，如果能夠遵守，慈善之心就能夠有效地得到培養。當然，在保護生命上，袁黃甚至認為連「求絲煮繭，鋤地殺蟲」的事都是不對的，這就有些迂腐了。❺

傳統家訓不僅反對任意殺生以圖口腹之欲，甚至反對養鳥、摧殘小動物之類的行為。康熙年間的進士彭定求作的《治家格言》中告誡子弟「養雞鴨，不養鳥」。鄭板橋還深刻闡述了反對「籠中養鳥」的道理。他在給堂弟鄭墨的信中要求對自己52歲才生的幼子進行愛護動物的人道教育。他說自己平生最不喜籠中養鳥，因為「我圖娛悅，彼在囚籠，何情何理，而必屈物之性以適吾性乎！」叮囑堂弟不要將蜻蜓、螃蟹作為兒童的玩具，因為這些小動物不過一時片刻便折拉而死。信中還說，即便是最毒的蛇虺蜈蚣豺狼虎豹也不能隨意殺害，而應驅之、規避則可。他說「天既生之，我何得而殺之？若必欲盡殺，天地又何必生？亦惟驅之使遠，避之使不相害而已。」這裏固然有天命論的思想，但我們更應看到其指導思想還是要從小事抓起養成孩子善良的愛惜物命觀念。他信中要求堂弟高度關注兒子這一品質的培養，強調「我不在家，兒子便是你管束，要須長其忠厚之情，驅其殘忍之性，不得以為猶子而姑縱惜也。」（〈濰縣署中與舍弟墨第二書〉）

(三)隨順自然，不違自然之法

隨順自然，不違自然之法的觀念在我國源遠流長。先秦時期道家創始人老子就主張生長萬物而不據為己有，推助萬物生長而不自恃有功，引領萬物而不宰製它

---

❺　參見拙文：〈中國傳統家訓的「仁愛」教化與21世紀的道德文明〉，1998年第2期。

們；要「常善救物，而無棄物」，將惜物視作天然本分。❻宋代大儒程顥更將人與環境的關係作了生動類比，論述了人應該關愛自然環境、與自然和睦相處的道理。他說「若夫至仁，則天地為一身，而天地之間萬物為四肢百體，夫人豈有視四肢百體而不愛者也？」❼

傳統家訓的作者，還非常重視保護家族居住地區的生產和生活環境，在長期與自然打交道的過程中，形成了與自然和諧相處的樸素觀念。《袁氏世範》告誡鄰里要及時疏浚河塘，保護水源，批評「三月思種桑，六月思築塘」的民諺是無遠慮的腐見，強調「池塘、陂湖、河埠，蓄水以灌田者，須於每年冬月水涸之際，浚之使深，築之使固，遇天時亢旱，雖不至大稔，亦不至於全損。今人往往於亢旱之際，方思修治，至收刈之後，則忘之矣。諺所謂『三月思種桑，六月思築塘』，蓋傷人之無遠慮如此。」袁采不僅號召鄉鄰共同參與興修關係生存家園的水利事務，而且號召大家廣種樹木。他說「桑果竹木之屬，春時種植甚非難事，十年二十年之間，即享其利。」生活在浙東水鄉的虞東蔣山夏氏家族，在宣統年間制訂的族規中明文規定不許族人在水壩上拴牛、壩中浴牛，不准在湖邊罱泥，違犯者輕則賠償重則罰款。理由是在壩上拴牛、壩中浴牛容易導致堤壩倒塌；而在湖邊罱泥則容易導致河堤潰決。❽為使水土不被破壞，保護農業生態環境，有些宗族法規定，族人必須保護山林，秋天防火，春天護苗，砍伐草木講求季節，違者「重責三十板，驗價賠還」。❾

有些家訓作者甚至以自然現象教誨、啟迪子弟明白人要尊重自然規律、與生態環境和諧相處的道理。例如，張英在其家訓《聰訓齋語》中說自己平生酷愛看山種樹，寄情園林花草。「以田為本，於隙地疏池種樹，不廢耕耘」。他借自己盡享山林之樂，不僅告誡兒子融入自然可以習得攝生之法，修身養性，消除各種「嗜欲」，而且要其體驗人性與自然融合為一之理，從理論上深刻闡述了人與自然和諧相處的理念。張英以花木生長為例，告誡後輩要隨順自然、尊重自然規律。他說：

---

❻ 參見《老子》第十、二十七章。

❼ 《河南程氏遺書》卷四。

❽ 《虞東蔣山夏氏宗譜・公立禁單》卷一，宣統元年刻本。

❾ 徐少錦，陳延斌：《中國家訓史》，陝西人民出版社2003年版，第5頁。

「如一樹之花，開到極盛，便是搖落之期，多方保護，順其自然，猶恐其速開，況敢以火氣催逼之乎？京師溫室之花，能移牡丹、各色桃於正月，然花不盡其分量，一開之後，根幹輒萎，此造化之機，不可不察也。」他以花發四季之不同，引導子弟體察不違自然之法的「天地造化之理」。他說：「嘗觀草木之性，亦隨天地為圓轉。梅以深冬為春，桃李以春為春，榴荷以夏為春，菊桂芙蓉，以秋為春。觀其枝節含苞之處，渾然天地造化之理。故曰『復其見天地之心乎？』」

二、儒家傳統家訓生態倫理教化的實踐

儒家傳統家訓中的生態倫理教化，注重教化理論與實踐的統一，採取了不少卓有成效的途徑和方法手段。

第一，規範引導與嚴格踐行相結合的方法。

為了培養子弟、家人關愛自然、愛惜物命、節約資源的品德，我國的許多家訓作者都運用了不少有價值的生態道德踐履形式。蔣伊在家訓中就嚴格要求家人通過遵行道德戒律的方式在生活中養成相關道德品質。為了培養子弟愛惜生命的生態倫理意識，他規定把每月初一、十五兩日定作「放生日」。在「放生日」裏，「家中戒殺，勿食牛犬肉」；若是趕上「祭祀婚喪及仕宦喜慶，俱市五淨肉，不得特殺。」要求「子孫世世守之」。（《蔣氏家訓》）這樣的活動不僅有利於提醒子弟涵養愛惜物命的善良之心，而且對於相應的道德習慣的養成也確有很大的促進作用。

許汝霖針對當時社會奢侈浪費、追求享受的不良社會風尚，在《德星堂家訂》中作了非常具體而嚴格的規定。例如婚宴會只上十二道菜；招待來客只用本地產的魚肉雞鴨，「燕窩魚翅之類，概從禁絕」，「閩廣川黔之味，悉在屏除」。他還規定，如果客人要逗留幾日，那麼中午只上兩個菜一個湯，晚上也只有三個菜一斤酒。他要求嚴格遵守，不得超過標準。做過禮部尚書的人家如此的待客標準，恐怕連普通的殷實人家都不如。

第二，填寫「功過格」知非改過，涵養道德情感。

功過格是我國古代特別是明清時期廣為流行的一種修養方法，這種方法要求人們將自己的日常行為分別善惡對照預訂的功過條文逐日記錄以考查功過。研究明清

功過格的美國俄勒岡大學教授包筠雅（Cynthia J. Brokaw）博士在其著作《功過格——明清社會的道德秩序》一書中這樣解釋功過格：「它通過特定形式表達出對道德（以及非道德）行為及其後果的某種基本信仰。其中列有具體的應遵循或應迴避的事例，以此揭示對約定俗成的道德及對善的信仰，而這種善是由許多不同的、價值各異的、個別的善行實踐構成的。」❿我國古代最早的功過格是出現於 12 世紀後半期的《太微仙君功過格》。作者是金代的道士又玄子。但這種修養方法真正流行起來，還是由於袁黃家訓以及他修訂的《功過格款》的傳播。⓫

袁黃在家訓《訓子言》中就向兒子介紹了自己通過填寫「功過格」方法砥礪人道德行的具體方法。他在家訓後附錄的《功過格款》中，將「功格」和「過格」各分為 50 條，每一條都標有做此事後應得的分數。其中涉及生態、環境倫理的如「功格」：「救一無力報人之畜命」，「准三功」；「瘞一自死禽獸」，「准一功」；「接濟人畜疲頓一時」，「准一功」；修橋、賑窮、疏河等等善事，每捐百錢折算一功。「過格」中則規定：「殺一有力報人之畜命」，「准五過」；「殺一無力報人之畜命」，「准三過」；「暴殄天物」，「百錢准一過」等等。袁黃要求兒子每天晚上認真填寫，告誡兒子這樣「日日知非，日日改過」，月月相比，仁愛物命之心就得到了培養。袁黃認為只有對人們的善行進行精研明辨，才能做到真正的行善積德，否則徒勞無益。如何積善呢？袁黃講了十種途徑，其中之一就是「愛惜物命」。對每一種積善方法，他都或舉例、或論述，給予指導。

第三，注重家風的薰陶。

家風，又叫門風，是一個家庭在世代生息、繁衍過程中形成的較為穩定的生活作風、傳統習慣、道德面貌。純樸、正派的家風對於子弟、家人良好道德品行尤其是家庭道德觀念的形成和鞏固有著重要的影響。陸游在《示子孫》詩中教育子孫耕讀並重時，談到了家風對這一規範的作用。詩中寫道：「為貧出仕退為農，二百年來世世同。富貴苟求終近禍，汝曹切勿墜家風。」上文提及的蔣伊、許汝霖、鄭板

---

❿　〔美〕包筠雅：《功過格——明清社會的道德秩序》，浙江人民出版社 1999 年版，第 244 頁。

⓫　筆者以為《功過格款》並非袁黃所創，而是由雲谷禪師擬定，後經袁黃修訂而成。參見筆者與徐少錦合著：《中國家訓史》，陝西人民出版社 2003 年版，第 504 頁。

橋等都非常注意樹立節儉戒奢、愛物惜命、樂善好生等良好家風，依賴這種家風的薰陶，對家人、子弟進行潛移默化的生態倫理道德教育、指導和規約。

第四，通過家庭聚談會以及福報、因果等勸喻手段引導家人子弟向善，融洽人與自然關係。

《龐氏家訓》規定每月初十、二十五兩天召開家庭會議，闔家老小，都來參加。會上，各人講述半個月來的勞動生活情況及所見所聞，「或善惡之當鑒戒，或義所當為，或事所當己者，彼此據己見次第言之。各傾耳而聽，就事反觀，勉加檢點。」這種家庭聚談的生活會收到了「德業相勸，過失相規」的效果，是一種很好的勸喻方式。另外，一些家訓用天命、福報學說引導家人節約資源、愛惜生命。據《宋史·陸九韶傳》記載，為了加強家人的道德教育，「九韶以訓誡之辭為韻語。晨興，家長率眾子弟謁先祠畢，擊鼓誦其辭，使列聽之。」❷唱詞是：「聽，聽，聽！勞我一生天理定，若還懶惰必饑寒，莫到饑寒方怨命，虛空自有神明聽。聽，聽，聽！衣食生身天付定，酒肉貪多折人壽，經營太甚違天命。定，定，定！」❸清代張英在《聰訓齋語》中向子弟傳授了慈、儉、和、靜四字「致壽之道」。他對「慈」的解釋是，「人能慈心一物，不為一切害人之事，即一言有損於人，亦不輕發，推之戒殺生以惜物命，慎翦伐以養天和，無論冥報不爽，即胸中一段吉祥愷悌之氣，自然災沴不幹，而可以長齡矣。」他在談到能常享山林之樂的條件時說了「道德」、「文章」、「經濟」、「福命」四條，而「道德」就是以寬容、仁愛之心待人處世，這樣天地才能「容其隱逸」，鬼神才能「許其安詳」。儘管這種說法顯然充滿迷信色彩，但就其教子不害人、惜物命的內容而言還是具有積極意義的。

還有不少傳統家訓將儒家修身學說與佛教因果報應思想揉和在一起，教化家人敬畏自然，樂善好生。袁黃《訓子言》在「積善之方」這一部分，不吝篇幅，一氣列舉了十個行善事得福報的事例，向兒子論證《易經》所說「積善之家，必有餘慶」的道理。他告誡兒子，「天地在上，鬼神難欺」，自己的過錯雖然隱微，而鬼神實際上已經看見了，所以有錯就要改正。

---

❷　《宋史》，中華書局 1976 年版，第 12879 頁。

❸　潘永因：《宋稗類鈔》卷之四，《家範》，書目文獻出版社，第 278 頁。

上述家訓教化，固然有濃郁的鬼神迷信色彩，屬於唯心主義的無稽之談，但在當時條件下，也能對人們的奢侈浪費、暴殄天物、殺生等做法起到震懾作用，從勸人向善、趨善避惡、順應自然、愛護自然、愛物惜命的初衷看，都是值得肯定的，也是可以理解的。

<h2 style="text-align:center">三、儒家傳統家訓中的生態倫理教化
對我國道德文明建設的借鑒意義</h2>

　　儒家傳統家訓在人與自然、人與動物的關係上的生態倫理教化理論和實踐，拓展了儒家「仁民愛物」倫理思想社會教化的視角和領域，儘管家訓文化隨著時代的發展而衰落了，但其生態倫理教化理論和實踐，對我國道德文明建設仍然不無借鑒意義。

　　首先，儒家傳統家訓的生態倫理教化為我國生態文明社會建設提供了可資借鑒的倫理文化資源。

　　當今人類社會，就整體而言，由於物質文明與精神文明的相互促進，其道德風貌自然呈上升趨勢。況且人口爆炸、能源危機、生態失衡三大問題也迫使人們不得不把世界作為一個統一的整體而對待，增強了「地球村」的「村民」意識。但同樣我們也應該看到，由於人類的貪欲，對環境的破壞日益加劇，每年都有嚴重的自然災害威脅著許多國家、地區人們的生命和財產的安全。人們為滿足自己的需要而濫砍濫伐森林，濫捕野生動物，致使大批生物滅絕，許多珍稀動物成了某些人的腹中之物。據報導，全世界共有 500 種動物受到絕種的威脅，每天平均有 3 種動物或植物從地球上消失。到上世紀末，人類已知的動植物中已經有 20% 徹底消失。為了我們人類的生存環境，儒家家訓中人與自然和諧、「愛惜物命」、憫物好生等調節人與其他動物關係的倫理準則越來越顯得充滿智慧，越來越展現其重要的現代價值，值得我們在生態文明社會建設中學習、借鑒。

　　其次，繼承傳統家訓中崇儉、禁奢等生態倫理觀念，努力節約資源，適度、合理地索取自然。

　　從世界視野看，一方面是物質生產的極大發展，一方面是南北對立、貧富懸

殊，非洲地區等很多不發達國家的人民基本生活都無法保證，疾病得不到醫治。從國內看，我國經濟迅速發展的同時，也造成了奢侈浪費、享樂主義的不良社會風氣。最新統計顯示，中國已是全球豪華汽車購買力最強的國家之一。今年前 7 個月，寶馬的全球銷量同比下降 19%，在華銷量卻增長 26%；奧迪的全球銷量同比下降 8%，在華銷量卻增長 15%。此外，當歐美日奢侈品需求萎縮之時，中國的奢侈品年消費額反而達到了 86 個億（美元），占全球市場 1/4，中國首次超過美國成為世界第二大奢侈品消費國。❹法國精品企業聯盟「科爾貝委員會」預言，中國將在 2010 年前後有望躍升為第一大奢侈品消費國。未富先奢、小富大奢的奢靡之風是與在珍惜資源、合理利用自然、建設和諧社會的目標格格不入的。

　　大地倫理學提倡人類要承擔起對植物、水、高山等大地「成員」的義務，義務之一就是要以愛和尊重去節約地球資源、適度索取。合理地利用各種自然資源，也就為保護生態環境做出了貢獻。同時，道德關懷不能只停留在關注自身的層面，還應包括人以外的動物及動物之外的非生命物質資源，這是人類道德關懷層次提升的必然要求。在建設節約型、環境友好型社會的今天，節制欲望、索取自然有度等家訓倫理教化的內容和方式無疑對於我們具有重要的啟示和參照作用。

　　再次，借鑒儒家傳統家訓中的教化方法提升生態倫理教化效果。

　　傳統家訓在包括生態倫理在內的家庭道德教化中，採取了通過類似「民主生活會」的家庭聚談制度、舉行經常的訓誡儀式等行之有效的做法，收到了「德業相勸，過失相規」的很好效果。再如填寫「功過格」的修養方法，經過袁黃的整理提倡以後大行於世，並產生了深遠的影響。以至明末清初的思想家張履祥的著作中曾寫道，「袁黃功過格竟為近世士人之聖書」❺。一些家訓作者也運用功過格指導家人加強道德修養，如蔣伊就在其《蔣氏家訓》中要求其子弟讀書之暇，按袁了凡先生功過格「身體而力行之」。當然，社會和時代已經變遷，我們也不必要求今人泥古仿效，但我們可以學習、借鑒傳統家訓生動活潑、喜聞樂見、言簡意賅、操作性

---

❹　毛穎穎：〈中國超美國成「第二大奢侈品消費國」不是好事情〉，《北京商報》2009 年 9 月 21日。

❺　張履祥：《楊園先生全集》卷五，中華書局 2002 年版。

強的具體樣式，加強生態道德的宣傳和教育，提高教育的實效性。

傳統家訓中的生態教化理論和實踐，還有其他不少值得借鑒的地方，限於篇幅，不再贅述。

儒家仁學的生態智慧
與生態文明的全球實現

刁生虎

【作者簡介】刁生虎（1975-），男，河南省鎮平縣人，博士，副教授，主要從事先秦兩漢文學、易學與諸子文化以及古代文論研究。

【摘　　要】儒學是仁學，作為其核心範疇的「仁」不僅是「愛人」的而且是「愛物」的，因而具有穿越歷史、跨越國界而對當今世界乃至現實宇宙產生永恆性和普遍性影響的強大普世情懷。而作為儒家仁學系統重要組成部分的天人合一學說蘊含著極為豐富的生態智慧，其在人類與萬物的平等與獨立、人類社會與自然萬物的統一與和諧、發展經濟與保護生態的一致與協調、科技理性與價值理性的並存與統一等四個領域均體現了極為明顯的生態關懷意識。源於中國古聖先賢的這些生態智慧不僅可以對建構現代生態哲學和環境倫理學提供極為豐富的思想和文化資源，而且對於人類應對全球生態挑戰、進行生態文明建設具有重大的借鑒價值。

【關 鍵 詞】儒家仁學　生態智慧　生態文明　全球實現

儒家仁學的生態智慧
與生態文明的全球實現

刁生虎

　　生態問題是人類生存和發展中所必須面對的重大課題。人源於自然，有賴自然而生存，因而不可避免地與自然構成一個生生不息的大系統，這一系統就是所謂的生態系統。由人所參與的這一生態系統能否正常運轉、達到良性迴圈，不僅對人類的生存來說是至關重要的，而且很大程度上也在於人類究竟以什麼態度來參與這個系統的發展。而生態危機可以說是現代性危機中最為致命的危機，它直接威脅著人類的生存，關涉到地球和人類未來的命運。而從人類豐富的思想傳統和文化資源中尋求拯救現代生態危機的思想智慧，無疑是當代人類解決生態問題的有效途徑。中國傳統儒家經典雖然不是專門的生態學著作，但其中卻蘊涵著豐富而又深刻的生態倫理思想，故深入系統地挖掘、梳理儒家的生態智慧，不僅可以對建構現代生態哲學和環境倫理學提供極為豐富的思想和文化資源，而且對於人類應對全球生態挑戰、進行生態文明建設具有重大的實踐價值。

一

　　從某種意義上來說，儒家學說就是一種關於「仁」的學說。在儒家看來，「仁」是人之為人的根本所在。《中庸》裏邊就有「仁者人也」的說法，意思是人所具有的各種美德屬於「仁」，換句話說，「仁」所涵蓋的美德是「仁」的外延。反過來說，「人者仁也」，「仁」又是屬於「人」的範疇。「仁」與「人」，如影

隨形，互相依存，「道不遠人，人之為道而遠人，不可以為道」（《中庸》右第十二章），「道」即「仁道」，「人」必須有「仁」，「人」若無「仁」，則不成其為人。道不遠人，道不離人，「人而不仁，如禮何？人而不仁，如樂何？」（《論語‧八佾》）由此可見，禮樂社會的存在，其內在依據就是「仁」，禮樂無非是「仁」的外在體現而已。由此可見，「仁」在孔子乃至儒家學說中佔據何等重要的地位。那麼，究竟什麼是「仁」呢？或者說「仁」的本質規定性究竟是什麼呢？儒家那裏有一個通俗而又流行的說法，就是「愛人」。這也就是說做人就要具有關愛別人的同情之心。那麼，「仁者愛人」中的「人」其涵蓋的範圍如何，也即是說孔子所說的「愛人」之「人」都包括哪些人呢？按照我們的理解，孔子這裏所說的「愛人」，就是愛一切人，包括父母、兄弟、親戚、朋友乃至所有人。因為孔子在別的場合明確說過「泛愛眾」的主張。其中的「泛」和「眾」兩字就揭示了孔子仁學的普世情懷，無論是在位的「大人」、無位的「庶人」，還是「國人」、「野人」，以及各類人等，都屬於被愛的對象，都要以人道的方式相對待。不過我們這樣的理解，可能會有人提出異議，因為儒家不是又明確說「愛有等差」了嗎？這樣不是和「泛愛眾」自相矛盾嗎？我們說，這兩者並不矛盾。因為儒家雖然講「愛有差等」，但並不因此而否定普遍愛心存在的可能性及其意義，反倒強調從對親人的偏愛（「愛有差等」）走向對普通人的普遍關愛（「泛愛眾」）既是可能的又是合理的。其所以可能和合理，是因為人之為人從本質上來講是可以做到將心比心、推己及人的。這就是儒家所說的「忠恕之道，可謂仁之方也」（《論語‧雍也》）。由此可見，在孔子看來，通向「仁」的關鍵通道就是「忠恕之道」。所謂「忠恕之道」，就是「己所不欲，勿施於人」（《論語‧顏淵》），「己欲立而立人，己欲達而達人」（《論語‧雍也》）。根據這個邏輯，我們不難看出，「愛人」是「仁」的根本涵義，也是人的最高德性，以「仁」去對待他人，自然會有「忠恕」之道。「忠恕」只是實現仁德的方法，人本身才是目的。由此可見，從親情之愛可以合理地推及普遍愛心。之所以能夠這樣類推，儒家亞聖孟子從人的類本質角度給了一個回答：「凡同類者舉相似也」（《孟子‧告子上》），這就是說，只要是人，就是同類，就必然有相似的心理和行為，所謂人同此心，心同此理。而荀子說得就更為清楚而具體了：「聖人者，以己度者也。故以人度人，以情度情，以類度類。」

（《荀子·非相》）孟子說：「權，然後知輕重；度，然後知長短。物皆然，心為甚。」（《孟子·梁惠王上》）孟子又說：「古之人所以大過人者，無他焉，善推其所為而已矣。」（《孟子·梁惠王上》）孟子、荀子以為：東西要比較比較、掂量掂量才知道長短和輕重，而人心呢，則更應這樣；古代的聖賢人物之所以遠遠地超越過了一般的人，就是因為他們能從美好的心靈出發，把他們良好的所作所為推及到其他事物之上：「仁者以其所愛及其所不愛，不仁者以其所不愛及其所愛。」（《孟子·盡心下》）仁愛為懷不僅要推己及人：「老吾老，以及人之老；幼吾幼，以及人之幼」（《孟子·梁惠王上》），而且要推己及物：「親親而仁民，仁民而愛物。」（《孟子·盡心上》）這種對生命的普遍尊重是一種善待生命、仁愛生命的崇高而博大之道德精神。具體到「仁者愛人」的層面來說，就必然有這樣一個道理：「愛人者，人恆愛之。」（《孟子·離婁下》）儒家始終強調應該將對別人的關愛視為自愛的合理推及：「老吾老以及人之老；幼吾幼，以及人之幼。」（《孟子·梁惠王上》）像這樣「善推其所為」（《孟子·梁惠王上》），在儒家看來，是普遍適用的。孔子云：「君子務本，本立而道生，孝悌也者，其為仁之本與！」（《論語·學而》）在儒家看來，對父母和兄弟之愛乃是為仁之本。這是基礎，是前提，只有首先做到「入則孝，出則悌，謹而信」，才有可能做到「泛愛眾」，做到「老吾老，幼吾幼以及人之幼」，將仁愛的情懷推至萬民、推至四海。在儒家看來，「仁者愛人」首先應落實於人所處的家庭關係之中，落實於人如何對待生養自己的父母兄長的行為態度上。孔子云：「君子篤於親，則民興於仁。」（《論語·泰伯》）為什麼說「篤於親」與「興於仁」有必然的聯繫？因為「仁」的精神重在推己及人。如果連生養自己的父母及兄弟都不能給予「孝」、「悌」，那麼，人是難於培養起仁德的，民眾也就難於「興於仁」。人既愛自己的親人，就自然可以聯想到有必要愛別人的父母，否則，人人都會因不關愛別人的父母而失去了別人對自己父母的關愛，使得自己的愛父母流於空談，沒有實際的社會意義。所以，正如孟子所說，譬如從愛父母可以推及必愛祖國，因為祖國是父母之邦；從愛自己（狹義）可以推及必愛朋友，因為朋友與我志同道合。《禮記·禮運》云：「故聖人乃以天下為一家，中國為一人者，非意之也，必知其情，辟於其義，明於其利，達於其患，然後能為之。」「以天下為一家，中國為一人」，必是人己合一，人群合一，而共生共

長、共盛共榮。正因如此，其後的馬王堆帛書〈五行〉篇這樣來解釋「仁」的內涵：「愛父，其繼愛人，仁也。」又云：「愛父，其殺愛人，仁也。言愛父而後及人也」。郭店楚簡〈五行〉亦云：「愛父，其攸愛人，仁也。」是說，由愛自己的父母出發，進而推及到愛所有的人，這就符合「仁」的要求。〈五行〉反映的是戰國時期儒家的思想，所謂「愛父，其繼愛人」，顯然是沿襲孔子關於「立愛自親始」（《禮記·祭義》）的主張。可見，仁愛雖然始於親，卻不終於親，這是儒家的仁愛觀念能夠獲得廣泛認同的關鍵所在。由此可見，「愛有差等」並不是嚴格意義上的等級關係，而只是遠近關係；親疏之別是有的，但等級貴賤之高下是沒有的。由近及遠、「老吾老以及人之老，幼吾幼以及人之幼」，這是人類生活中的一個基本事實，是人類情感發展的自然過程。由此而產生的價值原則，與近代以來的平等原則並不必然構成矛盾，倒是能夠結合起來，使人類之愛出於真誠。其歷史層面的內容，當然隨歷史的變化而變化，但它所開啟的人類同情心、「真誠惻袒」之心這一基本精神，卻具有超越歷史的永恆價值。

儒家仁學不僅主張「愛人」，而且主張「愛物」，仁德不僅要施之於人類，而且要施之於萬物，只有這樣，仁德才是沒有「遮蔽」的，才是「周遍」的。孔子和孟子都把對待人的道德情感擴大到對待萬物，或者將自然萬物納入到「仁」的範圍，用仁愛之心將人與萬物聯成了一個整體。這就是「仁民而愛物」（《孟子·盡心上》）的精神實質。「仁民而愛物」在最廣大的範圍內表現了儒家仁學的道德訴求。這就是說，儒家不僅承認人是有內在價值的，而且承認自然界的生命之物也是有內在價值的，人的情感不僅與「同類」是相通的，而且與「異類」之物也是相通的。孟子繼承孔子「泛愛眾而親仁」（《論語·學而》）的思想，提出「仁民而愛物」的倫理學命題：「君子之於萬物也，愛之而弗仁。於民也，仁之而弗親。親親而仁民，仁民而愛物」（《孟子·盡心上》）。這裏將親、仁、愛區分開來，是說明仁的不同層次，並不是將三者對立起來。狹義言之，仁與親、愛有別；廣義言之，仁包涵了親與愛。這種由近及遠、由人及物的仁愛學說，既有差異性原則，又有極大的普遍性；既表明了人的優先性，而又不限於人間性。它雖然從親親關係開始，卻又超出了親親關係，擴展到人類以至自然界的生命之物。儒家有關思想極其豐富，可以說形成了一以貫之的傳統。漢代以降，仁愛思想又得到進一步豐富。《淮

南子‧泰族訓》：「所謂仁者，愛人也；所謂知者，知人也……仁莫大於愛人，知莫大於知人。」賈誼《新書‧禮》：「失愛不仁過愛不義」又《新書‧修政語上》：「德莫高於博愛人，而政莫高於博利人。」董仲舒《春秋繁露‧仁義法》：「質於愛民以下，至於鳥獸昆蟲莫不愛，不愛，奚足謂仁！」《周禮‧大司徒》：「仁者，仁愛之及物也」，揚雄《太玄‧玄摛》：「周愛天下之物，無有偏私，故謂之仁。」班固《白虎通義‧情性》：「仁者，不忍也，施生愛人也。」都是對這一傳統的表述。韓愈更是將「仁」解釋為「博愛」，說「博愛之謂仁」（《原道》），認為墨家的「兼愛」就是孔子的「泛愛眾」。朱熹《朱子語類》卷六：「百行萬善總於五常，五常又總於仁。」即「仁」不僅是有關人際關係的行為規範，還要擴大到禽獸、昆蟲、草木、瓦礫等自然萬物。二程云：「仁者，以天地萬物為一體，莫非己也。認得為己，何所不至？若不有諸己，自不與己相干，如手足不仁，氣已不貫，皆不屬己。」（《河南程氏遺書》卷二）又云：「若夫至仁，則天地為一身，而天地之間，品物萬形為四肢百體。夫人豈有視四肢百體而不愛者哉？……醫書有以手足風頑謂之四體不仁，為其疾痛不以累其心故也。夫手足在我，而疾痛不與知焉，非不仁而何？」（《河南程氏遺書》卷四）由此可見，天地萬物與人同為一體，休戚相關，因而人必須如愛護自己的手足般愛護萬物。這樣一來，「愛物」便落在了實處。張載把仁愛範圍擴大於愛人亦愛物，認為只有愛人也愛物才算完全達到「仁」的境界。說：「以愛己之心愛人則盡仁。」（《正蒙‧中正》）又說：「民，吾同胞；物，吾與也。」（《正蒙‧乾稱》）。又說：「性者，萬物之一源，非我有之得私也。唯大人為能盡其道，是故立必俱立，知必周知，愛必兼愛，成不獨成。」（《正蒙‧誠明》）朱熹認為，「仁」是「愛」的根本，「愛」是「仁」的具體表現。他說：「仁是根，愛是苗」（《朱子語類》卷二十），「仁之發處自是愛」（《朱子語類》卷九十五），「仁者，愛之理；愛者，仁之事。仁者，愛之體；愛者，仁之用」（《朱子語類》卷二十）。從而將仁、愛統一為一體。王陽明說：「夫人者，天地之心。天地萬物，本吾一體者也，生民之困苦荼毒，孰非疾痛之切於吾身者乎？」（《傳習錄》中）人既是「天地之心」，則天地間萬物之危難痛苦無不與此心休戚相關：「是故見孺子之入井，而必有怵惕惻隱之心焉，是其仁之與孺子而為一體也；孺子猶同類者也，見鳥獸之哀鳴觳觫，而必有不忍之心焉，是其仁

之與鳥獸而為一體也；鳥獸猶有知覺者也，見草木之摧折而必有憫恤之心焉，是其仁之與草木而為一體也；草木猶有生意者也，見瓦石之毀壞而必有顧惜之心焉，是其仁之與瓦石而為一體也。」（《大學問》）由此可見，到了宋明時期，仁愛的對象已被擴大到真正的「萬物」了。時至清代，戴震云：「仁者，生生之德也。民之質矣，日用飲食，無非人道所以生生者。一人遂其生，推之而與天下共遂其生，仁也。」（《孟子字義疏證》卷下）王夫之云：「由吾同胞之必友愛，交與之必信睦，則於民必仁；於物必愛之理，亦生心而不容已矣。」（《張子正蒙注》）所有這些，表達的都是孔子說的「仁者愛人」（《論語·陽貨》）之基本精神。

二

　　一般說來，生態文明是指人類繼原始文明、農業文明、工業文明之後興起的一種新的文明形態。其以人與自然和諧共生、良性迴圈、全面發展、持續繁榮為基本宗旨。華夏文明雖然是工業文明的遲到者，但其基本精神卻與生態文明的內在要求基本一致，這就使中華民族有可能率先反思並超越自西方文藝復興以來就主導人類的工業文明，從而成為生態文明的率先回應者。其中儒家仁學的生態智慧就為生態文明的全球實現提供了極為深厚的精神資源。人與自然的和諧發展是全球和諧的重要基礎，這是基於人類社會可持續發展的永恆使命所內含的一種必然要求。而這方面的思想在儒家仁學系統中有極為豐富的論述。諾貝爾物理學獎獲得者湯川秀樹指出：「對於東方人來說，自身和世界是同一事物，東方人幾乎是不自覺地相信，在人和自然界之間存在著一種天然的和諧。」❶徐復觀先生亦曾指出：「在世界古代各文化系統中，沒有任何系統的文化，人與自然，曾發生過像中國古代這樣的親善關係。」❷而儒家便是其中的代表。儒家認為，「天地生萬物」（陳普《冬華一夜霜》），人與萬物都是自然的產兒，故「天地變化，聖人效之」（《易·繫辭上

---

❶　〔日〕湯川秀樹著：《創造力和直覺——一個物理學家對於東西方的考察》，復旦大學出版社1987年版，第37頁。

❷　徐復觀：《中國藝術精神》，春風文藝出版社1987年版，第193頁。

傳》），從而主張「仁民愛物」（《孟子·盡心上》），由己及人、由人及物，把「仁愛」精神擴展至宇宙萬物。故朱熹說：「天地萬物本吾一體。」（《中庸章句》）儒家把人和自然看成一個整體，高度重視人與自然的和諧。作為群經之首的《周易》雖然沒有明確提出這一命題，但其思想卻貫穿於整個易學體系之中，八卦的基本模式便體現了天人合一的思維取向。《易·繫辭下傳》云：「古者包犧氏之王天下也，仰則觀象於天，俯則觀法於地，觀鳥獸之文與地之宜，近取諸身，遠取諸物，於是始作八卦，以通神明之德，以類萬物之情。」由此可見，八卦創立的根本原則就是天人合一，天人之道是《周易》最為推崇的易道，天與人的統一與和諧也是《周易》所追求的根本目標。故《乾·文言》云：「夫『大人』者，與天地合其德，與四時合其序，與鬼神合其吉凶。先天而弗違，後天而奉天時。」後世儒家觀點儘管有異，但其基本原則是天人合一，天人合一是各家共同的理論基礎。如孔子的「唯天為大，唯堯則之」（《論語·泰伯》）和「天何言哉？四時行焉，百物生焉，天何言哉？」（《論語·陽貨》）諸言論無不蘊含著天人合一的致思路徑。孔子說過：「加我數年，五十以學《易》，可以無大過矣。」（《論語·述而》）他又曾引述《易·恆·九三》之爻辭：「不恆其德，或承之羞。」（《論語·子路》）司馬遷在《史記·孔子世家》中有更為具體的表述：「孔子晚而喜《易》，序〈彖〉、〈繫〉、〈象〉、〈說卦〉、〈文言〉。讀《易》，韋編三絕。曰：『假我數年，若是，我於《易》則彬彬矣。』」所有這些說明孔子確實深受《周易》的影響。孔子之後，子思也對天人關係進行了論述。在他那裏，天、人相交於「誠」，由「誠」而「合一」：「唯天下至誠，為能盡其性；能盡其性，則能盡人之性；能盡人之性，則能盡物之性；能盡物之性，則可以贊天地之化育；可以贊天地之化育，則可以與天地參矣。」（《中庸》）孟子則把天道與人性聯繫了起來，提出「是故誠者，天之道也；思誠者，人之道也。」（《孟子·離婁上》）天有道德屬性，而人則承受了天所賦予的道德觀念；所以「盡其心者，知其性也。知其性，則知天矣。存其心，養其性，所以事天也。」（《孟子·盡心上》）這樣君子就可以「上下與天地同流」（《孟子·盡心上》）。這和《易·文言》中「夫『大人』者，與天地合其德，與四時合其序，與鬼神合其吉凶」的說法極其相似。荀子雖然在〈天論〉中提出天人相分說，但這僅限於自然和人的作用來說，他在講治國之道、人性修養時仍

是天人合一，其〈天論〉、〈不苟〉、〈王制〉諸篇都貫穿著天人合一思想。如〈王制〉：「天地者，生之始也；……故天地生君子，君子理天地。君子者，天地之參也，萬物之摠也……君臣、父子、兄弟、夫婦，始則終，終則始，與天地同理，與萬世同久，夫是之謂大本。」他所講的「明於天人之分」中的「分」是「份」，即天與人各有所司的「份內」之事，而不是相互隔絕之意。荀子是主張「人參天地」的，他認為「善言天者必有徵於人」（《荀子·性惡》），「為善者天報之以福，為不善者天報之以禍」（《荀子·宥坐》），所以從思維模式的趨向上看，荀子並沒有背離「天人合一」。時至漢代，董仲舒提出「天人感應」論，從「天人相類」的基點出發，得出「以類合之，天人一也」（《春秋繁露·陰陽義》）的結論。在董氏看來，天、地、人三者雖然處於不同的地位，有不同的作用，但它們卻是「合而為一」的：「事物各順贊名，名各順於天。天人之際，合而為一。」（《春秋繁露·深察名號》）兩宋時期，天人合一理論走向成熟。宋儒在繼承先秦儒家思想的同時，吸收了墨家的「兼愛」、莊子的「天地與我並生，而萬物與我為一」以及惠施的「泛愛萬物，天地一體」的思想，進一步發展了天人合一學說，特別是程顥提出「仁者以天地萬物為一體」的思想，具有重要的生態倫理學價值。張載在《正蒙》中首次明確提出「天人合一」的概念：「儒者則因明至誠，因誠至明，故天人合一。」（《正蒙·乾稱》），並提出了「民，吾同胞；物，吾與也」（《正蒙·乾稱》）的命題。由此可見，儒家文化的主導便是傳統意義上的天人合一。正因如此，張岱年先生才說：「中國哲學之天人關係論中所謂天人合一，有二意義：一天人相通，二天人相類。天人相通的觀念，發端於孟子，大成於宋代道學。天人相類，則是漢代董仲舒的思想。」❸

　　儒家仁學系統中的天人合一理論對現代生態文明的全球實現、構建生態學意義上的和諧世界具有重大啟發意義。首先，其強調人類與萬物的平等與獨立。在儒家看來，「天地位焉，萬物育焉」（《中庸·天命》）、「四時行焉，萬物生焉」（《論語·陽貨》）、「天有常道矣，地有常數矣」、「天行有常，不為堯存，不為桀亡……故明於天人之分，則可謂至人矣」、「天不為人之惡寒也輟冬；地不為人之

---

❸　張岱年：《中國哲學大綱》，中國社會科學出版社 1982 年版，第 173 頁。

惡遼遠也輟廣」（《荀子·天論》）。以上諸例都充分說明儒家承認天地萬物均有其獨立的內在價值和客觀規律，自然是獨立存在的價值主體。儒家這一思想認識對於啟示現代人自覺放棄人類中心主義的錯誤主張，以平等的態度對待自然，充分尊重和愛護自然具有極為重要的意義。在近現代文明中，居於支配地位的是人類中心主義，即在人與自然的關係問題上，始終堅信人是中心，是主宰，自然界只是為人類服務的對象，只是處於從屬地位。人類對於自然界只有控制、利用、索取和改造的權利，卻沒有任何責任和義務。只有人才既是價值的主體，同時又是價值的裁決者，自然界是沒有獨立價值的，其價值是以人的需要為前提的。但是，人的欲望是無窮盡的。這樣，就出現了惡性循環：人的「需要」愈是增長，對自然的掠奪就愈加劇，其結果便終於造成了人類的生存危機。「生態文明建設不是專案問題、技術問題、資金問題，而是核心價值觀問題，是人的靈魂問題。」❹也就是說，生態危機本質上是人類的文化危機造成的。因此，轉變人們以往無知無畏自然的生態價值觀念，喚醒民眾尊重自然等生態意識，是生態文明發展的首要前提。而傳統儒家的天人關係學說則將天人進行明確區分，這就充分肯定了自然的獨立存在意義和自身價值，強調萬物和人一樣，都是宇宙中平等的一員，各自都有自己固有的發展規律。它使我們認識到：人類當前所面臨的嚴重的環境污染與生態失衡困境，主要原因由於人忽視了自然的獨立性，未尊重其主體地位和客觀規律，沒有以平等的身分對待自然萬物。事實上，從自然的角度說，人與自然是平等關係，而不是主從關係，更不是征服與被征服的關係。人類並不是宇宙萬物的中心，人類的標準沒有資格作為宇宙萬物的共同標準，萬物的存在方式各有其內在的合理性，人類應當充分尊重自然，而不應自以為是，把自己的標準強加給自然萬物。在生命的意義上，人與萬物既是有別的，又是平等的，並沒有高低貴賤之分，人決不是自然界的主宰者、征服者、佔有者。相反，人是自然界的產物，只有自然界才是人類的生命之源和真正家園。這就要求我們必須放棄人類作為自然界立法者、主宰者的觀念，將人類看作是自然界的一部分，並且承認自己在認識、利用自然方面的局限性，從而充分尊重自然界其他生命的平等身分和基本權利，以良好的道德意識來規範自己的行

❹　陳學明：《生態文明論》，重慶出版社 2008 年版，第 120 頁。

為，以開放、相容的心態來接納自然。只有這樣，才不至於受到自然的懲罰，造成人的生存意義的喪失和精神家園的失落。這就要求我們以儒家文化中天人一體的整體意識與和諧觀念為旨歸，按照可持續發展戰略的要求，正確處理和協調人類與自然的關係。因此，儒家傳統中以天人合一為主要表徵的宇宙和諧思想與生態倫理觀，經過發掘、整理，以及進行適應現代社會生活的詮釋，必將成為現在和未來全球生態文明的理論來源和精神支柱。

其次，其強調人類社會與自然萬物的統一與和諧。生態倫理學的創始人霍爾姆斯·羅爾斯頓指出：「我們的人性並非在我們自身內部，而是在於我們與世界的對話中，我們的完整性是通過與作為我們的敵手兼夥伴的環境的互動而獲得的，因而有賴於也保有其完整性。」❺美國著名生態理論家大衛·雷·格里芬則提出更具當代性的「生態論的存在觀」，❻將生態問題與人的生存問題緊密相聯，從而標誌著生態存在論哲學的誕生。這就揭示了生態哲學的內在蘊含和重要意義。《禮記·郊特牲》云：「天地合，而後萬物興焉。」《易·序卦傳》云：「有天地然後有萬物，有萬物然後有男女……」，傳統儒家把天地看作生命的來源，認為萬物產生於天地，人類則產生於萬物，人和天地萬物有不可分割的內在聯繫。因此，人與自然萬物本為一體統貫、和諧一致，既在本體上、存在上統一，又在生命上、價值上統一，是一個有機的、和諧的統一體，所以人類沒有任何理由不去珍愛自然萬物。這種深刻的生態倫理，對我們今人無疑具有重大啟發意義。現代科學研究表明，有生命的和一切具有持續發展能力的事物，都是始終處在循環往復、新陳代謝的動態平衡之中的。人類本身就生活在地球的大氣圈、水圈、岩石圈之間的生物圈之中。自我必須在同宇宙的和諧統一的前提下去實現，人類的生存和發展必須與整個地球及宇宙環境的能量轉換、物質迴圈和動態平衡相協調。其中，任何一種迴圈和平衡遭受破壞，都會危及人類的生存。而天人合一在把人與自然看作是一個有機整體的基礎上，承認這一有機整體內構成要素之間的相互影響和作用處於整體的和諧狀態，

❺　〔美〕霍爾姆斯·羅爾斯頓著，劉耳、葉平譯：《哲學——走向荒野》代中文版序，吉林人民出版社 2000 年版，第 93 頁。
❻　〔美〕大衛·雷·格里芬編：《後現代精神》，中央編譯出版社 1998 年版，第 224 頁。

也就是說承認人與自然之間的關係本質上是關聯性與和諧性。這就要求我們以儒家天人一體的整體意識與和諧觀念為旨歸,按照可持續發展戰略的要求,正確處理和協調人與自然的關係,力求在更高層次上實現人與自然的和諧平衡。

再次,其強調發展經濟與保護生態的一致與協調。我國生態理論家余謀昌對當代生態理論的存在論內涵闡發道:「環境問題的實質是人的問題,保護地球是人類生存的中心問題。」❼而近代以來,在人定勝天、征服自然諸種觀念的影響下,人類通過工業革命和科學技術對自然進行瘋狂地改造與索取,實現了由農業文明向工業文明、由前現代社會向現代社會的轉型,生活處境也隨之發生了巨大的變化。但與此同時,也帶來了一系列始料未及的嚴重問題:物種滅絕、環境污染、人口爆炸、城市膨脹、耕地減少、能源危機……。所有這些都以驚人的速度和規模呈現在我們面前。這不僅給社會的發展帶來了巨大的損失,而且使人類的生存面臨著嚴重的危機。更為可怕的是,這種危機在時間意義上要繼續下去,在空間意義上要擴展全球。面臨著生存困境的人類,不得不深刻反思傳統發展模式,積極尋求新的發展途徑。而生態文明作為人類文明發展的高級階段,是人類對傳統工業文明進行理性反思的產物,其旨在超越人類中心主義,提倡生態中心主義,實現人類與自然的和諧共處。從這個意義出發,儒家的基本態度就是與自然共生共存。其天人合一觀念承認自然有其獨立的內在價值和客觀規律,從而啟示現代人自覺放棄人類中心主義的錯誤主張,放棄人類作為自然界立法者、主宰者的觀念,將人類看作是自然界的一部分,並且承認自己在認識、利用自然方面的局限性,從而充分尊重自然界其他生命的平等身分和基本權利,以良好的道德意識來規範自己的行為,以開放、相容的心態來接納自然。故儒家自覺地把人的存在和自然環境結合在一起,把自然環境作為文明的一個要素或變項來考慮,認為人對天地萬物承擔有道德義務,所以,它不把人置於自然的對立面,而是注重二者的和諧。只有這樣,才不至於受到自然的懲罰,造成人的生存意義的喪失和精神家園的失落。儒家仁學的生態智慧對今人無疑具有相當的啟示作用。它使我們認識到:人類當前所面臨的嚴重的環境污染與生態失衡的困境,主要原因是由於人忽視了自然的獨立性,未尊重其主體地位和客觀

---

❼　余謀昌:《生態倫理學》,首都師大出版社 1999 年版,第 87 頁。

規律，沒有以平等的身分對待自然萬物。事實上，在生命的意義上，人與萬物既是有別的，又是平等的。正如恩格斯所說：「特別是本世紀自然科學大踏步前進以來，我們就愈來愈能夠認識到，因而也學會支配至少是我們最普通的生產行為所引起的比較遠的自然影響。但是這種事情發生得愈多，人們愈會重新地不僅感覺到，而且也認識到自身和自然界的一致，而那種把精神和物質、人類和自然、靈魂和肉體對立起來的、反自然的觀點，也就愈不可能存在了。」❽因此，我們在開發利用自然方面，務須時刻注意限制自己的欲望，尊重自然的規律，順應自然之性，按規律辦事。只有這樣，才不會受到自然的懲罰。也就是說，人類只有按照自然的本性去規範和調整人對自然的活動，才能與自然打交道時獲得自由。事實上，對自然環境的尊重與保護，古人多有陳述。《論語·述而》有「釣而不綱，弋不射宿」的記載。《禮記》在〈月令〉、〈王制〉等篇中都有規定漁獵砍伐都須有一定季節，並且不得捕殺幼獸、孵卵之鳥、懷胎母獸，不得砍伐未成材之木，不得顛覆鳥巢等保護自然資源的禁令。《孟子·梁惠王上》有「不違農時，穀不可勝食也；數罟不入洿池，魚鱉不可勝食也；斧斤以時入山林，材木不可勝用也」的言論。《荀子·王制》更有集中的論述：「聖王之制也：草木榮華滋碩之時，則斧斤不入山林，不夭其生，不絕其長也；黿鼉魚鱉鰌鱣孕別之時，網罟毒藥不入澤，不夭其生，不絕其長也；春耕、夏耘、秋收、冬藏，四者不失時，故五穀不絕而百姓有餘食也；汙池淵沼川澤，謹其時禁，故魚鱉優多而百姓有餘用也；斬伐養長不失其時，故山林不童而百姓有餘材也。」從而做到「萬物皆得其宜，六畜皆得其長」，這樣包括人類在內的群生才能「皆得其命」（《荀子·王制》）。曾子則直接引入「孝」德的觀念明確說：「樹木以時伐焉，禽獸以時殺焉。夫子曰：斷一樹，殺一獸，不以其時，非孝也。」」（《禮記·祭義》）宋人李衡因此而得出結論：「凡所行事，皆範模於天地陰陽之端，至如樹木以時伐，禽獸以時殺，春夏則生育之，秋冬則肅殺之，使物遂其性，民安其所，是範圍天地之道而無過越也」（《周易義海撮要》卷七）。由此可見，儒家仁學一向把生命萬物當作道德關懷的一般對象，把仁愛生命當作道德原則的基本內容；仁愛為懷、仁義至上不僅要推己及人，也要推己及物，不僅達之於

---

❽ 《馬克思恩格斯選集》第三卷，人民出版社1972年版，第518頁。

民，也要達之於物，從而仁愛生命，關懷萬物，這才算是真正的「仁愛」，真正的「仁義」。故宋儒程顥《識仁》開篇即云：「學者須先識仁，仁者渾然與物同體。」（《宋元學案·明道學案》）孟子曰：「萬物備於我矣」（《孟子·盡心上》），又曰：「上下與天地同流」（《孟子·盡心上》）；《禮記》則曰「贊天地化育」以及「與天地參矣」（《禮記·中庸》）。由此可見，早在兩千多年前，人們就開始關心生命，提倡保護動物，反對人類竭澤而漁式地向自然界索取，從而把發展經濟和保護生態資源合二為一了。儒家知足知止的開發觀念，對於當代保護生態環境，實現可持續發展有相當的現實意義。英國著名歷史學家湯因比指出：「現代人的貪婪將會把珍貴的資源消耗殆盡，從而剝奪了後代人的生存權。而且貪欲本身就是一個罪惡。它是隱藏於人性內部的動物性的一面。不過，人類身為動物又高於動物，若一味沉溺於貪婪，就失掉了做人的尊嚴。因此，人類如果要治理污染，繼續生存，那就不但不應刺激貪欲，還要抑制貪欲。」❾事實確實如此。反省當今人類所面臨的自然環境不斷惡化、生態危機日益加劇的局面，一個十分明顯的原因便是人們不懂得把開發利用自然資源和保護自然環境有機結合起來，人們只顧眼前利益而無節制地亂伐樹木、破壞森林、毀林開荒、使用地力、開發礦藏、捕撈水產、施放污染物，從而造成一系列的環境問題、生態問題。這不僅給人類帶來了巨大的損失，而且使人類面臨著嚴重的生存危機。這就要求現代人必須改變傳統的發展觀，將自然與社會、物質與精神、科技與文化、功利與審美諸方面統一起來，綜合考慮，協同發展。這正與現代人類新的生存觀念若合符契。天人合一作為人類文化的深層價值觀念，作為人類在認識、改造自然過程中的哲學觀念範型，要求我們在處理人與自然的關係時，把對周圍自然、環境本性的把握建立在對生態平衡規律的認識基礎上，強調人與自然的和諧、協調、非技術性和非工具性的關係，從而建立起人的完整本質和需要同自然之多維價值的全面聯繫。

最後，其強調科技理性與價值理性的並存與統一。馬克思主義認為，價值是一個關係範疇，它強調的是在主客體的相互關係中客體滿足主體需要的有用性或積極

---

❾ 〔英〕A·J·湯因比、〔日〕池田大作著，荀春生等譯：《展望二十一世紀》，國際文化出版公司 1985 年版，第 56-57 頁。

意義。根據這一原理，自然對人之所以是有價值的，就在於它在滿足人類生存和發展的需要方面是有用的或者說是有積極意義的。因此，人類充分發揮科技理性，利用科學技術來認識和改造自然，為自己造福，本無可厚非。科學和技術是文化，是人類為了對抗自然的創造物。科學的真正目標是瞭解自然的奧秘，從而找到一種征服自然的途徑。技術與科學一樣不是自然，是根據人類掌握的關於自然的知識，由人設計和製造出來的工具。一方面人類可以把它作為一種巨大力量，在改造自然的過程中，獲取更多更大的經濟利益；另一方面，當人們以損害自然為代價增長自己的經濟利益時，又會造成自然生命的嚴重損害。然而，在近現代文明中，人類卻忘記了科學技術是一把「雙刃劍」，過於看重科技的正面效應而忽視了它的負面效應，忽視了科技應用不當也會給人類帶來災難，即導致自然對人來講是無價值的、甚至是負價值的惡劣後果。最為可悲的是，人類一味追求科學技術的進步，陶醉在人定勝天的自我中心幻夢之中，越來越淪為喪失本真面目的科技奴隸而不自知。現代社會所面臨的生態問題、道德問題、犯罪問題便充分證明了這一點。而早在數千年前的儒家便已討論過相關問題。宋儒程顥云：「聞見之知，非德性之知，物交物則知之，非內也；今之所謂博物多能者是也。德性之知，不假聞見。」（《語錄》）張載亦云：「誠明所知，乃天德良知，非聞見小知而已。」（《正蒙·誠明》）由此可見，儒家認為，知識分為兩種：一是「德性之知」，二是「聞見之知」，並認為「德性之知」比「聞見之知」更為重要和根本。張載又云：「天之明莫大於日，故有目接之，不知其幾萬里之高也。天之聲莫大於雷霆，故有耳屬之，莫知其幾萬里之遠也。天之不禦，莫大於太虛，故心知廓之，莫究其極也。人病其以耳目見聞累其心，而不務盡其心。故思盡其心者，必知心所從來而後能。」（《正蒙·大心》）由此可見，無論人的「聞見之知」如何廣大，總有局限，而要真正克服，不在擴充「聞見之知」，而在「盡其心」，發展人的「德性之知」。儒家有關「聞見之知」和「德性之知」的敏銳洞察力及其生態學眼光對今天我們人類反思自己的生存現狀無疑具有重要啟示意義。「生態覺悟的實質，不只是對人與自然關係的反省，而且更深刻的是對世界的合理秩序、對人在世界的地位、對人的行為的合理性的反

省。」❿當代文化以現代科學技術為核心。人類借助科技的手段創造了文化，發展了自己，人類從自然那裏取得無盡的利益。但是，在人類中心主義思想的影響下，人類不承認自然界的合法地位，總是把自己放在主宰自然的位置上，完全以自身為尺度評價一切，處處從自己的利益出發對待其他事物，只承認和實現自己的生存，不承認和考慮自然界的生存，甚至常常以損害自然界生存的方式來謀求人類的生存，這種運用強大的科學技術力量，改造、主宰和統治自然的文化，自然價值嚴重透支，導致環境污染、生態破壞和資源短缺成為全球性問題，已經嚴重威脅人類的生存和發展，「有一點可以肯定，這就是科學技術嚴重地打亂了，甚至可以說正在毀滅我們賴於生存的生態系統」⓫。因此，人類生存延續的最大威脅可以說就來自人類自身，只重視科技理性而忽略價值理性的社會是很危險的，科技理性的過度膨脹必然會給人類帶來難以想像的災難。而要避免這一悲劇的發生，就必須注意學會從人類文明、文化的歷史和人類發展的未來出發，充分認識到科學精神與人文關懷是一致的、統一的、相輔相成、相得益彰的。在大力提倡科學技術是第一生產力，充分弘揚科學精神的同時，還要有人文關懷，要通過人文關懷來彌補和克服科學的盲點和局限。只有調整好科技文化和人文文化的關係，學會用人文文化來調控科技文化，才能避免人類被科技異化的厄運和遭受自然懲罰的悲劇；只有在總體上理智地發展與自然的平衡與和諧，人類才能最終拯救和完善自己；也只有將自然文化、人文文化和科學文化整合為一，使得人與自然生態共榮、和諧發展，全人類的可持續發展戰略才能最終得以順利實施，並最終使生態文明的全球實現成為現實。

---

❿　樊浩：《倫理精神的價值生態》，中國社會科學出版社 2001 年版，第 5 頁。

⓫　〔美〕弗·卡普拉著，馮禹等編譯：《轉捩點——科學·社會·興起中的新文化》，中國人民大學出版社 1989 年版，第 16 頁。

孟子的生態環境保護思想

杜寒風

【作者簡介】杜寒風（1964-），男，河北省石家莊市人，哲學博士，中國傳媒大學文學院教授，主要從事中國儒學、禪學及美學、文藝學等研究。

【摘　　要】儒家思想的重要代表人物孟子強調「仁民愛物」，在善待動物植物，愛護生態環境及改善生態環境上都提出了自己的主張。其生態環境保護思想與關注民生經濟相關，又與實現王道政治相連，至今對生態文明建設仍具有引導的意義。

【關 鍵 詞】孟子　仁民愛物　時　養　生態環境保護

孟子的生態環境保護思想

杜寒風

人類社會要發展，離不開賴以生存和棲息的自然，自然可說是我們的無機的身體，環境的惡化、生態的破壞等殘酷現實，亟需有良好的生態環境和生態文明。中國古代哲學家、儒家思想的重要代表人孟子所闡發的生態保護思想，對於我們生態文明的建設、生態環境的改善至今仍具有引導的意義，十分值得我們認真吸收其思想的合理性，為今天所用。

人與自然本是不可分的關係，孟子就講過這樣的話：「天之生物也，使之一本。」❶人與社會的和諧，需要人與自然的和諧作為基礎，孟子的生態環境保護思想就力求兩者能夠做到統一。《孟子·滕文公上》記錄：「當堯之時，天下猶未平，……草木暢茂，禽獸繁殖」。「堯舜既沒，聖人之道衰，暴君代作；壞宮室以為汙池，民無所安息；棄田以為園囿，使民不得衣食。邪說暴行又作，園囿、汙池、沛澤多而禽獸至。」生態環境在戰國以前曾遭到過破壞，到了戰國時期，由於人們落後的生產方式、統治者修建宮殿范圍、戰爭所用物資及改變環境禦敵等原因，頻頻產生生態環境惡化的事件。《孟子·滕文公下》說：「昔齊景公田，招虞人以旌，不至，將殺之。」戰國時期設置了專門官員管理山林川澤，虞人是此類官員的一種稱呼。雖然不乏管理的官員，但生態環境保護決非虞人之類的管理官員所能包攬的，需要社會各個階層的重視與切實的保護才能做好。

孟子認為：「君子之於物也，愛之而弗仁；於民也，仁之而弗親。親親而仁

---

❶　《孟子》卷十三〈盡心上〉。

民，仁民而愛物。」❷人有善端，有道德的萌芽，人愛自己的親人，推及到外，應該愛其他人，不但把愛推及到人，人之外的物，包括動物植物等，也是施愛的對象，都為君子踐行生德仁心的對象。即推己及人，推人及物，對民仁對物愛，仁愛有加，負載著推動人間和諧之大任。「夫君子所過者化，所存者神，上下與天地同流」❸。愛惜萬物，重物節物，才不會糟踐萬物，昭現天地之厚德。孟子生態環境保護思想的核心觀念就是「仁民而愛萬物」，「仁者以其所愛及其所不愛」❹。人在茫茫天地間具有慈愛仁義之心，才可保持動物植物的多樣性，保持自然的神聖性和豐富性。敬畏自然，保護自然，是儒家普世價值的一種必然訴求。《孟子·盡心上》說：「盡其心者，知其性也。知其性，則知天矣。存其心，養其性，所以事天也。夭壽不貳，修身以俟之，所以立命也。」人們侍奉自然，就是要凸現人作為天地萬物中主體的生態倫理意識，喚起人保護自然，維持生態環境保護的道德使命。無有遠大博愛的情懷和信念，就無從保持生態文明的平衡，實現自然的整體和諧。

孟子強調人們要善待動物植物，這方面的言論不少。在孟子描寫的舜、禹、周公等文字中，看不到斬殺動物的字眼。孟子是要把動物趕走，不是消滅，應是對動物生命的尊重，決非殺戮滅種。《孟子·滕文公上》說：「舜使益掌火，益烈山澤而焚之，禽獸逃匿。」《孟子·滕文公下》說：「禹掘地而注之海，驅蛇龍而放之菹」，周公「驅虎豹犀象而遠之」，「驅猛獸」。《孟子·盡心下》卷十四裏，有馮婦打虎的故事，也可看成善待動物的一個故事：「晉人有馮婦者，善搏虎，卒為善士。則之野，有眾逐虎。虎負嵎，莫之敢攖。望見馮婦，趨而迎之。馮婦攘臂下車。眾皆悅之，其為士者笑之。」馮婦上陣打虎重操舊業，違背了作為善人的初衷，有些人譏笑他，也就有理由了。這裏，孟子講老虎並未對人造成威脅，而是被人追逐，老虎背靠山角，再去打虎，不必要，而馮婦憑其勇顯擺原有打虎的技藝，就可謂沒事找事了。孟子的題外話，馮婦沒有必要再打虎了。

孟子的惻隱之心，不僅是對人類而言，對於動物也是有惻隱之心的。孟子講述

---

❷　《孟子》卷十三〈盡心上〉。

❸　《孟子》卷十三〈盡心上〉。

❹　《孟子》卷十四〈盡心下〉。

了人對動物將被殺，對動物恐懼哀鳴的同情，所舉出的齊宣王拿羊換牛的故事，保住了牛，羊的被殺仍不能免，可見對動物的善待是不徹底的。

> 曰：「臣聞之胡齕曰，王坐於堂上，有牽牛而過堂下者，王見之，曰：『牛何之？』對曰：『將以釁鐘。』王曰：『舍之！吾不忍其觳觫，若無罪而就死地。』對曰：『然則廢釁鐘與？』曰：『何可廢也？以羊易之。』不識有諸？」
>
> 曰：「有之。」
>
> 曰：「是心足以王矣。百姓皆以王為愛也，臣固知王之不忍也。」
> …………
>
> 曰：「無傷也，是乃仁術也，見牛未見羊也。君子之於禽獸也，見其生，不忍見其死；聞其聲，不忍食其肉。是以君子遠庖廚也。」❺

孟子講道，君子目睹動物活著，不忍心目睹它們死去；聞聽動物哀鳴的聲音，不忍心食用它們的肉，故而君子要把廚房安在離自己遠些的地方。不忍見到動物被人宰殺的場景，眼不見心不煩。對於動物當應不分是大動物還是小動物，都從人類的屠刀下救出，才是仁者善待動物之所為。故此對君主祭祀所用動物，應有一定的節制或限制，如果盡量少殺戮動物或不殺戮動物用作祭祀，那更符合生生之德的要求。孟子以仁心看動物，為動物分憂，《孟子‧梁惠王上》說：「恩足以及禽獸」，就是要求恩澤及動物。

　恩澤及動物，必須是搞好民生，維護的生存的條件下才當考量的。《孟子‧梁惠王上》說：「庖有肥肉，廄有肥馬，民有飢色，野有餓莩，此率獸而食人也。」站在人本的立場，讓動物體肥膘壯，養尊處優，而對人的生活疾苦漠不關心，以致百姓饑寒交迫，餓死了人，這是孟子堅決反對的。當然針對的是為政者沒有實行仁政，人為天下貴，從尊重人的生命角度，應譴責這樣的行為。這當然是人與社會的不和諧的表現，也是人與自然的不和諧的表現。因為這些動物為統治者所養，是為

---

❺　《孟子》卷一〈梁惠王上〉。

滿足他們享樂而用,不是讓百姓享樂而用,沒有做到與民同樂,實際上動物及統治者都與百姓的利益相對立。統治者對於動物,對於人,都要有恩施與,可見證出仁心,以道德的力量感召天下,才能給百姓以好的教化。

與善待動物一樣,植物也需要人們善待。孟子認為,對於植物也要尊重其生長規律,不要違反了規律,即使天下有最容易成長的植物,如果沒有給它生長所起碼的條件,曬它十天,凍它十天,它的生長不可能不受到影響。「雖有天下易生之物也,一日暴之,十日寒之,未有能生者也。」❻「孟子曰:拱把之桐梓,人苟欲生之,皆知所以養之者。至於身,而不知所以養之者,豈愛身不若桐梓哉?弗思甚也。」❼卷十一對於桐樹梓樹,雖然它們尚小,由於人們懂得了植物生長的習性,只要用心培養,就能養成,孟子這裏是講人們要懂得愛自己,把自己培養成材,強調對於植物生長的規律要懂,對於自己成長的規律也要用心。「今有場師,狀其樲棘,則為賤場師焉。」❽《孟子・告子上》說:「人之於身也,兼所愛。兼所愛,則兼所養也。無尺寸之膚不愛焉,則無尺寸之膚不養也。所以考其善不善者,豈有他哉?於己取之而已矣。體有貴賤,有小大。無以小害大,無以賤害貴。養其小者為小人,養其大者為大人。今有場師,舍其梧檟,養其樲棘,則為賤場師焉。養其一指而失其肩背,而不知也,則為狼疾人也。飲食之人,則人賤之矣,為其養小以失大也。飲食之人無有失也,則口腹豈適為尺寸之膚哉?」孟子對於園藝家有一定的要求,園藝家放棄培養梧桐梓樹,而培育酸棗樹,則丟失了重要的工作,放棄了根本,孟子對於植樹是相當重視的。梧桐梓樹與酸棗樹比,自然有其重要性。當然孟子這裏主要是讓人們不用滿足口腹之欲,要追求道德境界的修養,保養小的部分而失去大的部分,保養次要的部分而失去重要的部分,就人之養護自己來說都是不不划算的,不要學養酸棗樹的園藝師的作為。

孟子對於種莊稼也不陌生。《孟子・滕文公上》:「樹藝五穀,五穀熟而民人育」。他認為即使是莊稼中的好品種,如果沒有達到成熟,就不如成熟的荑稗的價

---

❻ 《孟子》卷十一〈告子上〉。
❼ 《孟子》卷十一〈告子上〉。
❽ 《孟子》卷十一〈告子上〉。

值高。他說：「五穀者，種之美者也；苟為不熟，不如荑稗。夫仁亦在乎熟之而已矣。」❾荑是草，稗也是草，不必五穀穗大，也可以食用。品種好，沒有成熟，反倒不如成熟了的不好的品質的種子。植物有其性，其性必得實現，才盡其性，不然就沒有體現出其性。當然，植物生長的規律是不依人的意志為轉移的。《孟子‧公孫丑上》還記錄了揠苗助長的故事，「宋人有閔其苗之不長而揠之者，芒芒然歸，謂其人曰：『今日病矣！予助苗長矣！』其子趨而往視之，苗則槁矣。天下之不助苗長者寡矣。以為無益而舍之者，不耘苗者也；助之長者，揠苗者也，非徒無益，而又害之。」宋國那個希望苗生長的人，不惜違背苗生長規律揠苗助長的做法，是為孟子反對的。助長行為雖然動機好，起不了好作用，只會影響苗的成長，效果適得其反。孟子看到：「七八月之間旱，則苗槁矣。天油然作雲，沛然下雨，則苗浡然興之矣。其如是，孰能禦之？」❿禾苗需要雨水的滋潤，有了雨水的滋潤，它才旺盛。植物的生長需要多個它生長的條件，孟子特別強調水之重要，與他善於觀水，對水資源的重視有密切聯繫。

《孟子‧梁惠王下》中，關於「文王之囿方七十里」與「寡人之囿方四十里」，孟子做了對比，周文王的狩獵場地不嫌大而嫌小，齊宣王的狩獵場地不嫌小而嫌大，區別在於是否做到「與民同之」，孟子顯然把周文王理想化了。「文王的苑囿打柴刈草、射禽獵獸的人都可以去，這可能是孟子想像的話。」⓫他無非借對比表達與民同之的思想。《孟子‧梁惠王上》說，周文王治理岐周，「澤梁無禁」，到湖泊打漁不加禁止，恐怕不合歷史事實。《逸周書‧文解傳》裏周文王說：「山林非時，不升斤斧，以成草木之長；川澤非時，不升網罟，以成魚鱉之長。」也就是說，不是什麼時候都可以砍木捕魚，得按時節來。孟子也明確地提出反對無限制地打獵打漁的思想，是著眼於生態環境的改善而提出的。

「孟子既呼籲保護好原有的生態資源，又號召在原有基礎上的人為改善，要求

---

❾　《孟子》卷十一〈告子上〉。

❿　《孟子》卷一〈梁惠王上〉。

⓫　楊伯峻：《孟子導讀》，中國國際廣播出版社，2008 年版，第 64 頁。

人們廣植多畜，兼利物我」。❷人不是完全被動地適應自然，消極地對待生態環境的變化，人具有主觀能動性和創造性，尊重自然規律，改善生態環境，是人發揮自己的聰明才智所應馳騁的疆域。孟子指出：「不違農時，穀不可勝食也；數罟不入洿池，魚鱉不可勝食也；斧斤以時入山林，材木不可勝用也。穀與魚鱉不可勝食，材木不可勝用，是使民養生喪死無憾也。養生喪死無憾，王道之始也。」❸在農忙的時節及時勞動，糧食就充足；密網不放進大塘或深水撈取，魚鱉就充足；根據時令進入山林伐木，木材就富餘。能夠達到這些要求，這就使百姓的生活，婚喪辦事就能滿足。人民溫飽問題解決，不必在這些方面憂慮擔心，就可以實行王道。孟子建議人們多植樹，多從事農業牧業勞動，創造一定的財富，滿足人們的吃飯穿衣需要，努力使經濟發展，政治穩定，改善生態環境，實際上這些活動都是相關的，不能截然分開的。《孟子‧梁惠王上》說：「五畝之宅，樹之以桑，五十者可以衣帛矣。雞豚狗彘之畜，無失其時，七十者可以食肉矣。百畝之田，勿奪其時，數口之家可以無饑矣。謹庠序之教，申之以孝悌之義，頒白者不負戴於道路矣。七十者衣帛食肉，黎民不饑不寒，然而不王者，未之有也。」孟子生活的時代的農村，桑樹為農戶屋宅前後常見的種植樹種，農戶也有種果樹等其他樹種的。養蠶繅絲，是為了老年人的穿衣。教之種樹畜牧，可保障人民的穿衣吃肉。雞豬飼養好，就能使百姓有肉吃。這裏有兩處談到了「時」，耕種田地不能因徵工徵兵等因耽誤了農時，而「雞豚狗彘之畜，無失其時」有兩種解釋，也與生態環境保護有關。「無失其時有兩解，一說是宰殺之時，古代家畜不到可以宰殺時不宰殺。一說孕字之時（趙岐、朱熹都如此注），就是家畜發情時給以交配。兩說都可通。」❹孟子實行王道，首先要的是人民與自然和諧相處，經禮儀教化，才能實現人與社會的和諧相處。如果沒有解決衣食問題，自然不能充分提供生活必備的食品、材料等來源，就不可能出現支援統治者的情況。《孟子‧梁惠王上》中記載齊宣王提問孟子有關「霸道」的問題，孟子卻不贊成霸道，而要給王宣揚「王道」。具有不忍之心，不僅給予動

---

❷　張全曉：〈從牛山事件看孟子的生態倫理思想〉，《西安文理學院學報（社會科學版）》第 8 卷
　　第 6 期，2005 年 12 月。

❸　《孟子》卷一〈梁惠王上〉。

❹　楊伯峻：《孟子導讀》，中國國際廣播出版社，2008 年版，第 41 頁。

物，給予百姓，就不是沒有能力去實行王道。反過來說，對百姓有不忍之心，實行王道治理天下，對於動物植物，對於自然，有不忍之心，自然也是王道的延伸，是衡量執政者的一個重要的標準。既要「恩足以及禽獸」，又要「功」「至於百姓」。農業社會中對時節的把握，充分注意到了農林漁等物生長發育的客觀規律，只有順應時之變化，符合植物動物生長的規律，才能在農林漁等實踐活動中，達到人們預期的目的，否則，違犯規律，就不能實現人們預想的目的和計畫。《孟子·告子上》描繪的理想經濟狀況為，家家都有五畝的宅屋，有百畝的土地，家家都能夠做到自給自足，衣食無憂，小農經濟的愜意和知足，躍然紙上。

「牛山之木嘗美矣，以其郊於大國也，斧斤伐之，可以為美乎？是其日夜之所息，雨露之所潤，非無萌蘖之生焉，牛羊又從而牧之，是以若彼濯濯也。人見其濯濯也，以為未嘗有材焉，此豈山之性也哉？雖存乎人者，豈無仁義之心哉？其所以放其良心者，亦猶斧斤之於木也，旦旦而伐之，可以為美乎？其日夜之所息，平旦之氣，其好惡與人相近也者幾希，則其旦晝之所為，有梏亡之矣。梏之反復，則其夜氣不足以存；夜氣不足以存，則其違禽獸不遠矣。人見其禽獸也，而以為未嘗有才焉者，是豈人之情也哉？故苟得其養，無物不長；苟失其養，無物不消。孔子曰『操則存，舍則亡；出入無時，莫知其鄉。』惟心之謂與？」❶⑤位於今山東臨淄南十里的牛山之林木歷史上曾是人們欣賞的審美對象，林木鬱鬱蔥蔥，一派生機，然而不幸的牛山的地理位置是在城市的郊外，人們來往方便，林木被人砍伐殆盡。林木被砍伐，自身還沒有失去再長的能力，但人們在這裏放牧牛羊，牛山的再長的能力也就喪失了，再也不見綠色了。生態環境遭到了破壞，孟子為之痛心疾首，他記錄下來這個事情，是讓人們不要亂砍亂伐，不加限制地毀壞林木，連基本的再生能力都被破壞掉。牛山到今還是光禿禿的山。山之本性，是無私的，向人們奉獻著資源，山無草木之美，不是山的本性，山上的植物動物生長的環境遭到了滅絕性的破壞，牛山變荒山是人無休止的貪欲功利欲帶來的惡果，不可不反思。不善於養，只知道對自然進行無休止的索取，對自然不感恩，不回報，乃至毀滅性的掠奪，自然的寶藏就會取之有盡，用之有竭，其實自然中有很多資源是不能再生的，用新的能

---

❶⑤ 《孟子》卷十一《告子上》。

源代替對自然不可再生資源的開採，使資源留給未來人類，非目光短視、抱當下及時享樂而不計後人感受者之所為。交給後人一個什麼樣的生態環境，是有道德責任之人應嚴肅思考的問題。動物圈的存在，是有一定的規律的，如果不限制地濫砍濫伐濫殺濫捕，勢必影響到植物動物圈的生態平衡，引發連鎖反映，終沒有得益的還是人類自己。人的良心不能失去，失去良心不為人，在生態環境保護上，發現和保持自己的良心，努力歸回自己的本源，不被外力戕害，養氣養心，付諸行動，終有成效。

天地萬物大化流行，各有其規律依循，人們做到了尊重自然，敬畏自然，順應客觀規律，對自然資源加以科學的、合理的利用與開發，人類完全可以掌握這些規律為人類社會造福，就能夠做到人與自然的和諧，而人與自然的和諧可同人與社會的和諧相媲美。反之，違背自然規律，摧殘自然，就將招致自然的懲罰與報復。自然的痛苦與不幸，就是人類的痛苦與不幸，保護自然就是保護人類，因為同為一體。孟子強調說：「天之高也，星辰之遠也，苟求其故，千歲之日至，可坐而致也。」❶孟子的理想經濟王道政治與環境保護聯結在一起，環境保護決非只是環境保護，它是牽涉經濟政治等層面的重要領域。認真研討孟子的生態保護思想，對於我們今天做好生態環境保護工作，必將發揮積極的作用，建設好生態文明，實現生態文明與精神文明政治文明等文明的協調發展。

---

❶ 《孟子》卷十《離婁下》。

孔孟經濟眼界下的生態文明觀

高榮楣

【作者簡介】高榮楣（1985-），女，內蒙包頭人，陝西師範大學歷史文化學院 08 級中國文化史專業碩士研究生。

【摘　　要】孔孟經濟思想強調經濟利益與倫理道德的有機結合。當今工業文明社會中經濟飛速發展，而生態危機也頻繁呈現，在這樣的情況下使得我們很有必要從經濟的角度透視孔孟的生態文明觀？孔子知天命，畏天命，行仁德，盡人事，為經濟活動尋求形而上的依據，在天人合一的思想框架中論述經濟活動，具有生態文明意識。孟子的提出「性善論」、「仁民愛物」、「萬物皆備於我」等命題，在天人合一的思想框架中論述經濟行為以及生態文明觀念，強調發揮人的主觀能動性。最後，論文申明了孔孟的經濟思想及其相應的生態文明觀念的歷史意義與普世價值以及對當代世界的借鑒作用。

【關 鍵 詞】孔子　孟子　天人合一　經濟活動　生態文明

孔孟經濟眼界下的生態文明觀

高榮楣

中共十七大首次將「生態文明」寫進黨的報告，把生態文明建設上升為國家意志。這一戰略的實施，確立了中國負責任大國的地位，從生態文明領域邁上道德高地。生態文明是指人類遵循人、自然、社會和諧發展這一客觀規律而取得的物質和精神成果的總和；是指以人和自然、人和人、人和社會和諧共生、良性迴圈、全面發展、持續繁榮為基本宗旨的文化倫理形態。它的產生基於人類對於長期以來主導人類社會的物質文明的反思，自然資料的有限性決定了人類物質財富的有限性，人類必須從追求物質財富的單一性中解脫出來，追求精神生活的豐富，才可能實現人的全面發展。這無疑將使人類社會形態發生根本轉變。

一、孔子：敬天畏命下的經濟活動與生態文明觀念

孔子處在農耕社會，重視經濟的基礎地位和社會生產力發展。他主張積極入世，認真務實，重視發展社會生產。春秋時期社會生產發展很快，生產力不斷提高。但是，當政者為了滿足日益增長的貪欲，不惜從勞動者身上一再榨取油水，只顧自己得利，不問生產如何，更不顧廣大勞動者的死活。孔子卻主張：「節用而愛人，使民以時。」（《論語・學而》）明確告誡統治者徵調民力應該在農閒時節，以不耽誤百姓的農業勞動。他宣導「仁愛」，更充分體現出對人的尊重與愛護。當弟子樊遲向他問「仁」時，他直接回答「愛人」，就是愛護別人。孔子主張減輕統治者對人民的剝削，抑制奢侈，減少浪費，也是有利於生產的措施。孔子早年到齊國，回答齊景公治國之術為「政在節財」，控訴「苛政猛於虎」，反對季孫氏聚斂

等等，都體現出這一精神。

孔子也不是淺近的功利主義者，他還為經濟活動尋求形而上的依據，以更好地指導經濟活動的健康發展。所以，他始終不忘記人們頭上還有一個令人敬畏的「天」。天的觀念儘管起源很早，在古代思想中含義也很多，《論語》記載孔子涉「天」言論凡九條，其義多為主宰之天，如「獲罪於天，無所禱也」（《論語·八佾》），「予所否者，天厭之」（《論語·雍也》），「天之將喪斯文也，後死者不得與於斯文也；天之未喪斯文也，匡人其如予何」（《論語·子罕》），「吾誰欺？欺天與」（《論語·子罕》），「天喪予」（《論語·先進》）；而「天何言哉？四時行焉，百物生焉」（《論語·陽貨》）一條則屬自然之天；唯「天生德於予」（《論語·述而》）、「唯天為大，唯堯則之」（《論語·泰伯》）、「不怨天，不尤人，下學而上達，知我者其天乎」（《論語·憲問》）三條義近道德之天；「子曰：道之將行也與？命也；道之將廢也與？命也；公伯寮其如命何！」（《論語·憲問》）「伯牛有疾，子問之，自牖執其手，曰：『亡之，命矣夫！斯人也有斯疾也！』」（《論語·雍也》）「子夏曰：商聞之矣：『死生有命，富貴在天』。」（《論語·顏淵》）主要是命運之天。

孔子知天命，畏天命，行仁德，盡人事。孔子總結自己的一生：「吾十有五而志於學，三十而立，四十而不惑，五十而知天命，六十而耳順，七十而從心所欲，不逾矩。」（《論語·為政》）歷朝歷代，對孔子的這番話自謂解人者不計其數，尤以今天所謂的知識分子為甚。縱觀紛紛解釋，多大同小異，按照《論語正義》的解釋，「學不外道與禮也」，「志於學」就是志於「道」和「禮」；「三十而立」指懂得了禮，因為孔子在《論語·泰伯》說「立於禮」，在《論語·堯曰》又說「學禮，無以立」；「四十而不惑」指這個時候，孔子成了知者，因為《論語·子曰》和《論語·憲問》都有「知者不惑」的話；在學習了「道」，懂得了「禮」，掌握了「知」以後，孔子才知道了「命」，因此，孔子是把「知天命」放在比習道、懂禮和把握知都更高的層次上，可見「知天命」在孔子的心目中佔有很重要的地位。《論語·季氏》中君子有三畏之說：「畏天命，畏大人，畏聖人之言。小人不知天命而不畏也，狎大人，侮聖人之言。」在君子三畏這個層面上，天命、大人、聖人之言，是放在同一平臺上的，或者說三者之間是相通的。大人，聖人之言是天命的

另一表現形式，君子可以在大人或聖人之言處聆聽天命，那麼大人或聖人之言便是天命意志的人間使者。天命是君子識得自己，識得義理，甚至於識得他人，識得萬物的前提與保障。孔子「敬天畏命」的天命觀，要求賢良的君子先「知天命」，後「敬天命」，二者缺一不可。知天命就是知曉天命是指代自然的客觀存在的不可抗拒的發展規律。儘管天命不可違，但是孔子還是一再強調人的主觀能動性，在尊重客觀規律的同時，利用天地提供的條件，而更加造福於民。敬天守時，才能達到敬天保民。

孔子主張知天命，畏天命，但又不是聽天由命，相反，他還非常強調盡人事的作用，強調積極有為，乃至被隱士譏為「知其不可為而為之者。」這種盡人事，是以仁德為標準，體現了他尊重天道前提下的人道精神。這也正是孔子知命畏命的真諦所在。在孔子的心目中，堯、舜實為聖人，堯、舜之所以偉大，就在於法天而行。「大哉！堯之為君也。巍巍乎，唯天為大，唯堯則之。」（《論語·泰伯》）孔子認同了天的準則，即肯定了人與自然的準則，人與自然可以統一。孔子雖並未明確提出「天人合一」的概念，但無疑已經有了「天人合一」的思想，他已經認識到人與自然的相關相聯性，人是萬物之靈，應創造潛能，發揮主觀能動性，理性思考，培養對自然物的關愛情懷，自覺調整人與自然的關係，規範自己的行為，以謀求人與自然的和諧共存，共生共榮。

儘管孔子對於農業生產給予了足夠的重視，但他也並不是像韋伯所理解的那樣，反對專業化，反對為營利而進行的經濟訓練，孔子曾經說過：「工欲善其事，必先利其器」，❶強調在進行生產活動中，必要的發揮人為的積極作用。他的學生子夏則說「百工居肆以成其事」❷，足見孔子敬天的同時，又鼓勵人們嘗試主動的從自然中獲得並且通過正常的貿易，達到人人共用資源，各得其利。畢竟「天地」給人類創造的自然條件，為人們現成可以利用的有限。

在商業方面，孔子對子貢的評價是「回也其庶乎，屢空。賜不受命，而貨殖焉，億則屢中。」孔子在這裏對他的評價，一是說他有點調皮，不安守本分，略含

---

❶　《論語·衛靈公》。

❷　《論語·子張》。

譏誚之意，但並未嚴加責備；二是對他做生意屢屢猜中行情賺大錢有欣賞之意。❸
當然在此，僅以說明孔子並非保守的農家形象，而是承認工商存在的合理性。如果
說不違農時，是敬天的表現，那麼鼓勵人們進行合理的工商活動也符合以人為本的
價值取向。

由於對農工商經濟結構的認可，這也就誕生了其富民政策實施的可能性。孔子
憂天下生民的安危，希望在亂世之中，人們仍能得到安居樂業，體現了關心百姓生
計，以人為本的價值取向。一般研究者多強調「天人合一」中的「天」的重要性，
相對忽視「人」在實現「天人合一」中的主動性。只有強調天，而沒有人的積極主
動性，就不可能維持敬天保民。因此，在此就更有必要強調，人應該怎麼做到與自
然的和諧。天人合一真正的體現，應該是人敬天、畏天且樂天，進而到達樂生，在
人與自然和諧的境界實現人的生命價值。

孔子之所以提出富民論，正是對這一點的最好補充。「富而可求也，雖執鞭之
士，吾亦為之」（《論語·述而》）孔子說，如果可能的話，富有連他也是嚮往的。
「子適衛，冉有僕。子曰：『庶矣哉！』冉有曰：「既庶矣，又何加焉？」曰：
『富之。』曰：『既富矣，又何加焉？』曰：『教之。』」（《論語·子路》）那
麼，為什麼孔子要提富而後教？孔子是讓人們在一種敬天、畏天的心態下能夠發揮
人的主動性、創造性和主體作用，將經濟活動與道德倫理的結合，在滿足人的基本
物質需求同時促進社會可持續發展。

在敬天畏命觀念的下，孔子要求以和善、友愛的態度對待天地萬物，善待鳥、
獸、草、木，提出了豐富的保護自然環境的思想。《論語·述而》載：「子釣而不
綱，弋不射宿。」意思是說：孔子釣魚用竿而不用網捕，射鳥不射巢中的鳥，這就
是孔子樸素的「取物不盡」、對動植物永續利用的生態道德和可持續發展思想的體
現。

《禮記·祭義》引孔子話說：「斷一樹，殺一獸，不以其時，非孝也。」孔子
把仁愛推廣到生物，認為不以其時伐樹，或不按規定打獵是不孝的行為。

---

❸　李守庸：《寸心集：一個探討中國古代經濟思想者的足跡》，武漢大學出版社 2007 年 11 月版，
　　第 37 頁。

孔子以這種「天人合一」的思維方式為依據，還把人類的道德情感訴諸天地萬物，並要求君子對待自然萬物也要付之以仁愛的情懷。據《孔子家語·曲禮·子夏問》記載：

> 孔子之守狗死，謂子貢曰：「路馬死，路馬常所乘馬則藏之以帷，狗則藏之以蓋，汝？埋之。吾聞弊帷不棄，為埋馬也，弊蓋不棄，為埋狗也。今吾貧無蓋，於其封也與之席，無使其首陷於土焉。」

孔子對一個老死的看家狗都有這樣的人性關懷，我們今天的人讀到這裏也不由得有種深深的感動。《論語·泰伯》載孔子說：「鳥之將盡，其鳴也哀。人之將死，其言也善。」這句話表明動物對同類的不幸遭遇尚且知道表達憫憐哀悼的情感，人類作為高級動物就更應該有憫憐之情，同情之心，就更不應該去任意、殘忍地虐待、捕殺和吞食動物，而應擔負起萬物之靈的職責，體恤動物，自覺地去善待和保護動物，特別是幼小和繁殖期、哺乳期的動物。

二、孟子：天人合一下的經濟行為與生態文明觀念

孟子的天雖然具有多種含義，但主要談論的還是道德之天。他繼承了孔子的天命思想，對其中殘留的人格神的含義有所剔除，而是把天想像成為具有道德屬性的精神實體，認為天是人性固有的道德觀念的本原。孟子在天與人（心）的道德意義上提出了「天人合一」思想，並貫穿於「性善論」、「仁民愛物」、「萬物皆備於我」等主要命題中。孟子把天與人的心性聯繫起來，極力追求盡心、知性、知天的精神境界。他說：「盡其心者，知其性也，知其性則知天矣。」（《孟子·盡心上》）主張心、性、天的同一，以為盡心即能知性，知性就能知天。人的「心」、「性」受之於「天」，「天」具有人倫道德的屬性，人的惻隱、羞惡、辭讓、是非四種善良的心，亦即仁、義、禮、智四種道德的開端（四端）受之於「天」，但經過人在後天的主觀努力「求其放心」，以及教育、環境的薰陶，「四端」不斷擴充，道德日益提高，「性善」日臻完備，最終達到天與人合一的精神境界。孟子不

僅認為人可以盡心知天，還認為「萬物皆備於我，反身而誠，樂莫大焉。」（《孟子·盡心上》）「誠者，天之道也；思誠者，人之道也。」（《孟子·離婁上》）孟子認為「誠」是客觀存在於「天」的最高法則，而「思誠」是人之道，人反躬自省所求得的「誠」與「天之道」的「誠」達到了同一水準，此時，萬物與我為一，人與天相參，進入到一個「萬物皆備於我」，達到天人一體的理想境界。孟子說：「夫君子所過者化，所存者神，上下與天地同流。」（《孟子·盡心上》）孟子主張天人關係中要「以人為本」。

在經濟方面，孟子他不但主張富民，且主張富到「菽粟如水火」和「財不可勝用」（《孟子·盡心上》）的程度。至於在如何發展生產以滿足人民大眾的物質生活需求、經濟利益方面，孟軻的見解和主張較之孔子就更為積極而具體，體現了戰國時代經濟利益與倫理道德之間的張力。戰國時代出現了歷史上全民經商的浪潮，人身束縛的減弱和利益的驅動是這次浪潮形成的最為根本的兩個原因。孟子對於如何發展農業提出了一系列積極而具體的見解和主張。針對戰國當時的情況，《孟子·梁惠王上》提出當政者「制民之產」，即保證農民獲得足夠的面積的土地，在土地上耕種，飼養禽蓄，樹桑養蠶，是「八口之有可以無稽」，「五十者可以衣帛」，「七十者可以食肉」，以達到「不饑不寒」也就是溫飽的目的。《孟子·梁惠王上》還說：「易其田疇，薄其稅斂，民可使富也」。在此，他充分肯定了自然資源是人類賴以生存的基礎，突出土地的重要性。

孟軻不僅重視農業，還主張對漁業、林業，也可謂之廣義的農業，採取生態保護政策，並極其樂觀地認為這種政策也可使漁業、林業產品多到食用不完的結果。在手工業方面，孟軻主張農業與手工業的分工和交換，他認為只有在「通功易事」，即農業和手工業的分工和交換的條件下，農民和手工業者彼此之間才能「以羨補不足」，否則必會出現「農有餘粟，女有餘布」（《孟子·滕文公下》）這樣的不平衡的狀態，造成生態資源的浪費。

至於商業方面，孟子則不像孔子那樣僅對經商的寬容，不把經商這種謀利活動作為與正當的行為「義」相對立，而且鮮明地主張對商業活動採取放任和鼓勵的政

策❹。他主張邊境不徵收商品的進口稅，「關市譏而不徵」（《孟子·梁惠王下》）、「去關市之徵」（《孟子·滕文公下》）；孟軻還建議當政者用優惠政策吸引商人來從事商業活動，使「天下之商皆悅而願藏於其市」（《孟子·公孫丑上》）。總之，從農工商各業確實可以看出孟軻肯定對物質財富、物質利益追求的正當性，同時也肯定人在經濟活動中的能動性。

孟子在確保民眾富足的條件下追求的是使民由孔子的富而後教，達到富而可教，富而能仁，富而必仁。孟子之所以提倡一系列的「制民之產」的措施，是因為有特別重要的理由。他說：「民之為道也，有恆產者有恆心，無恆產者無恆心。苟無恆心，放僻邪侈，無不為已。」（《孟子·滕文公上》）又說：「無恆產而有恆心者，惟士為能。若民，則無恆產，因無恆心。苟無恆心，放辟邪侈，無不為已。」（《孟子·梁惠王上》）以上「恆產」指的是固定的土地，而推廣到如今不妨認為的基本的固定資產。「恆心」指的是，一定的道德修養，本人認為推廣的話，現在應理解為崇高的人生觀、價值觀。這兩段論述看起來好像是矛盾的：又都是「無恆產者無恆心」，其實並不矛盾：前一段話是對「民」即老百姓說的，後一段話是對「士」說的。孟軻進一步強調，在農民有了土地，生活有了保障，就可以對農民「謹庠序之教，申之以孝悌之義，頒白者不負戴於道路矣」，然後「驅而之善，故民之從之也輕」（《孟子·梁惠王上》）。那麼，「驅而之善」就包括要求民眾要不違農時，保護環境，取之有度。他甚至認為，如果社會物質條件能夠得到極大的提高，那麼全體民眾的道德水平均可以到達「仁」這樣的境界：「聖人治天下，使有菽粟如水火。菽粟如水火，而民焉有不仁者乎？」（《孟子·盡心上》）這也是孟子富民、保民的初衷，可以說是對民眾物質和精神上的雙重提升，從而達到整個社會的良性迴圈。只有道德素養提高了，教化自然就成功，就有可能實現天人合一。

孟子以天人合一的哲學思想，發揮了仁民愛物的社會理想，提出「君子之於物也，愛之而弗仁；於民也，人之而弗親。親親而仁民，仁民而愛物」（《孟子·盡心上》），講愛的差等性，從親愛自己的親人出發，推向仁愛百姓，再推向愛惜萬

---

❹ 李守庸：《寸心集：一個探討中國古代經濟思想者的足跡》，武漢大學出版社 2007 年 11 月版，第 61 頁。

物。孟子已經認識到「養」是「用」的基礎,齊國東南的牛山就因為濫伐濫牧而變成濯濯童山。《孟子·告子上》載:「牛山之木嘗美矣,以其郊於大國也,斧斤伐之,可以為美乎?是其日夜之所息,雨露之所潤,非無萌蘖之生焉,牛羊又從而牧之,是若彼濯濯也。」孟子從牛山林木受到破壞的教訓中引伸出「苟得其養,無物不長;苟失其養,無物不消」(《孟子·告子上》)的道理。為了使「物得其養」,就必須「取物有節」,即有節制地利用自然資源。

在對於自然資源的態度上,孟子反對無限度的開發。《孟子·梁惠王上》說:「不違農時,穀不可勝食也;數罟不入洿池,魚鱉不可勝食也;斧斤以時入山林,材木不可勝用也。」這裏強調農民耕植不違農時,不超量捕魚,不濫墾山林,才能取材不竭。這也說明孟子對尊重自然、有節制的利用自然表示肯定。孟子反對「辟草萊,任土地」「從獸無厭」,他主張「善戰者服上刑,連諸侯次之,辟草萊,任土地次之」(《孟子·離婁上》),要求人們保護環境,反對和禁止人們破壞和污染環境。

孟子生態思想中比較突出的一點是,他在強調保護、尊重和熱愛大自然的同時,更注重於「以人為本」,即所謂「人本位」的思想。他認為應把人的作用置於主導地位,強調重人而輕物。孟子這一注重發揮人們主觀能動性的思想,對指導人們改造自然,具有深刻的意義。

三、孔孟經濟與生態文明思想的現實意義

同一學說,在不同時代,不同國家中,其意義和作用往往有很大的不同。在分析和批判任何一種思想理論是,極為重要的是要把問題提到一定的歷史範圍內。孔孟的經濟思想及其相應的生態文明思想產生於春秋、戰國時期,考察它的時代歷史意義,就必須把它置於當時的歷史環境中。作為中國傳統文化的聖賢人物,他們的這些思想不僅在當時的歷史條件下具有指導性和前瞻性,特別是他們教導人們在解決了基本的物質財富之後還要追求更高的精神追求,也具有普世價值,對我們今天中國人在小富之後怎麼整體提高生活品質,追求更高的精神境界頗有啟示。以孔孟為代表的先秦儒家主張「天人合一」,強調人與自然具有感通性,其思維方式是強

調綜合、整體意識。他們始終把宇宙看成一個大家庭,甚至看成一個大的「人」,萬物和人都是其整體的一個有機組成部分,彼此相通,又互相依賴,血肉相連,一榮俱榮,一損俱損,這無疑有利於正確處理人與自然的關係,保護生態環境,使人類社會實現可持續發展。聖賢之所以值得我們敬仰,是因為他們有很高的眼界,有更高的追求,正所謂有眼界才能有境界。

儒家與生態思想的現代性批判
——一個STS（科學技術與社會）的考察

龔鵬程

【作者簡介】龔鵬程（1956-），江西省吉安縣人。北京大學中文系教授、北京師範大學—香港浸會大學聯合國際學院特聘教授。

【摘　　要】STS（科學技術與社會）研究領域中的環境議題，雖然談論者多，但往往缺乏實際行動，很少顯現在政策行為中。本文以臺灣和大陸的實例來說明這個現象。認為這是由於整個社會發展、都市建設均以現代化、科技化為指標，故對環境議題漠然視之；其次是對科技過於樂觀，盲目崇拜之，甚少反思其中所蘊涵的社會問題，遂使人民淪為「環境難民」而不自知。要正視這種困境，就必須在思想上進行現代性批判。反省現代人遭科技裹脅的情況，對現代性中個人自由主義精神、科學理性觀念、機械自然觀、以機器為結構模型之本體論與認識論等等，都應重加檢討。

　　對現代化社會及其思想狀況做這樣的反省，在西方已有不少成例。希望能尋找一種新的普世倫理。這種倫理思索的總體方向，是反抗現代性以尋求人與自然連續而融合的新關係；這種探索新方向的努力，則是哲學的生態轉向（ecological turn）。西方思想家在進行這種轉向時，當然會回溯其傳統，尋找異於十七世紀以後自然觀的思想資源，來建構其論述。可是我們發現：東方的自然觀倫理觀，尤其是儒學，或許更能提供這方面的資源。而這也是東亞社會進行 STS 研究時最應著力之處。

【關　鍵　詞】生態　現代性　普世倫理　儒學

儒家與生態思想的現代性批判
——一個STS（科學技術與社會）的考察

龔鵬程

一、STS 領域中的環境議題

　　由中國社會科學院科學技術與社會（STS）研究中心和陝西人民教育出版社組織編寫的《科學技術與社會》叢書，是這個領域在大陸最早的一批叢書。于光遠先生為它寫的序文，充分顯示了這個學術領域初被倡導時的設想，他說：

> 「科學技術與社會」是一個新興的、綜合性的交叉學科領域。STS 是其英文名稱 Science, Technology and Society 的縮寫詞。STS 是研究科學技術和社會之間的關係問題，它包括一般的理論研究和具體的應用研究。在理論上，可以在豐富的實踐經驗基礎上，把 STS 分解排列為各種關係來研究，如 S 與 T（科學與技術）、S 與 S（科學與社會）、T 與 S（技術與社會）、S＋T 與 S（科學技術與社會）等等。除了一般問題外，STS 還有非常廣泛的具體問題要研究，不僅有像如何利用科學技術促進改革開放和發展市場經濟這樣的 STS 問題，而且還有科學技術與各種社會文化生活這樣的問題。

這是對此一新興學科的概括說明。然而，在這麼大的研究內容裏，于光遠最關注的，乃是科技與自然的關係。他說：「在科學技術與社會（STS）研究中的一個重要

問題，是人與自然的關係問題，即人如何利用科學技術既開發自然又保護自然，真正造福於人類的問題」。

但是，于光遠所談的，卻是科技與社會這個議題中最複雜的問題，也是最容易被忽略的部分。

讓我舉個例子來說。

1993 年大陸國務院即明確指出要「將北京建成現代化國際城市」。隨後，北京市委、市政府遵照中央的指示發始進行城市經濟問題研究，以制定經濟發展戰略。於 1998 年 1 月市政府在《政府工作報告》中正式將發展首都作為北京城市的經濟發展戰略規劃。希望把北京由以工業為基礎的經濟向以知識為基礎的經濟的轉換，由粗放型經濟向集約化經濟的轉換、由一般性城市經濟向國際資訊城市經濟的轉換。而所謂「國際資訊城市」是要讓北京成為全球城市體系中的國際政治中心、經濟管理控制中心、貿易中心、國際旅遊中心、對外交往中心和文教科研中心。總之，要成為國際的交通樞紐和資訊網絡樞紐。

北京有這個條件嗎？

據陸軍《城市外部空間運動與區域經濟》一書第十一章，對北京成為國際資訊城市的 SWOT 分析，認為北京的優勢在於：第一，北京是我國最早發展國際電子商務服務的網絡中心。第二，北京已經基本具備參與國際資訊經濟循環的城市經濟規模和綜合實力。第三，90 年代以來，國際資本集團和各跨國公司陸續在北京設立地區總部或代表處。第四，北京是全國最大的文化、教育和科研創新中心。第五，在交通和對外交往方面，北京是全國最大的國內和國際民用航空樞紐。第六，中關村已經成為新經濟的策源地，成為北京高新技術產業的「孵化器」。

至於北京的缺點則是：第一，從對外貿易依存度指標來看，北京參與國際經濟分工合作體系的水準較低，與國際資訊城市的基本要求存在顯著差距。第二，北京作為國際金融中心的城市職能發展遲緩。第三，在成熟的知識經濟社會中，第三產業（尤其是生產服務業）非常發達，占城市 GDP 的比重一般在 70% 左右。而北京1996 年第三產業的增加值比重為 52.6%；1997 年該項指標的實際值為 54.5%，僅相當於世界主要國際城市 60 年代的水準。第四，北京的國際交往功能發育緩慢（2001，中國城市出版社）。

　　這樣的優劣分析準確嗎？為什麼在分析中忘記了自然環境的問題呢？

　　北京真正的弱點，正在於它的環境生態。第一，鋼鐵和石化等重化工業，占北京城市工業總產值 1/4。這些高污染、高能耗的產業每年佔用北京工業新增用水37.7%。北京市人均水資源佔有量為 300 立方米，只是全國和世界平均水準的 1/8 和 1/32。從總量指標看，平水年北京地區可用水資源僅為 38～40 立方米，故北京屬於嚴重缺水城市。像從前城裏固然有北海、南海、中海、後海、太平湖等，水勢可觀；城外命名為海澱的區域，連接到萬泉河、頤和園、圓明園等處，亦是湖泊水道泉湧不斷，現在卻連圓明園的池塘都長期乾涸著。

　　其次，北京交通壅塞、城市空間污染嚴重。早在 2000 年，北京城市空氣污染中，39.1% 的一氧化碳、74.8% 的碳氫化物和 46.2% 的氮氧化物，都是由汽車尾氣排放造成。加上其他空氣污染，北京空氣有 40% 的時間屬於中度污染。空氣中一氧化碳、二氧化碳以及可吸入顆粒物的含量高於其他城市水準。北京市區空氣中懸浮微粒的含量，更是世界更生組織規定標準的 8 倍。據統計，1997 年北京煙霧日為 110 天，不利於大氣污染物擴散的天氣占 43.8%。而沙塵暴等重度污染和災害性天氣的頻率又日益上升。另外，北京城市污水處理率僅為 20%，城市污水處理能力低於 3%。對每天產生的 1.5 萬噸城市生活垃圾的無害化處理率則不足 50%。城市環境質量下降、污染嚴重等問題嚴重影響了城市社會經濟發展和城市居民的正常生活，故早已被世界更生組織列為世界十大污染城市之一。可是汽車卻仍在急速激增中，交通堵塞日趨嚴重，廢氣排放愈來愈多，跟十年前相比，污染規模又大了不知多少倍。

　　第三，北京的大規模組織建設，使得城市建成區占地規模巨大，土地利用的集約化程度低，導致城市盲目擴大新徵地規模。90 年代以後，30 多個經批准的工業開發區，規劃用地面積達 100 多平方公里。工業用地需求規模之擴張，與城市土地短缺的矛盾日益嚴重。

　　這些問題，陸軍都在書中其他地方談過，但在做 SWOT 分析時卻都絕口不提，完全忘了。不幸的是：這十年來，北京的「建設」正是霸王硬上弓，加大力度落實國務院的規劃，對歷史文物古蹟、生態環境愈來愈粗暴、不在意。故城市表面上愈來愈「現代化」、愈來愈光鮮亮麗，而人文生態與自然生態問題愈不可問。

假如連北京市在做規劃時都不能正視這些問題。這豈不正足以顯示所謂生態環境云云，做為一般討論時固然大家都會談到，可是一旦涉及政策實踐時，它往往就被忽略了嗎？

二、科技崇拜中的環境難民

忽略這些問題，另一個原因是對資訊技術太過樂觀，以為把北京從以工業為主的城市轉換為資訊技術為主的城市，就能將這些生態環境問題自然消弭於無形了。殊不知資訊科技固然是新時代的利器，但僅恃資訊科技豈即能達成生態環境之完善乎？

坊間大多數談資訊科技、資訊社會、資訊經濟、資訊戰略的著作，大多都是有這種單一角度的高科技樂觀主義。奈思比特稱這種現象為「科技上癮症」。患了這種病的人，以為城市資訊化了，城市人民的生活就變好了，一切問題就都會解決了。一如有的人相信科技能治療社會病態，對科技處方抱持極大信心：以為每間教室都有可以上網的電腦，學生功課就會進步；以為改造人體基因，可以消除疾病；以為作物經基因改造，可以餵飽全世界。縱使有不少人，例如教育心理學家如席莉（Jane Healy）就曾警告經常使用電腦，可能對孩童的大腦生理機能產生有害的改變，造成普遍的注意力不集中以及沮喪症候；其效果與軟體開發者所聲稱者大相逕庭。因為電腦遊戲會阻礙任何類型的反省、對未來的思考以及內心的自我對話。但這類意見，一般並不被人重視，一般人相信的仍是科技的承諾。科技的承諾聽來甚是悅耳，大家願意相信只要買下什麼科技，就自然解決了問題。

因此，奈思比特說：「科技以愉悅、以承諾引誘我們，我們上了癮，不去注意科技可導致的副作用，因此不明白何以前途看來不可逆料。鮮少有人清楚瞭解科技在我們的生活中、社會上佔有怎樣的地位（或應該佔怎樣的地位）；更糟的是，少有人知道科技到底是個什麼東西。我們給予科技特殊地位，彷彿它是自然法則，有不可褫奪的權利。我們的日常生活、人格形成經驗，甚至自然世界，都註定要由日益精密的軟體來『管理』。科技與我們的經濟齊步前進，我們則只能插上插頭、上網、瀏覽、剪貼、把零碎資訊拼湊起來。我們覺得有點不對勁，但沒法下達指令作任何

修改」（奈思比特《高科技‧高思維》，1999，時報出版公司，尹萍譯，導論）。

對新興高科技持簡單化的樂觀態度，即屬於奈思比特所說因科技上癮而形成科技崇拜的迷信現象之一。但我們不必扯得太遠，仍回到生態問題來看。

迷信新興高科技而對生態問題不甚理會，並不只大陸如此，臺灣也一樣。在2002年12月5日臺灣國科會公佈了《永續臺灣的願景與策略白皮書》。

其中指出，依照目前狀況，到民國一百年，未妥善處理的垃圾將超過四億噸，相當於整個臺灣每平方公里必須容納一萬一千噸垃圾，使臺灣變成「垃圾島」。未妥善處理的有害廢棄物雖然「只有」一千五百萬噸，可是造成的環境衝擊，卻是一般廢棄物的數十倍以上。

河川污染也是嚴重問題。《白皮書》指出，近年來臺灣嚴重污染河段比率，一直在百分之十二左右，沒有明顯改善。北港溪、二仁溪、急水溪等，嚴重污染比率甚至超過百分之九十。主要污染來源是生活污水，反映我國污水下水道比率嚴重偏低。到2000年5月為止，普及率僅百分之七，比菲律賓、墨西哥還要落後。

《白皮書》中也提到地層下陷的問題。主因是政府過去對地下水的開發利用採取放任政策，現在臺灣地層下陷面積已達八百六十五平方公里，這樣的規模對海島臺灣而言，是非常嚴重的土地資源流失。

《白皮書》中更直言，臺灣經驗的另類寫照是「賺得全世界卻失去臺灣」及「窮到只剩下有錢」。為了解決這些問題，達到永續發展目標，《白皮書》中提出十項行動方案。最重要的主張是調高水資源及能源價格，總量管制開發行為及污染排放，並適當調高水電價格，以凸顯其珍貴性。認為政府應對土地、能源與自然資源的開發及各類污染排放，進行總量管制；在開發海岸、山坡地、水資源、道路及設置工業區、新市區、畜牧事業前，應執行「政策影響評估」。否則臺灣就會逐漸走向「不永續的境地」。

做為「環境難民」的臺灣人民，對於這種境況，其實並不甚在意，也很少以此要求政府改善。政府雖做了這本《白皮書》評估，但在經濟發展等政策行為方面，卻也並未將改善環境納入思考。

三、現代性情境反思

　　為什麼明明知道環境生態已經非常惡劣了，大家卻毫不在意，或故意漠視，反而一再宣傳新科技、高科技能帶給我們美麗的未來？

　　事實上，現在的環境災難，就是當年我們所相信的新科技、所歡迎的新生活所造成的。那些新科技，在做宣傳、做科技承諾時，其實都沒有告訴我們它可能產生的環境災難是什麼（老實說，因為是新科技，因此通常也不曉得它可能造成什麼後果）；要到我們對某些科技已經依賴極深並與生活融為一體時，才發現我們業已淪為環境難民。可是發現以後，我們其實因為已做了「過河卒子」而無法回頭，只得拼命向前。例如用電，何等便利！但要電就得造水庫發電，或燒煤造電。這都是會污染或破壞環境的。雖然如此，電還是不夠，那就只好用核能發電。核能發電在世界各地雖引起極大爭論，但除非我們不要電，誰也不能絕對不用核能發電。

　　這種遭科技裹脅的情況，其實也就是「現代性情境」之一例。

　　所謂現代性情境，是說整個現代化進程實即是以資源消耗、破壞生態為代價的，越是現代化的國家資源消耗越嚴重。以當今美國為例，占不到世界二十分之一的人口，卻消費著占全球五分之一以上的石油資源。而在整個西方世界進行現代化的早中期，這種人口與資源消費的巨大比差更為驚人。也就是說，西方現代化的過程是以犧牲整體人類生態環境的巨大代價，才得以獲取其文明進步這一結果的。後來學習西方、爭相步入現代化進程的亞洲國家，也學習了西方的辦法，犧牲生態環境以謀所謂「進步」。

　　這也就是後來西方開始反省現代性、開始呼籲環境保護、要求亞洲國家勿捕獵野生動物並推行環保運動時，普遍惹人反感的原因。許多人都質疑：為什麼西方社會享受著現代化的文明成果，而我們卻要為此承受犧牲生態環境的代價？現代化的進步可以是西方的，但生態環境和自然資源卻不歸屬於任何一個單一的國家或地區。又為什麼西方已經現代化之後才來要求我們節制現代化速度？再者，目前西方世界仍是地球上最大的資源消耗區，故環保、生態最急迫的地區與問題其實是在西方而非其他地域。

　　更根本的質疑，則是對現代性的批判。

　　由於所謂「現代性」其實包含了幾項基本元素：市場經濟、政治民主、科學理性和作為西方現代社會之基本文化價值理念的自由個人主義精神。現代性的這四個基本元素都是值得人類社會珍視的，但它們同樣也都無法免於生態倫理的批判。

　　其中自由個人主義，更具有這種兩面性。一方面，它是現代西方社會的革命旗幟和現代啟蒙口號，具有個性解放的精神力量。因此，它確實成為了市場經濟和政治民主的價值基礎。但另一方面，自由個人主義與人類中心主義有著一種深刻的內在親緣關係：它們在倡言「人格尊嚴」之際，共用著某種同質的價值觀念。把人類視為特殊而高貴的生命，將一切非人類的生物和生命看作是實現人和人類目的的純粹手段或工具。任何人或人類群體，都可能以人類正當利益的名義為他或她或他們破壞生態環境的行為辯護。

　　換言之，西方「現代性」道德價值核心的自由個人主義，與其整個社會的現代性理想一樣，都沒有充分考慮人與自然的關係，更沒有給予人類寄居其中的自然環境以充分的尊重。故社會學家吉登斯批評，自由主義的思想構架沒有也無法容納有關生態倫理或環境問題的主題❶。各國在推動現代化時，也都忽略了生態倫理的一個重要方面：人類並不只是自然資源的消費者，也是自然資源的生產者和保護者。作為一種理性的生命存在，人類不僅是慾望的存在，而且也可以成為合理實現其慾望的道德的存在。

　　此外，支配現代化社會運動的根本文化，乃是一種基於現代科學理性的進步理念。以致現代人過分迷信現代科學理性，誤以為人類的道德生活必定會隨著現代社會科學技術的進步和整個社會物質生活的進步而改善。知識或技術理性、工具價值的評價尺度被無限放大，使得康德所謂「實踐理性」完全隱匿不見，只成了單一的技術理性或工具理性，其中原有的目的理性或目的性價值意義，被現代唯科學主義和技術主義洗蝕無蹤，漸漸消失在現代人的價值視野之外。在這種狹隘的工具理性或技術合理性意義上，人們或可認為現代社會確是「進步」了。然而，這種進步僅僅是「單面的」（如馬爾庫色的用語）、畸形的，它所消耗的代價卻極沈重。如果人

---

❶　〔英〕安東尼·吉登斯著：《第三條道路》，第一章，鄭戈中譯。北京大學出版社、三聯書店2000年共同出版。

們願思考一下當代人類所面臨的生態環境倫理問題、生活意義的困惑問題、以及浸透於現代人心靈和現代世界文明進程中的實利主義，就不難意識到這一點。

再者，現代性的種種問題，或許還與西方存有論認識論的發展有關。西方自17世紀中期以後，出現了新的機械哲學，根據一個新隱喻（機器）來追求宇宙、社會和自我的重新統一。這種思想由法國思想家伽桑狄和笛卡爾提倡，因緣際會，漸漸取代了西方傳統的萬物有靈論、有機論，而蔚為主流，影響及今。

在機械的世界中，秩序被重新定義為：在規律的理性決定系統中，不但強調人應可對自然、社會和自我進行理性控制，更要借助新的機器隱喻以重新定義存有。

作為科學和社會的統一模式，機器徹底滲入人的意識，以至於我們今天很少人會質疑它的合法性。自然、社會和人的身體均由可相互替代、可從外部修理和代換的（原子化）部分組成。所以我們可以「技術的手段」修補生態失調，也可以用干預主義的醫學方式，用新製成的心臟代替有病的心臟。

這種機械自然觀，是目前西方大多數學校的教學內容。人們不加思考地接受為常識的實在觀，認為物質由原子組成，顏色由不同長度的光波反射而成，物體按慣性定律運行，太陽是太陽系的中心。整個自然，均是由無主動精神的粒子組成，並由外力而非內在力量推動。因而，機械論本身也令操縱自然的行為合法化了。

這其中便蘊涵著權力的概念，Carolyn Merchant《自然之死》一書曾批評道：

> 機械主義作為一種世界觀，其最光輝的成就，是它圍繞人類經驗中兩個最基本的成分──秩序和力量──重新安排了實在。秩序可以通過對服從數學定律的不可再分部分的運動之強調，通過否棄變化的不可預測的非物質原因來達到。力量則通過現實世界中直接起作用的干預達到。培根的方法支援通過手工操作、技術和實驗實施對自然的威權。故機械主義作為世界觀，也是一種概念化的權力結構。（第九章，1999，吳國盛等譯，吉林人民出版社）

這種權力概念，直接導致人對世界的支配意識。久而久之，人自擬為上帝，可對宇宙重新捏塑。而整個本體論和認知結構，遂也因此發生變化。是以 Carolyn Merchant 才接著說：「作為本體論與認識論之結構模型的機器」，使得：

正在興起的機械論的世界觀，奠基於物理定律的確定性和機器的符號力量相一致的關於自然的假設之上。儘管有許多替代的哲學可資使用（亞里士多德哲學、斯多噶主義、神祕直覺主義、隱修主義、巫術、自然主義和萬物有靈論），但歐洲占統治地位的意識形態還是逐漸被機器性質和經驗力量所占據。（同上）

此一新的本體論及認識論，包含了一些關於存有知識和方法的預設，使人可以操控自然。例如：1.物質由粒子組成（本體論預設）。2.宇宙是一種自然的秩序（同一原理）。3.知識和資訊可以從自然界中抽象出來（境域無關預設）。4.問題可被分析成能用數學來處理的部分（方法論預設）。5.感覺材料是分立的（認識論預設）。在這五個關於存有的預設的基礎上，自 17 世紀以來的科學被普遍地看作是客觀的、價值中立的，關於外部世界的知識。此外，正如海德格所指出；自笛卡爾以來的西方哲學，最基本的關切在於力量，「現代技術的本質在於座架（enframing）」。也就是說，在於表明自然使它成為被支配物。「物理學作為純粹理論，架構自然並使其顯示自身」，且「誘使」自然「成為可計劃的力的有序結構」❷。

四、相互依存的人與自然

（一）

對現代性做這樣的批判，把當代漠視生態自然的原因，追究到個人自由理性以及存有論認識論等等去，看起來扯得遠了，其實不然。不做此類探本之論，「科學技術與社會 STS」的討論，就僅能涉及一些技術性枝節問題或僅流於和稀泥。而且，透過這樣的討論，我想說的，正是整個生態倫理，或舊的現代化普世倫理之後的新普世倫理所應該走的方向。

正如 Holmes Rolston III 在《哲學走向荒野》一書中所說：現代社會的一個要

---

❷ Martin Heidegger, *The Question Concerning Technology* (New York: Harper & Row, 1977), pp.21, 23. Heidegger, "The Age of the World Picture,"in *The Question Concerning Technology*, esp. pp.127-36 論馬笛卡爾和現代科學世界圖景。M. Heidegger, "The Principle of Identity," in *Identity and Difference*. Trans. J. Stambaugh (New York: Harper &Row, 1969), pp.23-41.

求，就是人類要發現自己的獨特性——線性的歷史❸、創造性和不斷進步。人類就是靠著這些獨特性而越來越成為自然的主宰，用自然為自己服務，並根據自己的意願改造環境。與此相反，現在生態學的基調，則是要我們再次認識到人與自然的關聯性，認識到我們與生物共同體的固有聯繫，從而肯定我們的有機性本質這樣一種智慧。

他認為當代哲學家在探索新社會的新倫理時，必須反抗現代性，重新尋求人與自然的關係，即人與自然的相關性。重新發現這種關係，他稱為「哲學的生態轉向」（ecological turn）。並認為現今已有不少人致力於此，例如，「伊恩·L·夏克哈格主張：『我們必須認識到：自然包含了一個內在的價值體系。』在一篇用了〈生態：物理規律與道德抉擇〉這樣引人注目的標題的文章中，保羅·B·西厄斯寫道：『但在今天，道德涉及到一種負責任的與自然界規律的關係，因為我們也無可逃避地是自然界的一部分。』羅傑·里維萊和漢斯·H·蘭芝伯格在為一部有名的著作寫的序中說道：『對於我們對環境的關注，科學有另一種更深層的意義⋯⋯那就是它能建立概念與自然規律的結構體系，使人類認識到自己在自然中的位置。這樣的認識，必定是道德價值的一個根基，將會指導著每一代人履行我們作為地球這艘宇宙船的乘務員的職責。對於這個目的來說，生態學⋯⋯是核心的。』⋯⋯。」

這些嘗試找出新方向的學者，憑藉的思想資源是什麼呢？Holmes Rolston III 說道：生態學家想到的是另一種哲學遺產。西方思想在對自然的看法上是矛盾的。不同於現代人想法的一些先哲用了不同的邏輯去面對自然，發現自然有著比人類更偉大的智慧。例如由浪漫主義運動所體現出來的哲學遺產。浪漫主義運動的思想家那種對大自然的愛，曾經感染了自然保護運動的先驅者中的很多人。例如愛默生在同樣也很經典性的一部著作中，就堅信自然產生商品、美、智慧與紀律。如果把詩與神秘主義跟科學結合在一起，我們更能看到自然育化了人們的性格，並可作為價值的試金石（第三章，2000，吉林人民出版社，劉耳等譯）。

也就是說，西方當代思潮在處理人與自然這問題時，為了批判反省十七世紀科

---

❸　線性的歷史（linear history），與循環式歷史（cyclic history）相對，指社會有向前、向上發展的趨勢，而非在某幾種歷史階段間不斷地循環往復。

學革命以來的觀念，往往回溯其古老傳統，從其思想遺產中找到與現代西方不同的自然觀來做為思想資糧，建構新的普世倫理。

可惜這些西方當代生態哲學家不諳東方哲學，否則他們應更能由東方的自然觀和倫理態度中找到思想的資源。

例如人與自然非斷裂的連續關係、循環式歷史觀等等，都是中國哲學中最明顯的東西。1993 年，6500 位人士曾在美國芝加哥召開「第二屆世界宗教會議」，並發表了〈走向全球倫理宣言〉。中國或東方這種天人和諧的自然觀，事實上正好與西方所急切想要重新正視的思想淵源合拍，足以做為新的全球倫理基礎。

（二）

相對於西方現代以人利用機器剝削、開發自然資源，中國儒家的「天人合一」思想最值得稱道。

天人合一，解釋的人太多了，以致大家常以為是陳腔濫調，其實其義蘊還遠未被發掘出來。尤其後世之解釋多受孟子「窮理盡性以知天」之說影響，重在由個人主體心性講，說人可以內在地超越以合天。如此，天人合一就成為一種人的心性修養境界。整個宋明理學思路下的基本講法均如此。近年當代新儒家所引生的「內在超越」理論爭議，亦由此而發。

但天人合一之涵義並不止於此，它還指人應有參贊天地之化育的行動。《中庸》指出：「唯天下至誠，為能盡其性，則可以贊天地之化育。可以贊天地之化育，則可以與天地參。」

參，指人應參與到自然之中，依循其道。《易經》中講人如何仰觀俯察、取象天地；董仲舒講人之起居動作應如何「循天之道」等，皆屬此。

贊，指襄助、翊贊，令天地之化育更為和諧周到。荀子曰：「大天而思之，孰與物畜而制之？從天而頌之，孰與制天命而用之？望時而待之，孰與應時而使之？思物而物之，孰與理物而勿失之也？願於物之所以生，孰與有物之所以成？故錯人而思天，則失萬物之情」（天論篇）等言論即屬於此。

民國以來，受西方現代思潮之影響，多將荀子這類說法比附於現代思維，說荀子跟孔孟不一樣，是戡天役物的。不重天，重人，發揮了「人定勝天」的精神，而

大予贊美之。殊不知這是特定視野下的誤讀，藉著講荀子來宣洩我們想主宰萬物、戡天勝天、追上西方的心情。荀子哪是這樣的呢？

他的意思是天生人成、天人相與。不能只講天那一面，而人啥事都不幹。光思天、頌天、重視物之所以生的部分，遠遠不夠；還應就天所生之物、所命予人者，去利用它、成就它。因此，他才會說：「錯人而思天，則失萬物之情」。

這是荀子不同於莊子處，也即是儒家不同於道家處，他批評莊子「蔽於天而不知人」，正緣於此。道家也講以人合天，但以儒家看，它人文化成的工作少了些，著重在「大天而思之，望時而待之，因物而多之，思物而物之」，故未能開物成務。

而荀子說的「應時而使之，理物而勿失」等，是屬於人的部分，卻也不可以根據人自己的私意來亂搞的。天人不打成兩截。原則乃是「天行有常，應之以治則吉，應之以亂則凶」。人應依循著天道，所以人自己做不好，乃逆了天常之故。「天有其時，地有其財，人有其治，夫是之謂能參」，如何能參天地化育呢？

「順其類者謂之福，逆其類者謂之禍，夫是之謂天政。暗其天君、亂其天官、棄其天養、逆其天政、背其天情，以喪天功，夫是之謂大凶。聖人清其天君、正其天官、備其天養、順其天政、養其天情、以全其天功。……則天地官而萬物役矣。其行曲治，其養曲適，其生不傷，夫是之謂知天」。荀子說的這些話，許多人都以為那是講天人之分，實則這是講人如何「參」。

顯然依此說，天人關係既不偏人，亦不偏於天；既重天，又重人。儒家之學，有「執兩用中」的特點；這便是明證。凡執著一偏而說，俱不中而竅。

荀子天人之學，在近代遭誤解最甚，故略依其所說，稍釋儒者論天人之義。

其實此義亦非荀子獨創，乃是儒者自來之態度。陸象山即曾說過：「聖人備物致用，立成器以為天下利。……上棟下宇以待風雨，而民不病於居。服牛乘馬、刳舟剡楫，而民得以濟險。弦弧剡矢、重門擊柝，而民得以禦暴。凡聖人之所為，無非以利天下也。二典載堯舜之事，而命羲和授民時、禹平水土、稷降播種，為當時首政急務」（卷廿四，策問）「世儒恥及簿書，獨不思伯禹作貢成賦，周公制國用，孔子會計當，〈洪範〉八政首食貨，孟子言王政亦先制民產、正經界，果皆可恥乎？」（卷五，與趙子宜）。講的都是儒者該開物成務的事，且推其傳統於上古三

代，而批評後世儒者不能綜理庶物，光曉得成己，不能成物。

可是儒者之開物成務，又是要「其養曲適，其生不傷」的，其道在於順天。用現在的話說，可云依循自然的法則、規律或性質，勿斲勿傷。這是總原則，具體的做法，則首重天時。

儒家〈月令〉之學，講的就是人在一年中之作息云為均須依著天時來進行。如《禮記·月令》說：孟夏之月，「毋有懷墮，毋起土功，毋發大眾，毋伐大樹；」「命野虞出行田原，為天子勞農勸民，毋或失時。」「驅獸毋害五穀，毋大田獵……」等都是如此。

儒家的政治理論也最強調「使民以時」。其精義是孟子提出的「親親而仁民，仁民而愛物」朱熹注：物，謂禽獸草木。愛，謂取之有時，用之有節（《孟子集注》盡心上）。

經濟上，亦是如此。《荀子·富國》：「春耕、夏耘、秋收、冬藏，四者不失時，故五穀不絕，而百姓有餘食也；汙池淵沼川澤，謹其時禁，故魚鱉優多，而百姓有餘用也；斬伐養長不失其時，故山林不童，而百姓有餘材也。」「今是土之生五穀也，人善治之，則畝數盆，一歲而再獲之；然後瓜桃棗李一本數以盆鼓，然後葷菜、百蔬以澤量，然後六畜禽獸一而剸車，黿、鼉、魚、鱉、鰌、鱣以時別一而成群，然後飛鳥、鳧雁若煙海，然後昆蟲萬物生其間，可以相食養者不可勝數也」。雖然天地生養萬物足以食人，但也不能對自然界進行掠奪性開發；相反「必謹養其和，節其流，開其源，而時斟酌焉」「群道當，則萬物皆得其宜，六畜皆得其長，群生皆得其命。故養長時，則六畜育；殺生時，則草木殖」（王制）。跟孟子說「斧斤以時入山林，則材木不可勝用也」同個意思。

這些思想資源，均是我們在進行現代性批判時極為重要的，與西方當前生態思潮適可互相瀹發。因此，我們的做法應該是兩頭的。一方面要從現代性批判的角度去重讀儒家經典，體會並發掘其生態思想，以貢獻於世界，強化西方生態主義的論述，以扭轉現代化的路程。另一方面，我們談儒學，也要由過去偏於內聖、個人道德主體性、內在超越的講法，擴及開物成務的部分，由「窮理盡性以知天」，進而兼至經天緯地、參贊化育的天人之道。

儒家天人一體觀與生態文明

韓　星

【作者簡介】韓星（1960-），男，陝西藍田人，陝西師範大學歷史文化學院教授，主要從事中國思想文化、儒學、儒教等研究，兼陝西師大儒學－儒教研究所所長、中華孔子學會理事、陝西省孔子研究會常務副會長等。

【摘　　要】三才觀念是天地人一體觀的早期形態。儒家的天地人一體觀認為人類與天地及萬物是一個有生命的整體，而人作為主體在天地之間有獨特地位和作用。天人一體與人與自然的關係不完全等同。傳統儒家沒有明確提出生態文明的概念，但已有了生態文明的基本理論與實踐，儒家典籍中就保存了豐富的與治國方略在一起的生態文明思想理論與制度規劃。儒家天地人一體觀為實現生態文明提供了堅實的哲學基礎和思想源泉，無論對中國可持續發展還是對當代世界和人類未來都有著重要啓示和現實意義。

【關 鍵 詞】天地人一體　以人為主體　生態文明　現實意義

儒家天人一體觀與生態文明

韓　星

一、天地人一體，以人為主體

(一)天人一體觀的形成

　　「三才」觀念是「天地人一體」的思想早期形態，從考古文物所蘊含的文化意識，可以證明「三才」觀念至少在原始社會晚期就萌芽了。20世紀80年代末，在河南濮陽西水坡出土了一組原始社會晚期的墓葬，整個墓室平面是模擬「天圓地方」的宇宙論佈置，墓主人居中，頭頂蒼天，腳踩大地，與《說文》王字的構義吻合：「王，天下所歸往也。董仲舒曰：古之造文者，三畫而連其中，謂之王；三者天、地、人也，而三通之者王也。孔子曰：一貫三為王。」這說明墓主身分曾是原始部落的酋長或早期部族國家的國王。[❶]事實上，王在遠古時代之所以為「天下所歸往」，是因為他有通天達地的能力，被認為是通曉神意，溝通天地、人神的「仲介」，具有宇宙軸心的性格。

　　另外，一些神話和歷史傳說當中也有三才觀念的形象化表述，如盤古開天闢地的神話，雖然出現比較晚，但可以作為上古三才觀念萌芽的證明。三皇的傳說至今還沒有確切的說法，但《春秋緯·命曆序》稱「三皇」為天皇、地皇、人皇，《易傳·繫辭下》也說：「古者包犧氏之王天下也，仰則觀象於天，俯則觀法於地，近取諸身，

---

❶　馮時：〈河南濮陽西水坡45號墓的天文學研究〉，《文物》，1990年第3期。

遠取諸物，於是始作八卦，以通神明之德，以類萬物之情。」這既說明了《易》的基礎八卦始見於史前的包（伏）犧氏時期，也說明這時期已經有了三才觀念的萌芽。

這種觀念為後儒發揮，形成了天人合一的思想，是把「地」省略了的三才觀念。天人合一觀念在長期發展中逐漸強化和積澱為中國古代思想的基本觀念之一，並且滲入政治、藝術、科學以及日常習俗、心理底層等各個方面，成為中國文化的精神基本之一。

(二)天地人一體觀

儒家的天地人一體觀認為人類與天地及萬物是一個有生命的整體。

在中國古代人的觀念中，天與地是不同的，是各有功能、不可替代的，《易傳》中〈象〉〈彖〉〈文言〉〈序卦〉〈說卦〉都以乾為天，以坤為地。如〈象〉強調乾坤兩卦代表天地，提出「天行健，君子以自強不息」，以乾為天之運動的剛健性質，要求君子取法於天行的健動不止，在個人的修養方面自強不息；又提出「地勢坤，君子以厚德載物」，以坤代表地的厚重順承的性質，要求君子像大地一樣，以博厚的德行待人待物。

至於人，在天地之間是處於一個居中的地位，具有天地之性，能夠溝通天地。人在天地之間的特殊性決定了只有人才能使天地人三者合為一體。對此，儒家學者多有論述。

《周易・文言》說：「夫大人者，與天地合其德、與日月合其明，與四時合其序，與鬼神合其吉凶。」這是從大人即聖人，從人格的最高理想和最終境界來論述人與天地的合一。

《郭店楚簡》不僅強調天和天命，也很強調「地」的作用，是早期儒家較為全面的觀點。如《語叢一》云：「有天有命，有地有形，有物有容，有盡有厚。有地有形盡，而後有厚。」說明天地之間的「生物」（有生命的存在，包括人在內）的生成都是天賦其命，地予其形，有天有地，兩廂合作的結果。

《孟子・公孫丑下》云：「天時不如地利，地利不如人和」，把天地人放在一起進行討論。《孟子・盡心上》的「萬物皆備於我」追求人與宇宙冥合為一的境界，實即人與萬物為一體之意，只是有點宗教神秘的意思在裏面。值得注意的是從

孟子開始大量出現了天地合言而與人對舉或單言天（包含並代替地）而與人對舉的傾向，如孟子講天人合一，即「盡心」、「知性」、「知天」，認為人的心性是溝通天人關係的橋樑，要求人以道德規範約束自己，擴充善端，來實現知天達命、天性與人性、天心與人心的統一。

荀子有「禮三本」之說：「禮有三本：天地者，生之本也；先祖者，類之本也；君師者，治之本也。無天地，惡生？無先祖，惡出？無君師，惡治？三者偏亡，焉無安人。故禮，上事天，下事地，尊先祖，而隆君師。是禮之三本也。」（《荀子・禮論》）以禮為天地人一體的象徵。

《易傳》對天地人一體的議論精當完備。《易傳・繫辭下》：「……《易》之為書也，廣大悉備：有天道焉，有人道焉，有地道焉，兼之而兩立，故云。六者，非它也，三才之道也。」這就是說，《易》這部書的內容之所以廣大而完備，博大而精深，就因為它專門系統地研究了天、地、人三才之道。六畫卦之所以成其為六畫卦，就是由於它兼備了天、地、人三才之道而兩兩相重而成的。所以說，六畫卦，並非是別的什麼東西，而就是天、地、人三才之道。《易傳・說卦傳》論三才之道：「昔者聖人之作易也，將以順性命之理，是以立天之道曰陰與陽，立地之道曰柔與剛，立人之道曰仁與義，兼三材而兩之，故易六畫而成卦。」這是對天、地、人三才之道的內涵的界定。所謂天道為「陰與陽」，是就天之氣而言的，是指陰陽之氣的。所謂地道為「柔與剛」，是就地之質而言的。所謂人道為「仁與義」，是就人之德而言的，是指仁義之德的。而人道之所以為「仁與義」，乃是由於人稟受了天地陰陽剛柔之性而形成的。

漢代董仲舒在《春秋繁露・立元神》論天地人一體云：「天地人，萬物之本也。天生之，地養之，人成之。天生之以孝悌，地養之以衣食，人成之以禮樂。三者相為手足，合以成體，不可一無也。」意即天地人是一個相互聯繫、共生共養、和諧一體的生命系統。

北宋張載在《易說・繫辭下》中明確指出：「天人不須強分。《易》言天道，則與人事一滾論之；若分則只是薄乎云爾。自然人謀合，蓋一體也。人謀之所經畫，亦莫非天理。」這是說，天道與人道有共同點，所以《周易》將天道同人事統而論之。張載《西銘》的說法最為著名：「乾稱父，坤稱母；予茲藐焉，乃混然中

處。故天地之塞，吾其體；天地之帥，吾其性。民吾同胞，物吾與也。大君者，吾父母宗子；其大臣，宗子之家相也。尊高年，所以長其長；慈孤弱，所以幼吾幼。聖其合德，賢其秀也。凡天下疲癃殘疾、惸獨鰥寡，皆吾兄弟之顛連而無告者也。」❷這裏張載繼承《尚書・泰誓》「惟天地萬物父母」的說法，將天地視作父母，將人與人、人與物之間的阻隔全面破除，對天地人一體的境界作了形象論述：乾、坤就是天地，人與天地萬物同處於一個無限的生命鏈條和整體之中，同在天地乾坤之德的創生中同生共長，渾然無別。這樣，塞乎天地之間的陰陽之氣即形成吾人之形體，而主宰天地之常理，即為吾人之本性。人與人，人與物之間，猶如同胞手足，也如朋友同儕，彼此血肉相連，痛癢相關、休戚與共，構成一種和諧共生的關係。這裏的乾父坤母主要是象徵意義上說的，他並不是說天地就是人的父母，而是強調超越性的天地對於人而言的根本意義，也就是它對於人的本體論意義。誠如朱子所云：「《西銘》首論天地萬物同體之意，固極宏大。」嗣後，程朱理學、陽明心學對「天地萬物一體之仁」之說加以進一步深化。

二程說：「醫書以手足痿痺為不仁，此言最善名狀。仁者以天地萬物為一體，莫非己也。認得為己，何所不至；若不屬己，自與己不相干。如手足之不仁，氣已不貫，皆不屬己。」❸醫學上通常說人的手足麻木不仁，意思就是指手足與己無干。人得了痿痺病，就表現為手足麻木不仁，覺得手足與自己沒有關係。反之，仁愛則是指手足與己相干而為一體。具有仁愛之德的人與天地萬物的關係與此非常相似，凡有「仁」德的天性的人都能與天地萬物密切相干而為一體，能夠體現仁愛的人能夠與天地萬物感通，把天地萬物看成是與自己息息相關的有生命力的整體，把天地萬物看成是自己的生命的一部分，故能愛人愛物，如同愛己。

陸象山說：「儒者以人生天地之間，靈於萬物，貴於萬物，與天地並而為三極。天有天道，地有地道，人有人道。人而不盡人道，不足與天地並。」❹

王陽明認為：「大人者，能以天地萬物為一體者也。其視天下猶一家，中國猶

---

❷　〔北宋〕張載：《正蒙》，《乾稱篇》第十七。
❸　《河南程氏遺書》卷二。
❹　《象山全集》卷二〈與王順伯〉。

一人焉。若夫間形骸而分爾我者，小人矣。大人之能以天地萬物為一體也，非意之也，其心之仁本若是，其與天地萬物而為一也。豈惟大人，雖小人之心，亦莫不然，彼顧自小之耳。是故見孺子之入井，而必有怵惕惻隱之心焉，是其仁之與孺子而為一體也。孺子猶同類者也，見鳥獸之哀鳴觳觫而必有不忍之心焉，是其仁之與鳥獸而為一體也。鳥獸猶有知覺者也，見草木之摧折而必有憫恤之心焉，是其仁之與草木而為一體也。草木猶有生意者也，見瓦石之毀壞而必有顧惜之心焉，是其仁之與瓦石而為一體也。是其一體之仁也，雖小人之心亦必有之。」❺在陽明看來，大人之所以能「以天地萬物為一體」，乃是出於「其心之仁」的顯現，全然無私利計較之意。而這個仁心，人人固有，只是小人因軀殼的自我限定，蔽於私欲，不能時時呈現仁心的感通的作用，所以有物我之分，而無一體之感。雖然如此，當仁心一旦真實呈現時，感通之情油然而生。故見孺子入井，惻隱之心自然流露，思以救之，不救則心不安。由此而言，惻隱之心已與孺子相感通，成為一體，孺子之傷痛即我之傷痛。同樣地，人見鳥獸、草木與瓦石不得其生、不得其所，也會有不忍、憫恤、顧惜之心。也就是說，人通過這些感應活動就與鳥獸、草木、瓦石成為一體。

㈢以人爲主體

中國文化強調天地人一體，但人在天地之間又有特殊的地位。天地雖然創造了人，但沒有人這天地又為何而存在？這樣，中國文化又逐漸發展出以人為主體的傳統。天人一體觀重視人類生命活動的實踐意義和社會意義，從而實現了人的主體性，表現出主體思想的特徵。所謂主體思想，就是重視主體即人在天地之間的地位和作用，強調人作為主體在實現天地人一體方面能起到決定性作用。

《尚書・泰誓上》強調「惟天地萬物之母，惟人為萬物之靈」。《孝經・聖治章》中則借孔子的名義說：「天地之性，人為貴。」這句話中的「性」字，是「生」的意思。宋人邢昺解釋說：「性，生也。言天地之所生，惟人最貴也。」❻

《易傳》強調人的道德主體性集中地通過與天地萬物以及鬼神的溝通的聖人體

---

❺　《陽明全書》卷二十六《大學問》。

❻　〔宋〕邢昺：《孝經注疏》卷五。

現出來。《易傳・文言》上說：「夫大人者，與天地合其德，與日月合其明，與四時合其序，與鬼神合其吉凶。先天而天弗違，後天而奉天時，天且弗違，而況於人乎！況於鬼神乎！」這裏的「大人」就是「聖人」，是說聖人與天地相融合並溝通天地，並參與天地之中，仿效天地，建立了一套類通天地的人間秩序；同時聖人又融匯進陰陽的相摩相蕩之中，融入到天地的變化之中，成了宇宙整體的一部分。這樣，聖人就與天地變化的精神（德）感而通之。

《荀子・王制》說：「水火有氣而無生，草木有生而無知，禽獸有知而無義，人有氣有生有知亦且有義，故最為天下貴也。」無道德禮義，人便與禽獸無異。荀子用比較的方法說明了為什麼天地萬物中人最為貴的道理。

《禮記・禮運》認為：「人者，其天地之德，陰陽之交，鬼神之會，五行之秀氣也。」在天地萬物之中，人有突出的價值，人是一個具有感性、能夠創造、能夠進行自我發展的萬物之靈。

董仲舒說：「天德施，地德化，人德義。天氣上，地氣下，人氣在其間。……故莫精於氣，莫富於地，莫神於天。天地之精所以生物者，莫貴於人。」[7]「人受命於天，固超然異於群生。……是其得天之靈，貴於物也。」[8]人和萬物都稟氣而生，由於人稟精秀之氣故而人為貴。

周敦頤在《太極圖說》中說：「二氣交感，化生萬物，萬物生生，而變化無窮，惟人也得其秀而最靈。」邵雍說：「惟人兼乎萬物，而為萬物之靈。如禽獸之聲，以類而各能其一，無所不能者人也。推之他事亦莫不然。惟人得天地日月交之用，他類則不能也。人之生，真可謂之貴矣。」[9]人能夠兼收萬物之能，得天地日月之用，故可云為萬物之靈，貴於萬物。這是對人在天地萬物之間尊貴地位的肯定。

張載首先提出天人合一的概念，他認為要達到天人合一，必須盡人謀。《正蒙・誠明》云：「天能謂性，人謀謂能。大人盡性，不以天能為能，而以人謀為能。故曰『天地設位，聖人成能。』」「天能」是說天地之所能，指氣化萬物，無心無為，自然而然，故稱為「性」；「人能」是指人的思慮謀劃。「聖人成能」即

---

❼ 董仲舒：《春秋繁露》卷十三《人副天數》。

❽ 《漢書》卷五十六〈董仲舒傳〉。

❾ 邵雍：《皇極經世書》卷十二《觀物外篇》。

充分發揮人的主觀能動性，以自己的聰明才智把握天道，經營萬物萬事，以成就天之所能，以救濟天下之人。張載《易說・繫辭上》又云：「聖人主天地之物，又智乎萬物而道濟天下，必也為之經營，不可以有憂付之無憂。」「聖人主天地」，即聖人心懷「憂患」，努力「經營」，依據天地萬物的性能及其變化規律，在與天地萬物並立一體的情況下主持之。這樣，張載就把天地人一體，人為主體的精神淋漓盡致地凸現出來了。張載提出「為天地立心」的命題就是在天地人一體和諧的構架中貫通天道、地道與人性，強調人對天地萬物的主動性、能動性和主體性。「天地之心」就是仁心，儒者只有弘大其心才能真正「為天地立心」。

陸九淵提倡人在天地之間要「自立」，要認識自己，實現自己，就是要提高人在天地之間的地位。「天地人之才等耳，人豈可輕，『人』字又豈可輕！」「上是天，下是地，人居其間。須是做得人，方不枉。」「宇宙之間，如此廣闊，吾身立於其中，須大做一個人。」❿

王陽明認為「人者天地萬物之心也，心者天地萬物之主也。心即天，言心則天地萬物皆舉之矣。」⓫這裏以心為天，突出了人的主體地位，表現了人的主動性、能動性，強調要實現人與天地萬物一體的理想，就必須充分發揮人的主觀能動作用。王陽明進一步向他的弟子解釋說：「天沒有人的靈明（心）誰去仰它高？地沒有人的靈明（心）誰去俯它深？鬼神沒有人的靈明誰去辨它吉、凶、災、祥？」意思是說，如果沒有人心和人的思維，就不會存在天高地深的觀念，也不會產生關於鬼神的吉、凶、禍、福的思想。正是在這一意義上，王陽明強調說：「充塞天地之間，只有這個靈明（心）。」⓬

朱熹發揮荀子「水火有氣而無生」一段云：「天之生物，有有血氣知覺者，人獸是也；有無血氣知覺而但有生氣者，草木是也；有生氣已絕而但有形質臭味者，枯槁是也。是雖其分之殊，而其理則未嘗不同；但以其分之殊，則其理之在是者不能不異。故人最為靈，而備有五常之性，禽獸而昏而不能備，草木枯槁則又並與其

---

❿　《象山全集》卷三十五《語錄》。

⓫　《陽明全書》卷六〈答季德明〉。

⓬　《陽明全書》卷三《傳習錄》下。

知覺者而亡焉。」❸這就進一步探討了天地之間人之所以尊貴的原因,即人具有禽獸草木所沒有的知覺和道德。

人的主動性和能動性主要表現在作為第三者能夠參贊天地之化育,《禮記·中庸》云:「唯天下至誠,為能盡其性;能盡其性,則能盡人之性;能盡人之性,則能盡物之性;能盡物之性,則可以贊天地之化育;可以贊天地之化育,則可與天地參矣。」「參」者,「三」也,人與天地的地位和價值是平等的。「贊」者,「助」也,人不是凌駕於天地之上的主宰者。因此,在中國傳統文化中,對自然資源的開發與利用,一貫以不違背天地自然規律、不破壞自然環境,而能因勢利導、順時治理、盡物之性為上。荀子喜歡談「參」,《荀子·天論》云:「天有其時,地有其財,人有其治,夫是之謂能參」;《荀子·王制》亦云:「天地者生之始也,禮義者治之始也,君子者禮義之始也,為之、貫之、積重之、致好之者,君子之始也。故天地生君子,君子理天地,君子者天地之參也……。」天地人雖然各有其職分,不能互相替代,但從更大的範圍看,天地人又是一體的,人的生命活動可以參贊天地的變化。荀子的基本觀點是「天人相分」,所以他說天、地、人各有所長,既有了「所以參」之資,又有了「能參」之能,方可完成「所參」之願。荀子的興趣,在人(君子)之所以參和所參,故有所謂「天地生君子,君子理天地」之說❸。所以,他實際上是十分注重人(君子)作為三才之一的主動性和主體性的,這也使他的「天人相分」沒有發生西方文化中的天人分裂,而是以天人之分為主,以天人合一為輔。董仲舒繼承荀子人能參天地的思想,說:「人下長萬物,上參天地。」❸「唯人道為可以參天。」❸今人龐樸曾經發揮說:「天的作用在『化』,地的作用在『育』,人的作用在『贊』(幫助),三者相互為用,是為『參』……所謂人與天地摻,是指人在幫助天地(贊)化育萬物,而說明天地化育萬物也就是『參』加了天地的工作,作為第三者加入到天地共長久的圈子裏去……」❸

---

❸　朱熹:《文集》卷五十九〈答余方叔〉。

❸　龐樸:《對立與三分》,《中國社會科學》,1993 年第 2 期。

❸　董仲舒:《春秋繁露》卷十七《天地陰陽》。

❸　董仲舒:《春秋繁露》卷十一《王道通三》。

❸　龐樸:《一分為三──中國傳統思想考釋》(海口:海天出版社,1995 年),第 96 頁。

總之，在中國傳統文化中，並沒有西方顯著的、外化的人與神、人與自然的「二分對立」，而是認為天地人渾然一體的。不過，在這渾然一體中又是有差別、有區分的，而強調人的主體性則是一而貫之的。這才是中國文化真正的、內在的、本質性的特徵。

㈣天人一體與人與自然

近代以來受西方文化影響，在中國文化研究中，許多學者習慣於以西方文化中人與自然的關係來比附中國文化中的天人關係，常常將天地人一體簡化為天人合一，認為這是中國文化不同於西方文化的最突出的特徵之一。就是說，中西文化的基本差異就在人與自然的關係上，多把「天地」置換為「自然」❸，習慣把「天人合一」解釋為「人與大自然和諧相處」等，認為中國文化比較重視人與自然的和諧統一，而西方文化則強調人要征服自然、改造自然，才能求得自己的生存與發展，這樣就使人與自然的關係緊張，造成了人類生存環境的破壞，帶來了生態環境的惡化、以及人口危機、核戰威脅等全球性的問題，現在應該回歸中國文化「天人合一」的觀念。這些想法無疑是正確的、有意義的。但是，人們普遍地對「地」的研究和探討不夠，甚至好像遺忘了給我們直接生活資料，生養我們的「母親」。這也許是因為在歷史上「母親」一直俯伏在「父親」（天）的腳下，使我們兒女們自覺不自覺的吮吸著「母親」的乳汁長大，穿著「母親」給的衣服，吃著「母親」給的食物，卻對「母親」沒有感恩之情，尊敬之意，甚至還不斷的進行破壞，使我們生存的最切近的生態環境（山川河流、花草樹木、鳥獸蟲魚）日益惡化，導致了我們人類生存的空前危機。

二、儒家生態文明的理論與實踐

傳統儒家雖然沒有明確提出生態文明的概念，但是已經有了生態文明的基本理論與實踐。《尚書》《周禮》《禮記》《論語》《孟子》《荀子》等儒家典籍中就保存了非常豐富的與治國方略在一起的生態文明的思想理論與制度規劃。

---

❸ 這裏的「自然」不是中國古代哲學中的「自然」，中國古代的自然是「自然而然」的意思。

　　首先，在天人合一的觀念的指導下，儒家要求以和善、友愛的態度對待天地萬物，善待鳥、獸、草、木，形成了豐富的保護自然環境的思想。《尚書·武成》有武王伐紂時的一篇討伐檄文，文中對紂列的第一大罪狀就是「暴殄天物」，是指殘害滅絕天地間生長的萬物。孔子對自然界的生命充滿了憐憫之情。《論語·述而》載：「子釣而不綱，弋不射宿。」孔子釣魚用竿而不用網捕，射鳥不射巢中的鳥，這就充分體現了孔子愛物及取物有節的思想。《孟子·盡心上》提出了「君子之於物也，愛之而弗仁；於民也，人之而弗親。親親而仁民，仁民而愛物」，講愛的差等性，從親愛自己的親人出發，推向仁愛百姓，再推向愛惜萬物，這就形成了儒學的「愛的連鎖」。從仁的角度看，「親親」是仁的自然基礎，「仁民」是仁的核心和重點，「愛物」則是仁的最終完成。對萬物的愛心，實際上是仁需要完善化的內在邏輯要求。孟子還認識到「養」是「用」的基礎。齊國東南的牛山就因為濫伐濫牧而變成濯濯童山，孟子從牛山林木受到破壞的教訓中引伸出「苟得其養，無物不長；苟失其養，無物不消」（《孟子·告子上》）的道理。荀子談自然資源利用時也強調協調「養長」與「殺生（斬伐）」的關係，以避免童山竭澤現象的出現。《荀子·王制》說：「聖王之制也，草木榮華滋碩之時，則斧斤不入山林，不夭其生，不絕其長也；黿鼉魚鱉鰍鱣孕別之時，罔罟毒藥不入澤，不夭其生，不絕其長也；春耕、夏耘、秋收、冬藏，四者不失時，故五穀不絕，而百姓有餘食也；汙池淵沼川澤，謹其時禁，故魚鱉優多，而百姓有餘用也；斬伐養長不失其時，故山林不童，而百姓有餘材也。聖王之用也，……謂之聖人。」這段文字是荀子合理利用和開發自然資源作為「聖人之制」的基本要求提出來的，說明他是高度重視自然資源的可持續性利用和自覺地維護生態平衡的。《荀子·天論》還說：「財非其類以養其類，夫是之謂天養。」這已包含了自然界各種生物之間互養共生的意義在內。

　　董仲舒將孔子的「仁者愛人」引申到人們對自然環境的愛護，他說：「質於愛民，以下至於鳥獸昆蟲莫不愛。不愛，奚足謂仁？」[19]「泛愛群生，不以喜怒賞罰，所以為仁也。」[20]這樣就把仁愛的道德範疇從人擴展到鳥獸魚蟲，表現了儒家

---

[19]　董仲舒：《春秋繁露》卷八《仁義法》。
[20]　董仲舒：《春秋繁露》卷六《離合根》。

泛愛生靈的博大胸懷。

儒家稱天地生生不已的德性為仁德。仁德是一種生物之心，希望萬物都能活潑生長。《詩經·旱麓》描述萬物活潑生長的樣子說：「鳶飛戾天，魚躍於淵。」萬物生長，向上欲衝破長空，向下欲穿透大地。春天長成萬物，使萬物欣欣向榮，類似於仁，所以儒家經常用春天來類比仁德。北宋周敦頤窗前的雜草從不除去，因為每當他看到春天窗前雜草悄然生長，看到萬物生生不已，便會油然升起一股仁人愛物的情懷來。這就是為後儒津津樂道的「茂叔窗前草不除」的掌故。南宋朱熹寫了一篇《仁說》，劈頭就說：「天地以生物為心者也，而人物之生，又各得夫天地之心以為心者也。故語心之德……一言以蔽之，則曰仁而已矣。」意謂天地之大德是生生不已，這個大德像種籽一樣種到每個人的心裏，成為每個人的仁德。

明代呂坤在《呻吟語·談道》中說：「己欲立而立人，己欲達而達人，便是腌腌其仁，天下一家滋味。然須推及鳥獸，又推及草木，方充得盡。」這裏引用孔子《論語·雍也》中「己欲立而立人，己欲達而達人」的名句，把忠恕之道從人類擴大到禽獸、草木。

其次，儒家強調要更好地保護生態資源必須具體體現在國家大政方針、政治制度和法律規範中。周、秦的國家法律都有定期封山，禁止伐木、建立保護區等保護自然生態的法律條文。《逸周書·文傳解》記載周文王告示太子發之言說：「山林非時不升斤斧，以成草木之長；川澤非時不入網罟，以成魚鱉之長；不麛不卵，以成鳥獸之長。畋漁以時，童不夭胎，馬不馳騖，土不失宜。土可犯材，可蓄潤濕，不穀樹之竹葦莞蒲，礫石不可穀，樹之葛木，以為絺綌，以為材用。」這就充分地表達出重視土地利用的效益和生態保護的措施，可以說已經具有了國策的性質。

武王繼承文王是遺訓，周公輔佐成王，都相繼傳承生態保護的思想作為治國方略。《逸周書·大聚》就是周公明白公告維護自然生態的諭告：「且（周公旦）聞禹之禁：春三月山林不登斧〔斤〕，以成草木之長；夏三月川澤不入網罟，以成魚鱉之長。且以並農力（執）〔桑〕，成男女之功。夫然，則有（生）〔土〕（而）不失其宜，萬物不失其性，人不失其事，天不失其時，以成萬財。」

《周禮》在官職的設置上來體現對於山林河澤自然生態的保護思想，《周禮·山虞》凡山虞、林衡、川衡、澤虞各有職掌，並執禁令，以保護自然資源得到合理

的開發和利用。

《禮記・王制》也有許多對天子、諸侯在什麼情況下可以打獵、砍伐，什麼情況下不能打獵、砍伐，應該打什麼動物，不應該打什麼動物，應該砍伐什麼樣的樹木，不應該砍伐什麼樣的樹木等等細緻的規定。其目的是根據動植物的自然生長規律進行砍伐和田獵，保護野生動植物的生長繁衍，保護人們賴以生存的自然資源。

《大戴禮記・易本命》則直接對帝王提出警告：「故帝王好壞巢破卵，則鳳凰不翔焉；好竭水搏魚，則蛟龍不出焉；好剜胎殺夭，則麒麟不來焉；好填溪塞谷，則神龜不出焉。」提示不保護環境可能帶來的嚴重問題，以為帝王行政的借鑒。

《禮記・月令》敘述了全年的生態保育規劃，在儒家天地人一體觀的指導下，為了維持人類的最基本的生存需要而制定了相關的禮制、法規、禁令等，集中反映了儒家重視人與動植物共生共存關係，以及季節與動植物生長的密切關係。

第三，儒家的生態文明思想還體現在教育上。在中國歷史上，受儒家思想的影響，大至皇太子，小到平民百姓都非常重視「愛惜物命」的教育。據史載，程頤為經筵侍講時，「一日講罷未退，上（宋哲宗）折柳枝，先生（程頤）進曰：『方春發生，不可無故摧折』。」㉑因為有儒家泛愛萬物的思想起作用，程頤以師者的角色自覺地來規訓皇帝。明萬曆時期兵部職方主事袁黃在《訓子言》中說：「何謂愛惜物命？凡人之所以為人者，惟此惻隱之心而已。求仁者求此，積德者積此。」就是說人之所以為人就在於有惻隱之心，即我們常常說的同情心、憐憫心。儒家講的求仁就是求的惻隱之心，我們常常說積德就是積這個惻隱之心。康熙為子孫編寫的《庭訓格言》中說：「仁者無不愛。凡愛人愛物，皆愛也。」作為帝王也這樣認真教誨、嚴格訓飭子孫，希望他們能夠愛人、愛物，實在難能可貴。

三、天地人一體的生態文明意義

二十世紀六十年代以來，環境危機成為全球共識，自然資源逐漸枯竭，工業化和城市化使我們生活的環境污濁和擁擠不堪，威脅到人類的健康，甚至威脅到人類

㉑　《宋元學案》卷十五《伊川學案上》。

的生存，人類面臨一個人口快速膨脹，耕地急劇減少，水陸全面污染，資源成倍損耗，全球氣候異常，生態失調，臭氧屏障趨薄，海水逐年升高，自然災害頻發，多種疾病困擾的世界。隨著生態的惡化，人與自然的矛盾加劇，人類開始對自身的行為進行反思。人類文明發展到今天，生態文明成為國內外普遍關注的問題。中國儒家「天地人一體」的思想，通過有機整體思維把人與人間的和諧、人與社會之間的和諧擴充到人與自然之間的和諧，為實現生態文明提供了堅實的哲學基礎和思想源泉。特別是在這一思想指導下許多具體的政策、禮制、法規，是今天世界性生態保護可貴的制度資源，無論對中國自身可持續發展還是對當代世界和人類文明的未來都有著重要啟示和現實意義。日本的現代大儒岡田武彥認為儒學的萬物一體論、天人合一論，基於天人共存、人我共存的立場，是一種寬容的具有普遍性的思想，足以幫助免去現代社會的弊病❷。我們國家搞國家級自然保護區，搞退耕還林，漁民春季休漁等等，就是向傳統儒家保護、善待天地萬物思想的回歸。

儒家在天地人一體構架下人的主體性，但與現代性思維之片面強調主體欲望作為財富乃至文明根本動力源的觀念不同，儒家強調節欲也有著重要的生態文明意義。因為人類的財富是有限的，而人的欲望是無限的，如果人類自身不能節制欲望，而是像現代西方某一經濟學理論那樣以刺激人們的消費欲望來刺激經濟，必然造成對有限自然資源的無窮佔有和大量浪費，進而造成對生物的傷害，對環境的破壞，威脅人類賴以生存的家園。與節欲觀對應，在對於自然資源的態度上，儒家反對無限度的開發。《孟子·梁惠王上》說：「不違農時，穀不可勝食也；數罟不入汙池，魚鱉不可勝食也；斧斤以時人山林，材木不可勝用也。」孟子在這裏強調農民耕植不違農時，不超量捕魚，不濫墾山林，才能取材不竭。《禮記·祭義》上載：「曾子：『樹木以時伐焉，禽獸以時殺焉。』夫子曰：『斷一樹，殺一獸，不以其時，非孝也。』」就是有節制地利用自然資源思想的一種反映。反對無限度開發的理由，從功利層面上說，是因為如此可以保障自然資源的再生長，使人類的持續開發成為可能；從倫理層面上說，則是因為儒家基於天人合一的觀念，把整個自然界都看作與自身血脈相連的有機系統，因而人對其他物種承擔著相應的倫理責任。

---

❷　蔡德貴：〈儒學與 21 世紀〉，《國際展望》，1993 年第 2 期。

儒家思想對生態文明之指導意義
——兼論家族文化與生態文明之關係

洪秀平・梁金瑞

【作者簡介】

洪秀平（1962-），男，浙江杭州人。美國普渡大學碩士，平和英語培訓學校與平和書院創辦人。著有《儒家書院的特徵及前景——蔣慶儒家書院理念述評》等文。梁金瑞（1975-），男，廣東湛江人，1997 年畢業於華南師大政法系。研究方向：儒家思想，中國政治哲學及馬克思主義中國化領域。現任平和書院網站管理員。

【摘　　要】本文通過對生態文明之定義，比較西方文化與儒家思想兩種「人類中心主義」在此方面之差異，並依據儒家思想本體論之根源，考察了人與自然界，人與人，人與自己這三者關係之間的聯繫，強調生態倫理與人的主體性在家族文化之歷史傳承上的統一，提出生態文明「萬物一體」之觀念與家族文化「萬世一系」在倫理上之對應性，而以「人化自然」為其聯繫和發展，以此表明，家族文化作為儒家思想之核心，正是對生態文明的保障，以此推動人類生產力發展與生態文明之間的良好互動，是儒家思想對「科學發展觀」和當代世界生態文明主題的重大貢獻。

【關 鍵 詞】生態文明　人化自然　家族文化

儒家思想對生態文明之指導意義
——兼論家族文化與生態文明之關係

洪秀平・梁金瑞

　　中共十七大報告明確提出：要「建設生態文明」，那麼，如何理解「生態文明」這一觀念呢？按，生態，即指「生物之間以及生物與環境之間的相互關係與存在狀態，亦即自然生態。自然生態有著自在自為的發展規律。人類社會改變了這種規律，把自然生態納入到人類可以改造的範圍之內，這就形成了文明」。❶所以「生態文明，是人類文明的一種形式。它以尊重和維護生態環境為主旨，以可持續發展為根據，以未來人類的繼續發展為著眼點」。❷也就是說，居於生態文明主導地位的是人類，人類以其相應行為的實施，影響和改變著與自然界的關係和狀態。而「文明」之義，乃：「經天緯地曰文，照臨四方曰明。」❸「經天緯地」，實際上是講人文化成之義。「照臨四方」則言人文化成所具有之結果及範圍。由於人類具有改造自然之能力，影響著整個自然界的狀況，與自然界中各個物種及其相應環境以個體之相互依存而聯繫起來作為自然界的整體相比，人類在自然界中的地位及潛在能力可以使整個自然界發生改變，（儘管這過程是逐漸的，或緩或速）如果人類的生產活動及相關實踐能夠使自然界的生態關係形成符合客觀規律的互相依存以至在整體中確立人類的主體性地位，而使自然界的生態倫理在最高指向上因人類的觀念意

---

❶　引自百度百科「生態文明」詞條（http://baike.baidu.com/view/1206781.htm?fr=ala0）。

❷　同上。

❸　孔穎達《尚書・堯典》注疏。

識對萬物的作用而獲得其存在及效用，協調而和諧，相利以互用，而以人文為其內涵者，我們即可謂之為「生態文明」。在此定義上，我們不妨觀照一下，東西方文化在這方面之區別。西方文化在近幾百年的發展過程中，強調的是以人類的自私欲望為需求的狹隘功利主義，對自然界採取征服和掠奪的態度，造成資源衰竭，物種滅絕，環境污染為後果的生態災難，至今無法消除。現在又將此觀念和作法轉移到廣大發展中國家，使整個人類面臨著更深刻的生態危機。從源頭上講，這是因為西方文化的思維方式是主客二分的，它將自然界作為外在對象來認識和征服，在生態倫理上已然切斷了人類和自然界的天然關係，而儒家思想認為，人與自然界的關係是天人合一的關係，天以人而合萬物，人以萬物而得天，天與人不可離，則人與萬物亦不可離。作為儒家文化核心觀念的「仁」，其意即謂「與天地萬物涵為一體」❹，因人而成物，而以其生為「仁」也。即人而成生態文明之有。「天之仁人以仁萬物」❺，未嘗可離可分。

以此而視，儒家思想對生態文明的理念宣導由來已久，先秦之前，古聖王實施仁政之制的內容即包括對漁獵砍伐的月份限制的規定，如孟春之月「禁止伐木，毋覆巢，毋殺孩蟲，胎夭飛鳥」❻。這稱之為「時禁」。孟子即謂：「斧斤以時入山林，則材木不可勝用也。」❼體現了對生態資源的保護和迴圈利用思想。孔子「釣而不綱，弋不射宿」❽，更是行為的踐履。而曾子則進一步而言：「斷一樹，殺一獸，不以其時，非孝也」❾。這都充分反映了儒家思想對生態倫理的重視和落實，較之當代的生態保護，有過之無不及。表明了生態倫理是儒家思想的內容之一，不可或遺。從世界觀或本體論上來講，孔子的那句「天何言哉？四時行焉，百物生焉。天何言哉？」❿其中已包含著對生態文明的不言而喻。而「天地之大德曰

---

❹　見「仁者渾然與物同體。」「仁者以天地萬物為一體」（《二程遺書》卷二上）
❺　「天有以仁人，人亦有以仁天、仁萬物。」（王夫之《思問錄》）
❻　《禮記·月令》。
❼　《孟子·梁惠王上》。
❽　《論語·述而》。
❾　《禮記·祭義》。
❿　《論語·陽貨》。

生」⑪。天地之間欣欣生意之充滿，則是「仁」的顯示與護持。而「仁」則是人所
固有的。天地以萬物而養人，而亦因人以為萬物之仁，「天之仁人以仁萬物」，而
人得以「贊天地之化育」⑫，是為萬物之長，而為天地立其心。

而人與萬物為一體的理論根源則是儒家的「天人一氣」⑬本體認識論，人為萬
物皆一氣所化生，各依其類，各有其理，在此基礎上產生相對又相合的「物之天」
（「物所知者，物之天也」）與「人之天」（「人所知者，人之天也」；亦為人所有者。）⑭的
關係，而二者的統一使生態倫理實現「物物相依」⑮，類類相從，而以人為核心歸
宿。而在人類的認識角度而言，則以天地萬物為一氣之流行，而產生「民，吾胞
也；物。吾與也」⑯的社會倫理和生態倫理思想，從而「為天地立心，為生民（萬
物）立命」⑰，而人為萬物之長，在生態倫理中，是萬物之價值源泉與存在歸宿，
萬物為人所用，人亦為萬物所依，而以人立極。形成完整和諧之宇宙整體觀念。此
種儒家哲學本體論，而生態倫理的本質實際上要歸結到人之所以為人者，因此，儒
家倫理是生態倫理之準則所在。那麼，儒家思想又是如何將人與自然界聯繫和統一
的呢？這實際上又涉及到人與自然之關係，人與人之關係，人與自身之關係的遠近
協調問題。

首先，人之為人者，乃是生態倫理的實質和前提，唯有人之居於其仁者，可為
其人；而人之居仁而得其為人者，才能符合生態倫理之順承關係，生態文明的實現
及其核心要求，就是要求人首先不能違背此規律而運動。於是，問題就轉化為，生
態文明之實質是人對自身的守持。而人與自然界之互動與平衡，是作為整體的人類
對自然界萬物之關係的處理，亦即人們在改造自然界的能力——生產力中形成的人
與人之間的生產關係的協調和實施。而這種協調和實施，有賴於對自然界的改造能

---

⑪　《周易・繫辭傳》。

⑫　《中庸》。

⑬　「天人之蘊，一氣而已」（王夫之《讀四書大全說・告子上篇》）。

⑭　《尚書引義》。

⑮　《周易外傳・無妄》。

⑯　張載《西銘》。

⑰　同上。

力的實現程度。而人首先有改造自然界的能力，人不是被動融合在自然界中而無所作為的。實際上，從人脫離動物界那一刻起，即已實施著對自然界的改造，而只有人的主體性改造，人類才能獲得生態倫理的相應歸宿和作用顯現，自然界才能在合乎規律的運行中變化和發展，才能實現人類的生產力——改造自然界的進步。因此，生態文明並不是生態狀況的靜止存在和孤立現象，其實質是在人類的生產力的進程中所遇到和解決的問題，在此視點下，人對萬物的仁，實際上，是人的已獲得的對自然界的改造能力的實現程度即相應權利——生態倫理權在人自身的回歸和實現，它是跟人們對自然界的改造結果——「人化自然」相聯繫的，此又涉及到與之相關的人與人之關係即生產關係之存在，即以「人化自然」的人化在世代順承獲得仁的範疇作為萬物一體之本體性存在，而以此為生態倫理之相互依存在人的主體地位上的確立，所謂「皮之不存，毛將焉附？」在此前提下，而通過「人化自然」的世代順承獲得仁的遞延，也就實現萬物一體之生態倫理依據在人之所以為人層面上的確立。這就是生態文明在人類改造自然界過程中的實現。

人與人之關係最終又通過仁的落實歸結於人之內心的存在——即人與自我之關係，其為仁之內涵則又內外相兼，「己欲立而立人，己欲達而達人」[18]推己而及人。而人作為個體，在此意義上是不可能孤立存在的，必然在與自然之聯繫中獲得其社會關係的總和。這種本質存在，是生態倫理的反映，是其社會關係的呈現，表現為相應的生產關係所確立的人與人之關係。而人與人之關係之所以為相應的生產關係，是由於人與自然之關係所產生的。而我們所說的生態文明——人與自然界的協調發展是如何在人類改造自然界的過程中實現的呢？即是人與人之間的關係通過相應的生產關係而作用於自然界形成生產力之緣故與結果。反而言之，則是人類改造自然界的能力而形成的生產關係如何表現為聯結人與人之關係之「仁」，而使人在內與外，己與人，人與萬物之關係上藉仁而涵為一體，而實現以人為本的生態文明，並在人文化成中進一步和諧發展，動態生成。實際上，這涉及到生產力能否與生產關係同步於「人化自然」之統一。所謂「人化自然」，「即客觀的自然界不斷進入人的活動的過程，客觀世界對象化的過程，或者說，由於人的對象活動使越來

---

⑱ 《論語·雍也》。

越多的天然生態系統變為人工生態系統的過程。『人化自然』是人類活動改變了的自然界。」⓳「人化自然」的結果可以是良性的，也可以是惡性的。在西方文化那裏，人是以狹隘的類別作為自然界的主宰，對自然界進行無情的掠奪和破壞，所以其所化自然是違背自然的異化，必然帶來深刻的生態危機。由於客觀世界對象化的過程伴隨著人類對自然界的改造，而人類在客觀世界對象化的過程中也承受著與對象世界的一體化的相互作用，人類在其中的生存狀況的如何，取決於人類對自然界的改造的狀況，易言之，人類對自然界的改造同樣影響和制約著人類的生存和發展。所以人類對自然界的改造是否適合人類的生存和發展，構成生態文明的核心內容。即這種對象化是否符合人的本質，而人的本質與作為其類之本的祖先聯繫相關。此即生態倫理與人的聯繫點。客觀世界對象化的過程是否為人的對象化是問題的本質所在。而其實，人類對自然界的改造是個持續的歷史過程，即所謂的「人化自然」作為對象化的客觀世界與人類對自然界的改造並不是同步的，因為我們所面對的「人化自然」首先是我們的前人改造自然界的結果，先於我們而存在，它是先人勞動的對象化，而後才能作為我們認識的對象和藉以進一步改造自然界的前提條件。從人文角度來講，它是一種歷史文化的存在。而只有在對歷史文化的繼承的基礎上，才談得上人化自然在實踐與認識上的統一，也即人們改造自然的能力——生產力與在此基礎上形成的人與人之相互關係——生產關係同步於「人化自然」之統一。而這種統一，即是仁的實現，而兼及對天地萬物的愛，和以此形成合乎規律的人與萬物，人與人，人與自身的聯繫和運動。在生態文明層面上，即為「天之仁人以仁萬物」者。從儒學認識論的角度來看，是「物之天」與「人之天」在「天之天」之上的合一。而人在天人物我關係中之所以為人而為生態倫理之歸宿與價值所在，源於人對其類之本的祖先的回歸，而以此作為對生態倫理的踐履。而人類的祖先在其誕生之初——脫離動物界的那一刻，即已獲得萬物一體的實踐能力和人化自然的先驗認識依據。而物之天與人之天所對應的天在「合往古來今而成純」⓴的宇宙運動演化中將人作為萬物一體的代表與人類世代傳襲的機制對應和統一起來。如

⓳　引自百度百科「人化自然」詞條（http://baike.baidu.com/view/1621774.htm?fr=ala0）。

⓴　《讀通鑑論》卷三。

果離開了人類對先祖的回歸，則喪失其為類之本，而談不上對萬物一體的把握和實踐。「人化自然」以人類在實踐與認識統一機制上的上下承傳（光前裕後），而使人在改造自然的生存發展過程中獲得萬世一系的人文特徵。所以，人在改造自然界的過程中形成的生產關係實際上是血緣倫理的產生，以此形成因改造自然而出現的共同體（即縱向聯繫的人倫共同體，作為改造自然的結果，它是不可橫向移置的。），而作為血緣倫理的共同體及其相關文化的存在即是儒家文化的核心——家族文化祖先崇拜信仰的存在。它強調的是「萬世一系，千古相傳」的人本觀念，在這裏，生態文明與儒家思想的家族文化信仰聯繫和統一起來了，人在自然界中所形成的生態倫理地位而獲得的對萬物的控制和改造與人類之本的祖先所創業垂統的源遠流長對後代子孫的示範鑒佑（物質傳承與信仰回歸）是一體之兩面，而在天人以此二者關係的對應中，人類得具乾坤之德，而能「天行健，君子以自強不息；地勢坤，君子以厚德載物。」❷人類改造自然的生態文明的形成與人類在改造自然中產生的生產關係即具備血緣的人倫之理是密切一致，乃至於不可分的。而萬世一系的順承，則必首先得益於萬物一體的生態倫理（人居於其上）。人之返本於先祖倫理，也就返本於生態倫理的人為萬物之長，返祖以成長，而後因人以成天，這是儒家的本體認識論的根據所在。反而言之，生態倫理的最高表現形式就是家族文化的人倫之理的實現，從而得以維繫生態文明的存在。這就要求人類以改造自然之能力之結果——生產力的獲得，必須具有生態文明之內涵，而以此指向人倫之理的構建，以人文之化成促進生產力在相應的生產關係中的發展，而可得其先進於生態文明的實現。而不能以物欲為導向作為生產力的內容，以致違背自然規律而不能保障人類改造自然的收益。

　　事實上，人在自然界中所形成的生態倫理地位而獲得的對萬物的控制和改造與人類之本的祖先所創業垂統的源遠流長對後代子孫的示範佑護的關係就是如此的緊密，人若以居於自然界的統治地位而肆意破壞其下之萬物，威脅的不僅僅是生態關係，而是後代子孫的長遠利益；而同時，家族文化的破壞或政治上的倒行逆施，其後果則見證於生態文明的毀滅。這是代有其例，屢見不鮮的，足見二者存廢之理息息相關，俱為一體。因此，在這裏，我們不難明白，儒家的倫理道德為何往往將生

---

❷　《周易·乾坤》。

態倫理提到非常高的高度。曾子之所以說：「斷一樹，殺一獸，不以其時，非孝也」。本來，孝是家族文化的核心內容，其對象應是人而非物，但從儒家萬物一體，與天俱化的生態倫理觀念來講，物之天與人之天之溝通和聯繫，在天的層面上，是以天時的消息運動而合一的，物以時而生於天，人以時而動於天，不以其時而取物，違背自然生態規律的運行，也就違背了與之相對應的「人化自然」的人文存在，人對先祖的孝，即以為承上以授下，以生態倫理的時空存在對應於人倫之理之世代傳承，也通過人倫之理的順延對應於生態倫理之承遞。這就是儒家「親親而仁民，仁民而愛物」❷由內及外的具體體現。而西方文化則缺乏此觀照，只生活在當下，沒有上下往來古今的承擔，而往往以外在的物欲索取來「及時行樂」，只求感官欲望的一時滿足，樂不思蜀，截源取流，這是數典忘祖的一個重要表現。而造成西方文化淺薄的原因，正在於它沒有家族文化這個根本，無法從人倫傳承中獲得對萬物一體以仁的善，中國文化強調在家族文化的傳承中，「繼之者善也，成之者性也」❸，（繼之於人而成之於天）西方文化不具備這個縱向繼承關係，無從緣始返終，即流溯源，以人之高貴實現對萬物之庇護和利用。西方文化背景下的「人」，與萬物是一種平面關係，是其中的一個類別或個體，只能是外在的索取和掠奪，缺乏萬物與人聯繫的內在維度，（即「萬物向人生成」❹）（即使認識到也無以實現），而在片面化的對外物的索取中，以居於食物鏈頂端地位「優勢」，進行「弱肉強食」的生態滅絕，實際上將人等同於自然界的任何個類而取消人對萬物的倫理引導和人文關懷。更談不上「人化自然」的人文傳承於善（為天之所與人之固有者）。雖然西方文化在世俗文化之外尚有宗教文化，但其宗教文化中的「原罪」觀念將人類的誕生與物之惡者聯繫在一起，故人生而有罪代代相傳，人不可能在與萬物之關係中具有善的倫理本位，更不可能在世際傳承中獲得善的來源，人類靈魂的救贖只能依靠對上帝的信仰，善只能寄託於上帝的存在。只有皈依於上帝才可以實施對人類及萬物的博愛。所以西方人的慈善體現在對教堂，對社會的奉獻或抵制現代化的環保。西方

---

❷ 《孟子·盡心上》。

❸ 《易經·繫辭》。

❹ 海德格爾語。

宗教強調的是個人對上帝負責,沒有孝敬父母的信仰文化,家族文化。因而也無從真正獲得萬物各得其所而與人類的發展為一體的仁愛和生態文明。與西方人的慈善不同,中國人的慈善,首先體現在對父母的孝敬,對子女的慈愛。所謂百善孝為先,善對中國人來說,最重要的表現為孝。慈的表現,最重要的是在父母對子女的慈愛和關懷。如果一個人不孝敬父母,不關心子女,卻拿出錢來支援社會,這是有悖人之常情的,是悖論的。不合情理。而中國文化講究的是「親親而仁民,仁民而愛物」,有個順遞過程,只有前提的存在才是與之相關的對象存在的保證。拋開了前提這個本體存在,「不愛其親而愛他人者,謂之悖德。」❷❺同樣的道理,一個人沒有家庭觀念,卻關心環境的人,可能也是不可理喻的。人對自然生態的愛護,最重要和直接的理由是,我們關注子孫萬代的安康。不會竭澤而漁,不擇手段,我們會考慮子孫後代是否還有藍天白雲,新鮮空氣。而使子孫後代對生態環境的獲得,又是對祖先文化和相應勞動成果的繼承。明乎此,我們也就不會在所謂的建設中「破舊立新」,而應考慮的是繼往開來。這種倫理的環環相扣實際上是對「人化自然」的生態倫理的相應,因為人類在發展過程中必然發生改造自然的行為,而其水準的高低作為生產力發展是否先進的標誌,而與生態文明相聯繫起來,是問題的關鍵所在,這與「人化自然」的人文傳承是一致的。

因此,我們在這裏提出,儒家的家族文化是對生態文明的有力保障。所謂家族文化,是人們在與自然界相聯繫的生產生存活動中同時完成自身再生產過程中形成的血緣共同體和相應的文化共同體,並以天然倫理存在規定之相應的人文倫理,而以此區分人與自身,人與人,人與自然界之親疏遠近關係,標誌著人類改造自然的成果,本質上是人類生產力發展在相應的生產關係的具體反映,體現著生產力進程的範圍和水準。由於家族文化在儒家倫理中強調縱向繼承之聯繫,使得這種生產關係首先不是橫向聯繫的,這有別於西方化的生產方式。然而正因此使人類的生產實踐活動在對人化自然的傳遞中對應於萬物一體的生態倫理之存在,而使人獲得萬物之長的實踐資格。這是東方文化中人類中心主義的內涵。而此種人類中心主義藉其生產力的發展將擴充到整個人類而兼及天地萬物,是名副其實的整體人類主義。而

---

❷❺ 《大學》。

儒家文化中以家族文化的以身成家，以家成國，以國成天下，正是與此一致的。是在生產關係縱向聯繫的基礎上再發生橫向聯繫的生產方式和文化形態，是完全以人為本的生態發展觀。華夏文明之所以長期屹立於世界文明之頂端，與家族文化之「人化自然」的人文傳承將人作為萬物之歸依密切相關，使人立於萬物之頂端，而在「人化自然」中得到生產力的與時俱進，領袖群倫。同時，以此縱向聯繫產生對人對物的橫向之聯繫，所謂「九族既睦，平章百姓」❷❻，使華夏文明在家族或部落聯盟之基礎上不斷向外擴大，也就保證了華夏的人類中心主義對天地萬物的合理安排。只有在家族文化的縱向聯繫中，仁的範疇才能在人與人之關係中得到確定，而能以此為天地萬物一體之仁。而在橫向之聯繫中，沒有人之為仁之本體的存在，仁者，人也；欲求人之為人者，則必返祖，「祖者，類之本也」❷❼，仁者與天地萬物為一體，必與千秋萬世之祖為一系，而在改造自然中追尋其祖之人化自然中踐仁為孝與生態倫理在源頭上合而為一，而家族文化的血緣倫理正是人文與自然的結合，使人類的生產活動與自身的再生產緊密聯繫，在滿足世代傳承的同時，使生態文明在其過程中得到實現。正是在此邏輯前提下，儒家文化將對自然界的索取或關注的價值取向及思維方式回轉到自身存在及人倫踐履上。體現了一種「極高明而道中庸」的人文情懷和本體智慧。《中庸》云：「能盡己之性者，則能盡人之性；能盡人之性者，則能盡物之性」，此之謂也。不在外求，不在外獲，沒有對自然界的外在征服，也沒有完全的對自然界的外在愛護；唯盡其性於返祖以追遠，修己以安人而安物。這是中西文化之不同以至相反之處。而西方文化由於沒有家族文化的承擔，作為個體的或物欲化的人，首先注重的是外部資源的索取和佔有，並進一步在此基礎上產生生產關係，這種生產關係是橫向聯繫的，不能獲得仁的內涵，在其沒有人文關懷的對物改造的工業化背景進程下，其生產力的「提高」和財富的積累是伴隨著對自然界的掠奪破壞，對人的剝削奴役和對其他民族的侵略，以及人的生而有罪的宗教觀念為三位一體的文化現象產生的。這種狹隘的「人類」中心主義是建立在對人在萬物一體的生態倫理中作為萬物之長的否定，其實質是反人類，使人類

---

❷❻　《尚書‧堯典》。
❷❼　《大戴禮記‧禮三本》。

的整體實踐活動不能在對自然界的整體聯繫和把握中回歸到自身的上下順延。家族文化首先解決了人與自身，人與人，人與自然界之親疏遠近關係之問題，實現了三者和諧的互相依存，一方面，「人化自然」要體現生態倫理的本然（包括天之本然，人之本然與物之本然者）存在，另一方面，生態倫理的實現是在人化自然中進行的，它必須體現人的主體地位和以人為本的要求，兩者的統一即是生態文明的實現。其仲介即為人化自然之縱向繼承。而從以人為本的角度講，這種生態文明毋寧是一種以人文傳承為核心的家族文化與華夏政治文明的存在。通過政治文明來把握以人為本在生態倫理之整體中的一脈相承聯繫，以「人化自然」對生態倫理加以重現，而同時以此為生產力的發展實現對人本身的回歸。這就是中國古代仁政的基本內容，如孟子就專門對此作過記載，並對其中的生態景象加以描述：「王在靈囿，麀鹿攸伏，麀鹿濯濯，白鳥鶴鶴。王在靈沼，於牣魚躍。」❷❸就是一幅人與生態的和諧圖畫。並說明這是一種仁政和「與民同樂」的結果，離開了王道之仁，這種現象是不存在的。沒有仁政，則是率獸而食人。為生態倫理秩序在政治倫理上的顛倒，只有實施仁政，才能解民倒懸。這是政治文明對生態文明的歸宿要求和本質規定。人與自然界的關係最終通過以政治文明為內涵的華夏倫理文化來落實，即以「人化自然」的上下傳承來規定人與萬物，人與人，人與自身的上下內外之分判別防，實現以人為本之生態文明，而在人與人之倫理落實中體現為政治文明，只有在政治文明中人不淪於物，上不虐於下，視民如傷，而相應於下之自然界之生態倫理才能得到根本保證。表現在社會歷史領域，即是保證「人化自然」的生產力不致於受到破壞，在儒家的視域裏，政治文明的實施與否與生態文明微妙對應，息息相關。天下有道，則「河清海宴，鳳凰來儀」。❷❾（與人聯繫的高級物種之出現，歷代多稱之為「祥瑞」）而生態文明的破壞，尤其是對應於政治文明一環之破壞，則意味著政治文明的敗亡。如春秋時魯人西狩獲麟，孔子遂有「吾道窮矣！」❸❶之歎，而《春秋》乃絕筆。中國的歷史發展在歷朝歷代的縱向聯繫繼承中體現了一種治亂相依關係，其

---

❷❸　《孟子 · 梁惠王上》。

❷❾　《尚書 · 益稷》。

❸❶　《春秋》。

盛衰規律反映在人化自然的繼承發展中，則有盛世必修園現象（其範圍將隨著人類的進程——即華夏文明之拓展而逐步擴大於整個天地之間）。所謂文而必明之也。（中國之園林藝術堪稱生態文明在「人化自然」中的完美體現，「雖由人作，宛自天開」❸，是一種高度人文化的自然，也是再現生態倫理的生態文明，是符合客觀規律的人的本質的對象化。是人化自然在人文傳承，政治認同上實現對生態倫理的統一。）我們今天強調建設和諧社會，和諧世界，和體現人與自然和諧的生態文明，必需從此出發，遵循以人為本，上下相安的政治文明建設規律，科學發展觀的實質就是建設社會主義和諧社會，在縱向聯繫的橫向聯繫中，調整人與人之間的關係，以此實現三位一體的和諧。即如果沒有「人化自然」這個經天緯地的「文」，就沒有對應於生態倫理以照臨四方的「明」，前者是時間的傳承，後者是空間的拓展，二者合而為一，即是生態文明的實現。所以，我們今天宣導建設生態文明的科學發展觀，就不僅僅是將「節能減排」「以尊重和維護生態環境為主旨」作為科學發展觀的內容。而要把以人為本的綱領在將家族文化上升到國家層面的政治文明實踐中予以貫徹。在人類的歷史聯繫的空間不斷擴大中，實現生態文明在人文意義上的關懷。也唯有如此，才可能在人文層面上真正促進人類的可持續發展。而純粹的經濟活動則使人們的改造自然的行為及生產關係悖離人化自然傳承所規定的人倫關係而異化與生態倫理的對應關係，達不到實現生態文明的目的；而同時，這種外向的與人和自然界發生橫向聯繫的行為，在使人自身異化的前提下，陷入發展經濟和保護環境的兩難境地和悖論。因為它本身是不科學的，不符合「以人為本」的生態文明，而「以人為本」的生態文明也不是原封不動的對外部生態環境加以保護，因為以物之天而言，萬物以其所受之初命不變，而人則不同，人以秉於人之天而受天之有，而可以「天地之化日新」❸，以人化之自然對之進行改造，而隨著符合人化自然的生產力的發展，在人類的世代襲傳中實現「世益降，物益備」❸的結果，這才是生態文明的主旨所在。

世界是整體與和諧的。而西方文化強調對外索取和掠奪，奉行「弱肉強食」之

---

❸ 明·計成《園冶》。
❸ 《思問錄》。
❸ 《讀通鑒論》卷十九。

準則,實將人等同於禽獸,未能進化到人,從而破壞人與自然之和諧關係,從而也破壞人與人,國與國之間的秩序。只有家族文化才能實現人對人的本質的回歸,也即是人與萬物與世界之合理聯繫之總體把握。進而在此基礎上實現和維持「人化自然」——也即是生態文明之存在。這是人之所以為人而為夷夏之別之前提依據。東西方文化之差異之根本在於,東方的人類主義是將天地萬物囊括在內的整體人類主義,它尊重萬物之客觀聯繫規律,並通過人倫踐履為其實現;西方的人類中心主義是狹隘自私的人類「本位」觀,它將自身看作自然界中一個起主宰作用的類別,從而對其他類別進行掠奪剝奪和控制,以滿足其無限制索取利益之欲望,並轉移其責任之後果,最終造成了今天的生態災難。所以,人對自然界之態度實取決於人對以儒家思想為內涵的家族文化之態度,而家族文化作為中國的人文宗教信仰,既是中國文化復興之途徑,亦是規範人與自然界關係之途徑。家族文化強調流芳千古,子孫萬代。沒有家族的人,上不管祖宗,下不管後代。活在當下。只要自己過得好,管他身後洪水滔天。而在對家族文化之踐行中,人們保存了人文關懷和價值信仰,最大限度地制約了向外歧出之可能性。而其上者,則以人倫之踐履,「返身而誠」。使得「萬物皆備於我」❸❹。這是人與萬物和諧統一之最高形式和境界。而人們通過家族文化代代相傳的人文承襲中,不斷地對前人的所創造的歷史與文化(包括相應的人文生態環境及其所以為者)進行追尋,從而在源頭上完成對前人所擁有之人文自然世界的保護繼承和發展,防止破壞性的「建設」和資源的無端流失。這是實現人與自然界最大雙贏的結合面,也是今日實現「科學發展觀」的真諦所在。而在「建設社會主義新農村」中,生態文明與家族文化形態的結合是最緊密的。而只有從這裏入手,才是解決問題之根本之道和易速見效之途徑。

綜上所述,實施生態文明保護的關鍵在於人能否通過家族文化在人化自然的歷史傳承將個體的人轉化為整體的人,而在人類歷史的順延中實現與自然界相接之拓展,從而使人類作為一整體之存在獲得在整體生態倫理中的位置與相應的關係,成為萬物歸宿之核心。一言以蔽之,人之所以為人而仁者,是生態文明得以實現倫理依據和人文導向,從而能「為天地立心,為萬世開太平」者。所以,只有有家族觀

---

❸❹ 《孟子·盡心上》。

念，和儒家信仰的人，才會保護生態環境，為子孫後代積德，留後路，而不是「吃祖宗飯，斷子孫糧」的無知無恥之徒。近代西方文化對生態環境和人類發展造成的弊端，是顯而易見的，亟待我們去消除。而消除的根本途徑在於重建家族文化對人倫的引導，以建立與此密合無垠的生態倫理秩序。從而實現天人合一的高度生態文明。這就是儒家思想對當代世界所作出的一個最基本的重大貢獻。而以其觀念上的深刻性和內容上的豐富性填補了西方文化所不能回答及解決的空白，具有前瞻式的科學指導意義，不容忽視和置疑。而只有將其貫徹到人類的生產活動中，人類的發展才能走上真正的康莊大道。

論儒家生態倫理思想對
生態文化建設的啟示

姬可周

【作者簡介】姬可周（1981-），男，陝西耀州人，延安大學政法學院文化哲學碩士研究生在讀。

【摘　　要】儒家生態倫理思想內容豐富，影響巨大，是建設現代生態文化的重要依據，為當代世界生態文明建設提供了豐富的思想資源和理論基礎。儒家天地人三才觀；惜生愛命、仁人恤物的責任觀；以時禁發、斬養，儉用節欲的發展觀；和諧中庸、樂山樂水的情感觀等重要生態倫理思想，對現代生態文化建設中堅持一體觀、整體意識；仁愛、責任意識；遵循規律，堅持發展意識；堅持和諧審美的道德意識都具有積極啟示。

【關 鍵 詞】儒家　生態倫理　生態文化

論儒家生態倫理思想對
生態文化建設的啓示

姬可周

　　以中國儒家為開端所形成的中國傳統生態倫理思想，為我國生態文明建設、生態文化建設提供了豐富的思想資源和理論基礎，對於堅持以人為本、全面協調可持續發展的科學發展觀，推動經濟社會又好又快發展；建設生態文明，推動形成節約能源、資源和保護生態環境的產業結構、增長方式、消費模式；增強文化發展活力，推動世界文化大發展大繁榮；對於構建和諧世界，創造綠色生態文明都有積極的意義。因此本文擬通過揭示儒家生態倫理思想的基本內容，從中吸取豐富的生態倫理思想，進而發掘其與現代生態文化建設之間的種種聯繫以及對當代世界文明建設的現代意義，從而為現代生態文化建設提供可借鑒的倫理支撐和哲學啟示，更好地實現人與自然的和諧美好發展。

一、儒家生態倫理思想的主要內容

㈠儒家生態倫理思想的天、地、人三才觀

　　儒家生態倫理思想的哲學基礎就是人與天、地、萬物之間的一致性。即天人協調、天人統一、天地萬物之間和合發展。在古人看來，自然界的天、地、萬物之間，同人類一樣，具有道德屬性，人們從中可以引出人道，引出社會道德、自然倫理道德，並以此作為處理人與人、人與自然萬物、人與天地之間關係的道德準則。

《周易》有「天行健，君子以自強不息」和「地勢坤，君子以厚德載物」的說法，認為君子及人的自強不息和厚德載物的道德精神來自於天地自然界。同時，《周易》還認為，天道、地道、人道有著內在的貫通性，人道、天道和地道是同一的，是相互影響共同存在於自然界。《易傳·乾·文言》說：「夫大人者，與天地合其德，與日月合其明，與四時合其序，與鬼神合其吉凶。先天而天弗違，後天而奉天時。」《易傳·繫辭上傳》說：「與天地相似，故不違。知周乎萬物而道濟天下，故不過。旁行而不流，樂天知命，故不憂。安土敦乎仁，故能愛。」認為聖人所要做的一切就是要與天地、日月、四時「合」，與天地萬物和諧一致。《易傳·繫辭下傳》還在詮釋《易經》卦象的六爻時說：「《易》之為書也，廣大悉備，有天道焉，有人道焉，有地道焉。兼三才而兩之，故六；六者非它也，三才之道也。」所謂「三才」，就是天、地、人；在卦象的六爻中，上兩爻為天道，下兩爻為地道，中間兩爻為人道；「三才之道」就是天、地、人的和諧統一。《易傳·說卦傳》還進一步說：「昔者聖人之作《易》也，將以順性命之理。是以立天之道，曰陰與陽；立地之道，曰柔與剛；立人之道，曰仁與義。兼三才而兩之，故《易》六畫而成卦。」《易傳》認為，在《易經》卦象的中，天道的陰與陽、地道的柔與剛和人道的仁與義都統一於六爻的卦象之中，天道、地道與人道是相互統一的。天、地、人三才是宇宙萬物中最重要的組成部分，之間的關係決定著整個宇宙萬物的關係，他們的道德律就是萬物的道德律。

㈡儒家生態倫理惜生愛命、仁人恤物的責任觀

「生」的觀念不僅是儒家思想的重要組成內容，也是中國哲學的精髓，更是現代生態文化的重要概念。對此，梁漱溟曾說「這一個『生』字是最重要的概念，知道這個就可以知道所有孔家的話。」❶葉朗也說：「中國傳統哲學是『生』的哲學。」❷儒家最主要的著作《易·繫辭下》說：「天之大德曰生。」《易·繫辭

---

❶　梁漱溟，《東西文化及其哲學》（北京：商務印書館，2005 年），頁 126。
❷　葉朗，〈中國傳統文化中的生態意識〉，《北京大學學報》（哲學社會科學版），2008 年第 1 期，頁 11-13。

上》說：「生生謂之易。」這意味著「天只是以生為道，繼此生理者，只是善也。善便有一箇元的意識。元者，善之長。」❸即就是說，天地的最初始的與最高的德便是生養萬物，它以生生不息、化育無窮為準則。反之，則是傷天害理，沒有德行。儒家惜生愛命的思想得到歷代統治者的認可和崇仰，並得到歷代學者的繼續發揚。《宋元學案・伊川學案》中程頤說：「惻隱之心，人之生道業，雖桀蹠不能無是以生，但戕賊之以滅天耳。始則不知愛物，俄而至於忍，安之。以至於殺，充之。以至於好殺，豈人理也哉！」所以，儒家以生為天地之大德，將憐惜生命看作仁德之重要表現。「君子」「聖人」之所以為君子、聖人，皆緣於他們能夠「與天地合其德」，承擔起維護萬物生生不絕、恆生不易的倫理責任，也是滿足人類生存和發展的價值要求。

儒家思想中對人的態度非常明顯，仁者愛人，仁者知人，達人、立人等等，尤其是孔子思想中對人的態度更是「泛愛眾而親仁」，它顯現出孔子從「人」到「眾」的延伸，更表現出孔子由「仁人」到「恤物」的延伸。並且要求「無為物成，天地之道」，要求把「仁愛」原則由人延伸到「百物」「萬物」，並且要求「仁人」與「恤物」應該統一起來。這一思想後來延續到孟子的「仁民愛物」、張載的「同胞物與」等等生態倫理思想。在儒家思想中，人總是第一位，人的價值是大於物及其它價值，因為在孔子看來，人是道德至上者，在天地萬物中，人最具有價值意義。所以當孔子得知馬廄著火後，首先問的是「傷人乎？不問馬。」正是因為在儒家看來，人的價值高於物的價值，所以孔子明顯表現出重人命而輕物命的倫理情感。這一生態倫理情感背後，正是以孔子為代表的儒家思想所體現出對生命重視和尊重的責任意識。在儒家看來，天地萬物之間，人為至上者，人具有道德倫理情操，人具有與其他萬物和諧相處的道德理念，只有充分尊重和彰顯了人的道德情感，才能使萬物的生命得到保護、得到尊重。同時，孔子也很尊重萬物，並要求君子善待自然萬物。他說：「鳥之將死，其鳴也哀。人之將死，其言也善。」就表明了在對待同類的不幸遭遇時，表現出憐憫哀悼之情。為此人類應該具有更強的責任意識，善待萬物，體恤萬物，自覺地保護動物、生態萬物，這是人之為人，人之為

---

❸　《宋元學案・明道學案》。

萬物之靈的責任。

㈢儒家生態倫理以時禁發、儉用節欲的發展觀

儒家「以時禁發」思想是和「以時斬養」思想是一個事物的兩面體，是一種態度的兩種不同實現方式，可謂殊途同歸。「以時禁發」最初出現在《管子·戒第》，「以時斬養」最早出現在《荀子·王制》中，這裏的「禁」是指禁止、封禁，即封禁山林，不准斬伐、射捕。「發」指開發、開禁，即可以進入山林、川澤砍木、割草、打獵、捕魚。「斬」指砍殺，「養」指養護。把握這種行為模式的關鍵是順「時」，不違時。「以時斬養」就是在適當季節內對生物進行養護和砍殺，「以時禁發」就是在一定季節封禁或開放山林，禁止或允許人們開發利用生物資源。這既是保護生物資源的法令、法律，也是生態道德的準則。「以時禁發、斬養」的目標和要求是「不夭其生」「不絕其長」，以為人所用。即在適當的時候對山林和生物進行保護，以便生物得到養護，利於成長，使幼小的不夭亡，正在生長的長大成熟，處於產卵時期的產下卵，這樣就能很好地保護生物的生產與再生產能力，使生物資源得到源源不斷地生長並為人所需。儒家這種「禁發」和「斬養」的目的，都是為了使生物能夠更好地為人類的發展服務，生物的不斷發展，為人類的不斷發展提供了足夠的物質基礎，這也同儒家認為人乃至高，人最尊貴的思想相一致。對於儒家「禁發」「斬養」思想的，在很多儒家文本中都有明確的記載，諸如《禮記·月令》《淮南子·主術》《周禮·地官司徒》等。這種以制度化的形式確定「禁發」以時，取之有道的思想，順應了自然規律，滿足了人類發展的需要，使得儒家生態倫理具有更強的操作性和實踐性。

在生產力還不發達的中國傳統社會，提倡儉用節欲的思想，對於維持民眾的日常生活，減少民眾疾苦，具有重要的積極意義。節儉在孔子看來不僅是一種生活態度，同樣也是一種道德品質，更是一種價值評判標準，是一種關懷生命，維持生命發展、生活進程的有效方式。《論語·八佾》中「禮，與其奢也，寧儉。」「儉，吾從眾」等，都表現出在儒家看來，節儉是一種高尚的、符合「禮」之要求的生活態度。同時，節儉的目的是同儒家「愛人」「惠民」思想觀相聯繫在一起，「道千乘之國，敬事而信，節用而愛人，使民以時」是對統治者道德行為的規範，更是對

社會發展高度負責的態度；《論語‧學而》「君子食無求飽，居無求安」則明確地表現出，節儉更是一種價值評判標準。在儒家看來，君子應該是精神的聖者，而不能簡單地同一般人一樣，過於注重物質追求，這樣必然會影響到君子的進取精神和道德品質。為了使人的發展和社會生態的發展相互協調和平衡，儒家提出「取物以時」「不違農時」等觀點，並且將生態思想提升到「禮」的高度，來規範人們的行為，特別是統治者的行為，要求做到「克己復禮」並提倡「禁欲」思想。

(四)儒家生態倫理和諧中庸、樂山樂水的情感觀

和諧中庸思想在儒家看來不僅是一種方法論，還是一種價值觀，是儒家用來調和人際關係和社會關係的道德準則，是用來維繫社會秩序和諧的重要方法。❹和諧思想是中國古代哲學中的主要思想之一，在古代文獻中，雖然沒有明確出現和諧的字樣，但關於「和」的思想很早就出現。在儒家經典《論語‧學而》「知和而和，不以禮節之，亦不可行也。」即不能為了「和」而「和」，「和」不是同一，而是與「同」相對的概念，所謂「和而不同」。在中國古代哲學家眼裏，「和」是一種哲學的境界，「中庸」就是「和」的實現方式。湯恩佳說「和而不同」的思想，是「我們祖先對生物和環境之間物質迴圈的認識結果，它揭示了生態平衡的客觀規律」。❺「中庸」即「不偏不倚，無過無不及之名」，「中」即「恰到好處」。因此「中庸」是一種恰到好處的選擇和做法，在孔子看來，中庸是君子所應具備的最高品質。對此，作為對待自然生態的態度，在儒家看來，理應用中庸和諧的態度，這樣即是對自己本身的一種尊重，更是人之態度的一種選擇，二者的結合必然使得自然顯現出最為和美的一面，即和諧發展，這更是對人之所追求美好的一種滿足。在儒家看來，應該用「仁、義、禮、智、信」相輔相成，以共同構築秩序井然、協同發展和生機勃勃的社會生態。

「樂山樂水」思想見於《論語‧雍也》「知者樂水，仁者樂山。知者動，仁者

---

❹　任雪山，〈《論語》生態思想闡釋〉，《合肥學院學報》（社會科學版），2009 年第 2 期，頁 33-38。

❺　蔡德貴，《五大家說儒》（北京：當代中國出版社，2007 年），頁 195。

靜。知者樂，仁者壽。」這是孔子用來讚美智者仁人的話語，也是他對智者仁人的一種期許，更是一種對人生理想境界的追求，同樣也體現了一種人類與自然之間彌足珍貴的生態情懷。樂山樂水體現出一種審美情感，一種生態關懷，一種人生境界。❻中國儒家所追求的人與山水融為一體的情感，不僅體現出儒家對人自我情感的追求，更是一種對自然生態的欣賞，這種審美的情趣達到了儒家之最高境界。在這種情景中，「我沒入大自然，大自然也沒入我，我和大自然打成一氣，在一塊生展，在一塊震顫。」❼這種生態關懷的思想，體現出人與山水自然的雙向關懷，這種關懷是人自我審美情趣的需要，也是對自然美感存在的需要，這種需要內化為一種人生的追求，也內化為人之精神的品格表象。諸如我們通過青山綠水來抒發自我胸懷一樣，賦予青山綠水以感情和精神氣質。樂山樂水更體現出一種人生境界，這種境界是人與山水之間雙向關懷的結果，是人與自然交相輝映，融合為一的昇華。《論語·子罕》：「子在川上，曰：『逝者如斯夫！不舍晝夜』」。這不僅是孔子面對大河，悵然慨歎，更是一種對自我和君子的期許，是一種超凡脫俗、不以物喜，不以己悲的人生胸襟和風度，是對自然的尊重和美的審視。

二、生態文化建設的主要內容和意義

進入二十世紀以後，隨著社會發展，工業化大生產給生態環境帶來了新挑戰：水源枯竭、空氣受到污染，森林、植被、耕地遭到破壞，許多物種絕滅，全球變暖等等。保護生態、保護環境是建立人與自然和諧相處和美世界的迫切任務。為此，我們不得不回顧我們人類在過去社會歷史發展中的發展模式，人類文化的發展路徑，在此情形下，一種拯救人類於危難的新的文化形態——生態文化悄然興起。

---

❻ 邵漢明、漆思，〈「和而不同」：儒道釋和諧思想分疏及其當代啟示〉，《天津師範大學學報》（社會科學版），2007 年第 5 期，頁 13-19。

❼ 朱光潛，《文藝心理學》（合肥：安徽教育出版社，1996 年），頁 8。

(一)生態文化的含義及要求

生態文化是探討和解決人與自然之間複雜關係的文化，是基於生態系統、尊重生態規律的文化，是以實現生態系統的多重價值來滿足人的多重需求為目的的文化，是滲透於物質文化、制度文化和精神文化之中，體現人與自然和諧相處的生態價值觀。

生態文化是從人統治自然的文化過渡到人與自然和諧的文化，是至今為止最先進的文化。這是人的價值觀念的根本轉變，這種轉變解決了人類中心主義價值取向過渡到人與自然和諧發展的價值取向。生態文化重要的特點在於用生態學的基本觀點去觀察現實事物，解釋現實社會，處理現實問題，運用科學的態度去認識生態學的研究途徑和基本觀點，建立科學的生態思維理論。通過認識和實踐，形成經濟學和生態學相結合的生態化理論。生態化理論的形成，使人們在現實生活中逐步增加生態保護的色彩和內容。

生態文化要改變工業文化奉行的人類中心主義價值觀，確立自然的價值；要改變傳統的犧牲環境求發展的生產方式和高消費的生活方式，發展生態產業，宣導適度消費，尋求人與自然的和諧發展。生態文化的特徵是注重自然因素、自然規律、生態環境對人類社會的影響，它是人類社會發展到一定階段後，物質生產和精神生產高度發展、自然生態與人文生態和諧統一的文化。

生態文化建設是生態文明的核心和靈魂，生態文明對生態文化建設的要求是，確立生命和自然界有價值的新的文化價值觀，摒棄傳統文化中「反自然」或「人統治自然」的錯誤概念，走出「人類中心主義」的思想桎梏，形成以生態倫理、生態正義、生態良心、生態責任為主要內容的生態文化價值體系，培養人們理性處理人與自然的高度自覺和文化修養，建設以人與自然平等、和諧、互惠互利為價值觀基礎的新文化。

生態文化作為一種社會文化現象，具有廣泛的使用空間，是一種世界性或全人類性的文化。20 世紀以來，人類在重視自身生存的生態環境保護過程中，逐漸產生的一系列的環境觀念、生態意識，以及在此基礎上發展起來的一系列有關生態環境的文化科學成果，諸如生態倫理、生態教育、生態科技、生態文學、生態藝術以

及生態神學，不僅表明生態學思維方式對人類社會的滲透，也展現出一種生態文化現象正在全球蔓延。生態文化屬於全人類，這是因為，生態文化建立在科學的基礎之上，而科學是無國界的，它為所有的人提供了正確認識的理論基礎。生態文化在不同的民族、不同的國家表現出很多的差異。

(二)生態文化建設的主要內容和意義

生態文化建設的內容要求人們，第一，從精神形態上轉變思維方式，在全民、全社會樹立生態價值觀、倫理道德和行為規範、充分體現人文關懷，形成良好的社會文化氛圍；這就要求我們必須要加強生態文化觀的普及宣傳工作，使人們在平常生活中樹立符合生態道德和行為規範的道德觀，使人們在平時的生活、工作中充分體現出人文關懷和人文素養，使生態文化成為人們生活的一種自覺文化。第二，從物質形態上改變傳統的生產方式、生活方式和消費方式，把開發、利用和保護三者有機統一起來；改變傳統的生產、生活和消費方式，要在尊重自然規律的前提下，在保護自然生態的前提下，遵循適度原則，對自然資源進行開採開發，並且適時地使其恢復自生能力、迴圈能力；從生活中學會節約資源，堅持發展清潔能源和可再生資源，用以替代不可再生和稀缺能源，保留開發少量能源的權利；堅持適度消費原則，不奢侈消費和超前消費，使消費能力得到保證，對自然資源不至於造成浪費和破壞。第三，從制度形態上強化生態法律法規和政策制度建設，規範、約束人們和社會團體的行為，使之實現遵規守法，模範地執行人與自然，人與生態之間的良性發展，實現人與自然和諧共存。制定相關保護生態建設和發展生態文化的法律、法規，並要求社會團體和大企業模範遵守，使社會和諧穩定可持續發展。

生態文化建設的意義深遠而廣大，體現在：生態文化是從人統治自然的文化過渡到人與自然和諧的文化。生態文化起於生態意識的覺醒，其主旨強調，人類只不過是複雜的自然系統中的一個子系統，雖然擁有無與倫比的能動性，但是不可能超脫自然生態關係的制約。生態文化建設把人與自然視為共同體，從而形成新的生態文明觀。生態文化以尊重和保持生態環境為宗旨，以未來人類繼續發展為著眼點，強調人的自覺和自律以及人與自然環境的相互依存、相互促進、共存共榮。生態文化建設呼喚可持續發展。可持續發展道路，已經成為實現生態文明的全球共識，可

持續發展戰略也是中國國情與現代化的惟一選擇，也是全球人類共同持續發展的必然選擇。作為人類文化發展的新階段和總趨勢，生態文化的形成是必然的。作為文化模式，從人類的長遠發展來說，它被各個國家、地區和民族所選擇也是必然的。只有選擇生態文化模式，文化發展才能真正實現主體選擇與歷史客觀規律的統一，人類才能真正擺脫生態危機，走出困境，走向光明。

三、儒家生態倫理思想對生態文化建設的啟示

著名史學家陳寅恪先生曾經指出，先秦時期中國所擅長者乃是實踐倫理學，此實踐倫理學注重應用，而不孜孜以求於追究其形而上的問題。的確，儒家生態倫理思想既是人與自然關係的一個基本觀點，也是人們所追求的一種崇高的實踐倫理道德境界。❽因此，儒家生態倫理思想作為實踐倫理學說，對於我們今天正在實施的建設生態文明，弘揚生態文化都具有積極的啟示作用。

㈠啟示我們樹立全面觀、整體意識，堅持可持續發展戰略和和諧發展道路。

儒家生態倫理的天、地、人三才觀，就是一種典型的整體觀，也是一種和諧觀，他昭示我們，人與天地、自然休戚相關，人是自然的一部分，天地與萬物共同構成人類世界，人必須從自然宇宙的大系統中來審視自己與自然的關係，以達到彼此共生共存；同理，人類在追求生存和幸福的同時，對自然的改造和利用要合理有度，在索取自然資源時，必須堅持適度原則，以保證自然的自我恢復能力；正確認識和處理人與自然、局部利益和整體利益、眼前利益和長遠利益的關係才是明智的，因為保護自然就是保護人類自身，必須堅持整體和全面的原則，用發展的眼光看待自然和人類自身的發展，從人類、自然、生態和宇宙空間的全局出發，看待彼此之間的關係，並正確處理之，使之和諧、可持續發展。面對自然生態日益惡化、人與自然的矛盾在有些地方顯得更加尖銳的問題，我們堅信人類有能力解決好。人類要走出全球性生態困境，亟需吸取儒家人與天地相統一的整體觀的合理內核並付諸實踐，盡快推進經濟結構調整和經濟增長方式的根本性轉變。

---

❽　焦金波，〈先秦儒家倫理精神的現代價值之考量〉，《道德與文明》，2008 年第 4 期，頁 57-60。

㈡啟示我們必須樹立高度的仁愛、責任意識，從體制建設、制度建設等制度層面保證生態文化建設的順利有序實施和開展。

仁愛思想是儒家生態倫理思想的重要組成部分，甚至是孔子思想的核心，在儒家看來，仁愛不僅是人與人之間的關係準則，更是人與自然、萬物之間的關係準則。這種由人及物的思想觀念對於我們生態文化建設具有明顯的積極作用；責任意識在儒家思想中是一種分工明確的思想觀念。在儒家思想中，君有君的責任，臣有臣的責任，農有農的責任，父子之間、夫妻之間都責任明確，當然也包括對子孫後代的責任意識，因此這種高度的責任意識，對於我們在生態文化建設中做到未雨綢繆，在利用自然資源時，做到後代著想等方面都具有積極作用。在建設生態文化時，利用儒家惜生愛命、仁人恤物的責任觀來保護環境，引導世人尊重自然，尊重生命，對於建設環境友好型社會，促進人口、資源、環境和經濟發展相協調，都是不可多的價值支持資源。這種責任意識還表現在取用有節，儉用節欲，物盡其用等方面，是現代社會解決資源短缺、合理利用資源、有效保護資源的有效對策，在當今資源衰竭的大環境下，人類必須珍惜和節約資源。取之有度，消費有節，大力宣導節約資源的生產方式和消費方式，提高資源的利用效率，才能維持人類社會不斷發展的要求。

㈢啟示我們必須樹立遵循規律觀和發展觀原則，從政策藍圖的制定、發展方向的抉擇等方面，切實做好規劃和展望，用發展的眼光指導我們的行動。

儒家「以時禁發、斬養」生態倫理思想所具有的超前意識是毋庸置疑的，它要求人們遵守自然規律，強調要不違時，以時做事，這是人類正確處理與自然關係的黃金律。並要求堅持節儉原則，適度原則，不奢侈不浪費等思想給後人以諸多啟示，尤其是在全球資源面臨重要挑戰時期。為此，恩格斯曾經尖銳地指出：「我們不要過分陶醉於我們人類對自然界的勝利。對於每一次這樣的勝利，自然界都對我們進行報復。」❾當前出現的大量生態問題，已威脅到人類生產和發展的基礎，正是人類沒有充分認識、尊重規律的結果，因此，我們在促進科技發展的同時，必須做到更好地利用科學知識認識自然規律，合理、有節制地利用自然資源和生態資

---

❾　《馬恩選集第四卷》（北京：人民出版社，1990 年），頁 23。

源，與自然建立一種和諧相處，同步發展的親密關係。同時，我們還要徹底反思人類自身不正確的思維和行為方式，並積極依靠科技提高對資源的利用效率，開發新能源，以確保經濟持續發展，生態良性迴圈。

　　㈣啟示我們必須樹立高尚的和諧、審美意識，大力發展特色生態產業和生態文化建設，加強社會公民文化內涵和文化素養建設，提高生態文明的層次，為人類的健康發展提供更好的精神享受和精神追求。

　　生態審美是以人的體驗為核心的審美關照下的生命樣態之美，具有健康、天然、質樸、原始、野性等特徵。生態審美側重於人作為自然生命中的一員參與到生態過程中所反映和折射出生命體系之間相互依存的生機和和諧。❿以生態審美的標準來建設生態文化，發展生態產業，目的是建設生態文明。生態審美是生態文明的最高境界，是通過人的精神生態的和諧回歸人與自然的和諧。⓫在經濟發展過程中，注重對自然生態的保護和開發就是對人類審美意識的提高，也就是對人類生命品質的提升，對此，儒家所強調的和諧、和合、和美思想都是我們在發展現代化過程中，在生態文化建設過程中所應當遵循的原則。

　　綜合所述，儒家生態倫理思想，有其比較合理的現實性，符合人類文明的發展方向，比現代人類中心主義的生態觀要合理很多。儒家在肯定人的最高價值的同時，也肯定了生態資源的價值，並且要求用道德的力量來約束人對生態的破壞行為。儒家生態倫理普遍表現為樸素、直觀的形式，但其所具有的超前意識和無與倫比的實踐性、操作性，對於我們今天的生態文化建設都具有巨大的現實意義。因此，研究儒家生態倫理思想，發展生態文化，提升生態文明，將為人類的和諧發展和進步做出更大的貢獻。

❿　王文傑，〈生態文化與文化生態〉，《中國文化報》，2003.6.11，6 版。

⓫　蓋光，〈生態意識與青年審美的關懷性品質〉，《山東省青年管理幹部學院學報》，2003 年第 3 期，頁 20-22。

儒家「天人合一」思想及其價值

解光宇

【作者簡介】解光宇（1958-），男，中國安徽肥西人，現為安徽大學儒學研究中心主任、哲學系教授、中國哲學與安徽思想家研究中心、徽學研究中心研究員；中國孔子基金會學術委員會委員、安徽省朱子研究會副會長；臺灣南華大學客座教授、韓國成均館大學講座教授。主要研究方向：儒學與徽學（新安理學）。

【摘　　要】儒家「天人合一」思想認為，人是自然的一部分，人與自然界是同一的。儒家所主張的人與自然的關係，是一種人與自然平等的宇宙觀，是一種整體普通聯繫的大生命觀，表現出「泛愛眾」的宇宙關懷。儒家認為自然界有其自身秩序和規律，即「天行有常」，遵從自然規律則「吉」。儒家主張人與自然應和諧相處，對自然資源要取之有節、用之有度，以保證生態資源的可持續利用。儒家關於「天人合一」的思想，對於建立生態倫理道德體系和全人類可持續發展，具有重要的意義。

【關　鍵　詞】儒家　天人合一　生態倫理　可持續發展

儒家「天人合一」思想及其價值

解光宇

一、「天人合一」：人與自然的同一

　　儒家以「天人合一」為主旨的天人關係，即是人與自然的關係。「天人合一」認為人是自然的一部分，與自然是不可分割的整體。同時也指天道與人道、自然與人為相通與統一。《易·乾卦·文言》說：「大人者與天地合其德，與日月合其明，與四時合其序，與鬼神合其吉凶，先天而天弗違，後天而奉天時。」❶將天人合一看作是人生的理想境界。孔子作為儒家的創始人，雖然沒有明確提出過「天人合一」思想，但將人和自然界看作一個整體的生態倫理觀念非常明確。孔子對天有著很深的敬意，但他對天的理解還具有生命意義的自然界這層含義。孔子說：「天何言哉，四時興焉，百物興焉，天何言哉。」❷這裏所說的天就是自然界。他所說的「知者樂水，仁者樂山」❸，絕不僅僅是一種簡單的比附，而是人的生命存在的需要，因為人的生命與自然界是密不可分的，人與自然在生態關係上是一致的。孟子最早明確提出「天人合一」思想。孟子說：「盡其心者，知其性也；知其性，則知天矣。」❹認為人與天相通，人的善性是天賦的，認識了自己的善性便能認識天。要求通過盡心、養性等途徑，達到「上下與天地同流」。

---

❶　《易·乾卦·文言》。

❷　《論語·陽貨》。

❸　《論語·雍也》。

❹　《孟子·盡心上》。

　　《中庸》也說：「唯天下至誠，為能盡其性；能盡其性，則能盡人之性；能盡人之性，則能盡物之性；能盡物之性，則可以贊天地之化育；可以贊天地之化育，則可以與天地參矣。」❺荀子提出：「天地者，生之本也。」❻也就是說，人和物其生命皆源自於自然界，人根本離不開自然界。董仲舒則把天地人看成是一個有機整體。他說：「為人者天也。人之為人，本於天，天亦人之曾祖父也。」❼「天人之際，合而為一」❽；董仲舒強調天與人以類相合，認為「人有三百六十節，偶天之數也；形體骨肉，偶地之厚也；上有耳目聰明，日月之象也；體有空竅理脈，川谷之象也」。❾「天亦有喜怒之氣，哀樂之心，與人相副，以類合之，天人一也」。❿

　　宋明理學家更是從理論上論證天人合一。張載提出：「乾稱父，坤稱母，予茲藐焉，乃渾然中處。故天地之塞吾其體，天地之帥吾其性。」⓫乾（天）如父親，坤（母）如母親，天地之體就是我們之體，天地之性就是我們之性。「儒者則因明致誠，因誠致明，故天人合一」。⓬程顥提出「仁者以天地萬物為一體」⓭的觀點。所謂「仁者以天地萬物為一體」是說通過人心固有的仁愛之性的擴展，而把人與天地萬物構成一個有機的整體，是一種無私的、大我的天地境界。故「天人本無二，不必言合。」⓮

　　上述儒家代表人物關於天人合一的各種表述，都明確肯定人是自然界的產物，是自然界的一部分，人的生命與萬物的生命是統一的，而不是對立的；並都力圖追索天與人的相通之處，以求天人協調、和諧與一致。

---

❺　《中庸》。
❻　《荀子·禮論》。
❼　《春秋繁露·為人者天》。
❽　《春秋繁露·深察名號》。
❾　《春秋繁露·人副天數》。
❿　《春秋繁露·陰陽義》。
⓫　《西銘》。
⓬　《正蒙·乾稱》。
⓭　《河南程氏遺書》卷二上。
⓮　《遺書》卷六。

二、「仁民愛物」：泛愛眾的宇宙關懷

儒家所主張的人與自然的關係，是一種人與自然平等的宇宙觀，是一種整體普通聯繫的大生命觀，表現出「泛愛眾」的宇宙關懷。

儒家「天人合一」思想不只是肯定人和自然不可分割，並且把尊重所有生命，愛護天地間所有萬物看作人類的崇高道德職責。孔子講「仁」者不僅要「愛人」，而且還要愛萬物。「仁者樂山，智者樂水」，把人所具有的仁、智等德性與自然界的山、水相聯繫，透露出對自然界的尊敬與熱愛。孟子進一步提出了「親親而仁民，仁民而愛物」[15]的主張，把「愛物」即愛護自然萬物視為仁的基本內涵。董仲舒也說：「質於愛民，以下至於鳥獸昆蟲莫不愛。不愛，奚足謂仁？」「泛愛群生，不以喜怒賞罰，所以為仁也。」[16]即是說，僅僅愛人還不足以稱之為仁，只有將愛民擴大到愛鳥獸昆蟲等生物，才算做到了仁。可見這裏的仁，不僅包含了人際關懷，而且包含了生態關懷。

宋明理學家更注重生命關懷和宇宙關懷，他們對於自然界的萬物充滿了愛，因為萬物與人的生命是息息相關的。張載在《正蒙》中說：「性者萬物之一源，非我之得私也。惟大人為能盡其道，是故立必俱立，知必周知，愛必兼愛，成不獨成。」[17]人不僅愛人類，而且還要愛鳥獸、草木、瓦石，凡有生命之物，都要盡力加以愛護，勿使之遭到破壞。

二程主張要以同情、關愛的情感對待自然界。程顥提出「仁者以天地萬物為一體」「學者須先識仁。仁者渾然與物同體。」[18]把仁的對象擴大到了天地萬物和整個自然界，實現了人道和天道的貫通，把人際道德和人對自然的道德完整地統一起來。「惟其與萬物同流，便能與天地同流。」[19]「與天地同流」就是與萬物生命相通相貫，而不要自外於萬物，更不要高居於萬物之上對萬物實行宰制。要做到「與

---

[15]　《孟子·盡心上》。

[16]　《春秋繁露》。

[17]　《正蒙》。

[18]　《遺書卷二上》。

[19]　《遺書卷六》。

天地同流」，必須要有「滿腔惻隱之心」，這樣就會更多地保護動植物，以使人類有一個豐富多樣而又美好的自然環境，與萬物共生共榮，和諧相處。

三、「天行有常」：遵從自然規律則「吉」

儒家認為自然界有其自身秩序和規律。孔子說：「天何言哉？四時行焉，百物生焉，天何言哉？」[20]明確提出自然界的萬事萬物按其固有規律來運行。孟子同樣認識到自然界有規律可循。「天之高也，星辰之遠也，苟求其故，千歲之日至可坐而致也。」[21]在孟子看來，天雖高不可攀，變化莫測，但有一定的規律，是能夠被認識的。孟子有一句警語：「順天者昌，逆天者亡！」[22]就是告誡人們，認識了自然規律還必須遵循自然規律行事，違反者必然遭受災難。

荀子則進一步認為，「天」是具有獨立運行規律的自然存在，自然萬物與人類一樣，也具有存在的客觀實在性，而且不隨人們主觀意志而改變自己的運行規律。荀子指出：「天行有常，不為堯存，不為桀亡。應之以治則吉，應之以亂則凶。」[23]在這裏，他不僅肯定了自然萬物運行規律的客觀性，而且強調人們只有認識規律，嚴格按客觀規律辦事才能避凶趨吉，由亂致治。

董仲舒提出「行有倫理副天地」。他說：「行有倫理副天地也。此皆暗膚著身，與人俱生，比而偶之弇合。」[24]「行有倫理副天地」即人的行為倫理與天地相符，人要順應天地，按自然界固有的規律行事。這樣就會得到「自然之賞」，否則，人就會受到「自然之罰」。

但是，人在自然界和自然規律面前不是消極被動的，而是在尊重自然規律的前提下發揮人類的主觀能動性，以得到利用自然規律為人類服務的目的。荀子認為，天和人各有不同的職能，天的職能是通過無意識的「不為而成」、「不求而得」的

---

[20]　《論語・陽貨》。
[21]　《孟子・離婁下》。
[22]　《孟子・離婁上》。
[23]　《荀子・天論》。
[24]　《春秋繁露・人副天數》。

自然過程生成萬物，即自然界的運行變化都是有不以人的意志為轉移的客觀規律；人的職能是對自然和社會「有其治」，即治理自然和社會，使人與自然協調和諧。所以，人類在審視人與天的關係上，與其持仰慕天意、讚頌天德、期待天時的消極態度，倒不如持利用自然、變革萬物、治理萬物的積極態度。所以，荀子認為：「大天而思之，孰與物畜而制之；從天而頌之，孰與制天命而用之；望時而待之，孰與應時而使之，因物而多之，孰與騁能而化之；思物而物之，孰與理物而勿失之也；願於物之所以生，孰與有物之所以成。故錯人而思天，則失萬物之情。」❷⁵

即不要迷信天的權威，而要發揮人的主觀能動性，利用自然規律，甚至改造自然界本來就存在的（如沙漠、磔石地、鹽鹼地以及洪澇等）不適合人類生存的狀況，使之符合生態要求，為人類服務。

四、「取之有節」：保持自然資源的可持續性

儒家主張人與自然應和諧相處，對自然資源要取之有節、用之有度，以保證生態資源的可持續利用。孟子說：「不違農時，穀不可勝食也；數罟不入灣池，魚鱉不可勝食也；斧斤以時入山林，材木不可勝用也。穀與魚鱉不可勝食，材木不可勝用，是使民養生喪死無憾也。養生喪死無憾，王道之始也。」❷⁶只有尊重自然萬物生長的規律，取之有時，用之有節，不過分掠奪與破壞，才能保證生態資源的可持續利用。孟子對自然資源還強調「養」：「苟得其養，無物不長；苟失其養，無物不消。」❷⁷養護萬物，這是人類的責任。孟子反對「辟草萊，任土地」❷⁸，告戒人們盡量減少向自然界的索取，保持自然界原有的面貌，從而養護好自然資源，使自然界的萬物繁育旺盛、和諧有序，維持可持續的良好生態循環系統。

荀子說：「聖王之制也，草木榮華滋碩之時，則斧斤不入山林，不夭其生，不絕其長也。黿鼉魚鱉鰍鱔孕別之時，網罟毒藥不入澤，不夭其生，不絕其長也。春

---

❷⁵　《荀子‧天論》。

❷⁶　《孟子‧梁惠王上》。

❷⁷　《孟子‧告子上》。

❷⁸　《孟子‧離婁上》。

耕、夏耘、秋收、冬藏，四者不失時，故五穀不絕，而百姓有餘食也。汙池、淵沼、川澤，謹其時禁，故魚鱉優多，而百姓有餘用也。斬伐養長不失其時，故山林不童，而百姓有餘材也。」❷❾荀子提出「聖人之制」的生態資源愛護觀，強調人與自然的和諧共存，體現了「制用」和「愛護」相結合的生態倫理辯證法思想。

五、結語

儒家關於天人關係的思想，對於建立生態倫理道德體系和全人類可持續發展，具有重要的意義。我們在審視人與自然關係時，既要看到人對自然界的依賴，人的生存和發展須與不能離開自然界；又要看到人最為天下貴，具有主觀能動性。因此，我們在處理人與自然關係時，既要反對「人類中心主義」，也要反對「生物中心主義」。「生物中心主義」主張人與其他生物處在同一地位上。這種觀點無視人類由於勞動和直立行走後大腦發達、出現了思維，形成了自主性和創造性，造就了人類社會和人類文明這一不同於動物的事實。這種觀點抹殺人的主觀能動性。如果照這樣的觀點處理人與自然的關係，那麼，人在自然缺陷（如沙漠、碟石地、鹽鹼地以及洪澇等）和自然災害面前則束手無策，勢必危及人類的生存。顯然「生物中心主義」是偏頗的、不科學的。

「人類中心主義」認為，在處理人與自然關係上，人是中心、是主宰，自然界只是被當作用來服務人類的對象。人類對於自然界，只行使控制、改造、利用、索取的權利，卻沒有任何責任和義務。如果有的話，也只是從人類的利益出發，如何使自然界更多更好地為人類提供可利用的東西。「人類中心主義」是片面的，它把自然界視為純粹被動的、機械的存在，而作為主體的人，則扮演自然的主人和征服者的角色。人與自然這種統治與被統治、征服與被征服的關係，使人對自然濫用權力，破壞了人與自然發展的平衡關係，導致自然狀況日益惡化，從而導致人類生存狀況的日益惡化。目前，全球變暖就是威脅人類生存的一個典型例證。

全球變暖的主要原因是人類在近一個世紀以來大量使用礦物燃料（如煤、石油

---

❷❾ 《荀子·王制》。

等），排放出大量的二氧化碳等多種溫室氣體。由於這些溫室氣體對來自太陽輻射的可見光具有高度的通透性，而對地球反射出來的長波輻射具有高度的吸收性，也就是常說的「溫室效應」，導致全球氣候變暖。全球變暖的後果，會使全球降水量重新分配，冰川和凍土消融，海平面上升等，既危害自然生態系統的平衡，更威脅人類的食物供應和居住環境。所以，必須引起全球的高度重視。

在生態環境日益惡化的今天，儒家天人關係的思想具有重要的現代價值。儒家「天人合一」命題肯定人是自然界的產物，人與自然是不可分割的統一體，並把尊重一切生命，愛護自然萬物視為人類的崇高道德職責；強調人應當尊重自然，遵循自然規律，以實現人與自然的和諧發展；提倡人與自然和諧相處，對自然資源要取之有節、用之有度，反對將自己與自然對立起來。這對於我們今天處理人與自然的關係給予很好的啟迪，為構建以生態平衡為中心的現代生態倫理觀、生態哲學，提供豐富的思想資源。要有效地保護生態環境，就應高度重視人與自然的關係，堅決摒棄「人類中心主義」，改變人類對自然的錯誤價值導向，辯證地認識和確立「天人合一」的價值取向。應用「泛愛萬物」、「天人合一」的觀點來對待自然，加強生態道德建設。我們必須看到，自然界是一個按照自身客觀規律發展的有機整體，人類社會的發展只能以尊重客觀規律為前提，否則必將危及人類自身的生存和發展。只有保持「天人合一」的崇高道德境界，才能保證我們順利地實施可持續發展戰略。

附：全球變暖

全球變暖是指全球氣溫升高。近 100 多年來，全球平均氣溫經歷了冷－暖－冷－暖兩次波動，總的看為上升趨勢。進入 20 世紀 80 年代後，全球氣溫明顯上升。1981～1990 年全球平均氣溫比 100 年前上升了 0.48°C。政府間氣候變化問題小組根據氣候模型預測，到 2100 年，全球氣溫估計將上升大約 1.4～5.8°C（2.5～10.4°F）。

導致全球變暖的主要原因是人類在近一個世紀以來大量使用礦物燃料（如煤、石油等），排放出大量的二氧化碳等多種溫室氣體。由於這些溫室氣體對來自太陽

輻射的可見光具有高度的通透性，而對地球反射出來的長波輻射具有高度的吸收性，也就是常說的「溫室效應」，導致全球氣候變暖。

全球變暖的後果，會使全球降水量重新分配，冰川和凍土消融，海平面上升等，既危害自然生態系統的平衡，更威脅人類的食物供應和居住環境。具體來說：

一、水供需矛盾加劇：全球變暖導致降水變化，全球水資源供需矛盾愈加明顯。聯合國政府間氣候變化專門委員會今年初曾指出，如果地球平均氣溫上升4°C，全球就會有 30 多億人面臨缺水問題。

二、天災威脅加重：地球「發燒」，熱帶風暴和颶風的次數和強度都可能增加。

三、島國命運堪憂：地球兩極冰雪融化會導致海平面上升，眾多島嶼將被淹沒，一些島國可能不復存在，島上及沿海居民生活受到威脅。印尼科學家預測說，印尼約 1.8 萬個島嶼中可能將有 2000 個在 2030 年前被海水淹沒。

四、夏天熱浪頻繁：有關報告顯示，如果全球平均氣溫上升 3°C，北美地區受熱浪侵襲的次數將增加 3 至 8 倍，世界其他地方與北美情況類似。

五、生物鏈被打亂：由於氣候變化，不少動物開始向南部或北部遷移，生物物種活動範圍的變化將導致遷入地和遷出地生物鏈出現混亂，從而對農林業和漁業產生不利影響。

六、傳染疾病肆虐：由於全球變暖，許多通過昆蟲、食物和水傳播的傳染性疾病的傳播範圍將擴大，並對貧困地區的人口造成顯著影響。

七、經濟發展蒙陰影：據統計，20 世紀 90 年代，全球發生的重大氣象災害比50 年代多 5 倍，因此造成的年均經濟損失從 60 年代的 40 億美元飆升至 290 億美元。

雖然全球變暖也可能對少數地區有益，但綜合評價其影響，全球變暖已經成為人類未來生活的巨大威脅。

全球變暖的對策，第一方面是減少目前大氣中的 CO_2。目前最切實可行的辦法是廣泛植樹造林，加強綠化；停止濫伐森林。用太陽光的光合作用大量吸收和固定大氣中的 CO_2。

第二方面是適應。這是無論如何必須考慮的問題。例如，除了建設海岸防護堤

壩等工程技術措施防止海水入侵外,有計劃地逐步改變當地農作物的種類和品種,以適應逐步變化的氣候。日本北部因為夏季過涼,過去並不種植水稻,或者產量很低。但是由於培育出了抗寒抗逆品種,現在連最北的北海道不僅也能長水稻,而且產量還很高。這就是一個很好的例子。由於氣候變化是一個相對緩慢的過程,只要能及早預測出氣候變化趨勢,適應對策是能夠找到並順利實施的。

第三方面是削減 CO_2 的排放量。這就是 1992 年巴西里約熱內盧世界環境與發展大會上,各國領導人共同簽字的《氣候變化框架公約》的主要目的(框架是指比較原則,有待進一步具體化的意思)。公約要求在 2000 年發達國家應把 CO_2 排放量降回到 1990 年水準,並向發展中國家提供資金,轉讓技術,以幫助發展中國家減少 CO_2 的排放量。因為近百年來全球大氣中 CO_2 濃度的迅速升高,絕大部分是發達國家排放造成的。發展中國家首先是要脫貧,要發展。發達國家有義務這樣做。

但是,由於公約是框架性的,並沒有約束力,而且削減 CO_2 排放量直接影響到發達國家的經濟利益,因此有的發達國家不僅沒有減排,還在增排,2000 年根本不可能降到 1990 年水準。在 1997 年 12 月 11 日結束的聯合國氣候變化框架公約締約方第 3 次大會上(日本京都會議),發展中國家和發達國家展開了尖銳緊張的鬥爭,最後發達國家作出讓步,難產的《京都議定書》終於得到通過。議定書規定,所有發達國家應在 2010 年把 6 種溫室氣體(CO_2、一氧化二氮、甲烷和三種氯氟烴)的排放量比 1990 年的水準減少 5.2%。這雖與發展中國家的要求到 2010 年減少 15%,到 2020 年再減少 20% 的目標相差很大,但畢竟這是一份具有約束力的國際減排協議。

儒家學說・心靈生態談孝道

林金華

【作者簡介】林金華，馬來西亞孔學研究會總會長，第一屆國際儒學大會會長。

【摘　　要】本文分析當今中華民族孝道式微的種種原因，如受到政治、經濟、文化、宗教、教育、惡性、思潮交替互融等相互影響。如欲重新彰顯孝道，可從家庭教育、學校教育、宗教教育與社會教育同時入手，繼而以政治力量扶助孝道、以經濟規劃促進孝道，並在法律與文化層面推動促成孝道觀念之再生。

【關 鍵 詞】孝道　儒家

儒家學說‧心靈生態談孝道

林金華

《禮記‧曾子大孝》：「置之而塞於天地，衡之而衡於四海，施者後也而無朝夕。」可見古代中國高度文明是在「孝」文化基礎上不斷昇華，稍後產生的儒家，更是促成了「一切道德，以孝為本」——《孝經‧開宗明義》：「夫孝，德之本也，孝之所生也」，是儒家思想的道德核心；父母兄弟姐妹的天倫是天賦的，身為父母慈愛養教、子女孝順是天經地義的事，是人的天職；敬愛父母，推己及人，「老吾老及人之老」（《孟子‧梁惠王》），由事親的孝能衍生到尊老敬長乃至事君（國），這是愛的環境擴大，建立和諧的社會。

幾千年前，中國人就寫下父母子女之情，《詩經‧小雅‧蓼莪》：「……哀哀父母，生我劬我……父兮生我，母兮鞠我，拊我蓄我，生我育我，顧我護我，出入腹我。」兒女亦具「欲報之德，昊天罔極」的人格思想——達至人文道德的高境界，因此完全異於禽獸。若把孝道移去，那就不成為中華文明，而是繼續留在野蠻獸性。

如何行孝，孝的效果，孝的衍伸，一部《孝經》寫得具體深廣。今人讀孝道，多引用其句子，並由此發揮。筆者的際遇經驗與體會，發現到具有孝心者，看了《孝經》很是感觸和受用，至多是認可有時代性的差距。至於那些沒有行孝，或更本不孝的人，只要讀上一兩句，就會正比率地反彈異常，而他們攻擊的理由不外是「愚孝、迂腐、落後、封建……」，用一些極端的實例來栽贓，溫和點則咬文嚼字：「取其精華、棄其糟粕」含糊一番、「不合時宜」一言以蔽之。

因此「不孝」已經成為一個普及的問題。這些年來，有召開一些「孝道」會議，出席的都是老人家，為甚麼呢？因為人老了才體會何謂孝道！是社會迫切的大

問題。看來，老人越來越多，孝道論壇也會興盛起來！論壇若沒有年青人主導，或只議論而無力實踐，恐怕不會有實效！

孝，是人類的文明

《論語·學而》：「孝悌也者，其為仁之本也」，我們來看看其「本」因。

北傳佛經說母親還有十大恩德：第一是懷胎守護的恩德：母親懷胎十月，稱為害喜，如飲食後即嘔、心悸、尿失禁、失眠、腰痛、水腫……種種，凡孕母都有一項多項的反常現象，故以「害」稱。除了害喜之苦，母體還會特別偏愛胎兒，就算本身缺乏鈣，也會「偷出」給胎兒提供，犧牲了自己。懷胎十月的言行坐臥是戰戰兢兢的，維護胎兒健康。

第二是臨盆受極大苦楚的恩德：我們有位教兒童讀經班向老師如此形容孩子臨盆之苦，骨盆擴張的陣痛：「好像被刀片割一樣，開始是十數分鐘逐漸為每幾分鐘一次，有時延續數二三十小時之久，一陣一陣的痛，直到孩子出生」（這是實事，但不鼓勵老師如此形容，對小女孩會埋下恐懼陰影）。現代人為了讓丈夫明白這種承擔，可以在旁參與接生。

第三是孩兒生下，哇哇啼哭，就立刻忘記了之前所有一切撕裂憂勞的恩德。

第四是承受苦惱，把美好的給孩兒的恩德。孩兒有點發燒，母親就廢枕不眠，整夜抱著。孩兒啼哭，母親就手足無措力求安穩。而此時正是母體最需要休息的復原時期。

第五是移乾就濕的恩德。孩兒尿床，母親將孩子移到乾淨處，而自己將就於污濕。

第六是哺乳恩德。孩子出世後，特別在前面幾個月餵奶，開始是不定時，每小時餵一次，一餵半小時。產後要休息，卻承受著日夜不能安樂一眠之苦。

第七是洗濯污穢的恩德。不僅在幼孩時洗濯一切屎尿，接下來的做飯煮菜、服待起居飲食達十數二十年或更久，慈母青春顏容換上面皺手粗亦無悔。

第八是牽腸掛肚的恩德。快高長大、健康成長、受風受寒、意外傷禍、學業成就、遠行他遊……都是令父母牽腸掛肚、憂心忡忡的事。

第九是體諒撫恤的恩德。孩兒辛勞，母心疼惜不安，父母願意代替孩兒去承受苦楚災殃。有則報導，一位母親因為孩子過馬路時，被壓在車子下，她居然有力量，以雙手抬高一邊車子，讓孩子能夠被拉出來！從圖片看，車子不算大，也得兩三個大漢才抬得起。母子都進了醫院，也都平安，但這位母親卻折了三根肋骨。她說，她是抬不起來的，是 LOVE 抬起來。

第十是終生憐愛的恩德。母齡一百歲，猶憂八十兒，母愛無有斷時。

母親是《易經》的坤厚德載物，性柔軟恆韌，稱之為「母愛」——「母親啊！天上的風雨來了，鳥兒躲到它的巢裏；心中的風雨來了，我只躲到你的懷裏。」、「母親啊！撇開你的憂愁，容我沉酣在你的懷裏，只有你是我靈魂的安頓。小小的花，也想抬起頭來，感謝春光的愛——然而身後的恩慈，反使她終於沉默。母親啊！你是那春光嗎？」。這詩描繪著你我的母親。

而父親呢，則以陽剛形容，他缺乏這種細膩，但隱藏著的是：「……我們過了江，進了車站。我買票，他忙著照看行李。行李太多了，得向腳夫行些小費，才可過去。他便又忙著和他們講價錢。我那時真是聰明過分，總覺他說話不大漂亮，非自己插嘴不可。但他終於講定了價錢；就送我上車。他給我揀定了靠車門的一張椅子；我將他給我做的紫毛大衣舖好坐位。他囑我路上小心，夜裏警醒些，不要受涼。又囑託茶房好好照應我。我心裏暗笑他的迂；他們只認得錢，託他們直是白託！而且我這樣大年紀的人，難道還不能料理自己麼？唉，我現在想想，那時真是太聰明了！

我說道，『爸爸，你走吧。』他望車外看了看，說，『我買幾個橘子去。你就在此地，不要走動。』我看那邊月臺的柵欄外有幾個賣東西的等著顧客。走到那邊月臺，須穿過鐵道，須跳下去又爬上去。父親是一個胖子，走過去自然要費事些。我本來要去的，他不肯，只好讓他去。我看見他戴著黑布小帽，穿這黑布大馬掛，深青布棉袍，蹣跚地走到鐵道邊，慢慢探身下去，尚不大難。可是他穿過鐵道，要爬上那邊月臺，就不容易了。他用兩手攀著上面，兩腳再向上縮；他肥胖的身子向左微傾，顯出努力的樣子。這時我看見他的背影，我的淚很快地流下來了。我趕緊拭乾了淚，怕他看見，也怕別人看見。我再向外看時，他已抱了朱紅的橘子望回走了。過鐵道時，他先將橘子散放在地上，自己慢慢爬下，再抱起橘子走。到這邊

時，我趕緊去攙他。他和我走到車上，將橘子一股腦兒放在我的皮大衣上。於是撲撲衣上的泥土，心裏很輕鬆似的，過一會說，『我走了；到那邊來信！』我望著他走出去。他走了幾步，回過頭看見我，說，『進去吧，裏邊沒人。』等他的背影混入來來往往的人裏，再找不著了，我便進來坐下，我的眼淚又來了。⋯⋯」

今天孝道式微

孝道式微並非是所有人的現象，舉我國的情況，我們是個多宗教、多民族雜居的回教國，我們經常探訪老人院，一個令人尷尬的現象，老人院裏的印度人和華人最多，馬來人非常少。老人沒人照顧的問題，不是完全屬於經濟問題，而是在於「畏天命」的文化。回教徒以孝順父母為天職，是神的旨意，所以尊老孝親是作人的基本道德（行為），棄親於不顧是不能被馬來社會和人們所接受的，所以大多數人都能真正孝順，假的也不敢明目張膽公開；把父母趕出家，你必定墮地獄。

中華民族孝道式微的原因相當複雜，它受到政治、經濟、文化、宗教、教育、惡性、思潮交替互融⋯⋯等等相互的影響：

從道德力量處看，毀掉了可以制約個人不孝行為的社會（道德）力量。上面提及的馬來社會，其力量使全國數百間老人院中馬來老人佔居少數（只有無家孤獨者進住）可見一斑，老人多數是家庭養老，社會力量是巨大的。西方的社會文化則南轅北轍，他們認為成年了，還和父母一起住，是不能獨立的表現，是沒出息的，因此他們在這種壓力下，只有兩老住守舊屋。華人保留著「中國舊社會」行為，孩子與父母住在一起，被視為孝順行為，還是以「孝」為社會道德核心，雖然受了幾代的西風歐雨催化，鼓吹兩人世界的生活，許多子女在赤貧或富裕的環境，還是和父母相依為命，百餘年處在貧窮受欺凌之下，人們還是卑視「不孝行為」。而中國社會道德力量愈趨薄弱，事出有因，文化大革命破四舊時文鬥武鬥，鼓吹大義滅親，夫妻互揭，兒女揭發父母，把父母讓去批鬥。揭發內容千奇百怪：講句我愛你是小資產階級、坐有語錄的報紙是反革命、家貼藍色紙是國民黨間諜、擁有經書會三罪齊發⋯⋯；而所謂大義，只是某些人為了政治鬥爭一己權欲，假大義搧情的遊戲罷了，卻因此造成制約不孝行為的社會道德力量受到毀滅性的破壞。（老師受害最大，

一夜間成為階下囚，跪在學生前任由侮辱，其嚴重程度，恐怕可以令中華字典刪掉「師道」二字，永遠再也用不上了。）後來社會轉向唯利是圖，道德待建。

不畏天命的文化：回教徒以孝順父母為天職，是神的旨意，是「畏天命」的文化。畏天命在中國人來說，是迷信墮落的東西，什麼「積善之家必有餘慶，積不善之家必有餘殃」更是無稽之談；「報應」之辭最近有些敏感，至於《孝經·三才》「夫孝，天之經也，地之義也，民之行也」，《孝經·聖治》「天地之性，人之貴，人之行，莫大於孝。」被嗤之以鼻，已算客氣了。筆者在一次孝道講座會上，居然有年青人反駁，「他們為了爽」。幸好有位聽眾反應呼喝：「畜牲」！隨即又道歉：「對不起！我向畜牲道歉，我不能侮辱畜牲，畜牲比他好！」看來對這一代人不必太悲觀，「天網恢恢，疏而不漏」的信仰還是可以期待的。實相不因眾人情緒而改變：過去如何批鬥自己的父母和別人的父母者，今天自己當人父母，年已近老，所受到的待遇，大概可以開始體會「報應不爽」的實事。

經濟問題：在地廣人稠、經濟發展時間短的情況來說，問題更為複雜。本來年老的父母，吃不了多少、用不了多少，要份親情、怕寂寞，要求簡單，飯桌加多兩雙筷子吧了！可是孩子入城打工，只有老人住守鄉下；城市人面對住屋緊張，就算有屋卻無父母房；這些人又是往往收入不高不穩，「要求簡單」變成「養不起」，這個現象非常多。老病又常相伴，因照顧看病難，有的老父母因為不忍拖累孩子，選擇自殺呢！（有報導：「中國農村老人的自殺率是世界平均水準的 4～5 倍」），窮人有苦處。經濟開放之後，文化的斷層和讓物質欲無限量膨脹，有錢而不孝順的人，恐怕比這類窮人更多。

教育問題：以筆者看來，極少人提及的最大問題，是教育失當。家庭教育失當，六人寵愛一個小孩，養成予取予索性格；學校教育失當，無道德可循，只學知識講功效，助長了自私自利；社會教育又是物質生活至上，認錢不認人，唯利是圖；偏偏缺掉宗教教育，人變成無畏無懼。兩個小皇帝長大後湊合起來，結局可想而知，甚麼是孝道？孝親敬老為何物？恐怕連尊重別人也不懂；這樣的未來主人翁有多少？只要佔百分之五，便已災患無窮。

有孝文化的社會，一定和諧

自古以來，孝道是所有人類的社會道德，中華民族最早掌握到的「道」，雖然一時明夷，只要追求文明之心猶溫，還是有希望的。重新重視孝道，現階段確是要多費力量，作「孝」的新理論建設，可不容易，因為一時還不能以傳統孝道為藍本，宗教裏的尤忌。我認為，不妨先恢復「父母是最親」的觀念，然後再從多方面一齊慢慢著手，是有可期的。

<u>教育的努力</u>：家庭教育，學校教育，宗教教育，社會教育，四位密不可分。教育始於幼時「童蒙養正」，自幼小培養仁愛之心；一個沒有同情心的人，肯定危害社會。

1.家庭教育：家，不只是住宿和長大的地方，還是安身立命所在。人的一生離不開家，是出生的地方，是成長的地方，是教育的地方，更是終老的地方。古代的家庭還有：家訓、家風、家法、家規、家譜，而今天仍然是「家風」與「祖先」同在的地方，「家風」就是「家教」的結果。今天的家庭都是小家庭式，人際關係的自我為本位重，人們甚至無法三代或妯娌同在一個屋簷下相處（實事上也沒兄弟姊妹姨姑叔伯）。很多的家庭小到一家三口，雖小得不能再小，家庭教育還是要重視。家庭教育做得好，不僅為自己老病時有個探親的人，更關係到不給社會留禍根。家教要從「胎教」便開始，緊接著是「幼教」，往後孩子進入幼兒園，小學，中學，父母才成為「助教」，角色越扮演就越趨輕淡。無論如何，前面教子六年，才是一生最珍貴的時候，已足以「看一生」了！所以身為父母者，務必要學習再學習，當個「稱職父母」。有些內容或許有用，可瀏覽：http://www.confucianism.org.my/childedu/index.php?option=com_content&task=view&id=178&Itemid=98

家庭教育可以立刻進行，其牽涉面小而靈活，方法簡單，只要父母奶奶爺爺公公婆婆六個人溝通一下，便可隨意落實。（可以吸收兒童讀經教育的方法，請瀏覽：http://www.confucianism.org.my/childedu/）。首要先瞭解兒童的腦、腦力、身心發育過程，可以及時應機逗教。以經典為教材，選擇《弟子規》為良好行為的落實課本。童年記憶力好，學語習文識字容易，此時讀經典，儲存最有價值有智慧的學問；讀經教育在識字外，更重要是培養孩子增長正心、正思、正言、正行，鍛鍊思考，啟發右腦。

建立童蒙養正的教育觀，讀書是鼓勵性的教育，應機及時，以身教為主，言教為輔，可以啟發孩子愛讀書的本性。

略說明一下，身教是童蒙最為重要的教育：「弟子規、聖人訓、首孝悌、次謹信……。」我們在進行兒童讀經老師培訓，一定講兩個故事。

在一個貧窮的山村，由於太窮，每家人代代都養不起父母，遂形成一個習慣，把年老的父母送到山上，任由死亡，而老父母為了子女，也接受這樣的安排。有一家人，兒子牽著他的年小的提子，用籮背著老父往山上去，選了個好地方，把老父放下，也放了一點食物，忍著傷心轉頭下山。走了一會，怎麼兒子沒跟上來，回頭一看，兒子正吃力拖著破籮跟著，他好奇的問，你為甚麼拿籮，兒子認真地答：「下次，用來背你上來」！馬上要輪到自己了！這句話對他是夠震撼！不加思索，拿了籮回到原地，把老父背回家去！（是日本的故事）中華民族的敬老傳統源遠流長，然而，湖北鄖縣發現棄老洞的存在。當地流傳的棄老傳說，「棄老洞」也叫「寄死窯」、「自死窯」、「老人洞」，「棄老俗」的年代，將老人放進水邊的「棄老洞」中，漢江年年漲水，老人必死無疑。隨後，漢江水會將老人的遺骸和遺物全都沖走，不留痕跡，「免得子孫們傷心」。

在讀經班開課之前，給父母親開個「兒童讀經教育說明會」的講座，會發一個問題：「你們三代同堂吃飯，先挾菜給爸爸媽媽呢！或是先給孩子？」這些受教育不低的家長，理直氣壯地回答：「孩子小」，不懂挾菜！「爸爸媽媽還壯，挾菜沒問題！」。我們會告訴他，以後你的女兒媳婦便也會講相同的話。你挾菜不在於父母有否能力，而是孝敬的問題。如果想老來後輩會給你挾口菜，現在你便要以身作則，——孝順不是講道理或讀幾篇文章可以達到的，而是自小受到薰陶，父母以身示範而「教」出來的。所以我們告訴年青父母們，現在作出好樣子，從小就對子女進行「孝道」教育，道德觀念樹立起來了，子女長大了，他們就會盡孝道。否則，上樑不正下樑歪，孩子有樣學樣，必會現眼報。所以現在開始學習孝道，為時來得及。（老人也有課程，老人要學會選擇性啞語、選擇性重聽，選擇性老花眼，臉不長不黑自己令快樂，年青一代言行是難懂的現代化！）

2.學校教育：要德智兼顧，摒除填塞方式，最理想是以博學、審問、慎思、明辨、篤行培訓學子，建立獨立人格。

3.宗教教育：「冥冥之中，因果循環，報應不爽。」今天雖然是言者諄諄，聽者藐藐，無法入耳。可是，無論人們如何蔑其為迷信，否定天命，祂始終是寂然不動而能感而遂通，執行著疏而不漏的天網之譴。身邊最常見的故事是，那些被曾經溺愛有加的子女所虐待或遺棄者，正為對自己不孝而呼天搶地，殊不知過去做了多少虐待父母的事，昨天如何待父，今日子待你，而將來亦惡性循環不絕。孝是如此，為惡亦如此，《易·文言》：「積善之家必有餘慶、積不善之家必有餘殃」是言：為惡者，不僅自己會受到報應，還禍延子孫的因果義，警誡勇於為非作歹、損人利己、貪腐做惡者，沒有僥倖，自己受報又連累家人命，不能假以「為了家庭，為了孩子」理由來自我安慰。

4.社會教育：尊敬老人，贍養父母，自古是中華傳統道德。古時虐待老人或不敬老人，皆被視為「大逆不道」的行為，勢必遭到眾人的譴責。一個鄙視不孝子女的社會，對不孝的人起著鞭撻和阻嚇作用，對不孝行為會產生「羞恥」的壓力。中國現在某些地方推展評選「孝子」、不孝者不能當官、中華母親節……，意義重大。要全力支持，傳媒加大揚善抑惡，影響必可深遠，切莫小視。

<u>以政治力量扶孝道</u>：在政治上促進孝道的工作容易調整，效果宏大。如放公假，多列幾個可助長人性意義的傳統節日，如清明節紀念先祖日是孝道的一環，重陽節是敬老日，中秋節是愛國日，母親節（中華）是孝親日……給它一天假期，人民可以自由去紀念它，商業社會必然會去把它商業化，他們為了賣錢，將有鋪天蓋地的促銷活動，而人們也因此擴大了文化轉化空間──法律的訂定，商業的炒作，有教育隨行，必可文化轉化。

取母親節（中華）一例來談，母親節以孟母為主角，是最適合恰當，因為「孟母三遷」的典故，凡華族無人不知，以紀念孟母，學習孟母，母儀天下是件最自然的事。孟母的故事有 1.孟母三遷， 2.斷機教子， 3.買肉啖子， 4.孟子責妻， 5.孟母為子解憂。昔孟母等的故事，每個故事內容都蘊含著不朽的文化品質。孟母懿範有： 1.寡母單力承擔養家教子的責任，對現代單親家庭，起著很好的鼓勵作用。 2.有「家貧子讀書」的信念，越是困苦越應該自愛長進，才能改變一生。 3.良好的家庭教育，教子勉學、仁慈、孝德、勵志、敦品、明理、希聖希賢。 4.教育要始自懷孕、幼時，重視良好環境的塑造，言傳書教身教兼備。 5.孟母克苦盡心教育，孟子

自愛勤學，就算貧苦的環境，終竟能成就聖人大業。這一些正是中國家庭所闕如的。公假若不是在於人格人品的助長，老是留在物質生存的消費經濟動機中，恐怕離悔吝不遠。

最近看了「呼請各界領導支持建立中華母親節」提案的答覆，心中疙瘩總是揮之不去，21 世紀了，世界各國各族已經在快馬加鞭地為自己的文化築基，期以在「一體化」激浪中佔一席之位。民間亦作如是想，與其讓如此多人過著安娜為紀念媽媽賈薇絲太太所提倡的母親節，不如爭取個假日的母親節，以紀念和學習中華式的孟母。可是莫明其妙地被「男女平等」、「三從四德」、「科學論證」、「文化內涵確定」、「紀念形式確定」起來。

當今社會的家庭已淪落到父不父、母不母，子女不像子女。父慈子孝的推動，是很迫切的啊！借孟母懿範，促進孩子成為有道德、有志向、能成才，為孝道多加一個環扣，成就個中華母親節，以空間促使人民重視家庭和諧、親子關係，應該比鼓勵消費的長假更有意義和前瞻啊！在當今中國真的沒有「可行性」嗎？

以經濟規劃促進孝道：這方面有三種，第一種自籌養老金，我們最常聽到一句話是，「善於理財，老來不愁」，這句話是指自己在有收入時，把錢財好好管理，投資得好，儲蓄下更多錢，讓自己老來有養老金可用，這一類可算是有錢人了，若三餐不續，就無財可理了。第二種是工作養老金，能工作時有收入，法律強制儲蓄，從中扣下部分，作為退休金，在工業社會、城鎮地區可以廣泛實行。第三是福利養老金，由政府支付老人生活金。後面兩種養老制度，是現在有能力工作的眾人養眾老。這樣的養老金制度，西方國家實行已久，它要有條件，必需一代人比一代更多，經濟也要只可向上，不可下跌，否則問題就尖銳了。還有一項可行的民間養老，由民間辦老人院，經費來自民間，收留一些孤苦伶仃的老人，數量上可能不會多，也有紓解作用。民間慈善團體給予「老有所養」關懷和協助，要有先決條件，教育人有顆同情心，他們視出錢出力為快樂為福德，盡社會責任，是和諧的有力的行為。我國有許多這類的老人院，就是依靠許許多多富有同情心的人來贊助，慈善福利就會辦得好。

西方長久來是工業優先發展，強化了養老金制度，制度相當完善，令東方人羨慕不已。這個制度在西方也出現危機，來略為回顧其不良後果：以上帝為依歸，

「家」的父母兄弟姐妹次於上帝，有居第二位之隔膜，和古代中華家觀念相對說是「輕家」得多。「自己」為重的個人主義、自由主義衍生、享樂人生、養老經濟要自己準備、把天賦之情變成法律條文，如孩子十八歲之前，父母一定要照顧，過了法定約束，可以「那是閣下自己的事」了。衍生為，成年孩子，若和父母同住，將被認為不能獨立沒出息……林林總總的一套社會觀。子女十八歲後，因為法律的作用，往往失去了或改變相處環境。因此，不缺錢的老人，卻免不了缺少親情的孤單感，故以養寵物寄情：既然養兒不必有防老的寄望，反過來自己不必遺留，享樂主義增生，過度借貸是自然的事……當然遇上鈔票貶值，經濟下坡，錢存不足者，養老一樣是捉襟見肘，長命人也不一定是福。我在接觸西方知識分子，他們談及中華孝文化時，總是稱許不已，羨慕之情表露無遺，但又感嘆說，他們不可能會如此轉變，文化的背景，是不會形成這麼一套完善的「家文化」。其實他們還不知，中華傳統文化中的孝文化早就已破了網。無論如何，中國人還是最有機會，趁孝文化未腐爛時，把養老金制度和孝文化結合，一是可以結出最好的果實，養老金的制度可以向西方學習，孝道觀念更要保持和發揚，令兩者能並行互輔。

有一份養老金，老年人就不會因為孩子活得不容易，搞到經濟拮据，弄得貧苦養不了的狼狽。養老金孝順合併起來，大多數人可以享「老有所養」。

法律幫助：有兩種，1.法律保障：立法子女孝養父母，已經有國家實施了。對於遺棄父母，虐待父母者，父母把屋子轉給孩子後，立刻被趕出去。……都應予治罪。必需憑立法予以強制孝順，已沒有了敬，不存在孝道了，只能依法維護贍養費用。子女有犯時，就算有法可依，許多父母不一定願意「出庭指證」。2.法律鼓勵：如養父母者，可扣所得稅。與父母同住的購屋者，可減少交稅……。

文化：「養兒防老」的觀念不僅不可棄，還要加強。養兒防老觀念其好處有兩個。先要把兒女要「養」得好，才能成德成才成就，防老才有希望。就是說父慈子孝的「慈」要講究「養」的功夫；做個「稱職」的父母。現代人當父母可真不容易，要學習當父母來建設良好的家庭教育；溫馨的家庭，是社會和諧的基石，又大大減少製造害群之馬！是標治的工作。

為了養兒育女，可要勤勞工作，生活檢節（不要受西方以消費救經濟的氣泡論所迷惑），不會只想在一代「用完」的享樂主義。任何國家，老人比率一定日益增加，

會成為一項大問題，全丟給社會，是不可能承擔的，今天西方的問題，不是一目瞭然嗎？老人的需要是經濟和親情，海外華人是這方面的先行者，具有養兒防老觀維持孝道，加上養老金制度，如錦上添花，中國可以參考。

　　長期反傳統價值的支配，今天年輕人一代的教養，不再接受孝道倫理，完全步入「自我功利」思維，兒女視父母為「累贅」是很普遍的現象，居家養老的模式存在著很大的危機，不孝子女遺棄年老的父母已不算是新聞，一旦子女拋棄老人，他就失去了生活來源，處於孤立無援的境地。孝道變成一個不穩定的依靠，所以今天，社會談的是，迫切要求有完善的養老保障制度；老人自己有養老金，有自己的積蓄，有自活的經濟能力保障，若加上兒女是孝順的，老人就會得到贍養扶助的雙重保險。在這樣的處境，孝道要存在中華文化中，無論多麼困難，也要努力「四教」以促成！因此寫「心靈生態」的期許！

儒家倫理思想與現代社會和諧之實踐

劉煥雲

【作者簡介】劉煥雲（1957-），男，臺灣苗栗客家人，臺灣聯合大學全球客家研究中心副研究員，主要從事中國哲學、儒學、道家與客家文化學術研究。

【摘　　要】倫理學在中西方都有長遠的傳統，西方一般將倫理學分為描述倫理學、規範倫理學與後設倫理學。中國雖然沒有把倫理學發展成一門專門的學問，但儒家的倫理思想與西方倫理學對比起來，可說是一種主張實踐的倫理學。本文旨在詮釋與分析儒家倫理思想，它強調道德倫理的實踐，肯定人格的可完美性，人必須在現實生活中遵守既有的社會規範，並實踐道德倫理，遵行道德義務與陶鑄最高德行。現代社會不能把儒家的倫理思想，只放在個人倫理道德實踐和人格修養層次去瞭解，而應該進一步提升到落實「公與私、群體與個人」的關係內涵，即是指實踐社會公平正義的層次，才能達到社會之和諧發展。儒家論證社會倫理的實踐，一定要提升到群體社會公平正義的實踐，儒家的倫理思想與現代公民社會落實公平正義有相同的理想。儒家主張：人人在二十一世紀都有成德的義務，在社會倫理上人人雖有各自不同的義務和責任，卻也應該共同為群體社會的和諧與社會公平正義之實踐而努力。儒家的仁、義、禮等觀念，可以在德行的統攝之下，在現在社會獲得合理的一致性（Rational Coherence）。換言之儒家倫理思想經由吾人之詮釋，可以在二十一世紀的社會中，發揮思想指引的功能。

【關 鍵 詞】儒家　倫理　道德　公平　和諧

儒家倫理思想與現代社會和諧之實踐

劉煥雲

前　言

在二十一世紀全球化潮流之下，落後國家不得不努力追趕西方，力圖國家之現代化，但是愈追求全球化與現代化，就愈益發現自身傳統文化蘊藏的無盡寶藏，可以提供國人重新挖掘其價值。尤其，此一文化傳統富藏正是任何國家得以吸收西方新文化的一個重要憑藉。正如高達美（H.G. Gadamer）和麥金泰（A. MacIntyre）不約而同所說的，所有的人都是被其文化傳統所支持，使每個人擁有一個有意義的視域，透過對傳統的支持與瞭解，人才能夠走出封限而對外開放，活化每一個傳統。❶正因為如此，今日海峽兩岸的中國人在努力追求國家現代化之際，必須重新認識與瞭解自己的漢文化傳統，進而以文化主體的身分對傳統做出創造性的詮釋，並賦與傳統文化新的意義與價值。而儒家思想是臺灣與中國大陸過去社會上的思想主流，儒家思想如何適應現代化的衝擊，仍然是二十一世漢學界的主要研究課題之一。

由於在現代化衝擊之下，傳統儒家思想面臨了轉變的情境，尤其傳統儒家的「倫理道德」思想，若不賦予創造性的詮釋，已不能完全規範現代中國人的生活。以臺灣而言，民主化以後的臺灣社會，出現了許多失序之現象，大體而言實肇因於

---

❶　Hams-Georh Gadamer, *Truth and Method,* trans. By G. Barden and J. Camming (London, Sheed Ward Ltd.1975), p245-253。及 A. MacIntyre, *After Virtue-A Study in Moral Theory* (Univesity of Norte Dame Press, Indiana, Second Edition 1984), p222。

傳統與現代的銜接不妥。在傳統規範尚未獲得重新詮釋之前，已經逐漸失去其規範性，例如傳統的五倫就缺乏明確的「群我倫理」，傳統的道德規範，也缺乏可以明確約束現代社會之職業倫理或管理規範，因而難免造成社會失序的現象。如何實踐現代社會的和諧，除了加強民主法治的建構外，也必須從傳統倫理思想之再詮釋出發，實踐儒家倫理思想之特色，進而促進社會之和諧。

有鑑於此，如何重新認識與詮釋傳統文化的規範系統，尤其是中國文化主流之一儒家傳統，成為二十一世紀中國人當務之急。因此，正確的理解儒家的倫理道德思想，並給予創造性的詮釋，希冀儒家的價值規範系統，在今天能提供兩岸中國人一個既能合乎傳統文化精神，而且又能夠針對現代社會和諧生態的需求。

倫理學在西方有長遠的傳統，一般說來，倫理學可分為三類：描述倫理學，規範倫理學，後設倫理學。相對於西方的倫理學，古代中國雖然沒有把倫理學發展成一門專門的學問，但先秦儒家的倫理思想，對規範倫理學可說發揮的淋漓盡致，深邃透徹，對比於西方義務論與目的論的規範倫理學，先秦儒家可說是主張一種「德行優位」的倫理思想。

一、儒家倫理思想之內容

春秋時代是中國「哲學突破」的時代，❷儒家就是興起於這個「哲學突破」的春秋時代。先秦儒家人物如孔子（B.C.551-479）、孟子（B.C.371-289）、荀子（B.C.313-238）及其他諸儒之思想，先後集成《論語》、《孟子》、《荀子》、《中庸》、《大學》、《易傳》等先秦儒家之思想典籍。儒家思想中最核心的乃是其倫理道德思想。欲瞭解儒家倫理思想之內容，必先瞭解儒家「道」、「德」的意義，及道與德的關係，進而瞭解「道德」、「倫理」的意義及內涵。

(一)道與德之涵義

孔子、孟子經由個人深刻的修德體驗，強調人內在主體的自我覺醒，進而掌握

---

❷　余英時：《中國知識階層史論》（臺北：聯經出版事業公司，1984 年），頁 175-220。

超越的「道」之整全意義。孔子說：「志於道，據於德，依於仁，游於藝」（〈述而〉），把「道」與「德」統攝起來。儒家所說的「道」字，蘊藏豐富的意義，歸納儒家所說「道」，可以分為四個意義：即道路、言說、能生的根源、變化的規律等。❸

儒家的「德」字，有諸多含義，德之本義，為行道有得於心，施之實踐，則事之宜，所謂合理之行為也。❹人之德，乃秉於天而得於己；秉於天，只是德的開端，惟有持久修養心性而成的德，才是真正的德。循道而行有所得，這就是德；蘊諸內，可以存養擴充；行於外，可以成美成善。德之所以為德，在個人修養上，就是行道有得之義，在人際關係上，就是與人相處能得之義。❺「道」與「德」的關係，「道」統攝天地萬物，其意義非言詮可盡表，而「德」乃行「道」之實，如果不能夠「體道有得」，篤行親證，則不易契悟。事實上，在儒家思想中，「尊道貴德」的觀念與道家思想相互輝映，早已成為中國人的價值核心。

(二)道德與倫理

「道德」與「倫理」二詞，顯然經常連用，其意義也彼此相關，但仍然可以加以區分。「倫理」二字，常見於我國古書。《小戴禮記》：「樂者通倫理者也。」〈鄭玄注〉說：「倫，猶類也；理，猶分也。」據此，倫並非僅指人與人之關係，也自非專指狹義的人倫，❻還泛指事物的倫類。至孟子及荀子才正式以「倫」闡述人類社會的正當關係。《孟子》〈滕文公上〉說：「使契為司徒，教以人倫；父子有親，君臣有義，夫婦有別，長幼有序，朋友有信。」這就是「五倫」之由來。〈離婁上〉說：「聖人，人倫之至也。」而《荀子》〈解蔽〉篇說：「聖也者，盡倫者也。」〈儒效〉篇說：「人倫盡也。」

從孟、荀所謂的「人倫」中，可知「倫」乃指稱：人類社會群居共處生活之中，有各種正當的人際相互關係。至於「理」字的本義為治玉。倫理二字合用，就

---

❸ 沈清松：《物理之後——形上學的發展》（臺北：牛頓出版社，1987 年），頁 19-20。

❹ 吳康：《孔荀孟哲學》下（臺北：臺灣商務印書館，1982 年），頁 19。

❺ 張載宇：《儒家倫理道德思想與實踐》（臺北：中央文物供應社，1982 年），頁 12。

❻ 黃建中：《比較倫理學》（臺北：正中書局，1965 年），頁 23。

是指人類在社會群體生活關係中正當行為之道理與法則。所以，倫理的涵義，是人群生活關係中規範行為的道德法則，強調社會和諧關係的意味重。

我們再就倫理與道德的關係而說：「倫理的善」涵蓋著修己及善群，而道德也是以修己與善群為內容。修己的目的，乃培養個人品德修養，品德之修養，從慎獨存誠入手。而善群之目的，在調和群己的關係，使人群之間，彼此互助合作，維持群體社會秩序之和諧安定，共同創造社會人群之文明進化。正如孔子所說：「修己以敬」、「修己以安人」、「修己以安百姓」，此處所謂「安人」、「安百姓」即善群之謂。善群之道，從「修己」開始，修己是善群的起點，善群是修己的理想；善群以修己為前提，修己以善群為目的。二者必須同時兼顧，才能獲得人群之和諧圓滿。

(三)德行的真義

「德行」Virtue 一詞，乃自希臘文 ασετε（拉丁文是 arête）而來，ασετε（arête）這個字乃是指善（goodness）或卓越（excellence）以及功用（function）或能力（force）。❼但是 Virtue 的意義十分豐富，西洋思想家的理解也不相同，例如蘇格拉底說：「知識即德行」（Knowledge is Virtue）。亞里士多德給「德行」（Virtue）下定義說：「人的德行是他性格的一種情況，它使人成為好人，同時使人善盡自己的本分。」亞氏認為德行是一個習慣，是人一種行動的習慣，使人容易完成德行。聖多瑪斯則採取聖奧古斯丁對於習慣的界說：「德行是人理性的一種好的性質，由於它這個性質，人才能有正直的生活而不妄用理性。」這兩個定義指出：德行是完成道德善行的一種傾向，亦即德行是完成道德行為的一種動作習慣。❽

儒家的「德行」一詞之意義，可從《論語》「德」字中分析出來。《論語》一書，「德」字出現共三十八次，其中有六次是形容人的作為、作風和品質，如「君子之德風；小人之德草」（〈顏淵〉）；有四次形容恩德、恩惠，如「以德報怨」

---

❼ Alasdair MacIntyre, *After Virtue-A Study in Moral Theory*, University of Notre Dame Press, Indiana, 1981, pp.181-2.

❽ 高思謙：《中外倫理哲學比較研究》（臺北：中央文物供應社，1983 年），頁 235。

（〈憲問〉）；有二十八次形容道德，如「為政以德」（〈為政〉）。❾從儒家來看：所謂「德行」有二種意義：❿首先，德行是指人的本有向善之性獲致發展，以至於實現的狀態；其次，德行亦是指人與人之間良好關係的建立與實現。如果按照前面我們對於「倫理」「道德」二詞的分辨，則前者有關人本有向善之性的發展與實現之德性，可以指為「道德義」的德行，主要是指仁、義、禮、智、廉、恥等德目；至於後者有關人與人之間良好關係的建立與實現的德行，可以稱為「倫理義」的德行，傳統上主要是指在五倫中體現父慈子孝、兄友弟恭、夫義婦順，君仁臣忠、朋友有信等人群關係。簡言之，儒家「德行」的真義，可以說是指人本有向善之性的卓越化及人際關係的圓滿完全。

　　道德義的德行，是指本有向善之性獲致發展，以至於卓越化的實現。孟子對此闡述的十分清楚。他以惻隱之心，羞惡之心，辭讓之心，是非之心四種善心為仁義禮智四端，這個「端」字非常重要；它表示萌芽而非滿全，心善之端即是人之德性，若能加以護持、存養、擴充，使潛能走向實現，則可以成就仁、義、禮、智四種德行。其次，倫理義的德行——即有關人與人之間良好關係的建立與實現之德行。孟子清楚的把五倫關係的要旨明說出來：「父子有親、君臣有義、夫婦有別、長幼有序，朋友有信。」它不僅是五種人倫關係，而且是社會關係。五倫之中，「夫婦、父子、兄弟」三倫即是屬於家庭的倫理關係，家庭倫理是其他倫理關係的根本和依據。因之，從本有善性的卓越化開始，仁成為儒家道德義的德行觀「諸德之首」；而人際關係滿全實現中，諸多的德目，又成為儒家德行優位倫理思想之重要內容。

二、儒家倫理思想之實踐

　　儒家重視倫理道德的實踐，「德行」也是由實踐而得。無論是「道德義」或「倫理義」的德行，都是從天賦的潛在善性（德性）出發，通過仁、義、禮的實

---

❾　楊伯峻：《論語譯注》（臺北：藍燈文化事業公司，1987 年），頁 36。
❿　沈清松：《傳統的再生》（臺北：業強出版社，1992 年），頁 36。

踐,以求本有善性的卓越化,在人倫社會中成就善行(德行),追求人際關係的滿全。儒家德行觀的實踐,有其一貫而又圓融的體系,肯定人道,故不離現實社會以成就人文化成的大同世界,同時肯定天命、天道,富有濃厚的宗教意識,歸趨於「天人合德」的理想。儒家不僅主張個人的德行實踐,更主張人群社會的正義是德行的擴充與滿全,個人在成德之實踐上,必然要通過社會、經濟、政治等面向,以求得整體之和諧。

(一)現代社會之修身與踐德

先秦諸儒把「德行」看成是人人本有善性卓越化與充量化,以及人際關係的圓滿實現,因此非常重視「德行」之體現與實踐。孔子重視踐仁的工夫;孟子則視惻隱、羞惡、辭讓、是非等四端之心的萌芽,從而追求人性之實現,並實踐五倫之教;荀子講求「禮義之統」,「塗之人可以為禹」,說明每個人都應該修身與踐德。修身與踐德,內聖通向外王,涉及了個人、家庭、政治、社會等層次。任何社會或任何時代,「修身」可以說是德行實踐的基本單位,與德行的滿全有著密切的關係。

儒家重視「德行」的實踐,由本有善性出發,盡人倫與盡性踐仁,最終目標是參贊天地之化育,並上達「天德」。「德行」著重「實踐」,「實踐」是指個人與群體在生命歷程中積極參與、實現人性的行動。❶一個人唯有在德行的躬行實踐中,才能顯發其內在道德生命與價值生命的崇高意義。儒家首先肯定人心之仁,仁心的呈現而為悱惻不容己的道德意識,發而表現在人倫日用的常軌上,或「修己以敬」,或表現在家庭倫理中的孝、悌、慈諸德上;或表現在社會政治倫理如事君、事長、敬老、長長、恤孤之上。可以說從主體的道德義德行出發,層層擴充而為客觀的倫理義德行。亦即從一己的正心、修身到齊家、治國、平天下止,都是主體真實之仁的層層擴大與客觀化,在「盡性」「盡倫」中實踐德行。儒家的德行實踐觀,基本上蘊含了豐富的人文精神,從而發展成一套以五倫為中心的倫理體系,並

---

❶　沈清松:《傳統的再生》(臺北:業強出版社,1992 年),頁 117。

依此而形成社會群體結構。陳秉璋指出這個倫理體系有幾種獨特性格：❶

 1.人倫關係法則：由親而疏，以家庭及孝道為中心。

 2.人際關係法則：由近而遠。

 3.社群關係法則：由家庭而鄉里，擴大為國家、天下。

足見儒家德行實踐是由內及外，內求愜於仁心，順乎天命；而外求合乎社會之和諧規範，希冀人群社會成為一個德行能遍潤一切的和諧生活世界。

 儒家德行觀的內容，最重要的即是「仁」的提出。孔子「承禮啟仁」，建立了內聖成德的德行觀，「仁」字的顯豁，使源自堯舜禹三代君王內聖修德的天命有德觀，得以進一步普遍化，而成為人人皆有「仁心」「仁性」，人人皆要效法聖王修德，成就德行。因此，「仁」的全幅意義，實值得深入探究。

(二)仁的實踐

 「仁」字，在孔子以前即已出現，不過甲骨文中並未有「仁」字，在《尚書》〈金縢〉篇有「予仁若考」，《詩經》〈鄭風‧叔于田〉有「洵美且仁」，《左傳》大約出現三十個左右的「仁」字，這些「仁」字，如「親仁善鄰」、「幸災不仁」、「仁以接事」，大體是指「仁愛、仁厚」之德。❸到了孔子，才進一步賦予「仁」更為深刻的意義。《論語》一書，提及「仁」字的，凡五十有八章，計一百零五次。❹但是，孔子並沒有將「仁」視為固定的「德目」：「克己復禮」是仁，「見賓、使民」之敬與「不欲勿施、己立立人」之恕，亦是仁。「愛人」是仁，「恭、敬、忠」，「恭、寬、信、敏、惠」，亦可以表示仁。此外，「先難而後獲」與「其言也訒」，亦可為仁者。而且，孔子也沒有從字義、訓詁上解釋「仁」，而是從如何是「仁」，如何是「不仁」，以及仁者如何如何，不仁者如何如何，來指點「仁」。❺

 孔子論行己處世的道理，最著重的是一個「仁」字，仁從二人，乃人倫關係的

---

❶ 陳秉璋：《道德規範與倫理價值》（臺北：臺灣學生書局，1992 年），頁 28。

❸ 徐復觀：《中國人性論史——先秦篇》（臺北：臺灣商務印書館，1979 年），頁 90。

❹ 吳鼎：《民族主義與中國倫理》（臺北：中央文物供應社，1981 年），頁 137。

❺ 蔡仁厚：《孔孟荀哲學》（臺北：臺灣學生書局，1991 年），頁 66-68。

起點。儒家倫理義德行觀的主要內容，如：五倫、三達德、四維等，都是基於仁心而發展的。孟子說：「親親而仁民，仁民而愛物」（〈盡心上〉）這十個字，可說是儒家倫理義德行觀的綱領。「親親」方面，表現的是「天倫愛」，在「仁民」方面，表現是「人類愛」，在「愛物」方面，表現的是「宇宙愛」，由「民胞物與」而進到「與天地萬物為一體」，這充分顯示出「仁」是一種無限量的愛。❻

質言之：儒家「仁」字的提出，可以概括為三方面：是指「人之性」，「人之道」，「人之成」。❼因此，「仁」不僅是指道德或倫理領域中的各項品德或諸德之全而且是可以指向一切存有領域。

徐復觀指出：要瞭解儒家的「仁」的全幅精神，尚須從中國文化發展的觀點來掌握。❽中國文化的規範系統在周公制禮作樂之後，禮樂成為人文主義的表徵，在生活規範上，有節制與調和的作用；但這只是外在底人文主義。通過人生的自覺反省，將周公外在底的人文主義轉化而為內發底道德底人文主義，為人類開闢出無限的生機、無限的境界，這就是孔子「承禮啟仁」在文化上繼承周公之後而超過了周公制禮作樂的最大勳業。儒家德行的陶成，表現在「為仁」的功夫，亦即「仁」自身的逐步呈露，「為仁」的工夫之所在，即仁之所在。因此可見，「為仁」是德行之動力與開展的關鍵。仁的動力與發展是人心之真誠惻怛不容己的呈現與流露，其工夫入手之處，是在日常生活之間。

先秦諸儒以「仁德」為基礎，發展出一套以「仁、義、禮」為核心的德行觀，用以規範人與人之間的社會行為。❾換言之：由仁生義，由義生禮；攝禮歸義，攝義歸仁，仁賦予一切倫理道德的基礎，❿人人行仁，可以達成社會之和諧。

西方哲學對德行的看法，亦足以與儒家媲美，如亞里士多德把德行分為「理性德行」（Intellectual Virtues）與「倫理德行」（Moral Virtues）兩大類。理性德行是使人

---

❻　參閱蔡仁厚：〈儒家倫理思想的反省〉，梅貽寶、牟宗三等著，東海大學哲學系主編：《中國文化論集》（四）（臺北：幼獅書局，1983 年），頁 123-125。

❼　參閱傅佩榮《儒道天論發微》（臺北：臺灣學生書局，1985 年），頁 120-106。

❽　徐復觀：《學術與政治之間》甲乙集合訂本（香港：南山書局，1987 年），頁 252-253。

❾　黃光國：《儒家思想與東亞現代化》（臺北：東大圖書公司，1988 年），頁 72。

❿　沈清松：《傳統的再生》，頁 27。

易於瞭解真理的習慣，倫理德行是使人易於行善的習慣。自亞氏之後，西方哲學家一向把倫理德行分為明智（Prudecnce）、公義（Justice）、勇敢（Fortitude）和節制（Temperance）四種，稱為四樞德（Cardinal Virtues），成為西方傳統所認為四種最主要的德行（德目）。㉑

儒家除了以仁統攝諸德之外，尚有許多德目，如孝、忠、信、義、智、勇、敏、惠、慈、和……等這些德目，德目之本在仁，以仁含攝眾德目。㉒儒家所主張的眾多德行，都是人在行道以滿全人際關係時所具有之品德或美德，各種德行都是息息相關，也都是合於人際規範而有價值之行為。人之諸多德行都是人性在動態開展中，所成就之卓越品德，其目的是追求人際關係之圓滿實現。儒家不僅強調人性之卓越化，更主張德行的充量實現。這一點可以從儒家的「賢」概念得知。「賢」的涵義包括多財，而才能、德行為儒家引申之義。《說文解字》云：「賢，多才也。從貝、從臤」。段玉裁指「多財」改為多才，可見賢的本義為多財。㉓

儒家以「賢人」指稱有「才能」和「德行」的人，在德行成就上，「賢人」是次於「聖人」的。這種用法，說明了儒家重視外王的思想，人際關係之充量實現，有待於人的德行和能力。儒家把有卓越德行的人，稱為「賢人」，同時也主張要「學賢」。而在政治上更要舉賢才、任用賢人。因為賢才、賢人不僅「德行」卓越，而且還有「能力」為眾人服務，治理天下。儒家除了強調「德行」上的充量實現之外，更注重「能力」與「德行」之統合。總之，儒家倫理思想是以人性的開展與滿全為目標，一方面強調道德義的德行，一方面也強調倫理義的德行，共同追求社會之和諧。

儒家深刻體會到個別利益的可能衝突，會造成社會的不和諧。因此一方面強調義、利之辨，「義者、宜也」，說明道德的價值於道德行為本身；另一方面也不忽視效益原則，表現在社會整體利益的調合與創造。道德行為可以衍生效益與功效的創造。正如荀子所說的「群道」、「君道能群」。荀子說：「群道當則萬物皆得其

㉑　王臣瑞：《倫理學》（臺北：臺灣學生書局，1983年），頁342-343。
㉒　林義正：《孔子學說探微》（臺北：東大圖書公司，1987年），頁59。
㉓　諸橋信次：《大漢和辭典》卷十（臺北：中新書局，1982年），頁777-778。

宜，六畜皆得其養，群生皆得其命。」（〈王制〉）。儒家對效益的看法是「德行統合效益」，在價值層級上，從最基層的「利」開始，其中包括了各種有助個人與群體生命的維持和發展的諸多「利益、財貨」。生命與生存的價值高於利益，也有賴於利益。再經價值生命的禮、義、仁等德行發展，財貨或功利均綜合在最高層次的仁、義、禮等價值中。唯有以「德行統合效益」，才能落實仁愛原則，道德義德行進而轉化為倫理義德行，個人以義為質的修身倫理才會擴大到社會群體的社會倫理，儒家「倫理人」的德行統合效益觀也由此而挺立，表現其正面價值。

「時中」是儒家倫理思想的一大特色，孔子認為過猶不及，都不是適當的德行，所以「中」，或「中庸」是德行實踐上所必須做到的。亞里斯多德也認為要成為有德行的人，必須要實行中庸之道，例如「魯莽」與「儒弱」是兩極端，其中庸之道是「勇德」，快樂與痛苦的中庸之道是「節德」。儒家的中庸之德，孔子明言：「中庸之為德也，其至矣乎！民鮮久矣。」（〈雍也〉）這是孔子德行觀的最高標準，也顯示了實踐中庸之道的不容易。

到底「中」的內涵為何呢？《中庸》上說：「喜怒哀樂之未發，謂之中，發而皆中節，謂之和」，就是指德行的表現，無過而不及，凡事都恰到好處。這就是「時中」的德行之義。由於分寸的具體化、人文化，而有遵行規範的義務，這些具體的規範即成為禮節、儀式、準則或制度，使個人與群體生命具有秩序和美感，從而達到「和諧」的境界。

儒家的根本關懷是想在「禮壞樂崩」的禮樂轉型期中，重建價值系統，使人行為都能遵行禮樂規範，體現善行。儒家的德行觀，必須兼顧橫攝系統與縱攝系統，亦即兼顧人群社會與天命信念。縱攝系統的內容是「本天道以立大道，以人德合天德」，滿全天賦的向善之性；全德合天。而橫攝系統的內容是從個人的心、身到家、國天下，在人群社會的脈絡中體現善德。換言之，善性的根源於天，善的動力在己而不在於人，儒家倫理學，強調善的圓成，包括動機與結果的統一。若光有動機，而欠缺善行，則向善之性停留在潛能狀態。因此，善的完成，必須由潛能走向實現，「合內外之道」，兼顧動機與結果。從「知善」到「擇善」而行，儒家肯定人人都可以成德成聖，邁向天人合德的圓善境界。儒家主張：人人有成德的義務，都應知命立命。在社會倫理上，人人也有各自不同的義務和責任，共同為群體社會

的和諧而努力。儒家的仁、義、禮等觀念，都可以在「德行」統攝下，獲得合理的一致性（rational coherence）。

現代和諧社會的實踐瞭解了儒家倫理思想的特色，進一步要探討儒家倫理思想的實踐，其最高境界不只是個人的人格提升而已，而是要促進整個社會的和諧。在儒家理想的社會正義中，必然要把個人人格層次的德行修養，提昇到群體的社會和諧之上，才是德行成就的充量化與卓越化。在政治和社會制度上，儒家主張制度和政策是體現或落實社會和諧的工具，儒家希望上自國君、下到「士」都應有「素位而行」的體認，共同為實現社會和諧而貢獻心力。用現代的話來說，整個社會之和諧，必須透過政府公共政策的運作，始能夠在行政技術上、在教育上和在司法上來確立社會和諧，並且促進社會群體和諧的動態進展。因為在求利的現代社會中，唯一能夠不淪為利益團體之一，而能夠扮演實現者、教育者和仲裁者的角色的，只有公部門的政府。如果政府施政不能展現某種價值的理想性，則無法公正的對各利益團體進行調節、教育和仲裁。因此，儒家的和諧價值觀，可以提升到政府以公共政策落實社會和諧的意涵，把社會和諧的充量實現，並與個人德行實踐的目標相結合。

儒家主張任何人在現實的行為當中，應該先考慮到行為對整體社會所可能帶來的結果，個人的價值取向，或個別利益的追求不能優先於群體社會的公義，如果個別利益有礙於群體社會的利益時，反而會陷於不義。孟子說：「道二，仁與不仁而已。」（〈離婁下〉），唯有仁者，在現實的行動當中，才會先考慮到群體社會的公利（即公義）。尤其是為政者的施政措施，更應以群體的公利（普通與絕對價值）為優位。孔子的「為政以德」，孟子的「三代之得天下以仁，其失天下也以不仁，國之所以廢興存亡者亦然。」（〈離婁下〉）都顯示了德行實踐上應追求普遍和諧的理念。儒家思想推崇「公」的理念，「天下為公」是中國政治的理想境界，只是這種推崇「公」的道德理想沒有能夠落實到社會與日常人倫的行為中。❷❹雖然儒家強調崇公去私，甚至立公去私，但並不否認「私」是一合理的存在範疇，「崇公」就是

---

❷❹ 金耀基：〈中國人的「公」、「私」觀念〉，刊於香港：《中國社會科學季刊》第四卷，1994年，頁 173-175。

要實現社會之和諧。這也即是儒家「仁政」與「德治」的意義。儒家要求社會地位較高的人，必須竭盡所能，在能力所及的範圍內行「仁」——即促進社會和諧的實現。❷⑤

孟子主張行仁的和諧社會，是個人對其隸屬群體的「愛」，而居位的當政者在其權責範圍內作各項決策時，也應該考慮到所隸屬群體的正義，因為，追求與達成社會和諧，是當政者急不容緩的責任。儒家因而賦予「士」這一特殊階層來履行社會和諧的道德使命，孔子心目中的君子，其養成是由「士」開始，「士」的成就分為三層：最基層是「言必信，行必果。」第二層是「宗族稱孝焉，鄉黨稱弟焉。」第三層即修己有成，受命為士，服務於卿大夫之家或諸侯之國，這一層的士要負有擔當、質直而好義，以社會和諧之實視為己任。孟子承孔子之意，也說：「大人者，言不必信，行不必果，惟義所在。」（〈離婁下〉）這裏所說的「大人」，應該是指：在高位負施政責任的人，在施政決策上，更要以社會和諧的實現作為決策的最終判準。

荀子云：

　　群道當則萬物皆則其宜，六畜皆得其長，群生皆得其命。（〈王制篇〉）

這裏所謂「群道當」，就是指社會群體的和諧。荀子認為：社會群體的生存是施政的要務，因此，他強調君王應效法先王生禮義而起法度，「禮義」可以「養人之欲，給人之求」，而「法度」是一種客觀的治道，藉以規範分配之義。由此可見，荀子非常重視社會之和諧。

---

❷⑤　黃光國認為：儒家的社會正義觀是建立在「仁、義、禮」，倫理體系之上的，儒家的正義標準（義）是建立在「仁」為核心之概念。見氏著〈儒家思想中的正義觀〉，收錄於楊國樞、黃光國編：《中國人的心理與行為》（臺北：桂冠圖書公司，1991 年），頁 67-90。

三、結論

過去儒家倫理道德規範在中國社會上發揮作用,使得社會秩序明確而人人信守規範,以至社會安定。在全球化的今天,儒家倫理思想若欠缺現代詮釋,似乎已失去其原有的規範性。然而,我們不應該責難儒家的倫理思想,更不應該拋棄傳統的儒家倫理;相反的,除了要努力建立並信守現代社會的民主法治規範外,尚須對傳統的儒家倫理思想予以重新詮釋,彰顯儒家倫理思想的特色,並賦予現代意義,把自家傳統無盡藏與現代銜接起來,建立符合現代社會和諧需求的價值觀。

今日全球化時代,在吸收西方文化之時,應不忘恢復固有優良傳統,傳統與現代之間並不會斷為兩橛,而是一種不斷的連續體。傳統規範是長期群體生活所形成,而現代規範體系乃順應社會理性化之要求而產生,由於中國社會理性化的歷程並不久,因此傳統規範與現代理性化的體系規範產生背離之現象。遵守法律與制度規範的行為,尚不能成為人們信念和生活的一部分。在過去,儒家的倫理道德規範,曾在社會上發揮作用,使得社會秩序明確而人人信守規範,以致社會安定。今天,儒家的倫理規範,似乎失去了其原有的規範性。然而,正如前面所述,我們不應該責難儒家的倫理觀,更不應該拋棄傳統的儒家倫理。相反的,我們除了要建立並信守現代社會的法律與制度規範外,尚須對傳統的倫理規範與義利之辨重新加以詮釋,並賦予新的現代意義,把傳統與現代妥當的銜接起來,建立符合現代社會需要的和諧價值觀。

麥金泰在《誰的正義觀?何種理性?》一書中指出:正義觀會受到文化傳統的影響,如宗教、實踐理性、自由主義、傳統規範、哲學思想等,要正確掌握正義的內涵,必須瞭解自身文化發展之理趣、及傳統道德思想之發展。❷⁶就我國而言,傳統儒家文化所孕育出的和諧觀,如何轉化為現代社會所需的和諧理念,尚須思想家去詮釋。在多元社會之下,價值趨於多元,人人相互尊重,無分貴賤,權利、義務十分明確。在以德行為基礎的社會中,人人能各盡其性,各遂其生,也都能各正性

---

❷⁶ Alasdair MacIntyre, *Whose Justice? Which rationality?* (Indiana: University of Notre Dame Press), 1988, p.389-392.

命。所以，現代社會政府若要調節公利和私利，追求社會和諧，必須透過溝通和討論，以達成對不同的個人和團體的權利與價值之整合，這也是現代政府施政的目標。其實，由於現代民主社會，人民對政府的期望甚高，政府除了應做到以上四點之外，還必須主動發掘人民的需要，並順應民意，型塑各種公私利益，使得國家整體利益在動態的均衡中謀求和諧發展。

總之，正確的理解與詮釋儒家倫理思想內涵，發揮其優良傳統，並與西方之和諧觀念融匯貫通，可以實踐社會之和諧。社會穩定和諧，是國家長治久安之要件。政府與人民應共同努力，在全球化之下營造和諧，朝天下為公、世界大同之理想而邁進。

參考文獻

一、中文書目

1. 王臣瑞：《倫理學》（臺北：臺灣學生書局，1983 年）。
2. 江炳倫、張世賢、陳鴻瑜合譯，Samuel P. Huntington 著：《轉變中的政治秩序》（臺北：黎明文化事業公司，1981 年）。
3. 成中英：《中國哲學的現代化與世界化》（臺北：聯經出版事業公司，1985 年）。
4. 余英時：《中國知識階層史論》（臺北：聯經出版事業公司，1984 年）。
5. 沈清松：《物理之後──形上學的發展》（臺北：牛頓出版社，1987 年）。
6. 沈清松：《傳統的再生》（臺北：業強出版社，1992 年）。
7. 林義正：《孔子學說探微》（臺北：東大圖書公司，1987 年）。
8. 邱鎮京：《論語思想體系》（臺北：文津出版社，1992 年）。
9. 吳康：《孔荀孟哲學》下（臺北：臺灣商務印書館，1982 年）。
10. 吳鼎：《民族主義與中國倫理》（臺北：中央文物供應社，1981 年）。
11. 李明輝：《儒學與現代意識》（臺北：文津出版社，1991 年）。
12. 張載宇：《儒家倫理道德思想與實踐》（臺北：中央文物供應社，1982 年）。
13. 韋政通：《中國哲學大辭典》（臺北：大林出版社，1982 年）。
14. 韋政通：《荀子與古代中國》（臺北：東大圖書公司，1982 年）。
15. 黃建中：《比較倫理學》（臺北：正中書局，1965 年）。
16. 高思謙：《中外倫理哲學比較研究》（臺北：中央文物供應社，1982 年）。
17. 楊伯峻：《論語譯注》（臺北：藍燈文化事業公司，1987 年）。
18. 傅佩榮：《儒道天論發微》（臺北：臺灣學生書局，1985 年）。

19. 傅佩榮：《儒家哲學新論》（臺北：業強出版社，1993 年）。

20. 陳秉璋：《道德規範與倫理價值》（臺北：臺灣學生書局，1993 年）。

21. 徐復觀：《中國人性論史——先秦篇》（臺北：臺灣商務印書館，1979 年）。

22. 諸橋信次：《大漢和辭典》卷十（臺北：中新書局，1982 年）。

23. 湯姆・L・彼徹姆著，雷克勤等譯：《哲學的倫理學》（北京：中國社會科學出版社，1990 年）。

24. 傅偉勳：《批判的繼承與創造的發展——「哲學與宗教」二集》（臺北：東大圖書公司，1990 年）。

25. 蔡仁厚：《孔孟荀哲學》（臺北：臺灣學生書局，1990 年）。

26. 楊慧傑：《仁的涵義與仁的哲學》（臺北：牧童出版社，1975 年）。

27. 梅貽寶、牟宗三等著《中國文化論集》（四）（臺中：東海大學，1979 年）。

28. 鄭正博：〈公正與道德〉，《哲學與文化月刊》第十九卷第十期（臺北：哲學與文化月刊社，1992 年）。

29. 黃慧英：《後設倫理學之基本問題》（臺北：東大圖書公司，1988 年）。

30. 項退結：《中國人的路》（臺北：東大圖書公司，1988 年）。

31. 梁漱溟：《東西文化及其哲學》（臺北：問學出版社，1979 年）。

二、英文書目

1. Gadamer Hams-Georh, 1975, *Truth and Method*, trans. By G. Barden and J. Camming (London, Sheed Ward Ltd.).

2. Galston W., *Liberal Purposes, 1991: Goods, Virtues, and Duties in the Liberal State.* Cambridge: Cambridge University Press.

3. Greenberg J. and Cohen R.L. (eds) 1982, *Equity and Jusice in Social Behavior.* New York: Academic Press.

4. Kymlicka W. and Norman W., 1994, "Return of the Citizen – A Survey of Recent Work on Citizenship Theory," In *An International Journal of Social*, Political and Legal Philosophy, Volume 104.

5. MacIntyre, A., 1984, *After Virtue – A Study in Moral Theory* (Univesity of Norte Dame Press, Indiana, Second Edition).

6. MacIntyre Alasdair, *Whose Justice? Which rationality?* (Indiana: University of Notre Dame Press), 1988.

7. Macedo S., 1990, Liberal Virtue, Citizenship Virtue and Community in Liberal Constitutionalism, Clarendon Press Oxford.

8. Rawl J., *A Theory of Justice* (Oxford: University Press), 1973.

論孟子惠民、利君與相對均衡的
統合變革思想

劉兆偉

【作者簡介】劉兆偉（1942-），男，遼寧鐵嶺人，瀋陽師範大學教授，碩士研究生導師，主要從事中國教育史與中華傳統文化研究。

【摘　　要】孟子思想就是要使君民同樂互利，「無君子莫治野人，無野人莫養君子」；愛人的政治、利民的經濟、人倫的教育三者要統合實施。而教育要注重每個人的人性修養，以至「化民成俗」；君主應「仁民愛物」，重民、親民，與民共同追求惠民利君與相對均衡的社會。

【關 鍵 詞】孟子　惠民利君　相對均衡　統合變革

論孟子惠民、利君與相對均衡的
統合變革思想

劉兆偉

　　孟子（約西元前 372-前 289 年），姓孟，名軻，戰國鄒（曲阜城南 40 里）人。孟子係尊稱。他捍衛、繼承、弘揚了孔子思想，史稱亞聖。據《史記·孟子荀卿列傳》載：孟軻，「授業子思之門人。道既通，游事齊宣王，宣王不能用。適梁，梁惠王不果所言。則見以為迂遠而闊於事情。當是之時，秦用商君，富國強兵；楚、魏用吳起，戰勝弱敵；齊威王、宣王用孫子、田忌之徒，而諸侯東面朝齊。天下方務於合縱連橫，以攻伐為賢，而孟軻乃述唐、虞、三代之德，是以所如者不合。退而與萬章之徒序詩書，述仲尼之意，作《孟子》七篇。」東漢趙岐《孟子題辭》稱：「孝文皇帝欲廣遊學之路，《論語》、《孝經》、《孟子》、《爾雅》皆置博士。後罷傳記博士，獨立五經而已」。清人焦循《孟子正義》稱，漢武帝置五經博士時，「《孟子》雖罷博士，而論說諸經，得引以為證。」可見，《孟子》在漢代已經具有了儒學的經典地位。五代十國時，蜀刻石經，已有《孟子》，宋初照刊了蜀石經，其時諸儒糅佛道入儒，尤喜《孟子》所論之「寡欲」、「心性」諸說。朱熹為使儒家學說、孔子道統易於相對普及，於《十三經》中選出能概括孔子道統、儒家學說的《論語》、《孟子》、《禮記》中的《大學》、《中庸》編為《四書》，且為之作注。南宋、元、明、清四朝以《四書》作為各類學校的教材，且以之為科舉考試的題庫。從此，《孟子》隨著《四書》廣為人知，廣為重視。孟子思想則集中體現在《孟子》一書中。趙岐《孟子題辭》論孟子思想說：「帝王公侯遵之，則可以致隆平、頌清廟；卿大夫蹈之，則可以尊君父、立忠信；守志厲操守者儀之，

則可以崇高節、抗浮雲。」其中道出了孟子思想對於治國興邦與教育屬節的莫大價值。

　　孟子非常高明之處則在於他認為，君與民是一體，君、民互不可缺，要想解決天下、國家存在的問題，必須統合來看，整體來解決。要注重君民共利、互利，甚而至於「民為重，君為輕」，把民擺到一個相當重視的地位來研究社會問題。在此思想基礎上，孟子提出了政治、「恆產」與人倫教育統合變革的主張。國君欲鞏固擴展自己的統治，就必須施仁政，施仁愛於民，樂民之所樂，憂民之所憂。關心人民的痛苦，解決人民的生計問題，使人民豐年能吃飽飯，荒年能免於死亡。為此，孟子為國君們創設了經濟發展的藍圖，要使民有恆產；有房屋、有房宅地；有家畜、有百畝土地。統治者與人民是相互依存的，誰也少不了誰，經濟上要互利。孟子認為「井田制」是最好的經濟制度。在九百畝土地上八家各耕百畝，同養百畝公田，即每家十分之一的產量上交以養君子。按此比例，就是孔子所宣導的「均」、「正定名分」的具體實施，即相對的均衡。這樣，統治者與被統治者都能接受得了，社會就會安定和平。人民飽食暖衣，生活無憂，教育就要立即跟上。最主要的要人民懂得：「父子有親，君臣有義，夫婦有別，長幼有序，朋友有信。」「無君子莫治野人，無野人莫養君子」。只有如此，才能鞏固發展社會的安定和平。沒有仁政，不能實行惠民利君的經濟政策，沒有好的經濟政策，仁政則難以實施，有了好的經濟生活，沒有教育就容易腐化墮落、放肆犯上。所以，孟子認為，愛人的政治、利民的經濟、人倫的教育三者很好地統合，才能完善、保持社會的相對均衡，才能真正使國家長治久安。而統治者亦需時時受教育，不能忘記愛人親民，不能忘記得人心者得天下、失人心者失天下的道理。統治者如能恆定地施仁政於天下，天下的經濟、教育就會持續地良性發展。而忽略君、民任何一方的利益，忽略政治、經濟與教育三者任何一方的變革，社會變革都是不會成功的。

一、變革政治——實行仁政

　　社會進步的主要體現是人民生活的提高與思想的解放，而欲使人民生活真正提高，必須使人民首先解決生計問題，而後使民安居樂業。那麼，如何才能使人民真

正能夠安居樂業呢？政治上必須重視人，《尚書·五子之歌》：「民惟邦本，本固邦寧。」孟子認為在政治上要實施仁政。仁政，就是愛人的政治，就是關懷人民，設法滿足人民利益的政治。統治者要與民同樂，就要與民有共同的追求目標——國家和平、安定與相對的均衡。

(一)政治變革的旗幟是仁義，不是貨利

孟子非常清楚，沒有經濟，只有政治是不可以的；沒有貨利，只有理論的仁義，也是不可以的。但一個國家的旗號必須是導民從善的「仁義」，如果旗號就是追求貨利，那麼上下每個人都會爭得劍拔弩張，甚至都不要人倫秩序了，那才叫國將不國，家將不家了。《孟子·梁惠王上》孟子說：「王何必曰利，亦有仁義而已矣。」即孟子認為治理家要宣導人人行仁義，有了仁義，大家互相關愛，以負責任的精神去對待各種事務，「貨惡其棄於地也，不必藏於己；力惡其不出於身也，不必為己」（《禮記·禮運》）。那麼，經濟生活也自然會逐漸提高的。孟子認為，不然，「王曰：『何以利吾國？』大夫曰：『何以利吾家？』士、庶人曰：『何以利吾身？』上下交征利而國危矣」（《孟子·梁惠王上》）。所以，無論何時，國家也好，人民也好，追求目標的旗幟應是共同利益，共同境界。這樣能始終以人類美好、善良的社會性去鼓勵人、約束人、督促人，避免為追逐貨利而獸性相殘、殺戮。實行仁政，一利民，二利統治者。孟子說：「未有仁而遺其親者也，未有義而後其君也。王亦曰仁義而已矣，何必曰利」（《孟子·梁惠王上》）？人民得到實惠，自然擁戴統治者；統治者有了民心，就有了無窮盡的物質財富。所以要講仁義，要尊重人性，不能赤裸裸地追名逐利。國家、民族的發展標誌，不僅是物質財富地增多，更重要的是人性的舒展、張揚。在 2300 多年前的中國人能提出以仁義治國的政治思想綱領，真是很偉大的，對全人類也是一份重大的貢獻！

(二)「與民同樂」不是絕對平均，而是各自職分之間的相對均衡

孟子的仁政思想的重要涵義是「與民同樂」，《孟子·梁惠王上》：「為民上而不與民同樂者，亦非也。樂民之樂者，民亦樂其樂；憂民之憂者，民亦憂其憂。樂以天下，憂以天下，然而不王者，未之有也。」統治者凡事要站在人民的角度思

考問題，《孟子·盡心下》孟子說：「民為貴，社稷次之，君為輕。」君要以民為重，沒有民作為本，國家就將傾頹，國君就無以為君。正如《尚書·無逸》所論：「嗚呼！君子所其無逸。先知稼穡之艱難，乃逸，則知小人之依。」「不知稼穡之艱難，不聞小人之勞，惟耽樂之從。自時厥後，亦罔或克壽。」「徽柔懿恭，懷保小民。」要瞭解民間的疾苦，稼穡的艱辛，要以善良的德性恭謹地待人，真正關懷保護自己的人民。只有如此，人民才能與統治者生死與共。這就是得民心，這就是得道。《孟子·公孫丑下》：「得道多助，失道寡助，寡助之至，親戚畔之，多助之至，天下順之。以天下之所順，攻親戚之所畔，故君子有不戰，戰必勝矣。」能取得這樣的成就，各正其名而已，無需乎絕對平均。所謂的「均」是相對的均衡，不是不分等級名分地去平分。《孟子·萬章下》：「大國地方百里，君十卿祿，卿祿四大夫，大夫倍上士，上士倍中士，中士倍下士，下士與庶人在官者同祿，祿足以代其耕也。」「耕者之所獲，一夫百畝，百畝之糞，上農夫食九人，上次食八人，中食七人，中次食六人，下食五人。庶人在官者，其祿以是為差。」庶人做官者的俸祿與農民能養活幾口人的收穫相當。而「下士與庶人在官者同祿」。就是「下士」所得俸祿頂多相當於能養九口人的農民。如果把下士所得作為「一」，那麼中士是「二」，上士是「四」，大夫是「八」，卿是「三十二」，而君是「三百二十」。也就是說，國家最高統治者的待遇是普通農民的 320 倍，最大官的待遇是普通農民的 32 倍。中層官員的待遇是普通農民的 8 倍、4 倍。基層官吏的待遇是農民的 2 倍或相當。等級明確，按職做事，按職盡心力，按職得俸祿，誰也不得越權奢望多取利祿。只有把本職工作做好了，才能使國家的全局搞好，只有國家全局搞好了，自己的待遇才能長久持續下去，且能有升遷的希望和可能。只要不擾民，不加重剝削，農民就能甘其食，美其居，樂其業。統治者所謀所舉都要尊重這個相對均衡，一般說，人民不要求絕對平均，但反對差距愈大。孟子認為始終保持人民與統治者的相對均衡，和諧相事，這就是與民同樂，普天同慶。這就是仁政。這一思想也是對孔子所追求的社會「均、和、安」思想的發展與具體化。而仁政的切實實施，必須體現在合乎君民各自名分的經濟利益相對均衡上。

二、變革經濟——使民有「恆產」與「井田制」

　　孟子所宣導的仁政，一旦得以實施，必然帶來惠民利君的經濟政策。也只有「保民而王」，實行惠民利君的經濟政策，才稱得上是仁政。而惠民利君的政策，最實際的是解決人民的生計問題，並且考慮能使人民生活持續有保障。於是孟子在《孟子·梁惠王上》論說：要使民有恆定長久的產業。人民有了恆產，才能有恆定的思想，才能遵守恆久的常規常理，才能循禮誠信，才不去鋌而走險，才能利於國家的長治久安。

(一)使民有「恆產」的規劃

　　孟子為使人民有恆定長久的產業，保證國泰民安，而設計了一幅經濟變革的藍圖，《孟子·盡心上》：「五畝之宅，樹牆下以桑，匹婦蠶之，則老者足以衣帛矣。五母雞、二母彘，無失其時，老者足以無失肉矣。百畝之田，匹夫耕之，八口之家，足以無饑矣。」使每家每戶要有五畝房宅地，蓋了房屋後，剩下的土地作為院落與菜地。周圍的牆下要栽桑樹，女子要養蠶織布。養五隻母雞、兩口母豬，要適時繁殖，這樣老年人就不會缺衣少肉了。老人有衣有肉就不會凍餓而死了。「五十非帛不暖，七十非肉不飽。不暖不飽，謂之凍餒。文王之民，無凍餒之老者，此之謂也」（《孟子·盡心上》）。

　　在此基礎上，引導人民很好地耕耘土地，盡量多打糧，而統治者又減輕稅收，使勞動人民心中喜悅，感到富裕有望。然後要教誨人民按時進餐，計畫用糧，一切按規範行事，花費審慎；「不違農時，穀不可勝食也；數罟不入洿池，魚鱉不可勝食也；斧斤以時入山林，材木不可勝用。穀與魚鱉不可勝食，材木不可勝用，是使民養生喪死無憾也」（《孟子·梁惠王上》）。養生喪死無憾，糧穀、魚鱉、材木豐足，財用充裕，天下民眾歸之，若水之走下。國家豈有不安定的道理？這樣的民眾才能與君同樂。國君指向哪裏，就奔向哪裏。因為人民通過事實相信國君的一切指向都是為保民、富民、樂民，所以一旦有戰爭，如同《詩經·秦風·無衣》所言：「豈曰無衣，與子同袍。王於興師，修我戈矛，與子同仇。」這樣的軍隊就會戰無不勝。

(二)經濟變革的創想──井田制

　　孟子所提出的井田制完全是他經濟變革的創想，是為落實仁政治國思想而創造的新經濟主張。根本不是舊事重提，而是托古改制。郭沫若先生在《中國古代社會研究·周代彝銘中無井田制的痕跡》說：「井田制是中國古代史上一個最大的疑問。」「周代自始至終並無所謂井田制的施行。」這是指《孟子·滕文公上》宣導的「鄉田同井，出入相友，守望相助，疾病相扶持，則百姓親睦。方里而井，井九百畝，其中為公田。八家皆私百畝，同養公田。公事畢，然後敢治私事，所以別野人也。」此井田是孟子創想的一種互助組式的新經濟制度。這當然沒有實行過。正如郭沫若先生考證的結論。也正因為此，可以說：「井田制」是孟子的發明創想。

　　那麼《戰國策·秦策三》所載的「商君決裂阡陌」；《史記·商君列傳》所載的「為田開阡陌封疆，而賦稅平」；《漢書·食貨志》所載董仲舒說：「秦用商鞅之法，改帝王之制，除井田，民得買賣」；《漢書·地理志》所載「孝公用商君，制轅田，開阡陌」等說，又是什麼意思呢？周代把大片土地劃分為若干近於相等的小方塊田地，以利耕作，同時便於計算勞動者的勞動量和單位面積產量。由若干小方塊土地聯在一起的大片田地，其形狀如同「井」字、「田」字。於是把這樣的田地叫做井田。這樣的田地與田地之間有山、有水、有荒地。商鞅「決裂阡陌」、「開阡陌」、「廢井田」等等就是開墾荒地，使新開墾的荒地可以私有、可以買賣。此類論說所涉及的「井田制」是周代長期存在的大片田疇，大幫農奴共為貴族生產的土地制度，但絕不是孟子所創想的「井田制」。商鞅的土地制度改革，主要在於擴大耕地面積。而孟子土地制度改革，主要在盡地利和調動農民的積極性。因為孟子創想的「井田制」實質是責任到戶的包田制。八家包種九等分田地，中間一分是貢賦田，在保證種好公家貢賦田的前提下，各自種好自己的一分田地。這既照顧了「公」的利益，又照顧了「私」的利益。自然會使勞動者生產積極性提高。所以孟子所倡「井田制」的主張，實質是解放生產力的經濟改革。《孟子·滕文公上》還講：「夫仁政必自經界始。經界不正，井地不均，穀祿不平，是故暴君汙吏必慢其經界。經界既正，分田制祿，可坐而定也。」真正的愛人親民的政治就一定要明確各自名分所應得的田地。地界不明確，田地不能按名分落實份額，俸祿不能

按職務兌現，含混不清，權勢者就容易侵吞弱者的利益。所以不認真對待田地的名分界限者，一定是暴虐的君主與貪官污吏。其實「慢其經界者」，就是還想繼續維持「溥天之下，莫非王土，率土之濱，莫非王臣」（《詩經·小雅·北山》）的土地制度。天下的土地都是王的，國家的土地都是諸侯的，其域內的人民都是他們的勞動奴隸，人民只是牛馬工具一樣為統治者所使用，當然不會有生產的積極性。而孟子宣導的「井田制」是解放生產力、調動人民內在能動性、使人民擁護國家政治等的最好改革方案。使每戶都有一分田地，都有了「恆產」，都有了生產的積極性，同時維護統治者和國家的利益，種好「公田」。

維護國家的整體利益，一是種好「公田」，實際上相當於農民上繳勞動所得的十分之一。孟子認為這個比例是最為恰當妥善的，是公允的均衡。比例再大，傷害農民的利益；比例再小，傷害國家整體利益。過大過小都對社會整體利益有損傷。《孟子·告子下》：「白圭曰：『吾欲二十而取一，何如？』孟子曰：『子之道，貉道也。萬室之國，一人陶，則可乎？』曰：『不可，器不足用也。』曰：『夫貉，五穀不生，惟黍生之。無城郭、宮室、宗廟、祭祀之禮，無諸侯幣帛饔飧，無百官有司，故二十取一而足也。今居中國，去人倫，無君子，如之何其可也？陶以寡，且不可以為國，況無君子乎？欲輕之於堯、舜之道者，大貉小貉也；欲重之於堯、舜之道者，大桀小桀也。』」

二是改革政治、改革經濟，要從全局出發，既要照顧到人民的切身利益，又要考慮國君代表的全局利益。稅收太少了，不能適當數量地供養管理者、文化人，社會就不會進步，那就成了胡貉蠻貊之地了。《孟子·滕文公上》說：社會總是有分工的：「或勞心，或勞力；勞心者治人，勞力者治於人，治於人者食人，治人者食於人，天下之通義也。」所以正常進步的文明國家、稅收太少是不可以正常運行的，而太重則會損喪民心。孟子認為十取一之稅最為允妥，各方面的利益都照顧到了。

㈢招引商、工，加強流通，發展經濟

孟子重視社會分工，認為社會發展到一定階段，必須有分工。不然，人人都將全方位地去追求，既要種糧食，又要織布、製陶、冶鐵做器械等。那麼，大家都忙

忙碌碌，不專一於一事一藝，什麼事情也做不好，影響社會發展。《孟子・滕文公上》載許行弟子陳相與孟子辯論時，孟子闡明了社會分工的必然與必要。即使最主張自給自耕的許行，他的帽子也是用糧食換的；他的陶鍋、陶罐也是用糧食換的，他的耕地犁、鋤也是用糧食換的。如果沒有專門的手工業者分別地製作各種器物，都靠農民自己解決，那將影響生產效率和速度。所以孟子得出結論說：「百工之事，固不可耕且為也。」這樣，就需要重視工匠。重視百工之藝能，才能使國家經濟繁榮。《孟子・梁惠王上》：「為巨室，則必使工師求大木。」《孟子・離婁上》：「公輸子之巧，不以規矩不能成方圓。」工匠有其工作的準則，且非常嚴格地遵守，製造出的器物，相當規範。往往以之比喻做人的禮儀一定要恪守。這就不難想像孟子是如何重視能工巧匠的。

孟子非常明確地宣導與支持商業。《孟子・公孫丑上》：「市，廛而不徵，法而不廛，則天下之商，皆悅而願藏於其市矣；關，譏而不徵，則天下之旅，皆悅而願出於其路矣。」在市場交易場所，為商賈設置存放物質的場地，而不另外徵稅，依國家的規定，資助滯銷貨物的流通，避免長存貨場。這樣支援商賈經營，自然，天下各路商賈都樂於到這裏市場上做買賣了。出入關卡，只查詢而不收稅，事實上是在歡迎各種各類尋求出路的人到這裏來。當然，天下各地各有所求、各有所長的人就會聚集於此，這裏的經濟豈能不發展。孟子想得非常周全，市場繁榮了，就會有人利慾薰心，壟斷市場，哄抬物價，居其貨以謀大利。所以他提出要謹防市場上的壟斷者，要警惕他們。《孟子・公孫丑下》孟子說：「古之為市也，以其所有，易其所無者，有司者治之耳。有賤丈夫焉，必求龍斷而登之，以左右望，而罔市利。人皆以為賤，故從而征之。征商，自此賤丈夫始矣。」孟子引古人例，事實是道今人情。如何對待壟斷呢？對其徵稅，且征重稅，以抑制壟斷行為控制市場。這樣就能保證市場的正常交易，繁榮經濟。

孟子經濟思想非常全面系統，首先要解決人民的「恆產」問題。第二要減輕人民的稅務負擔，控制稅收比例；第三要招引商工之人，發展經濟。總之，在經濟上要各正名分，包田落戶，招商引工，適當稅收。只有如此，才能使君子、野人同心合力共同促進仁政的切實實施。而欲保障君子、野人合力行仁，落實仁政，且能使之持續發展，則必須充分發展教育的作用。

三、教育為社會整體進步發展服務，教育要涵養、弘揚人性

　　孟子認為教育要有一定的經濟基礎，就一般人而論，必須有飯吃、有房屋住，即使災荒年景也不至於餓死於溝壑之中，這才具備施教的前提。教育與政治是中國古代社會的一個事物的兩個方面，二者結合得非常緊密。孟子對社會的統合變革思想即基於此。先提出仁政學說，隨之提出要關心人民的生計，而人民生活好了，必須使教育跟得上，不然，已取得的政治改革、經濟改革的進步成果將毀於一旦。況且仁政的實施本身，就體現了教育的重大作用。《孟子・離婁上》更深刻更清醒地認識到：好的教育比好的政治優越，「善政，民畏之，善教，民愛之。善政得民財，善教得民心。」仁政必須有善教輔助它，好的教育幫助政治得人心。所以與政治、經濟一體的教育要解決孝弟與人論秩序、抵制邪惡、弘揚善性、幫助仁政得人心等大問題，才能保證政治、經濟與教育統合變革的成功。

(一)辦教育必須有一定的經濟、政治基礎

　　什麼是善教？什麼是最好的教育？《孟子・梁惠王上》回答了這個問題：「五畝之宅，樹之以桑，五十者可以衣帛矣。雞豚狗彘之畜，無失其時，七十者可以食肉矣。百畝之田，勿奪其時，數口之家可以無饑矣。謹庠序之教，申之以孝悌之義，頒白者不負戴於道路矣。七十者衣帛食肉，黎民不饑不寒，然而不王者，未之有也。」經濟發展了，生活提高了，每家每戶都能「不饑不寒」了，這就有了辦教育、辦學校的基礎了，而對人民進行教育的最重要內容是「孝悌」。只要做到「孝悌」的人，才能與他人和諧，才能不犯上作亂。核心的教育內容抓住了，而後再逐漸擴展到君臣長幼等人倫關係，解決君禮臣忠、「君愛民」與「民易使」的問題。《孟子・離婁上》載孟子說：「城郭不完，兵甲不多，非國之災也；田野不辟，貨財不聚，非國之害也。上無禮，下無學，賊民興，喪無日矣。」「上無禮」是指統治者失去了禮制的約束，不按規範執政處理問題，而「下無學」則是民眾沒有教育。沒有教育國家就很危險了。所以政治、經濟改革的同時，教育一定要跟上，而且要切實地搞好教育，要真正解決「孝悌」、「君禮臣忠」、社會和諧的問題，即

教育要真正完成自己的使命。

㈡教育要為仁政服務，為建立維護社會新秩序服務

教育要宣傳、弘揚仁政，維護仁政，要為建立維護社會新秩序積極地作出貢獻。《孟子·滕文公上》孟子說：「人之有道也，飽食暖衣、逸居而無教，則近於禽獸。聖人有憂之，使契為司徒，教以人倫：『父子有親，君臣有義，夫婦有別，長幼有序，朋友有信。』」解決了基本生活條件後，就要辦好教育，稍一鬆弛，人民的善性就會散佚，惡性就會滋長，所以要抓緊教育。只有教育的努力才能真正地去建立社會新秩序。而新秩序的基礎是「父子有親」即「孝」，在此基礎上，逐漸形成「君臣有義」即「君禮臣忠」，「夫婦有別，長幼有序，朋友有信」的社會新秩序。教育的義務，就是使社會形成良好的秩序、風尚，而一旦形成了這種新秩序，還要通過教育去維護它。《孟子·滕文公上》孟子說：「分人以財謂之惠，教人以善謂之忠，為天下得人者謂之仁。」孟子的教育主張完全是配合仁政主張的，教育人民存養與生俱來的善性，節制、減少欲望，用以涵養善性；要禮讓謙和，尊長敬上，與人為善。這當然是「教人以善」，所以孟子的教育思想是忠於仁政的，是盡心中善性去助人弘揚善性的。孟子的教育思想就是為了幫助仁政得人心，幫助君主受擁護的，當然是為建立、維護相對均衡的社會新秩序服務的。

㈢教育要從人的本性上解決社會問題

孟子認為要根本解決社會問題，需要解決人心仁善的問題，每個社會成員如都去惡趨善，社會紛爭自然止息。於是孟子從人的本性上探討教育的作用與意義，以進一步解決社會問題。《孟子·公孫丑上》認為人天生就具有「惻隱之心」、「羞惡之心」、「辭讓之心」、「是非之心」，但「惻隱之心，仁之端也；羞惡之心，義之端也；辭讓之心，禮之端也；是非之心，智之端也。」與生俱有的四端，僅僅是善性的開頭，不是完整的、成熟的善性。智者、賢達與不肖之人所差別就在於能否擴充這四大善端。「苟能充之，足以保四海，苟不充之，不足以事父母。」這擴充的功夫，就是教育的作用。通過教育使四大善端的泉水越流越暢通，以至洶湧奔騰，匯成汪洋大海；使四大善端的星星火焰越燃越旺，以至形成燎原之勢。仁義禮

智匯成大海、仁義禮智形成燎原之勢，那麼社會的邪惡與諂侫之徒自然息鼓藏形。社會上的諸端問題將隨之而安。

而有些人善端不但沒擴充，還把善端丟掉了。教育的第二大作用就是把丟掉的善性找回來。《孟子・告子上》孟子說：「仁，人心也；義，人路也。舍其路爾弗由，放其心而不知求，哀哉！人有雞犬放，則知求之，有放心而不知求！學問之道無他，求其放心而已矣。」人一旦丟掉了與生俱來的善性之端，又不走正路，善端丟了都不知往回找，這是相當可悲的。雞狗丟了，到處去找，良心丟了卻不知尋求。而做學問的真諦就是把失去的善性找回來罷了。這裏的「學問」實質是教育。以上所論教育兩大功能都是要解決人性善良的問題。在此基礎上，君臣父子如能都做到「存心寡欲」，「反求諸己」，社會上諸多大大小小的矛盾將自銷自解。解決人性趨善以至解決社會各種是非問題，最關鍵一環是節制欲望。《孟子・盡心下》載孟子說：「養心莫善於寡欲。其為人也寡欲，雖有不存焉，寡矣。其為人也多欲，其有存焉者寡矣。」人始終區別於禽獸的最大標誌是，人能自我控制，自我管理自己合乎社會規範，無論外界有多大的誘惑，都能以禮義節制自己的欲望，止息非分非禮的欲望。人們經常以「自省自察」來維護人的善性，抵制邪惡上身。而善性的擴充與存養，均需以理智，即「志」為統攝。《孟子・公孫丑上》：「夫志，氣之帥也；氣，體之充也。夫志至焉，氣次焉，故曰：『持其志，無暴其氣。』」以意志統帥意氣、性情。即意氣、性情為意志所控制，就能存養善性，擴充善性。「志」就是一個人的生活目標、指標。這種立志養氣的教育是人們自覺自主的教育，其力量是無窮盡的。

㈣教育要培養社會進步的中堅人才

孔子教育培養目標是「君子學道則愛人，小人學道則易使也。」即教育要培養愛人親民的管理者和易使樂群的勞動者。孟子教育培養目標是「良知、良能」的人和「大丈夫」。「良知、良能」者包括一般的管理者、勞動者。《孟子・告子上》：「先立乎其大者，則其小者不能奪也。」保持、發展人性，時時有別於獸性，這是立乎大者，有了人性就可免於被誘惑。孟子認為無論是帝王將相，還是漁樵耕讀，原本都具有善性，教育使其善性得以涵養而不丟失，教育使其善性得以擴

充與弘揚。這就能使社會上下形成和諧環境，彼此禮讓恭儉，形成良風善俗。而為適應社會重大變革和突出發展的需要，必須培養充滿「浩然之氣」的頂天立地的「大丈夫」、大人才。《孟子·滕文公下》載孟子說：「居天下之廣居，立天下之正位，行天下之大道；得志，與民由之；不得志，獨行其道。富貴不能淫，貧賤不能移，威武不能屈，此之謂大丈夫。」所謂大丈夫能夠憑藉天下最廣闊的行仁德環境，站在天下最中正的合乎禮範的位置，走在天下最廣闊的正義之路上，實現志願，與百姓同享；不能實現志願，就獨自堅守信念。富貴不能使他驕縱，貧賤不能改變他的志向，威武不能使他屈服。這樣的正義凜然、正氣浩蕩的「大丈夫」是篳路藍縷以啟山林、衛國捍城的民族英雄，是導民從善、承前啟後的賢聖。

民族的出類拔萃人物，當然不是一般的方式即可培養出來的。除了正常的仁義禮智教育之外，必須使其置於艱難險阻、重重憂患之中加以鍛煉考驗，以促使其形成堅毅不拔的道德與意志、萬眾懾服的理政原則與能力、無堅不摧的氣魄與膽略。《孟子·告子下》載孟子說：「舜發於畎畝之中，傅說舉於版築之間，膠鬲舉於魚鹽之中，管夷吾舉於士，孫叔敖舉於海，百里奚舉於市。故天將降大任於是人也，必先苦其心志，勞其筋骨，餓其體膚，空乏其身，行拂亂其所為，所以動心忍性，曾益其所不能。」無論虞舜、傅說、膠鬲，還是管仲、孫叔敖、百里奚都是在苦難的磨煉中成長起來的。因此，將要承擔國家重任者，必須使之受到苦、勞、餓、乏、亂的嚴重考驗，以觸動他的心靈，堅韌他的性情，增長他的才幹。不斷地遭到阻礙，心志受困厄，思慮受梗塞，而後才能奮發圖強。這樣的人才能擔當國家的大任，能夠臨危受任，「可托三尺之孤」，能夠力挽狂瀾，以除時艱，能夠扭轉乾坤，開闢新天地。《孟子·離婁下》孟子說：「大人者不失其赤子之心也。」無論多麼崇高的大人物，無論貢獻多麼大的英雄豪傑，也一定要保有自然的善良本性，決不要受貪欲惡念所惑，要做到生活有節制，意志不動搖，面對威脅不屈服。這才是國家的中堅人才。

㈤教育要堅持原則，又要維護中庸之道

《孟子·盡心上》：「古之人，得志，澤加於民；不得志，修身見於世。窮則獨善其身，達則兼善天下。」古人宣導，困厄之時也決不與邪惡同流合污；要堅持

正義，還要抵制邪惡。孟子認為當時侵蝕人們思想的最大禍害是楊朱的極端利己學說、墨子極端的不要等級的學說。《孟子·滕文公下》載孟子說：「聖王不作，諸侯放恣，處士橫議，楊朱、墨翟之言盈天下。天下之言，不歸楊，則歸墨。楊氏為我，是無君也；墨氏兼愛，是無父也。無父無君，是禽獸也。……楊墨之道不息，孔子之道不著，是邪說誣民，充塞仁義也。仁義充塞，則率獸食人，人將相食。吾為此懼，閑聖人之道，距楊、墨，放淫詞，邪說者不得作。作於其心，害於其事；作於其事，害於其政。聖人復起，不易吾言矣。」孟子認為一個國家、一個社會，如果任人各自極端利己，不顧族群、國家的利益，勢必人心懷詐相欺，鷹攫狼吞。而另一個極端，則宣導人人絕對平等，「兼相愛」，沒有不同社會角色的各自名分，沒有層級管理制度，無綱無常，整個社會將成為一盤散沙，其實質亦將導致弱肉強食。面對如此危機的局面，孟子以「先覺覺民」的使命感挺身而出，以「我不救天下，誰救天下」、「舍我其誰」的高度責任心，仗義執言，抵制邪惡。教育人們弘揚孔子學說，端正人心，拒絕不要任何等級名分的學說，揚棄「拔一毛而利天下，不為也」（《孟子·盡心上》）的極端利己淫詞。孟子對此問題態度堅決，言語果斷。他自己說：「豈好辯哉？予不得已也。」

而孟子在教育修養的大多方面都主張寬宏包容，反對苛求；他認為人們如有錯誤，改了就好、就值得稱道。如教育修養的要求太嚴苛，就會「陽春白雪，和者蓋寡。」教育要具體問題具體分析，反對僵化、教條。這是孟子繼承、弘揚並發展了孔子中庸之道的成果。

《孟子·公孫丑下》孟子說：「古之君子，其過也，如日月之食，民皆見之，及其更也，民皆仰之。」人非聖賢，孰能無過，過而改之，不為過也，過而不改，是為過也。犯了錯誤，及時改正，人們仰望而欽之。《孟子·離婁下》孟子說：「西子蒙不潔，則人皆掩鼻而過之，雖有惡人，齋戒沐浴，則可以祀上帝。」無論多麼高尚清白之士犯了錯誤，人們也是厭惡的，但就是惡人，如痛改前非，神明也會諒解寬恕的。在這點上孟子思想影響了佛教禪宗「放下屠刀，立地成佛」思想的形成。唐代禪宗在修正佛教思想時糅合進孟子此一思想，與孟子思想本來目的是一致的。即廣泛包納諸多方面的群眾，使其信用自己的學說。只有這樣，才能益於使儒家思想被普遍接受。所以，孟子非常鮮明的要求修養方式不能太苛刻。《孟子·

滕文公下》載廉正之士陳仲子，「居於陵，三日不食，耳無聞，目無見也。井上有李，螬食實者過半矣，匍匐往，將食之，三咽，然後耳有聞，目有見。」因陳仲子不食不義之食，所以將要餓死。孟子認為陳仲子的行為只有蚯蚓才能做到。「仲子，齊之世家也，兄戴，蓋祿萬鐘。以兄之祿為不義之祿而不食也，以兄之室為不義之室而不居也，辟兄離母，處於於陵。他日歸，則有饋其兄生鵝者，己頻顣曰：『惡用是鶃鶃者為哉？』他日，其母殺是鵝也，與之食之。其兄自外至，曰：『是鶃鶃之肉也。』出而哇之。」孟子對此評論說：母親做的飯菜他不吃，妻子做的飯菜他才吃，兄長的房屋他不住，只住自己簡易的房屋，那他怎麼能擴大他的同類呢？誰人與之為伍呢？像他這樣，只有蚯蚓才能接受得了他的操守啊！顯然，孟子反對過於苛刻的修養，反對不食人間煙火。修養的標準應該是大多數人都能接受得了的。這樣易於團結廣大群眾，一道維護做人之道、治國興邦之道。教育人們修養與主張都要防止造成孤家寡人的局面。孟子更反對教育僵化的教條。《孟子・離婁上》「淳于髡曰：『男女授受不親，禮與？』孟子曰：『禮也。』曰：『嫂溺，則援之以手乎？』曰：『嫂溺不援，是豺狼也。男女授受不親，禮也。嫂溺，援之以手者，權也。』」禮是為人行為規範而立，為人們利益而設，一般講人們都應恪守不二。但出現了特殊情況，絕不該因拘泥禮而不救人性命。可貴的是孟子兩千多年前就能縝密地闡明了「禮」與「權」的關係，既要人們守禮，又要人們具體問題具體對待，教育人們勿因死守理論，而忽視了禮的規範是為民利、為國利而設的實質。《孟子・離婁下》：「大人者，言不必信，行不必果，惟義所在。」一個人的行為只要合乎道義就可以了，不要因為守禮而失道義。所以孟子又說：「非禮之禮，非義之義，大人弗為。」真正有教養的人，絕不會因遵循禮義的教條而忽視禮義的本質意義與價值。

　　孟子教育思想的五個方面都是緊緊為其仁政、恆產恆心的相對均衡的社會目標以及使人修養成成人、君子服務的。而就其全部教育思想觀之，其教育方法最重視深造自得。《孟子・離婁下》：「君子深造之以道，欲其自得之也。自得之，則居之安；居之安，則資之深；資之深，則取之左右逢其原；故君子欲其自得之也。」自己不學，誰教也不會有所獲，必須自我教育、自我深入鑽研造就自己的學問，只有自己虛心涵泳，深刻體會所學，才能成為自己的知識、自己的德性。長久恆定地

照此學下去，越積越深厚，用起來就不竭盡。這樣才能大利於仁政社會的形成與持續。

　　孟子思想體系就是君民要各正其名分，同樂互利；「仁政」、「恆產」與人倫教育要統合實施；而教育要注重每個人的自身人性修養，以至「化民成俗」；君主應「仁民愛物」（《孟子·盡心上》），重民、親民，與民共同追求惠民利君與相對均衡的社會。

參考文獻

1.　戴震，《孟子字義疏證》，北京：中華書局，1982。
2.　梁啟超，〈梁啟超論孟子遺稿〉，王興業，《孟子研究論文集》，濟南：山東大學出版社，1984。
3.　蔣伯潛，《十三經概論》，上海：上海古籍出版社，1983。

「天人同構」與中國傳統美學精神

羅安憲

【作者簡介】羅安憲（1960-），男，陝西省西安市人。中國人民大學哲學院教授，哲學院中國哲學教研室主任，中國人民大學孔子研究院秘書長。主要研究方向：中國哲學。

【摘　　要】「天人同構」是中國人最基本的宇宙意識。天人同構，天人一體，天人合一，這是中國人對於整個宇宙的總觀點、總看法。「天人同構」的宇宙意識對中國文化產生了廣泛而深遠的影響，它決定了中國人對於藝術的本體認識，決定了中國人對於藝術的終極追求，決定了中國藝術的整體風貌，決定了中國藝術基本的創作方法，決定了中國人對於審美的基本認識。「天人同構」的宇宙意識，對中國傳統美學產生了非常巨大的影響。這種影響是深入的，並且是全方位的。中國傳統美學很多獨具特性的因素和品質，其所以發生的根本依據就在這裏。

【關 鍵 詞】天人同構　氣　興　意境

「天人同構」與中國傳統美學精神

羅安憲

　　人生在世，無時無刻不在與兩種東西打交道：一是人，一是物。不管一種文化多麼古老，抑或多麼幼稚與年輕，最早產生的莫不是關於人、關於物以及關於人——物關係這樣三個方面的知識系列。所謂一種文化的個性、特點也最集中地表現在這樣三個方面。

　　中西兩種文化是在不同的歷史背景下發育成長起來的。在它們生長、發育的幼年時代，由於相距遙遠，由於交通不便，兩種文化又絕少交流、滲透與影響，以至於在相當長的歷史時期內，遺傳和保持著各自的個性和特徵。

一、「天人同構」的宇宙意識

　　關於物，西方人是把它當成完全獨立的對象來看待的。西方人所留意與關心的是物的結構、物的基質，是不同物的特徵。古希臘哲學家最早探討的哲學問題，就是物質的基質問題。泰勒斯的「水」，阿那克西曼德的「無限定」，阿那克西米尼的「氣」，赫拉克利特的「火」，恩培多克勒的水、火、土、氣四元素，德謨克利特的原子，亞里斯多德的「原初物質」，這一切，莫不是關於構成物質的基質的學說。在西方人眼裏，物就是物，物是獨立於人身之外並與人完全不同的實體。探索並發現物的結構、本質及變化規律，使物服務於人、造福於人，是西方人對於物的基本態度。

　　這種基本態度也許根源於古希臘人的生活環境。古希臘三面環海，有著蜿蜒曲折的海岸線，但內陸多山，可耕地不多，交通亦不便利。這種地理環境決定了古希

臘人的主要生活方式是捕魚、手工業及海上貿易。這種生活方式使得古希臘人不得不認真地對待自然，去認識自然，探索自然的奧秘。所以他們一貫強調和推崇人的堅強、英勇，強調人探索自然和戰勝自然的精神。古希臘是西方文明的搖籃。在這種思想的支配下，本體論和認識論一直是西方哲學的重心。也正是在這種思想的支配下，西方的自然科學不斷得到長足的發展。

中國則不同，中國文化的發祥地是周代（包括春秋戰國）的黃河中下游地區。這裏是一片遼闊的平原。這種地理環境決定了中國人的主要生產部門是農業。比起捕魚、手工業和商業來，農業對自然環境有很大的依賴性，受自然氣候、自然環境的影響非常大。所以，比起西方人來，中國人更強調人對於自然的依附性、依賴性，更注重人與自然的協調與一致。中國人對於自然的認識，重點不在於自然物的結構、基質，而是自然物對於人的作用、影響，而是自然物的功能、自然物同人的關係。

中國人似乎從來沒有把物孤立起來，從而對其作理性的科學的分析，而總是從人的角度，從物對於人的作用和功能的角度，從人與物的關係的角度來考察物。比起西方人來，中國人更強調知識的「經世致用」。而「經世致用」又主要局限於社會政治與人倫關係，即所謂「修身、齊家、治國、平天下」。像亞里斯多德所說的那樣，行德不過使人成為良好的公民，而知德則使人成為完善的人，從而為求知而求知。這種理論在中國人看來是非常奇怪的，也是沒有任何市場的。正因為此，名家學派的名辯之學，墨家學派的邏輯學，雖然在戰國時期很活躍，但由於遠離「經世致用」之道，所以秦以後就幾乎絕滅了。

在中國，雖然很早就出現了「五行」學說。「五行」也確曾被當作「五材」（構成物質的五種基本材料、基質），周太史史伯就說：「和實生物，同則不繼，……故先王以土與金木水火雜，以成百物。」（《國語・鄭語》）但「五材」說在「五行」理論的發展歷程中，並不占主導地位。且即使在史伯那裏，也不是用自然科學的眼光來看待物。他在講了上述話之後，緊接著就說：「是以和五味以調口，剛四支以衛體，和六律以聰耳，正七體以役心，平八索以成人，建九紀以立純德，合十數以訓百體。」講物，用心還在於講人、為人。《尚書大傳》解釋「五行」云：「水火者，百姓之所飲食也；金木者，百姓之所興作也；土者，萬物之所資生也。是為人

用。」「是為人用」才是問題的根本所在。「五行」說之發軔，正在於強調五物對於人的親密作用。《尚書・洪範》最早提出「五行」，其著重點就在於它們的性能：「五行：一曰水，二曰火，三曰木，四曰金，五曰土。水曰潤下，火曰炎上，木曰曲直，金曰從革，土爰稼穡。」所謂「潤下」、「炎上」、「曲直」、「從革」、「稼穡」，講的正是五物的自然之性。董仲舒說：「行者，行也。其行不同，故謂之五行。」（《春秋繁露・五行相生》）中國人提出「五行」，主要不是為了解釋物質的構成，而是因為水、火、木、金、土，是人類生活中絕對不可離開的東西，是和人類生活建立密切關係的東西。

如果說古希臘的原子論和元素說所注重的是物的結構、基礎，那麼中國的「五行」說則更看重物的功能與作用；如果說西方人對於物的態度是一種理性的分析和認識，那麼中國人對於物的態度則是一種經驗的直觀與感悟；如果說西方人很注重對於物本身的考察與認識，那麼中國人則更強調對於物與人的關係的體察與把握；如果說西方人很強調人對於自然的認識、改造和征服，那麼中國人則更突出人對於自然的依附、依賴與服從。

中國古代並非沒有關於物質構成的理論。但與西方不同，中國人即使在探索物的構成時，其立足點仍然是人。中國人總是以人的眼光，以「人化」的眼光，而不是以純科學的眼光來看待自然的。中國人總是習慣於把自然看成和人相類、相近，甚或完全相同的東西。如果說西方人從理性的分析入手，從而注重事物之間的差異，那麼，中國人從經驗的直觀著眼，則更突出和強調事物之間的類同。

在中國人看來，自然界之一切，包括人，都是由一種流蕩不息的東西——「氣」，凝聚化合而成的。「氣」是構成萬事萬物的基本材料。這並非某一家某一派的觀點，而是為各家各派所接受，而是貫穿中國哲學的始終。

「氣」這個字，在中國出現甚早。殷代甲骨文中已有「氣」這個字。不過殷代之際的氣，只是泛指氣體狀態的存在物，還不具有哲學意味。至西周末年，氣與陰陽和合而為陰氣、陽氣，人們開始認為自然界是陰陽化合交泰的整體。西元前 780 年，周太史伯陽父用陰陽之氣來解釋地震。認為「夫天地之氣，不失其序。若失其序，民亂之也。」（《國語・周語上》）其後秦國名醫醫和更用六氣來解釋疾病。認為「天有六氣，降生五味，發為五色，徵為五聲，淫生六疾。」（《左傳・鄭昭西元

年》）至諸子蜂起，「氣」這個概念已經成為一個地道的哲學範疇，已經在各家思想中紮了根，並最終流變為中國哲學的一個基本範疇。

老子說：「萬物負陰而抱陽，沖氣以為和。」（《老子》四十二章）「陰陽」即陰陽二氣。莊子說：「人之生，氣之聚也。聚則為生，散則為死，……通天下一氣耳。」（《莊子·知北游》）荀子說：「水火有氣而無生，草木有生而無知，禽獸有知而無義，人有氣、有生、有知、亦有義，故最為天下貴也。」（《荀子·王制》）王充說：「天地，含氣之自然也。」（《論衡·談天》）楊泉說：「蓋氣，自然之體也。」（《物理論》）「氣陶化而播流，物受氣而含生。」（《蠶賦》）葛洪說：「自天地至於萬物，無不須氣以生者也。」（《抱朴子·至理》）張載說：「凡可狀皆有也，凡有皆象也，凡象皆氣也。」（《正蒙·乾稱》）朱熹標舉「理」，但並不忽視「氣」。認為「天地之間，有理有氣。理也者，形而上之道也，生物之本也；氣也者，形而下器也，生物之具也。」（〈答黃道夫〉）王廷相說：「天內外皆氣，地中亦氣，物虛實皆氣，通極上下，造化之實體也。」（〈慎言〉）直至清代，王夫之、方以智仍然持「氣」成萬物的觀點，王夫之說：「天人之蘊，一氣而已。」（《讀四書大全說·盡心上》）方以智說：「一切物皆氣所為也，空皆氣所實也。」（《物理小識·氣論》）「虛固是氣，實形亦氣所凝成者。」（《物理小識·四行五行說》）可以說，「氣」是「生物之具」，自然界的一切都是由「氣」凝聚化合而成的，這是中國人傳統的、基本的觀點。

認為自然界的萬事萬物，包括人在內，都是由「氣」化生而成的，物與人從根本上來講，是相容、相通的，這是中國古人對於整個自然的基本觀點。由於物都是由「氣」構成的，而「氣」的根本特性是流蕩往復、永無止息，所以中國人並不像西方人那樣，把物看成完全死寂的東西，看成各個部件的隨意堆積或拼湊，而是看成像人體一樣的充滿生機與活力的生命體。大則整個宇宙，小則一座山、一汪水、一抹雲、一塊石，在中國人看來，其間無不流蕩著生氣，充滿著無限的生機與活力。西方人即使對人，也作靜觀地對待，把他看成物；中國人即使對物，也作動情地觀照，把它看成人，並從中發現只有在人身上才會有的東西。中國古代哲人總是不遺餘力地謀求人與天、社會與自然的統一與融合。

在中國古代人看來，人之為人，並不是因為他是天地間普通一物，而是因為他

是天地神化機會的一種傑作。人是宇宙自然的縮影、副本。董仲舒說：「人生於天而取化於天。」（《春秋繁露·陽尊陰卑》）如果說整個自然界是一個大宇宙，那麼人本身則是一個小宇宙。人副天數，天人同構。所以「為生不能為人，為人者天也。人之為人，本於天，天亦人之曾祖父也。此人之所以乃上類天也。人之形體，化天數而成；人之血氣，化天志而仁；人之德行，化天理而義；人之好惡，化天之曖清；人之喜怒，化天之寒暑；人之受命，化天之四時。」（《春秋繁露·為人者天》）人之形體化天而成，人之性情、意識、德操也莫不化天而成。人非自然而生，而是天地故生人。而是天地按照自己的形象化生了人。這顯然是一種神學的目的論。現在看來是非常荒唐的，但這種比附也確實抓住了與自然的某些外部聯繫，這在科學還不昌明的古代，自然有著很大的矇騙性。將自然與人加以比附，從而用自然以喻人，是中國古代人一種慣用的方法。張載說：「天地之塞吾其體，天地之帥吾其性。」（《西銘》）王夫之說：「在天有五辰，在人有五官。」（《尚書引義》）然而問題的關鍵似乎還不在於這種比附本身，而在於這種比附所隱含的不把自然看成與人對立、與人為敵的對象，而是看成與人相親相善、與人和睦共處的物象的含義，而是從哲學的高度認識人的無機的身體。

認為物和人由一種材料（氣）構成的，物類也像人一樣是充滿生機與活力的，是有生命的，人並不是獨立於自然之外的個體，其本身就是自然的一部分，自然也不是與人為敵的異己的力量，其本身就是人的無機的身體。認為整個自然界的一切都是富有生命的，都是氣韻流蕩、生機盎然的，物於人從根本上來講，是相類相通的，天人同構，天人一體，天人合一，這就是中國人對於整個宇宙的總觀點、總看法。

二、「天人同構」觀念
對於中國古代審美理論的深層影響

「天人同構」的宇宙意識對中國文化產生了廣泛而深遠的影響，它通過各種方式不斷得以流傳、延續，它以潛移默化的方式滲透流布於中國文化的各個方面，積澱成為中華民族基本性格的重要組成部分，積澱成為中華民族內在的心理結構。僅

就審美理論而言，中國藝術所呈現出來的情景交融、以景寫情、以景寓情的整體藝術風貌，中國畫法上的散點透視，中國詩法的「興會」，其深層根源都在於中國人對於整個宇宙的這種根本認識。

㈠「天人同構」決定了中國人對於藝術的本體認識

藝術是什麼？藝術家通過藝術去追求什麼？這是一個基本的美學問題，也是美學史上一直爭論不休的問題。在中國美學看來，既然自然物象都是由「氣」構成的，都是像人體一樣充滿生機與活力的生命體，那麼，藝術描述自然，就不只是描述自然的形式，而是通過形式表現自然物象的生機和生命。五代畫家荊浩給繪畫所下的定義是：「畫者，畫也。度物象而取其真」。（《筆法記》）何謂「真」？「真」就是事物的本真形態。為了說明「真」，荊浩又提出了和「真」相近的範疇——「似」。「真」不是「似」。「似者得其形遺其氣，真者氣質俱盛」。（同上）「似」只有其形無其「氣」，「真」則既有形又有「氣」。繪畫不能空陳形似，而應當「氣質俱盛」，表現物象流蕩不息的生命。這是中國人對於繪畫藝術的基本觀點。所以謝赫標舉繪畫「六法」，首其要者，就是「氣韻生動」。關於「氣韻生動」，徐復觀先生把「氣」歸結為陽剛之美，把「韻」歸結為陰柔之美，原則上並沒有錯。但從根本上講，對於「氣韻」，還須從中國人的基本宇宙意識方面理解。「氣」是「生物之具」，萬物都由「氣」而構成。但「氣」又不是構成事物的直接材料，構成事物的直接材料是「質」。「氣」是流蕩於「質」中的動態的東西，是事物的血液。沒有「氣」，物只是材料的堆積和拼湊，只是死物。

在中國人看來，物之所以為活物，就是因為其中有「氣」。或者說，中國人認為物是由「氣」構成的，所以物都不是死物而是活物。這種「氣」體現在人物身上，就是一個人的氣質、風采，就是一個人的儀容、神氣，就是一個人的風姿神貌，這就是「韻」，就是「神」。所以「韻」也是「氣」，對物而言是「氣」，對人而言就是「韻」，就是「神」。如果說，山水畫、風景畫要突出「氣」，那麼，人物畫所要突出的則是「韻」，是「神」。惟其如此，「氣韻生動」就成了中國人對於繪畫藝術的基本認識和基本追求。所以徐渭說：「不知畫病不病，不在墨重與輕，在生動與不生動耳。」（《徐文長集》卷二十一）按照「生韻生動」的要求，畫山

就要畫出山的氣勢，畫松就要畫出松的風姿，畫竹就要畫出竹的骨氣，畫馬就要畫出馬的豪駿，畫人就要畫出人的神韻，這是中國繪畫藝術的基本精神。認為藝術是用以表現客觀物象本自固有的生機、生氣、神韻和情趣的，這是中國人對於藝術的基本認識。這種認識，就其根源來講，就在於中國人「天人同構」的宇宙意識，就在於中國人對於自然物象所持的獨特態度，就在於中國人以一種「天人同構」的態度對待一切、直觀一切。

(二)「天人同構」決定了中國人對於藝術的終極追求

既然自然物象本是富有生命，本是「氣韻生動」的，而藝術所要表現的正是物象的「氣韻」，物象的生命，所以藝術就應當取法自然，追求自然，就應當「同自然之妙有」，（孫過庭《書譜》）肇自然之性，成造化之功」，（王維《山水訣》）就應當「以一管之筆，擬太虛之體」。（王微《敘畫》）所以，中國藝術的終極追求就是以自然之體為楷模，而表現其間流蕩奔湧之雄壯氣象。由於自然物象本是富有生命的，所以，追求「氣韻」、追求「氣象」，追求表現物象所蘊含的雄壯超邁的生命力，順理成章地就轉變成為追求自然。由此，追求自然，也就成為中國藝術的最高追求。董其昌說：「畫家以古人為師，已自上乘，進此當以天地為師」。（《畫禪室隨筆》）鄭板橋也說：「古之善畫者，大都以造物為師，天之所生，即吾之所畫。」（《鄭板橋集·補遺》）如此法自然，「師造化」，一直是中國藝術所追求的基本理路。

中國藝術一貫很強調藝術品的品位。張彥遠曾把畫分成自然、神、妙、精、謹細五個等級。認為「夫失於自然而後神，失於神而後妙，失於妙而後精，精之為病，而成謹細」。（《歷代名畫記》）「謹細」是沒有氣勢，「精」是刻意雕琢，「妙」是意趣盎然，「神」是類同造化，「自然」是「同自然之妙有」。由於自然本是「氣韻生動」，「機趣」盎然的，所以藝術的最高品位就是自然。老子講「大巧若拙」，大巧之所以若拙，根本原因就在於付物自然，不露斧痕。蘇軾說：「大凡為文當使氣象崢嶸，五色絢爛，漸老漸熟，乃造平淡。」（《歷代詩話·竹坡詩話》）平淡之所以難得，之所以上乘，其根本原因還在於得之自然，所以「其外枯而中膏，似澹而實美」，（《東坡題跋》）其中蘊含著至清至醇的滋味。

追求自然，強調泯滅人工色彩，最顯著的表現還是中國的園林藝術。西方園林藝術追求的是人工，一切景物都要打上人工色彩。他們追求的是線條，是幾何圖形，樹木要剪成平頂，或者球形，路面要平整，路徑要筆直。中國園林藝術則要盡量遮掩斧鑿痕跡。他們追求的是曲徑通幽，是空間的裁剪和遮擋，是層次，是對比。樹木要扭曲，方有意趣。一座假山，一端盆景，一方石墩，雖是假的，但也要「同自然之妙有」，山路、洞穴、廟宇，樵夫、樹斑、樹紋皆須歷歷在目，形同固有。中國藝術這種對於自然的極力推崇，同樣來自於中國人「天人同構」的宇宙意識。

㈢「天人同構」決定了中國藝術的整體風貌

追求自然，並不意味著中國藝術不主張表現人的主觀情感。但在中國藝術家看來，自然物象本身即是深富意緒的，所以客觀物象也足以表達人的主觀情感。由此，中國藝術強調，即使要表現主觀情感，也必須使主觀情感同客觀物象融合在一起，以客觀物象的形式表現出來。所以，中國藝術強調的是寓情於景，強調的是「意從境中宣出」。（普聞《詩論》）所謂「不著一字，盡得風流；語不涉己，若不堪憂」。（司空圖《詩品》）如王維的名句：「明月松間照，清泉石上流」。這裏似乎只是純景物的描寫，但是，作者之胸襟、意緒、志向、追求、情思，正是通過這些景物而得到了最完滿的表現。獨抒情懷，捨景而言情，是中國詩法之大忌。所以李漁說：「說景即是說情，非借物遣懷，即將人喻物。」（《窺詞管見》）王國維也說：「昔人論詩詞，有景語、情語之別。不知一切景語，皆情語也。」（《人間詞話》）

中國藝術一貫強調意境。什麼是意境？不少人把意境等同於意象，認為意境即是意與象、情與景的結合，其實這只是意象而不是意境。意境理論與意象理論屬於兩個完全不同的系列。劉禹錫說：「境生於象外」。（《董氏武陵集記》）從形式上來講，意境是「虛」與「實」、「有」與「無」的有機結合。由於中國藝術特別強調表現自然物象的「氣韻」、生命，但「氣韻」、生命總是通過物象生生的勢態表現出來的，而勢態本身又是充滿張力的。畫山水，講究咫尺有萬里之勢，並不是將萬里按比例縮小。若不論勢，縮萬里於咫尺之內，只是按比例地將原物縮小，那是

地圖，當然不是藝術。但要論勢，就必須講究虛實結合，講究空間的布局和處理，就必須留有空白。馬遠繪畫往往只畫一角，被人稱為「馬一角」，夏圭繪畫往往只畫下半邊，被人稱為「夏半邊」。但馬遠的「一角」，夏圭的「半邊」，並不給人以殘損斷缺的感覺，反而使人感到十分遼闊、悠遠，使人感到意味深長，從而給人以豐富的想像和無窮的回味。這就是有意境。所以華琳說：「畫中之白，皆畫中之畫，亦畫外之畫也」。（《畫論類編·南宗秘訣》）沒有空白，一切嚴嚴實實，只會使物象窒息，哪裏還有什麼勢態？又如何談得上「氣韻」、「生氣」？從內涵上來講，意境是物的儀態、氣韻、生命（實），與人的志向、意緒、情思（虛），兩者之間的交融、交匯，以至妙合無垠。溫庭筠的名句：「雞聲茅店月，人跡板橋霜。」短短十個字，可以說訴盡了中國封建時代普通知識分子的一生。這其間的奧妙就在於它是虛與實、情與景的妙合無垠，就在於它深富意境。追求意境，強調以景寓情，強調情從境中渲出，強調藝術形象自身的生命強力，是中國藝術的整體風貌。而這一整體風貌，正是由中國人把自然完全看成生氣貫注的、富於情感意味的自然這一基本觀念決定的，正是由中國人「天人同構」的宇宙意識決定的。

㈣「天人同構」決定了中國藝術基本的創作方法

中國繪畫的基本創作方法是散點透視。為什麼會形成散點透視的方法？宗白華先生認為，散點透視的方法，根源於「畫面上的空間組織，是受著畫中全部節奏及表情所支配。」❶因為中國繪畫的基本追求是表現物象的「氣韻」、「生氣」，所以中國繪畫中的各種物象，並不是畫家眼中的物象，而是自然本該如此的物象，是畫家胸中的物象。鄭板橋畫竹，即有「眼中之竹」、「胸中之竹」之說。這裏問題的關鍵並不在於物象是什麼，也不在於畫家如何觀物，從哪個角度觀物；而在於物象本真怎麼樣，應該怎麼樣；而在於如何把捉物象的「氣韻」，以及自然物象如何同畫家的胸襟意緒融合無間。西方人在繪畫中突出的是畫家本人對於世界獨特的觀察和理解，是畫家眼中的物象，是畫家如何觀物，從哪個角度觀物，所以西洋繪畫採用的是焦點透視法。中國繪畫所著意的並不是物象本身，而是物象的儀態、氣

---

❶　宗白華：《美學散步》，上海人民出版社 1981 年版，第 81 頁。

韻、生命、神采。但物象的儀態、氣韻、神采，並不是畫家從某個方面、某個角度就可以領略得到的，而且任何一個角度，任何一個側面都是有局限的，都無法充分展露物象的氣韻、生命和神采。所以中國繪畫採用的是散點透視法。其要義在於「以大觀小，如人觀假山耳」。（《夢溪筆談》）只有這樣，物象的氣韻和生命才會得到充分全面的展現。如果說，西洋畫的焦點透視，所突出的是描摹自然，是以眼觀物，它所表現的是畫家眼中的自然；那麼，中國繪畫的散點透視，所強調的則是表現生命，是胸羅萬象，它所表現的是本該如此的自然，是畫家胸中的自然。作為中國繪畫所獨有的散點透視之法，其發生根源就在於中國人對於自然物象的獨特認識。

　　中國詩歌創作則特別強調「興」。「佇興而就」，是中國古典詩詞一貫推崇的創作方法。何謂「興」？張戒說：「目前之景，適與意會，偶然發於詩聲，是六義中興也。」（《歲寒堂詩話》）邵雍說：「興來如宿構，未始用雕鐫。」（《伊川擊壤集》）從本質上來講，「興」是物對於心的自然感發和心對於物的自然契合。目前之景，之所以能與意會，根本原因就在於人與景、心與物的同類同構，由於自然物象與人是由同一種材料——「氣」凝聚化合而成的。既然同類同構，二者之間當然可以發生感應，所以正如郭熙所言：「春山煙雲連綿人欣欣，夏山嘉木繁陽人坦坦，秋山明淨搖落人蕭蕭，冬山昏霾翳塞人寂寂。」（《林泉高致》）正因為人與自然同類同構，所以自然物象往往成了人類感發志意的直接契機。由「天人同構」而出現「天人感應」，而「天人感應」則是「興」得以成立的基礎。所謂「春日遲遲、秋風颯颯，情往似贈，興來如答」。（《文心雕龍·物色》）情與景、心與物，偶然相遭，適然相會，自然發於詩聲，這就是「興」。「興」發之時，眼前的景物不再只是景物，而是全部染上了人的感情色彩，成為浸透了感情色彩的景物；而作者的意緒、情思、志趣就是靠這種景、物得到了感性地具體地表現。「興」是中國傳統詩歌藝術中特別重要的問題，而「興」得以成立的根本依據同樣在於中國人對於整個宇宙的基本認識和態度。

(五)「天人同構」決定了中國人對於審美的基本認識

　　正因為人與自然類同構，所以人在自然物上往往可以感悟到人才會有的品情、

節操。孔子說：「知者樂水，仁者樂山。」（《論語・雍也》）劉向解釋說：「夫水者，君子比德焉。遍予而無私，似德；所及者生，似仁；其流卑下句倨皆循其理，似義；淺者流行，深者不測，似智；其赴百仞之谷不疑，似勇……」（《說苑・雜言》）德、仁、義、智、勇等，是人才會有的品德操守，但人在物上看到了它的影子，從而直觀到它的存在。鄭板橋一生很愛畫竹，因為在他看來，「蓋竹之體，瘦勁孤高，枝枝傲雪，節節干霄，有似乎士君子豪氣凌雲，不為俗屈。」（《鄭板橋集・補遺》）既然人與物在精神上可以相互勾通，相互澆注，所以在中國人看來，審美的過程就是「神與物遊」的過程，就是「澡雪精神」的過程，甚至無異於說，審美就是「神與物遊」，就是「澡雪精神」，（《文心雕龍・神思》）就是體悟人生、品嘗人生，就是對精神的不斷陶冶。正因為此，所以中國藝術描寫自然，往往並不囿於自然，而是借自然以喻人。梅、蘭、竹、菊「四君子」，之所以為中國人所鍾愛，就在於它們清雅高潔，有君子之風。畫三隻小貓，而題「桃園之結義」；畫兩隻蝴蝶，而題「比翼雙飛」；畫一卷墨竹，而題「高風亮節」，對於西方人來說，簡直是不可理喻的。而問題的關鍵同樣在於中國人「天人同構」的宇宙意識。

　　總之，中國人「天人同構」的宇宙意識，中國人對於自然物象獨特的認識和態度，對中國傳統美學產生了非常巨大的影響。這種影響是深入的，並且是全方位的。中國傳統美學很多獨具特性的因素和品質，其所以發生的根本依據就在這裏。

先秦儒家與當代生態文明研究

梅良勇·楊　晶

【作者簡介】

梅良勇，徐州師範大學法政學院教授，中國哲學與宗教研究所所長。

楊晶，徐州師大學法政學院碩士研究生。

【摘　　要】先秦儒家是中國傳統文化的源頭活水，孕育著傳統生態文明的思想精華。文章堅持馬克思主義的指導思想地位，在歷史情境中具體地挖掘先秦儒家生態文明思想的合理成分和不足之處。先秦儒家生態文明思想的內容主要包括生態精神文明和生態制度文明兩個部分，其特徵有三：輕視物質文明；產生於生產力落後的農業文明；集中於對第一大歷史形態的思考。它對當代生態文明建設的三點重要啓示。

【關 鍵 詞】先秦儒家　當代生態文明　啓示

先秦儒家與當代生態文明研究

梅良勇・楊　晶

　　中國在全面建設小康社會的進程中提出建設「生態文明」的戰略任務，宣導生態文明建設，不僅對中國自身發展有深遠影響，也是中華民族面對全球日益嚴峻的生態環境問題作出的鄭重選擇。當代生態文明研究主要是借鑒和接受西方生態思想中的理念和方法，對中國傳統哲學生態文明思想挖掘不夠。中華民族的偉大復興與中國特色社會主義建設具有內在一致性，因而，在作為指導實踐的理論文化建設方面「要全面認識祖國傳統文化，取其精華，去其糟粕，使之於當代社會相適應、與現代文明相協調，保持民族性，體現時代性」。❶其中，上起孔子、下迄荀子的先秦儒家是中國傳統文化的源頭活水，孕育著傳統生態文明的思想精華。

一、先秦儒家生態文明思想的內容

　　不可否認，自然界先於人類社會而存在，因此，自人類產生以來即與自然界發生著必然的聯繫。漢語「文明」一詞，最早出自《易經》曰：「見龍在田，天下文明。」（《易・乾・文言》）其表徵著人類社會的開化程度和進步狀態。據此，生態文明應該始自於人類改造自然、改造自我的過程之中。先秦儒家思想家們身處戰爭紛繁、禮崩樂壞、民不聊生的春秋戰國，主張以仁義思想協調社會關係的同時，也觸及到人與自然的和諧關係，形成了生態文明思想。自然資源是人類從事勞動生產

---

❶　胡錦濤，〈高舉中國特色社會主義偉大旗幟，為奪取全面建設小康社會新勝利而奮鬥〉，《人民日報》，2007.10.16。

是物質前提，因此，人與自然的關係也必然成為先秦儒家關懷的重要方面。

生態文明，是指人類遵循人、自然、社會和諧發展這一客觀規律而取得的物質與精神成果的總和；是指以人與自然、人與人、人與社會和諧共生、良性迴圈、全面發展、持續繁榮為基本宗旨的文化倫理心態。❷「生態」從廣義上說，包括了動物、植物和自然物共同生存和發展的空間。就「文明」而言，傳統研究主要從物質文明出發著眼於原始文明、農業文明、工業文明及生態文明的劃分序列。筆者從廣義上界定「文明」一詞，即它是指人類社會的進步狀態和理性社會體系，其不僅僅是指人類社會物質文明和精神文明的總和，此外還包括制度文明和生態文明。四個文明的劃分體現了人類社會分工及其進步的狀態。其中，前三個文明體現了人類征服自在世界，並逐步向自為世界縱深發展的序列性進步。生態文明既是物質文明、精神文明和制度文明發展到一定成果階段的必然產物，也是進一步深化物質文明、精神文明和制度文明的指向。

(一)先秦儒家的生態精神文明

1.天人合一與天人相分

探討和思索先秦儒家的「天人合一」思想的產生不能不涉及中華九州獨特的自然環境、自己自足的農業經濟結構以及深厚的思想文化傳統。「天人合一」中「天」的涵義在中國古代有著豐富的內涵，涵蓋了多方面的內容。馮友蘭先生認為，「在中國文字中，所謂天有五義：曰物質之天，即與地相對之天。曰主宰之天，即所謂皇天上帝，有人格的天、帝。曰運命之天，乃指人生中吾人所無奈何者，如孟子所謂『若夫成功則天也』之天是也。曰自然之天，乃指自然之運行，如《荀子·天論篇》所說之天是也。曰義理之天，乃謂宇宙之最高原理，如《中庸》所說『天命之為性』之天是也。」❸顯而易見的是，儒家的生態思想與自然之天息息相關。

孔子從人道與天道相統一的角度出發，「知天命」、「畏天命」，進而「樂山

---

❷　姬振海，《生態文明論》（北京：人民出版社，2007 年），頁 2。

❸　馮友蘭，《中國哲學史》上冊（上海：華東師範大學出版社，2000 年），頁 35。

樂水」，自覺地靠自身的努力，「人能弘道，非道弘人」（《論語‧衛靈公》）去實現「天人合一」。孟子發展了孔子的「天人合一」思想，他從「誠」出發，賦予天以道德的屬性。他認為，人類要認識自己的善性，即認識「善端」，擴充自己的本心，就可以認識「天」。「盡其心者，知其性也。知其性，則知天矣。」（《孟子‧盡心上》）即人們要把天與人的心性聯繫起來，只有充分發揮其本心的作用，才能達到天與人合一的崇高境界。

荀子深化了孔孟關於天人關係的思想，提出了「明於天人之分」的觀點。一方面，他認為天是外在於人的物質自然界，有其自身的運動規律，「天行有常，不為堯存，不為桀亡。」（《荀子‧天論》），不以人的客觀意志為轉移。另一方面，他也看到了人應當在尊重天之運行規律的前提下「制天命而用之」，主張人與天應和諧共處，各盡各的職分。荀子在天人相分的基礎上論證天人合一，使自然之道和人之道在較高的理論水準上達到了統一。

2.推己及人與推人及物

先秦儒家推崇「忠恕」思想。「忠恕」思想是孔子自稱「一以貫之」的「夫子之道」（《論語‧里仁》）。所謂「恕」，就是以「己所不欲，勿施於人」的消極意義所言。（《論語‧衛靈公》）所謂「忠」，就是以「己欲立而立人，己欲達而達人」（《論語‧雍也》）的積極意義而言。「忠恕」的共通之處就是表達了儒家「推己及人」、「能近取譬」的仁愛思想。

孔子所言仁愛僅限於人與人的關係，在人與動物的關係上，他說：「鳥獸不可與同群，吾非斯人之徒與，而誰與？」（《論語‧微子》）「今之孝者，是謂能養，至於犬馬，皆能有養；不敬，何以別乎？」（《論語‧為政》）由於動物不具有德性，因此人與動物不必言仁愛。

孟子在這一問題上繼承和發展了孔子的思想。他在「推己及人」方面進一步具體為「老吾老以及人之老，幼吾幼以及人之幼」。（《孟子‧梁惠王上》）同時，他又提出了「人禽之辨」的思想。他認為，人之異於禽獸「幾希」，「幾希」之處就在於人有被稱之為「四端」的道德情感，並因此生發德性，這是動物所不具備的。但是孟子並沒有以此作為人與動物無仁愛可言的結論，他說：「君子之於物也，愛之而弗仁；於民也，仁之而弗親。親親而仁民，仁民而愛物。」（《孟子‧盡心上》）

甚至，「君子之於禽獸也，見其生，不忍見其死；聞其聲，不忍食其肉，是以君子遠庖廚也。」（《孟子·梁惠王上》）孟子的意思在於，雖然動物沒有仁義之心，但是人有仁義之心，因此有無單向卻非互動式的倫理關係是人與自然的區別。

荀子認為「天人相分」，人為「天下貴」。他說：「水火有氣而無生，草木有生而無知，禽獸有知而無義，人有氣有生有知，亦且有義，故最為天下貴也。」「力不若牛，走不若馬，而牛馬為用，何也？曰：人能群，彼不能群也。人何以能群？曰：分。分何以能行？曰：義。」（《荀子·王制》）荀子顯然在孟子的基礎上進一步強化了「人類中心主義」，即人與自然的和諧在於人力的作用。自然本身是無意識的，自然界與人的和諧與否也是無意識的，而人類社會的行為是個體偶然意識和整體合力意識的統一，因此只有人類社會才是實現和諧與否的根本力量。

(二)先秦儒家的生態制度文明

「禮」是儒家思想中的制度性文化。在人際社會中，「禮」規範了人與家庭，社會的行為；而把之擴展到天人關係上，則起到了規範人與社會、自然關係的作用。禮源於上古，是原始社會宗教儀式的一種。《禮記》中記載：「是故大禮必本於天，於地，列於鬼神，達於喪祭射御冠昏朝聘。故聖人以禮示之，故天下國家可得而正也」。（《禮記·禮運》）這是遠古敬天思想的深切表現，古人「以時祭之」，意識到天地自然是自己生存的基礎。

孔子不僅主張「禮」是處理人際關係的規範，同時他也認為禮是天地自然的秩序，人倫秩序是天地自然秩序的一部分。孔子說：「道千乘之國，敬事而信，節用而愛人，使民以時。」針對春秋兵爭戰亂對農事影響的現實情況，他強調愛護人民，「使民以時」，同時也強調了對自然資源的保護，又強調「節用」的原則。因此，人們要維持社會安定，就必須以維護自然秩序為前提：「禮也者，合於天時，設於地財，順乎鬼神，合於人心，理萬物者也。」（《禮記·禮器》）「禮」涉及天、地、人與萬物，對「禮」的遵循是整個人類社會及生態環境和諧發展的必要前提。

孟子在闡述以仁治國方略時指出：「不違農時，穀不可勝食也。數罟不入洿池，魚鱉不可勝食也。斧斤以時入山林，材木不可勝用也。穀與魚鱉不可勝食，材

木不可勝用，是使民養生喪死無憾也。養生喪死無憾，王道之始也。」（《孟子·梁惠王上》）孟子強調了保護自然資源的措施和意義，主張不用密網捕魚，不在樹木的幼年期伐木的可持續發展設想。

荀子則較為系統地提出了環境管理和自然環境保護的思想和措施，主張在人與自然之間建立起相互制約的秩序，對天地萬物施予仁愛。荀子說：「夫義者，內節於人而外節於萬物者也，上安於王而下調於民者也，內外上下節者，義之情。」（《荀子·強國》）在此基礎上他提出了禮之「三本」說：「禮有三本：天地者，生之本也；先祖者，類之本也；君師者，治之本也。無天地，惡生？無先祖，惡出？無君師，惡治？三者偏亡，焉無安人。故禮、上事天，下事地，尊先祖，而隆君師。是禮之三本也。」（《荀子·禮論》）並且將禮治自然上升到「聖王之治」的高度：「聖王之制也，草木榮華滋碩之時則斧斤不入山林，不夭其生，不絕其長也；黿鼉、魚鱉、鰍鱔孕別之時，罔罟毒藥不入澤，不夭其生，不絕其長也；春耕、夏耘、秋收、冬藏四者不失時，故五穀不絕而百姓有餘食也；汙池、淵沼、川澤謹其時禁，故魚鱉優多而百姓有餘用也；斬伐養長不失其時，故山林不童而百姓有餘材也。」（《荀子·王制》）

二、先秦儒家生態文明思想的特徵

結合對先秦儒家生態文明思想的介紹，筆者以為，對先秦儒家的生態文明的理解主要基於以下三點：

第一，先秦儒家生態文明思想輕視物質文明。由於時代和階級局限性，先秦儒家不可能在理論哲學層面上意識到物質生產實踐活動是一切歷史活動的前提，但是人們的物質生產實踐始終在日常生活層面上對自身的衣食住行等生存與生活起著重要的物質基礎作用。因此，勞動生產自然成為儒家思想的一個重要方面。從孔子的「使民以時」（《論語·學而》），到孟子的「制民之產」（《孟子·梁惠王上》），再到荀子的「農以力盡田」（《荀子·榮辱》）都認識到農業生產與治國之間的必然聯繫。然而，先秦儒家的節用觀上表現出其在生態物質文明向度上的缺失。

先秦思想家墨子在節用上「非儒」，提出薄葬、非樂等主張。孟子說：「天下

之言不歸楊，則歸墨。楊氏為我，是無君也；墨氏兼愛，是無父也。無父無君，是禽獸也。」（《孟子·滕文公下》）荀子則主張節用，但是與墨子有著根本的不同：「我以墨子之非樂也，則使天下亂；墨子之節用也，則使天下貧。」「賞不行，則賢者不可得而進也；罰不行，則不肖者不可得而退也。賢者不可得而進也，不肖者不可得而退也，則能不能不可得而官也。若是，則萬物失宜，事變失應，上失天時，下失地利，中失人和，天下敖然，若燒若焦」。（《荀子·富國》）荀子「隆禮」近「法」，但是對「禮」的理解卻同源於孔子，即禮的功用性在於維護特權階層的統治地位。

荀子說：「禮起於何也？曰：人生而有欲，欲而不得，則不能無求。求而無度量分界，則不能不爭；爭則亂，亂則窮。先王惡其亂也，故制禮義以分之，以養人之欲，給人之求。使欲必不窮於物，物必不屈於欲。兩者相持而長，是禮之所起也。」（《荀子·禮論》）可見，荀子認識到了先王制禮的工具性即制禮的目的在於協調人與自然的對立。因此，先秦儒家對農業生產的重視以及後世重農抑商政策的衍變在根本上是出於鞏固剝削階級統治的考量，因此其關於人與自然關係和諧的生態文明價值性也需要加以甄別。

第二，先秦儒家的生態文明思想是在生產力落後的第一大歷史形態下的思考。眾多學者往往擺脫歷史的特別情境來強調中國古代「天人合一」中重人道輕天道的不足之處。馬克思指出：「人的依賴關係（起初完全是自然發生的），是最初的社會關係，在這種形式下，人的生產能力只是在狹小的範圍內和孤立的地點上發展著。以物的依賴性為基礎的人的獨立性，是第二大形式，在這種形式下，才形成普遍的社會物質變換、全面的關係、多方面的需要以及全面的能力的體系。建立在個人全面發展和他們共同的、社會的生產能力成為從屬於他們的社會財富這一基礎上的自由個性，是第三個階段。第二個階段為第三個階段創造條件。」❹先秦儒家所處的春秋戰國時期就是「以物的依賴性為基礎的人的獨立性」的第一大歷史形態。「天人合一」正是當時人們在生產力低下的條件下「畏天」、「敬天」思想的一種延伸性表現。

---

❹ 《馬克思恩格斯全集》第 30 卷（北京：人民出版社，1995 年），頁 107-108。

馬克思主義認為，物質生產實踐既是自然界和人類社會分化的歷史前提，又是自然界與人類社會統一的現實基礎。筆者認為，先秦儒家的生態文明是在相對落後的物質實踐水準下，猶如盤古開天闢地式地對自然界與人類社會從混沌一片到澄明分化的過程性認識，而現代生態文明是人們在第二歷史形態高度發達的生產力水準基礎上，猶如女媧補天式地對自然界和人類社會從極端對立到互動和諧的前瞻性實踐。先秦時期的「天人合一」並不是人們能動地、自覺地「保護」自然，而是由於人們在征服自然能力條件有限基礎上對自然界的積極順應態度，當代生態文明所提倡的「天人合一」是在人們過度開發和征服自然引發一系列生態危機之後的積極反思性保護行為。

第三，先秦儒家的生態文明思想是在生產力落後的農業文明下的思考。有些學者認為，中國傳統哲學崇尚「天人合一」，而西方哲學注重「主客二分」。現代西方人本主義哲學家往往將古典哲學的思維方式斥之為「精神危機」，並借鑒中國傳統哲學資源消除「主客二分」。從歷史發展來看，西方近代自然哲學家基於工業文明的成就把自然看作是與人無關的客觀事物的總和，在這種自然觀中，自然是人的勞動對象。而中國傳統哲學所以「天人合一」主要因為中國古代社會彈性結構下農業文明呈現出持久性，「靠山吃山，靠水吃水」的生產模式決定了「天人合一」思維模式的持久性。

由此，傳統研究從中國傳統哲學尤其是先秦儒學的「天人合一」中引伸出「非人類中心主義」的觀點是值得商榷的。「非人類中心主義」並不是解決生態危機的合理方式，「非人類中心主義」的邏輯必然就是「自然中心主義」，是一種崇尚原始自然狀態的歷史倒退理論。人始終是生態文明的實踐主體，沒有人類社會參與的生態系統是無所謂「文明」的。荀子提出「天人相分」的思想就是基於生產力的發展進步，認識到人類與自然之間內在屬性的異質性，以及人類認識和改造自然的同一性。

但是先秦儒家所提倡的生態文明僅僅是基於農業文明及其生產方式反對竭澤而漁、殺雞取卵的非持續性發展方式。而工業文明下的可持續發展才是符合社會發展趨勢的發展方式。工業文明下的資本主義生產方式是生態危機的根源，這種生態危機是由於人們對於自然資源和能源的攫取速度遠遠超越於人們對新能源、新科技研

發能力的速度所導致的一種暫時性短視行為。所謂新能源、新科技就是能夠實現低消耗、高效率、可迴圈的革命性科技。在這一技術革命尚未實現之前，需要以健康合理的生產方式及其意識形態調節人們的消費需求乃至欲望，實現人類社會物質文明與精神文明發展的共進性和協調性。

三、先秦儒家生態文明思想對當代生態文明建設的啟示

首先，先秦儒家的生態文明為當代生態意識的建立提供了豐富資源。有學者深刻地指出，生態危機的實質是人被欲望所奴役的人性危機。❺人具有意識自覺性，因而人們在不受肉體需要的支配的生產過程可以自我調節生產與消費的關係，正確控制超出需求量的消費欲望，因而資源有限性與人的需求的無限性之間的矛盾並不是必然的，結果就蘊含在人的本質中，因為人作為人這本身就是使人成為人的條件，是使人按照人的方式來生產，按照人的方式來消費從而使人與自然之間保持和諧關係的條件；同時也是使人成為「非人」從而失去自己的生存環境的可能條件。

生態危機的本源表現為人的自然屬性即不合理的欲望超越合理的需求，有其深刻的社會根源即需求與欲望的區別是歷史性的區別。生態危機的產生是由於生產力發展的相對不足，在生產力相對不足的私有制社會發展中，對象化活動伴隨著異化現象的產生。異化現象的產生的原因在於人與人、人與自然之間的聯繫被「仲介」加以「隔絕」形成的「資訊不對稱」。這一「仲介」就是馬克思所揭示的商品、貨幣和資本三大歷史現象。

與此相對應，人與自然的異化問題的關鍵在於：一方面，要正確認識人開發和利用自然的合理性。人類開發自然的目的在於實現人類自我發展的目的，這是人類不同自然界的生存方式。另一方面，人們受到「仲介」的蒙蔽，對於開發和利用自然的合理性限度產生了錯誤的估計，因而人並沒有按照人之為人的尺度對待自然生態，即人對自然的需求欲望和開發速度超越了自然與社會的承受能力。生態危機的

---

❺ 曹孟勤，《人性與自然：生態倫理哲學基礎反思》（南京：南京師範大學出版社，2006 年），頁132。

解決之道在於將私有制條件下隔絕人與自然、人與人的「仲介」加以「去蔽」，將人類社會的發展步伐與自然界的承受能力相協調，以科技進步中的新能源開發為自然資源消耗「減負」。需要的合理性與欲望的不合理性的界限完全取決於生產力的發展水準與自然資源的供給能力。

先秦儒家所處的農業文明時代，由於人類與自然之間的供求關係較為單一，蒙蔽人與自然、人與人之間的「仲介」環節較之與當代社會甚少，「己所不欲，勿施於人」以及推人及物的換位思考較多，保護自然與迴圈發展的生態理念也易於被理解與接受。現代人本主義哲學家海德格爾借鑒中國傳統哲學資源，以「在世之中」的現實思維方式對現有世界進行反思。這一致思方式表現了中國傳統哲學的特有魅力。筆者認為，生態文明的關鍵並不是外在的實現人與自然的和諧，而在於超越當前與相對不足生產力相適應的非健全性生態意識，建立健康、有序的生態意識。

其次，先秦儒家生態文明思想對當代生態制度文明的啟示。從孔子的「禮」到荀子的「禮」的內涵變化表現出了先秦時期的社會變遷。孔子和孟子「禮」治的對象是針對貴族階級的血緣共同體內部而言，而荀子「禮」治的對象則泛化為具有「人欲」的普遍民眾。先秦儒家的「禮」由孔子和孟子的道德起源論轉變為荀子的道德統治論。

基於先秦時期戰亂不斷導致民不聊生和物資匱乏的現狀，統治階級認識到物質生產的重要性，而生產民生產品、戰備物資和統治階級奢侈品而產生的自然資源消耗，加重了當時的生態系統平衡壓力。孔子、孟子到荀子主張以「禮」協調人與自然和諧關係，但是其「禮」的對象範圍的擴大一方面反映了生態危機的階級原因，另一方面也折射出當時自然資源消耗量的急劇增長。先秦儒家「禮」治思想中關於可持續發展的範導性思想對當代生態制度文明建設依然有著重要的借鑒意義。

馬克思主義認為，人與自然的關係在本質上就是人與人的關係，因此，當代生態制度文明不僅僅表現人類對自然生態的責任感，其深層次的是對社會公平正義的關注。西方發達資本主義社會針對當代社會發展中出現的「效率與公平」和「貧富差距」問題掀起了消費主義思潮，因為階層分化內在地也反映了自然資源消耗的群體性差異。譬如，城市發展和房地產開發過程中，土地特別是耕地和林地的徵用和管制雖然有相關法規的明確制約和規定，但是行政人員、執法人員與生產商的「利

益均沾」促使鋌而走險的違法行為屢禁不止。在荀子看來，「先王制禮」的目的在於協調「物」與「欲」的矛盾。規範執政與執法人員的行為是全社會實現自上而下建設生態文明的重要保障。

最後，先秦儒家生態文明思想在生態物質文明方面存在不足之處。農業始終是人類社會發展的第一產業。先秦儒家生態文明思想誕生於生產力落後的奴隸制晚期至封建制早期這一階段，其生態和諧思想卻內在蘊含著人類生生不息的發展需求。

人類保護自然生態的理由不是因為人是自然界的一部分，而是因為自然界被人對象化為主體，人與自然的關係本質上就是人與人的關係。對象化本身就意味著人與自然的對立，同時也表徵著人與自然的統一。人在對象化活動即實踐中，實現了人與自然的分化和統一。海德格爾以東方思維反資本主義現實，但是其反科技成就與人類物質文明的邏輯是不值得借鑒的。因此，實現生態和諧並不是依靠維持農業文明的原生態得以實現的，而是在物質實踐中、在當代則是在工業革命與技術革命的進步中尋找解困之路。

國內有的學者曾經就當代生態危機問題提出過「正實踐」與「負實踐」的概念來表徵物質實踐活動的正反兩方面的效應。筆者以為，物質實踐是客觀物質活動，也是核對總和區分真理與謬誤的唯一標準，其本身不存在正確與錯誤之區分。物質實踐效應的正方向與反方向是物質實踐程度的外部反映。生態危機的出現是對人類物質成果文明程度的一次考核，人類社會物質成果和物質文明是兩個既統一又區別的概念，即物質成果不是衡量物質文明程度的唯一標準。因此，生態物質文明強調既要重視物質發展中「量」的積累方面，同時也要注重發展中「質」的保障方面。

綜上所述，先秦儒家及中國傳統哲學中的生態文明思想是當代發展生態文明的理論資源。我們要堅持馬克思主義的指導思想地位，在歷史情境中具體地挖掘先秦儒家生態文明思想的合理成分和不足之處。總體而言，以人民性替代階級性是先秦儒家生態文明思想再次成為人類寶貴財富的必要前提。

儒家思想與生態文明之心扉綻放

潘樹仁

【作者簡介】潘樹仁，號芙蓉散人，生於香港，大專科技畢業，卻生好國學及中華文化，自學以成。著有《濟川·水的科學與哲學》、《歷海笙歌·蕭大宗師昌明傳奇一生》及《天德聖教哲理精華》，深研養生哲理及文字創意之新穎教材，其他十多篇哲學及養生論文於兩岸四地國際研討會發表。2007 年創辦「濟川文化研究會」，主辦「成人加冠禮」，以水文化之思維，推動中華文化融合世界文化。

【摘　　要】泰古樸素哲學，開始於《易》理，不分宗派，「道」理之研求為共同目標，然後多元發展，春秋有九流十家之說，孔子以人生倫理為重要磐石，不離天人合一之大道哲思，而成儒家思想學派。「天」之意義雖多，但作為自然環境之統稱，是一個古代語言，可見遠古早已留意環境之問題。

【關 鍵 詞】德教　廿字哲學　道學　身心修煉

儒家思想與生態文明之心扉綻放

潘樹仁

時至今日，生態文明之關切，已是一切人類所共同面對之問題，本文探討開放性之現代新儒家思想發展，除了包容東西方哲思外，更必須擴大而融和現代「一個地球」這種生態觀，並攜手解決人類所有身心環境之相同危機。

一、儒家思想之開創與根源

(一)中華文化之開創

人類之存在，大家都以偶然發生而接受現實，世界各地有不同之種族，從而產生不同之文化，在不同角度探究文化，會有不同之定義，本文對文化有簡單概括意思：群居人們之共同行為活動。中華民族現今包括五十六個族群，遠古時代則有更多部族，但主流則以大中原地區之文化為主軸（黃河及長江流域應同時堀興），當農業開闢食物來源，人們整頓土地耕稼，生活便穩定下來，活動之細節更多姿多采，一般稱為中華文化體系，或華夏文化之源頭，語言雖有差距，生活習慣略有差異，而部落之間卻有類似之文字圖像在形成，達到互相溝通之目的，文化凝聚力由此而開創。

《易經》以一劃開天，八卦成物，十方演易，來形容祖先們對天地事物之理解，簡單之符號，用作數量或記錄，都是先民身邊之事物，結繩記事可能是最早之串連性事件，天地人三才亦以人為大，抬頭看天似乎虛渺，但「天」之意義有多種，可以是萬物主宰之神；一切萬事萬物之源頭；哲學之終極；宇宙之無限；權威

性之極限；雷電雨雪力量之來源；日月星辰存在之空間；一晝夜之時間；時節或季節；地球大氣層；宗教所指之神靈層次境界；神仙聖佛所居之地；人類精神之依託所在地；極大之形容詞；自然環境之統稱。❶以現實而言，自然環境包圍著人類，是人們之生存空間，對環境之觀察和適應，就是生物適者生存之基調。所以無論中外，人類文化之起源，必定經過懼怕和崇拜天地之階段。

集合符號以記錄事件，書圖以成文，劃文以成像，連書以成句子，後來稱為字（單字），最早之符號劃在身上，作為種族之圖騰，所以紋身即是「文」，這些藝術化之圖像，演繹成部首及方塊字，就是中華文化開創之根基，而文字大部分是生活之現實圖形情況，以圖像推理，產生創造曲折之思維，例如有多少人口或牛羊數目等等，當中亦有空泛之哲理思維，例如「孝」字，上老下子，子以養老護老為孝，也有天與人關係之探索，例如「雨」字，外天內水（點），水為人類必須之物，最早之遊牧部落，逐水草而居，沒有水便遷徙，農業社會要雨水耕耘，沒有雨水，必須集合眾人向上天求雨祭祀。饒宗頤老師清楚指出中文字之特殊文化開創性：「漢字始終屹立不動，文字圖形的用途更加深化，以至和藝術與文學結合，文字形態另行獨立發展成為一種『書法藝術』。造成中華文化核心是漢字，而且成為中國精神文明的旗幟。」❷

中華文化之結晶，是人們圍繞著身邊之天地全部事物，和諧地協調共存，或被稱為「和」文化，中華文化之價值，在於自身之德善行為，與別人之間和諧地有秩序（即禮儀之應用）相處，因強大之倫理人際關係，而共融性被置於優先地位，個人獨特之處，在於藝術人生或奮鬥生命之展現，卻融化於整體有秩化之中。

㈡大道哲學之根源

從敬畏天開始，產生宗教色彩之天帝拜祀，也同時形成由上而下之禮儀秩序，使百姓知所先後，此是禮教之伊始，祖先們用智慧觀察天地，逐漸匯聚理性化和哲

---

❶　參考「臺灣教育部國語推行委員會編纂」網上辭典，其中包含異體字，http://dict.revised.moe.edu.tw。

❷　《符號・初文與字母──漢字樹》，饒宗頤著，第 174 頁，商務印書館出版，1998 年 7 月第 1 版 2006 年 9 月第 2 版。

理化之天地觀，歸納出一些自然規律，稱為「天道」，或「天之道」。道是道路之一般意義，古字是「彳人亍」人在路中，「行」字古意是路，天道，就是天所行之道路，日月星辰各行其道，四季寒暑各有時節，這些大自然之定律，是宇宙無形之道路，故此，天之力量與包含，便不是人格化之天帝小範圍（此小範圍可解說為三才：天、地、人，天帝屬上層天之王帝，雖然最為尊貴，但地有地神，萬物各具神祇而自行約束監管，天佔宇宙三份之一而已），還有全然整體之大意義，因而古聖賢以「天」為神聖之代表，道有活動行為之意，有形上精神境界之義理，《易經》：「形而上者謂之道，形而下者謂之器。」確定「道」為所有哲學思維之核心價值根源。

　　人生在自由意志之範疇內，生命之經歷也是無影無跡，這條無形道路，生物體部分確與天然規律息息相關，有著標準化之因果關係，食物入口與疾病有關連，飲食習慣與體質相關。意識部分之抉擇，行為價值之取向，中華文化之傳統精神，便掛扣於最高之「大道」哲學，天與人之間，有著重疊相似之軌跡，儒家以自立為君子作為底線，堅持著應有之道德行為，「天行健，君子以自強不息」，自強之修養在於大道之體認，「天命之謂性，率性之謂道，修道之謂教」，這幾句大原則導向著君子，令後世儒者在教育事業上之堅守立場，《易經·說卦傳》：「昔者聖人之作易也，將以順性命之理。是以立天之道曰陰曰陽，立地之道曰柔曰剛，立人之道曰仁曰義。」❸政府官員亦是按照天地正道之秩序價值，推行政令，而管治民眾，導之向善，《左傳·桓公六年》：「所謂道，忠於民而信於神也。」《國語·周語中》：「天道賞善而罰淫。」❹

　　大道因為無形，只是一個原則性之契合，聖人就簡易地描述「德」行之大概，導人向善而行，三代之始，夏代已經有全面用「德」之教化，大禹有《總德》之佚籍，德可以理解為一切善良恰當行為之總稱，《莊子·天運》：「吾子使天下無失其樸，吾子亦放風而動，總德而立矣。」所以蟻民百姓雖然不知什麼大道理，黎民只要跟隨聖人之行為而行，則不致於離道而傷生（傷害自身和他人之生命，生生之謂

---

❸　《圖解易經》，祖行編著，第 319 頁，陝西師範大學出版社，2007 年 2 月第 1 版。
❹　《大道運行論——關於中國大道哲學及其最高精神的研究》，司馬雲傑著，〈第二章：大道探源論·三、從天帝觀到天道觀的知識論基礎〉第 112 頁，陝西人民出版社，2003 年 1 月第一版。

德），德性不斷無限地提昇，個人之神氣翱翔穹蒼，達於極點，最高之德當然就是天德，因為精神活動行為循乎大道天德，就「能獲得天賜厚福，合於天釐，便是天德。」❺《墨子‧天志》：「上利於天，中利於鬼，下利天人，三利無所不利，是謂天德。」

(三)儒家思想之倫理建設

今人熊春錦將考古發現之帛書與竹簡，重新編註為《老子‧德道經》，以德編為首，從「修之身」觀點出發，燃燒自我生命，照亮宇宙一切為人生價值，古字然即燃，故自然便解釋為自身燃燒身心性命，為生命最高之德行情操，所以古人不分派別，同德而修，修煉即修德，同時在養心身，用文字原始之身體形態，加以詮釋「德道」之意，德是高層次之自我修煉，「符合老子淳德歸道、全德復道的本意」❻，可說是道家性命雙修之重視體現，這種內向追求合道之方式，就成為氣功主流發展，是道家天人合一之大目標理解。

孔子雖然沒有著作，只做刪書整述之工作，依據周公制禮作樂之教化原則，用於倫理道德，他能夠被尊為儒家之開創者，除了實踐「有教無類」之外，並從《周禮‧地官‧保氏》之中定立六藝：禮、樂、射、御、書、數，作為通識教育之基礎，《禮記‧經解》：「溫柔敦厚，《詩》教也；疏通知遠，《書》教也；廣博易良，《樂》教也；潔靜精微，《易》教也；恭儉莊敬，《禮》教也；屬辭比事，《春秋》教也。」孔子更以人文主義之精神「仁」，確立成仁德之大前題，教導德行及論述天人之和諧理念，成為後世教育界之五育思想方向：德、智、體、群、美。《論語‧子罕》：「智者不惑、仁者不憂、勇者不懼。」《中庸》：「智、仁、勇三者天下之達德也。」禮、樂是德育教化之開始，就是人倫道德行為的秩序規範教育，孔子專門以倫理建設為目標，德教則為教育之本之始，人首先站立得宜，自具信心及明確之方向，舉止有節，謙恭樸實，然後開展有恰當之德行活動，

❺ 《饒宗頤‧新出土文獻論證》，沈建華編，〈禹之總德〉第 51 頁，上海古籍出版社，2005 年 9 月第 1 版。

❻ 《老子‧德道經》，熊春錦校註，編者〈序〉第一頁，中央編譯出版社，2006 年 10 月第 1 版。

誠敬莊重而嚴肅，故孔子在《論語・季氏》：「不學禮，無以立。」儒家倫理建設之最高理想，是由個人以至天下（全世界）：修身、齊家、治國、平天下，可以說是一個大政治理念，管治者之高明「在於能夠通過明察明刑來教育老百姓，不再出現爭訟之事。」❼《論語・顏淵》：「聽訟，吾猶人也。必也無訟乎。」

儒家思想往後繼續發揮，君子修德，在於自我道德之提升及挺立，《孟子・盡心下》：「君子之守，修其身則天下平。」孟子認為有德之君主，則使國家安定，《孟子・離婁上》：「一正君而國定矣。」君王修德，則以身教感化天下黎民，提升社會道德水準，暢順管治規範，是謂德政，《漢書・董仲舒傳》：「仁義禮智信五常之道，王者所當修飾也。五者修飾，故受天之佑，而享鬼神之靈，德施於方外，延及群生也。」荀子以堅持之態度修養自己，不以獲得名利為目的，心平氣和地面對事物之流轉，《荀子・儒效篇第八》：「故君子務修其內而讓之於外，務積德於身而處之以遵道，如是則貴名起之如日月，天下應之如雷霆。故曰：『君子隱而顯，微而明，辭讓而勝。』」❽

唐朝佛學在中國大放異彩，融入老莊和孔孟之學理，甚至產生中國特色之宗派，例如華嚴宗、禪宗等等，直到宋明時代，理學以儒、釋、道融合為前題，使儒家學理可以反觀其思維之經驗和教訓，更能深入人心，接合現況，啟迪探勘天道之形上理論，豐盛傳統儒家哲理和核心範疇，再追溯本源，研究太極圖像，孔子編寫易學之理，道學、心學、氣學、新學、蜀學、涑學及理、性、天等思想加以解脫和重篡，「文化整合更加完善」❾，思想衝突就會減少。清末民初西方思潮湧入中土，佛家要爭取「人間佛教」地位，有新道家新儒家之學說，都是要消弭基督教及西學之澎湃影響，要包容科技帶來之物質文明，平衡客觀科學精神對道德主觀之挑戰，各種論戰此起彼落。新儒家除了面對思想整頓外，更應該跳出純教育之學院學者思維方式，負起社會責任，承擔和諧氛圍之締建，共同出謀為地球問題尋找解決之道，為新紀元建構人類永續發展之美境家園。

---

❼　《德治中國・中國古代德治思想論綱》，唐鏡著，〈第十章：施教育民・2.德教為先〉第 127頁，中國文史出版社，2007 年 3 月第 1 版。

❽　《荀子・儒效篇第八》，耿芸標點，第 98 頁，上海古籍出版社，2001 年 12 月第 1 版。

❾　《宋明理學研究》，張立文著，〈第一章：緒論〉第 5 頁，人民出版社，2002 年 11 月第 1 版。

二、生態文明之今古

㈠生物循環圈之天人自然觀

動物禽畜互相殺戮，以大吃小，大魚食細魚這種生物循環圈，不是殘忍，而是天然之現象，人也要飲食，《孟子》提過：「見其生，不忍見其死，聞其聲，不忍食其肉。」經常接觸血腥，有可能令人麻木，例如士兵在打仗，戰場滿是血肉模糊，那有仁慈正義，只有生死，但作為軍隊之統帥，就是判斷仁義之決策者，是和是戰，可能是瞬息間之念頭。另一方面，時常拿起屠刀之廚師，也可能有不忍之心，成為一個素食者。生物圈要平衡循環，不致於混亂崩潰，必須取用有限度，不能破壞其中一部分，使生物鏈斷層，古代人口少，機械性設備很少會大量損毀天然物種，自然環境也不易受到傷害，故生態問題不受重視。

在以往老百姓之生活習慣，中國人一向用「儉」樸自持，「節」約之美德常被人稱讚，藝術簡樸之生活，反而是大多數人所嚮往之環境，例如歷史悠久之江南園林營造假山，水秀山青，將自然環境「巧妙地進行縮微」❿，天人相融，所以中華文化一向都是愛護天然山水，暴發戶之奢侈較少出現，貪官也較少亂花金錢炫耀自己之財富，而且在政治人文社會之氛圍下，商人重利忘義，點滴計較，營商被視為較低身分，富商對社會之影響力不會太大。地下礦藏被開採利用不多，只有天災，才能成為生態之破壞者，天然之修復只須要一點時間，即可回復自然之美境。

從「天人合一」之大觀念流傳下來，大地「厚德載物」，則人與物平等，《禮記》反對人類傷害動物：「諸侯無故不殺牛，大夫無故不殺羊，士無故不殺犬豕。」孔子主張不能大量殺生：「釣而不網、弋不射宿。」取用萬物，不可盡取令其絕種，破壞生物之平衡，大自然就等於每個人之父母或衣食父母，故取用合時，因恰當而可再生互補，胡亂殺取，擾亂天然生物圈，即是不孝於大自然，他說：「斷一樹，殺一獸，不以其時，非孝也。」天人合一之自然觀必須依循氣候而適

---

❿　《江南水鄉》，林峰著，〈序〉第 5 頁，上海交通大學出版社，2006 年 6 月第 1 版，2008 年 8 月第 2 版。

應，《荀子》：「春耕、夏耘、秋收、冬藏，四者不失時，故五穀不絕，而百姓有餘食也；汙池淵沼川澤，謹其時禁，故魚鱉優多，而百姓有餘用也；斬伐養長不失其時，故山林不童，而百姓有餘材也。」天人和諧之並存，就是萬物有序化之個性示現，這種和合之自然觀，合乎儒家和而不同之大同合一思想。

(二)文明之追求

簡單地描寫文明之意義：「人類社會進步開化，脫離野蠻之動物獸性行為。」人們思想之開化，就是提高人性之優良思潮，減少人與人之差異，使人人平等社會和諧，在人類進步之角度而言，是人們使用智慧，避免天災之傷害力度，人類生活得更舒適及健康幸福，作為共通之企盼。進步之要求，可為無形之動力，即是今天勝昔日，文是歷史事情之記錄，文字能力和功能之提昇，可知時空之躍進，張懷瓘有《書斷》及《文字論》❶等等論書之著作，明乃光明，使人類思想不斷增光，更明亮地看透前景，則是智慧靈性之提高，儒家學說清楚分析人倫之和諧關係，揭櫫人性良知良能，對心性靈明之開顯有極重之啟發，由此人們脫離野獸之相殘行為。

要抵禦天災，人類開闢科技之路，運用自然定律，製造不同之器械，配搭不同物質，產生更多之物料。西方由文藝復興引爆科學技術之大路，器具再不是簡單之防衛設備或工具，工廠大量生產不同物類，廣告教人去使用，引誘人們消費，不管實用不實用，消費者已被牽扯著向前，而且以外表美艷為潮流，傳媒以大眾文化之吃喝玩樂為焦點，各物種之發展以享樂為大前題，並鼓勵預先消費，信用卡大量膨脹，封建政府倒下，經濟就成為主帥，其他一切都被壓低，成為邊緣不重要之事物，破壞環境無須顧慮，道德文化自然靠邊站。

英國歷史學家湯因比之研究，世界文明是多元化之存在，文明如果走錯路，也會衰落及解體。二次大戰以來，人口爆炸性增長，落後地區衣物仍有不足，目下西方式之經濟文明是全球主導，這是現實，大多數人類追求物質享受，得一時之肉體

❶　《文化符號學·中國社會的肌理與文化法則》，龔鵬程著，〈第三章〉第 93 頁《文字論》：「文也者，其道煥焉。日月星辰，天之文也；五嶽四瀆，地之文也；城闕朝儀，人之文也。」世紀出版集團·上海人民出版社，2009 年 1 月第 1 版。

快樂，心性墮落毫不在乎，破壞生態就是下一代人之問題，沒有文化發展之大方向，只有自我目前之權勢利益，裝飾虛偽假形象，雖然金融海嘯令人損失金錢，但「衣食足而後知榮辱」之儒者單純心境已不易存在，人類要真正扭轉文明之發展路向，確實要群眾及各國大量之智者，從新打開心扉，遠眺未來，找出解決方案。

(三)現今世界之生態承擔

簡單地解釋「生態」二字：「生物圈內的生物，不論是同種或異種，彼此間都會相互影響；生物和他所生活的環境間，也會發生相互作用，這些現象稱為『生態』。」零五年筆者已經寫過一篇文章「溫室效應，水浸眉眉」，登載於香港星島日報。人類所生活之地球環境，因為受到過大之污染及損害，已發生了明顯之變化，例如北極冰層減少減薄，大地開始反過來影響人類，極大之海嘯颶風會逐漸增多，大量減低排放溫室氣體三分之一才能逆轉❷，可惜既得利益者不願意改變地位，仍舊讓環境陷入不正常軌道，或者在五年至十年內，情況再沒有扭轉，將會變成蓄勢待發之大災禍。

兩三年前，仍有環境學者認為生態圈不會崩坍，溫室效應只是輕微現象，現在已一致承認氣候環境之激化，相差之意見只是時間之距離。過往二百年之科技文明，產生兩次世界大戰，大量戰爭武器和消費品充滿店舖，造成現今之壞影響，如何改善，這是現代人要承擔之責任，人們要是再推卸，下一代人可能喘著氣逃跑，所以，現在是君子面對責任之大時代，上一代中國人要有勇氣，參軍打仗，由改造封建王權，反帝制復辟，整合軍閥割據，到二次大戰抗拒侵略，這個時代因而熱血沸騰，有人泯滅人性，殘暴同族，更有背負「雖千萬人吾往矣」正氣之俊傑，慷慨就義之仁義君子也多不勝數。今時今日必須培養一批真君子，勇敢地肩負環保工作，災禍才能減輕。

《論語》有「智、仁、勇」三達德，是儒家之重要思想，現在人類面對之敵人，不是手執刀槍，也不是手拿著洋鎗，連環發射子彈之狂徒，敵人是快將倒下之

---

❷　《濟川‧水的科學與哲學》，筆者另一本著作，〈第二章：水的科學結構‧2.2 溫室效應〉第 22 頁，明報出版社，2006 年 7 月初版。

冰山，污染空氣之有毒粒子，含化學劑之水源，有農藥之蔬果，充滿防腐劑之食物，吸收重金屬之深海魚類，漂亮而含鉛毒之衣物染料，強力而有水銀（汞）之化妝用品，不可降解之塑膠物品⋯⋯要有智慧去選擇物品消費，物盡其用，發放仁愛之儒家思想去關懷所有生物和地球，遍散仁慈之大愛，勇敢地改變浪費之習慣，善用再生能源，儉約持家，以智慧之科技取代消耗及污染之物類，研究物質循環再用，傳播仁義之善心，集合更多仁人君子，同心同德，為生態文明取得平衡而努力以赴，勇猛地挺身而出，揭示破壞環境生態之個案，使違規者繩之以法，不再傷害大自然。這些行動都可以在家庭裏實踐，其實這都是儒者應然承擔之責任，由個人開始，磨鍊修身齊家之道。

三、心扉綻放之大同新紀元

(一)心性哲理之追尋

宋代張載提出：「為天地立心，為生民立命，繼往聖之絕學，開萬世之太平。」從心性學之踐履意義講，天地之心為我心，立我心於內，建宇宙於胸懷之中，見微知著，包容上下一切，性命與民相依相連，亦與萬物同體，性性扣繫，仁性大義，匯通於一，哲理踐實，此即往聖之心性大學，由異而同，能繼者為賢，可成者為聖，乃人間之絕學，難成之道業，若能體天心而盡性，即天人合一自然契合，立德炯炯，開萬世之楷模，和之於天下，則世道太平歡欣，大同之日開矣。中國傳統哲學既為實踐主義，由教育之導師引領思維探索，歷經實際人生之磨鍊，最後必須從自由意志而得以開顯，孔子成為一位偉大之教育家，即以「傳導、受業、解惑」為基礎，即「立心、立命、繼聖學」之薪傳，然後隨機遇以行道，「窮則獨善其身，達則兼善天下」，創造大同樂土，即「開萬世之太平」。勞思光這樣形容學習和創造：「文化必有傳承與創進兩面。我們不能否定傳承的意義。如果全無傳承，教育就無從說起。⋯⋯不採取封閉性的原則時，並非全無傳承，而是由傳承而

推動創進，不受教條限制。」❸

　　講授了數千年之儒家倫常哲理，在現今社會碰撞出數個問題，首先是外來西方文化之不同思想；其次是家庭宗族之弱化；其三是君父權威之潰散。近代人蕭昌明先生❹（1895-1943 年）在 1926 年提出「廿字哲學」——忠恕廉明德正義信忍公博孝仁慈覺節儉真禮和，用此廿字，以簡御繁，希望創出大同和平思想，化解宗教差異之互相排斥，東西方文化大同存異，在於接合傳統中華道德實踐哲學，於踐履之中求體證，印證普世價值之新思維，蕭先生曾經談到：「宗教本不二，法門似海深，欲止孽浪襲，除非無我人，週身被上下，一體非乾坤，性海生白浪，法眼如水準，成個大自在，帶笑拈花迎，帶笑非是法，拈花亦非真，觀無所觀處，不動這個心，如如如是者，非非非法僧，輪迴停車軌，循環何處生，眷屬與父母，和顏迎好春，我願諸眾者，發願步後塵，願與如來佛，處處現金身。」❺一位有「德」之君子，豈可是儒家獨有，必須放寬心量，「明」辨各有所長，不以人我對峙，融納西方各種哲學精粹，為人類新紀元創新思維，不在於文字表面之差異，貫通各種哲思之精神內涵。因家庭成員之減少，宗族弱化，可由此轉為社會化世界性，作為人生目標，個人之修養建基於廿字哲學，行「仁」修「真」均可，齊家治國結合為社會化「和」諧之締造。君父權威無須過份虛假製造，有德之領袖，自然令所有下屬及人民愛戴而「忠」誠，平天下則以世界性「德」善和平為目標，以達天下兼眾善為己任，正面積極之人生永遠在前，此當為現代儒者之大指標。對於東西方以唯心唯物作為論爭，蕭先生有如下兩段之見解：「夫科學者，形而下之謂也，道學者，形而上之謂也，道學以心為主，科學以物質為主，以吾社視之，道學、科學乃一也，二者並行，天下有補，二者分離，天下即苦，道者本於心，心亦物也。」「心者物也，物者心也，因有其名，物的名字以成立，既然名字成立，而為對待，即是物也，吾願世界，唯心、唯物者，合而為一，免了多少論爭，論爭既免，戰爭亦可隨

---

❸　《哲學·文化與教育》，杜祖貽、劉述先合編，〈第三章：哲學思想與教育：勞思光·三、教育之目的問題〉第 43 頁，中文大學出版社，2006 年初版。

❹　《歷海笙歌·蕭大宗師昌明傳奇一生》，筆者另一本著作，博學出版社，2007 年 12 月第 1 版。

❺　《宗教大同推進社問答》，是對答式記錄，為全書之第一條問答，蕭昌明先生以無形居士身分，提出嶄新宗教大同理念，成書約在 1926 年或以前。

之而免。」

　　傳統儒家學者，以身心參與道德修養之精神內核，是一所廣闊之天地空間，雖然宋明理學家稱之為「身心之學」，卻仍然受到大部分人之忽視，若果由身心回顧儒學本原，則修養心性之功夫為內在，外在德行之示現皆「因時制宜，因地制宜」，即無所謂儒非儒，而以天人合一之大道為終極依歸，便可包融任何學派之不同見解，現代學者有這樣之研究：「儒家的道德修養功夫歷來恰恰是用『修身』這一用語來指稱的。正是由於身體所扮演的重要和積極角色，嚴格而論，儒家的修身功夫不只是一種單純精神性的心性修煉，同時也是一種身體的修煉。換言之，儒家的修身傳統是一種身心修煉（a spiritual and bodily exercise）。」**⓰**孟子以「浩然之氣」善養心性，這修煉之方式雖然沒有文獻記載，應當是身體之修煉，亦合乎「配義與道」，配合道德意義之行為規範，君子按照本「性」而繫於本心之「仁」、「義」、「禮」、「智」，則行為活動時，德性自會體現於舉手頭足，自然之狀態，非矯揉造作所能掩飾，正是《孟子・盡心上》所說：「睟於面，盎於背，施於四體，不言而喻。」

㈡個人之定位和人生指標

　　儒家思想之優勝處，就是從個人作為起點，自身修養心性，定位為君子成為不移之根本，這種既不離世，不反對俗世之柔和心態，值得現代人三思。君子但求「慎獨」，無悔於人生無愧於天地，自挺道德意志，則無求大魚大肉，現代生態受重大之損毀，皆因人類貪婪所致，自以為有錢可以操權弄巧，食物浪費，殺生害命遠超個人食用之數倍，自然界未能及時降解廢棄物，污濁便倍增，其實很多人患有慢性病，也是食量過多所致，例如糖尿病，三脂高，肝硬化等等。任何政府之呼籲，控制生態環境之法律，這種表面之壓力，沒有提醒公民道德之「權利和該承擔的義務」**⓱**，故不是解決之良方，近年有人提出「心靈環保」，這正是儒家思想之

⓰　《儒學的氣論與工夫論》，楊儒賓・祝平次編，〈儒家傳統的身心修煉及其治療意義──以古希臘羅馬哲學傳統為參照・彭國翔〉第 17 頁，臺灣大學出版中心，2005 年 9 月初版。

⓱　《當代中國德治研究》，李蘭芬著，〈第七章：公民道德〉第 287 頁，人民出版社，2008 年 3 月第 1 版。

基石,大規模改善教育,把西方式之數理科技減少,強化修養心身之培育,德教為重,從修煉個人之心性,改善自己肉體之生態文明,身心合一,最終達致天人合一之大道流行,便是以儒家思想解決生態文明之驗方。

環境美好之生存幸福,是人人共同追求之生活質素,但幸福不在外求,要從自己做起,也不能獨樂,要社會全人共同攜手,做好長遠之規劃,訂出良好之教育內容課程,擴展下一代人之眼光,培養宏大正面人生觀之學子,人類之永續文明發展,才得以保證,在大視野新紀元之下,個人有不同之定位,但人生指標都應該類似,可指向善良和諧之平衡規劃。在從新塑造現代新儒家思想方面,本文提出:一德三達四維。一德是君子修身以德,最後是天人合德之大道(或大一)和諧,三達是智、仁、勇,這是君子齊家外展之工作表現,簡單之家庭用仁孝加以維繫,工作之中以智藏仁,磨煉個人修養修心之才德,消解挫敗之教訓,考驗成熟之勇敢程度和才智胸襟,四維是禮、義、廉、恥❶,國之四維提升至天下四維,在公益團體或政府機構內工作,不管是受薪或義務,必須推行以禮相待,互為尊重平等,不計較目前之得失而義不容辭完成工作,混雜於公眾事務裏操守要廉潔,有錯要糾正改善,無須虛假而不知悔改。

整理儒家思想,可由以往之內化心性,加強外變「經世致用」,平衡內外之修持應用,將各種思維吸納,融入傳統文化之內,開闊通衢大道,套合整一性、動態性及連續性❶之深厚文化氛圍之中,裏應外合,重新壯大儒學之特點和社會凝聚力,面對生態文明問題,與民眾一起解決這個危機。

(三)心扉綻放之大同合一

圓是中華大道哲學之具象,儒家思想安放天道於未來,或將大道與心性定於方

---

❶ 《管子·牧民》:「何謂四維?一曰禮,二曰義,三曰廉,四曰恥。禮不踰節,義不自進,廉不蔽惡,恥不從枉。」《史記·卷六十二·管晏傳》:「倉廩實而知禮節,衣食足而知榮辱,上服度則六親固。四維不張,國乃滅亡。」臺灣教育部定「禮義廉恥」為全國各校共通校訓,並明示禮為規規矩矩的態度,義為正正當當的行為,廉是清清白白的辨別,恥是切切實實的覺悟。

❶ 《智圓行方的世界·中國傳統文化新論》,龔紅月等編著,〈第十章:傳統文化的基本特徵·第一節〉第370頁,各小段分論題目,暨南大學出版社,2000年4月第2版。

寸之地，把理性化之人生道德，條列德目，定為禮序而共同遵行，前人有說為內圓外方，心體為圓，個性為方，儒家不以正統自居，不以廟堂為高，不以學院教育為威權，只用行方以正，中和內斂，智慧湛然豁達，體證圓融，三重二諦一圓融❷⓿（一道，正、反二諦，善、惡；真、智；圓、通三重），即方角磨勵，桎梏自消，方中化圓，內外一貫通和，《廿字箴言・和》：「審一定和，應情中節，不剛不柔，己安人悅，行不崖異，虛衷遜辭，和而不流，是為得之。」❷① 方圓相容而生生不息，謙謙君子，心扉敞開，綻放蓮花妙義，君子何分西東，平和自在，人間往來暢順，與萬物一體，大德化育，既耗必補，生態美景持續明亮，人天一體，物物皆仁，天人合德，豈不樂哉。

　　大同之歸宿，除在人間以外，就是「天人合一」，這種豁然開朗之精神，影響整個東亞地區，例如韓國權近（1352-1409 年）創作了「天人心性合一圖」❷②，由他導出之天人之理，科技有一時可勝於天，但若果破損生態，負面殺孽太重，最終也是回報人類自食惡果，《朝鮮哲學思想史》記錄他之思想：「人眾勝天，天定亦能勝人。天人之際，雖交相為勝，然人之勝天，可暫而不可常；天之勝人，愈久而愈定也。故淫者必不能保其終，而善者必有慶於後矣。」

　　總結本文，儒家思想從來就充滿著愛人及物之「仁」愛精神，受到孔子高度表述，眼前生態文明確屬歷史性之危機，君子打開懷抱，用繼承聖賢之志，心扉綻放，俯瞰大同，自會開出智慧之花，調整人類生態之互動功能，與大地所有生命，共同享受美景，又不會遺害於後世，以下摘錄蕭昌明先生在大同理念裏，「仁」學之闡微：「夫天以好生之德生長萬物，及萬物生長過盛，則皆利己之生，而害他物之生，於是天惡其勝而殺之，實則非天殺之，乃自殺也。何以故？萬物受天之氣以生，皆具有好生之德，是即仁也，有仁即能生，故孔子曰「仁者壽」。及至生長過旺，生機發泄於外，而記憶體之仁失矣，記憶體之仁失，即天賦之性亡，性亡則死。孔子曰「枉之生也，幸而免」，蓋言人而不仁則無生理也，老子曰「物壯則

---

❷⓿　《哲理精華》，第 55 頁，筆者於 1994 年出版之著作，此為初稿，未有詳論。

❷①　應為蕭昌明先生所著作，可能是三十年創作，香港宗教哲學研究社版本，約在五十年代重印。

❷②　《季羨林說國學》，季羨林著，〈第一章・國學漫談〉第 52 頁，中國書店出版，2007 年 4 月第 1 版。

老，是為不道，不道早已。」蓋言物失其仁則無生氣也。且天之好生，原是生萬物，而不只生一物，故人有好生之心者，天必佑之；人有好殺之心者，天必惡之。何也？生物殺物，天之大權，聖人體天行道，賞罰大公無私，是即代天生殺，倘若不秉公道，殺人以自肥，害人以自利，則天所欲生者，人反無故而殺之，天安得而不惡之乎？世之人以為天本無聲無臭，不能賞罰人，殊不知天雖不言，卻有無形之賞罰，老子曰「天網恢恢，疏而不漏。」蓋天道本乎自然，凡人事上自然之果報，皆天道之作用也。甚矣！不仁之可危也。」❷❸讓仁愛之善氣縈懷萬邦，歷久常新，正合於《孟子·盡心上》所言：「君子之於物也，愛之而弗仁；於民也，仁之而弗親。親親而仁民，仁民而愛物。」之儒家生態文明思想。

---

❷❸　《人生指南》，即逐一字解釋「廿字哲學」，應為蕭昌明早期之講授著作。

略述儒學在農村生態實踐上的設想

皮介行

【作者簡介】皮介行（1955-），男，臺灣臺北，民間學者，主要從事心性儒學之研究。

【摘　　要】本文接受余英時所論，儒學處於「遊魂」狀態，雖然近年儒學頗有復興之勢，但仍未建立制度性依託。如何在這方面求得突破，是儒學走向復興的根本問題。隨著全球環境破壞，氣候變化，生態問題越來越成為人類社會的基要問題。本文認為，儒學應該提高外王事功，與器用技能在理論框架與家國天下裏的地位。以「道器體用」循環共成的立場，走向人倫日用。民初儒者晏陽初及梁漱溟的鄉村建設運動，很具有啓發性與建設性，但因日軍侵華而被迫結束，很是可惜。當下建設儒學的策略，很可以效法前賢，走向生態及農村，以建設「儒學生態文化村」的方式，重新進入人群，既可以促成自己的理論創新，又可以建設有形的建制性依託，開創儒學輝煌的明天。

【關 鍵 詞】儒學遊魂説　生態倫理學　農村建設　儒學生態文化村

略述儒學在農村生態實踐上的設想

皮介行

一、儒學的當前形勢

儒學誕生於遠古，因其核心是人學，是道德倫理，是家國天下，其入世性人間性特強，所以沒有建立自己的廟宇教會體系，而與家國天下進行緊密合作。其制度依託逐漸形成於秦漢之際，其一為大家族、宗邦鄉土社群。其二，民間精舍、書院、家學傳統。其三，鄉舉里選的德性政治，以及隋唐以後的科舉制度。其四，君王政治及其教育體系。因此，當清末民初，君王政治解體，科舉及書院廢除，大家庭沒落，儒學失去社會的體制性依託，陷入一種無家可歸的窘境。

余英時在〈現代儒學的回顧與展望〉一文裏，指出儒學的「遊魂」狀態，他認為儒學的許多精神元素，依然在中國社會生活的各方面發揮著功能，但作為一個有制度依託的整體性架構，已經不復存在。如何重建儒學的制度依託呢？他認為出路應該是重新發揮儒學的踐履精神，走向人倫日用，在民間「私領域」中建立自己安身立命的現實家園。

的確，盱衡百年來的儒學命運，先是失去君王政體與科舉制度的依託，再經五四運動的全面批判，文革的打倒，已經衰敗得如遊魂之低迷了。蔣介石雖然在臺灣高調推動文化復興運動，支持了新儒家的壯大，但是，儒學畢竟還沒有發展出與現代社會相匹配的理論資源，無法在社經領域發揮重要作用，只能在學院中用為思考討論的資料，近年來，儒學聲勢漸起，但在教育體制與社會生活中，仍缺乏自己有形的立足點，沒有培育儒者的成形體制，沒有支撐自己的群眾基礎，沒有指導家國

建設的現代理論，只是散兵游勇式的個人愛好、品德修為，畢竟不足以支撐儒學的壯大，也不足以支撐中華的復興，基於儒學的踐履精神，儒者於討論之餘，必須加強實踐精神，促使儒學重新出發，走入民間，並發展出自己的有生力量，以此重新進入中國價值與精神的主流領域。什麼會是儒學重建的突破口呢，本文認為農村社會與生態問題，應該可以成為儒學再出發的試驗地。

二、自然環境的破壞與生態文明的崛起

以石化燃料、機器大量生產為標誌的工業文明，站在戡天役物的思想上，認為大自然的資源是取之不盡用之不竭，地球資源為人類所擁有，人類有權為了自己的需要不受限制的利用自然。同時在個人主義自我中心與物質掛帥的思維導引下，以物質消費的高低衡量生活品質的高低，高收入高消耗成了生活追求的主流思想，整體經濟與生產方式是粗放的、高污染、高能耗、不可持續的，從而帶來生態惡化、資源枯竭、氣候改變，對人類未來的生存與發展構成嚴重威脅。

因為地球是人類的母親，自然生態的破壞將直接威脅到人類的生存，所以近數十年來，環境與生態問題，越來越成為各國經濟建設與人民生活的重大問題。於是有生態倫理學的興起，此理念認為：地球上所有生命都依靠自然。地球是人類的生存家園，人類必須重回大自然的懷抱才能保住自己的生存家園。人與自然是不可分割，存亡與共的有機整體，人應該維護生物群落的完整，維護地球生態系統的平衡，人類社會才能有持續的生存與發展。

以儒學為代表的傳統文化中有很多生態倫理的資源，例如：

《禮記·祭義》載，曾子曰：「樹木以時伐焉，禽獸以時殺焉。夫子曰：『斷一樹，殺一獸不以其時，非孝也。』」《大戴禮記·衛將軍文子》記孔子之言：「開蟄不殺當天道也，方長不折則恕也，恕則仁也。」

《孟子·梁惠王上》記有：「不違農時，穀不可勝食也。數罟不入洿池，魚鱉不可勝食也。斧斤以時入山林，材木不可勝用也。穀與魚鱉不可勝食，材木不可勝用，是使民養生喪死無憾也。養生喪死無憾，王道之始也。」

《逸周書·大聚解》有：「禹之禁，春三月，山林不登斧，以成草木之長，夏

三月,川澤不入網罟,以成魚鱉之長。」

《中庸》有:「唯天下至誠,為能盡其性。能盡其性,則能盡人之性,能盡人之性,則能盡物之性。能盡物之性,則可以贊天地之化育。能贊天地之化育,則可以與天地參矣。」

……等等,天人合一,民胞物與的思想,永遠是處理人與自然關係的大章大法,相關學者論之已多,實無需再為陳述。現在的問題是在全球工業化的影響下,追求現代化成了中國人的最高律令,在經濟掛帥,生產掛帥,謀利與消費衝動的導引下,中國成了世界的工廠,雖然經濟成長的成績嬌人,但生態的破壞,環境的污染,也已到了怵目驚心的地步。傳統文化中的生態倫理資源,顯然也沒能抵禦住生態破壞的潮流,我們該如何做,才能使中國的生態倫理資源發揮其能量,為神州大地帶來,山青水綠,物種繁盛的美好景象?

三、生態建設是儒學復興的突破口

基於農業生產必須順天之運行,合地之土宜,儒學做為農業時代發展起來的信念與價值體系,當然具有許多生態資源,但生態倫理學不是儒學的核心特質,在儒學的言思云為中不具主導作用。本文認為禮樂教化裏的「內聖外王」、「道器體用」才是儒學在實踐上的主導理念,儒學一向以道德修持為其核心,所以其邏輯推想在道為本,器為末;體為本,用為末;德為本,技為末。內聖為修德成道,外王為行道救世,內聖而開外王。這在農業社會或不成問題,但進入現代社會之後,道德掛帥不足以解決社會實際問題,反使自己邊緣化,學究化,遠離社會及人群的切身生活。本文認為儒學要在現代社會建立建制性立足點,使儒學重新成為公私生活的有機成份,應該做一種通權達變的理論調整,以提升儒學的實踐性,提升儒學在百姓生活日用上的契合點。也就是依照太極陰陽,往復循環的道理,將「內聖外王」、「道器體用」的關係,置於更開放的互相辯證,循環共成之中。強調聖必有用,德必有功,提高外王事功、器用技能的作用,肯定事功與技能在人生夢想與家國天下裏的價值與地位。循此思路,「道器體用」亦可以表述為:道以成器,器以顯道,體以成用,用以顯體,無器不能見道,無用不能成體,所以道不離人倫日

用，儒者應走向人倫日用，走向社會人群，建功業，成器用，以事功而希聖希賢。正所謂「修道在人間，成道在人間，行道在人間」，將知與行打成一片，統合為己為人而共相為用，這也是儒者應有的修德之路。

生態建設雖然也需要理念探討，但更重要的是實踐，在生活與生產上進行切實的實踐與心靈轉化，只有大多數人都經歷實踐與轉化，生態問題才能有所突破。生態污染雖然主要是工業生產造成的，但本文認為基於儒學的特質，基於先易後難的處事原則，儒者的生態實踐，最好選擇還是從農村切入。放眼近代中國，在社會扶助與農村建設上比較有成就的，首推晏陽初及梁漱溟兩人，基於例證參考的需要，以下對他們的事業略做介紹。

四、儒者在民國初年的農村實踐

清中葉以後，隨著國家治理能力的衰頹，以及西方工業文明的入侵，中國社會及農村，越來越走向沉淪與凋敝。民國之後，戰爭頻仍，兵禍匪患，使得中國農村的生活更形困厄，1930 年初的世界經濟危機，進一步迫使農村走向破產。於是有了各種鄉村建設運動的興起，這一運動以鄉村自治、合作社、平民教育為主要內容❶，其中最有名的是晏陽初在河北定縣的實踐；以及梁漱溟在山東鄒平、荷澤一帶的實驗。

晏陽初出生在書香世家，深受儒學的薰陶，之後又求學西方，吸納西方文化。一次大戰期間到法國為華工服務，其後回國成立「平民教育總會」推動平民教育運動，主張積極的實幹精神。1927 年受到河北定縣翟城村米鑒三、米迪剛父子的邀請，取得 80 畝土地及試驗場，開始試種各種作物，之後將平教總會遷到定縣，全面進行平民教育及鄉村建設。行動中晏陽初對當地情況做了細緻的社會調查，❷並以之為基礎提出「十年計劃」，認為鄉村建設的核心目標是救治「愚、窮、弱、

---

❶　見虞和平所寫的〈1930 年代鄉村建設運動改造農業和農民的方式〉一文，http://blog.sina.com.cn/s/blog_44d10cf001000bgj.html。

❷　見祝彥所寫〈晏陽初與他的鄉村建設運動〉一文，《黨課參考》雜誌 2008 年第 6 期。

私」，因此，他開展了對應的文藝教育、生計教育、衛生教育。他認為人民是國家的根本，要建國，先要建民；要強國，先要強民；要富國，先要富民。所以必須以教育為工具，推動鄉村的全面發展。❸

除鄉村教育的推動之外，晏陽初也在農村推廣各種優良品種，以增加農民收益。並在全縣建立 130 多個合作社協助農民解決生產、銷售與技術上的問題。在晏陽初的感召下，有數十位大學教授、博士、碩士，離開城市優裕的職位及生活，來到定縣投入鄉村建設及平教運動中去，造成轟動的「博士下鄉」運動。此外，平教總會還興建劇場、廣播電臺、實驗銀行、公民服務團及《農民報》，在定縣轟轟烈烈幹了十年，直到日軍侵華才被迫終止。❹

第二位介紹的梁漱溟更是儒學大師級的人物。1928 年在廣東省主席李濟琛支持下，梁漱溟在廣東辦「村治講習所」，次年又在河南辦「村治學院」，他認為社會的根本問題是舊秩序崩潰，新秩序尚未建立，社會處於無序狀態，鄉村建設的任務是「重建一新組織構造，開出一新治道」。如此則社會生活可以順利進行，民窮財盡以及抵抗外辱的問題，都可以逐步得到解決，因此，他指出自己提出的鄉村建設運動「是救濟鄉村的運動，是鄉村自救的運動，是民族社會的新建設運動，是重新建設中國社會組織結構的運動。」❺

1931 年在山東省主席韓復榘的支持下，梁漱溟選定山東鄒平一帶實驗其鄉村建設的理念，他主張以中國傳統文化為基礎，吸收西方的科學技術，從教育農民入手，開發民智，改善風俗，「以教育為手段，通過社會組織的改良，生產技術的改進來復興農村，以農村帶動中國問題的解決，使中國走上民族自救的道路。」❻

梁漱溟在鄒平建立許多合作社，引導農村經濟走向企業化市場化，合作社分成金融、生產及運銷三類，主要的辦法是：一是利用集體的資金和力量開展生產和經

---

❸ 見吳曉波所寫〈晏陽初與定縣實驗〉一文，http://star.news.sohu.com/20090817/n266012666.shtml。
❹ 前揭文。
❺ 參見《開國大土改》一書，作者白希，中央黨史出版社，其中〈梁漱溟山東鄒平實驗〉一節，http://book.ifeng.com/section.php?book_id=1284&id=89181。
❻ 參見〈梁漱溟的鄉村建設運動與中國現代化之路的探索〉一文，作者陳憲光 http://www.jamesyan.net/show_hdr.php?xname=LTUAM41&dname=9JDOE41&xpos=128。

營，具有一定的股份制企業的性質。二是採用產銷聯合方式，具有一定的農工商聯合企業的性質。三是建立比較完整的生產和經營管理系統，具有一定的農業企業化管理性質。是有些合作社在經營理念上有較強的市場觀念，在實際操作上有較強的效益追求。❼

梁漱溟的鄉村建設活動的立足點在「鄉農學校」，其目的是「化社會為學校」，推行社會學校化。以之組織農民，推動鄉村建設，鄉農學校的成員由三部分人組成：鄉村領袖、成年農民、鄉村建設運動的參與者。農忙時節，鄉農學校組織農民展開農業生產，傳播農業技術，促進鄉村經濟。農閒時幫助農民讀書識字，傳授農業知識，以及進行文藝及娛樂活動，以陶冶農民性情。「鄉農學校」是「政、教、富、衛」合一的農村組織形式。❽

梁漱溟在鄒平實踐了七年，也因為日軍進佔而終止。

這些鄉村建設的實驗，很受各方關注，也都曾取得相當的成績，但都因中日全面開戰而終止，並沒有充盡的發揮其理論設想。數十年後的現在，雖然情境變遷，無法再模仿類似的實踐，但他們的踐履精神與實驗成果，仍然是我們的寶貴資產，可以幫助儒學重新走向農村。

五、推動「儒學生態文化村」的構想

當前的現實是中國成了世界工廠，生產力越來越強大，在經濟發展的同時，生態污染與破壞也越來越嚴重，這是一個中國人必須面對與處理的問題。因為生態問題涉及社會方方面面的問題，一時也不是儒學處理得了的。本文認為儒學是知行合一之學，儒學成長於農業社會，對農村的生產、生活模式，天然具有親和性。而儒學重新還魂需要有立足點，需要制度依託，需要有百姓日用的切入點，最好的試驗地還是在農村，因為：

其一，農村的生態問題相對簡單，主要就是農業藥物的污染、水土保持與生活

---

❼　參見註❶。
❽　見註❺之文。

上的污染，比較有可能尋找出對治的辦法，如果儒者通過農村的實踐，建立起一套對治生態破壞的可行方法，再以之處理城市及工業區的污染，就比較有基礎了。

其二，儒學必須建立自己的道場、書院，以之宣揚自己的主張，培育自己的信仰者，城市裏生活費用昂貴，居住空間狹窄，生活步調緊張，缺乏從容論道論學的環境。相對而言鄉村生活費用便宜，居住與活動空間大，只需要不大的資金，就可以有一片房一片地，用之為講學與勞動的基地。

其三，儒學是生命的學問，生命的體驗來自天地萬物的四季變化，來自草木蟲魚的生長與躍動，在城市學校的課堂裏討論儒學，很容易走向隔靴搔癢的概念遊戲，只剩概念與邏輯上的文字擺弄，卻丟失儒學的生命體悟，丟失天人合一，民胞物與的生命感應。

其四，長久以來，儒者對工商業界，對謀利行為都比較鄙視與排斥，認為讀書與當官比較清高，認為公益奉獻比較高尚，這樣的觀念與行為，促成了儒學脫離百姓日用，也使儒者的實踐經常缺乏再生產能力。現代儒者的重新出發，應該秉持，「無器不能見道，無用也不成其體」的基本理念，重視物質生產在儒學上的價值與地位，肯定市場活動是人類社會不可或缺的基本活動，把物質生產與市場交易活動納入儒學價值實踐的體系中。

其五，儒學的還魂與復興，必須先要建立自己的幹部與信仰者，要形成一套成熟可行的培育模式，要讓自己的幹部有生活的依託。如果儒學的實踐者經常三餐不繼，窮愁潦倒，聽聞妻兒的啼飢號寒，奔波於商業老闆之門前，那麼，儒學將永難迎接真正的復興。

基於以上的設想，本文認為有能力的儒者應該走向農村，在農村承包土地建立農場及道場，首先能養幾個有志青年，讓他們有一個生活、學習與勞動的場所，在大自然生命躍動與噴湧中，感受宇宙天人的強健生機，從中契悟儒道，養成淵深博厚的心智能力。這個農場應該學習與實踐生態理則，從建築物、生活活動、生產活動上都依據生態原則進行。在農餘之閒，農場員工除自我學習之外，也可以適度的與農村朋友交流與討論，在彼此之間傳送生態與生產技術，同時傳播儒學的信念與行事準則，在農村逐步培育儒學的有生力量。

如果有具備資金實力的儒學信仰者，建議可以大規模，有長遠計劃，以股份方

式進行「儒學生態文化村」的實踐。依本文的設想，其組建與推展應該是：

1.文化村的主體應實施股份制，將相關的，理念相合的儒學信仰者，組成股東群。為使工作能有力推動，股東中應該有 3-5 位主要股東，佔總股份 60% 以上，以保障一個主導力量。盡可能讓幹部都入股成為股東。股東在處理股份時，文化村有優先購買權，以避免太多股份落入不相干人士手中。

2.文化村以市場邏輯為主要運作規則，以求能在市場上生存及壯大。

3.文化村的職工盡可能雇用儒學愛好者，以壯大儒學隊伍，培育儒學骨幹。文化村更應妥善規劃，幫助自己的職工與幹部在農村建立美好家園，在農村進行永續經營。

4.文化村的主營內容應該是種植及養殖，也可以擴充到農牧產品的加工，或者是比較傳統的木工、竹工、手工編織。

5.文化村應依生態原則進行生產，實施有機農業，提供綠色食品，逐步建立可以推廣的綠色生產技術，與綠色生活準則。

6.文化村在管理與內部人事關係上，應該依託儒學理念，發展出儒家管理學，開拓儒學的應用空間。也就是以文化村為依託，建設一套適合企業管理運用的禮樂制度。

7.文化村也是一個道場，是個不斷學習的團體也是一個修道團體，除推動相關生產知識的學習之外，更應注重儒學德慧的養成。

8.文化村應該協助農家組成互贏共利的合作社，做必要的技術扶助及運銷合作，同時在行有餘力之時，幫助農民子弟學習知識及修養儒學，讓農家子弟能在農村找到安身與發展的希望。

9.文化村壯大後應該成立儒學研修基地，提供成系統的儒學研習課程，同時提供實習機會，吸引世界各國的愛好者前來交流及研習。

10.文化村應該在力所能及的範圍，在農村中培育書法、繪畫、雕刻、音樂、文學的愛好者，既提高農民的生活素質，也為中國文化產業的壯大培育生力軍。

11.對物質的過度貪婪與追求，也就代表一種過度消耗與過度污染的生活模式，既不能增加自己的身心安適，更也加重對環境的污染。因此，文化村應依據儒學及道家、禪宗精神，培育一種更具人性價值的幸福觀，不以金錢做為生命追求的主要

內容，培育更多的精神上的追求，重視人間的愛與友誼，重視生活的閒暇與自然美感，形成一種契合生態需要的生活模式。

12.文化村應在農村鼓舞仰望星空的豪情與想像力，2007 年 5 月 14 日，溫總理在同濟大學即席演講時，講到：「一個民族有一些關注天空的人，他們才有希望；一個民族只是關心腳下的事情，那是沒有未來的。我們的民族是大有希望的民族！我希望同學們經常地仰望天空，學會做人，學會思考，學會知識和技能，做一個關心世界和國家命運的人。」的確，人需要仰望星空，以恢宏我們的心量與視野，提升我們的格局與創造力。生命是獨特而充滿雄健生機的，可是我們的教育只會背誦、填鴨與考試，嚴重扼殺中國人澎湃的才情與偉大想像力。儒學文化村在農村的實踐應該盡可能扭轉硬記與填鴨的模式，增加活潑的想像與勇敢的創造力。❾

現代社會的經濟發展一定會促進城市化的提高，這是難以避免的，但是過度的城市化，使城市常住人口飆到數百萬，乃至一千多萬，奪取大量土地建高樓，建道路，到處充斥汽車，甚至龍蛇雜處，犯罪叢生，這顯然是過度的，不可欲的，也是違反生態理則的。但在城鄉兩元體系的結構下，城市生活方便，充滿機會，農民為了追求美好生活，不得不設法擠進城市，而其年輕子弟經常疏於管束，在五光十色的城市裏迷失，走向害人害己的犯罪道路，這是很可痛惜的。儒者基於民胞物與的情懷，應該設法加以救助，最好的辦法就是經營鄉村，使鄉野地帶也成為生活樂土，也充滿生活的希望與人倫的溫暖，以避免太多的青年漂蕩在城市，找不到生命的方向。

---

❾ 參見李開復著《世界因你不同》一書，「曾經有個記者寫自己的兒子進美國學校的感受，10 歲的孩子被送進了美國學校，上英文課，老師佈置的作業是寫論文，題目居然大得沖天——《我怎麼看人類文化》；上歷史課，老師讓孩子扮演總統顧問，給國家決策當高參；在中學的物理課上，作業竟然是一個市政研究專案——城市照明系統的佈局；而道德教育，居然是從讓孩子們愛護小動物開始。」……的確，在橡樹嶺讀中學的最大感受就是，學校的功課十分輕鬆，每天的家庭作業很少，但是每天都有很多稀奇古怪的項目。比如當時，歷史課教到美國印第安人的時候，不是用課本告訴你發生了什麼，而是讓一個團隊寫一個話劇，或者是基於移民者和印第安人的辯論。美國孩子的創造力和想像力，都是在這些稀奇古怪的題目中得到鍛煉的。這樣的教育的差別就是：⑴從不同的觀點看問題，沒有正確答案；⑵經過參與和實踐真正理解；⑶團隊合作，避免零和思維。」http://www.unicornbbs.cn/dispbbs.asp?boardid=19&ID=36312&replyID=36312。

六、結語

　　儒學的復興與建設應該首先讓自己感動，為生命歌吟，讓自己成為有靈性有熱力的生命體，再用以投身到大地生態建設上來，以形構綠色的溫暖家園。中國是一個以農牧業為基礎的社會，只有農村穩定富足，才有國家的安定強盛。近百年來農村遭受太多的戰火、災難與剝奪，農民為社會的工業化做出無可取代的貢獻，但他們付出太多，所得太少，已經成為一個嚴重問題。近年來國家政策對農村做了傾斜，已為農村的安定富庶做了必要的鋪墊，但要根本改善農村，恐又非政府單方所能為力，此時儒者若能互相號召走入農村，將知識、生態觀念、文化藝術以及經營管理能力帶入農村，將可以為繁榮鄉村做出貢獻，而受到政府及農民的歡迎。

　　於此同時，儒學也可以在農村真實介入民生日用，將理念與現實進行結合，無論是心性儒學、生態儒學、農業儒學，抑或是農場、書院、合作社、農牧公司、鄉規民約，都可以做一次真槍實幹的踐履，為儒學的復興與壯大找到一條可行之路，這應該值得儒學的有識之士，試驗踐履之。

　　　　　　　　　孔子 2560 年 11 月 3 日　皮介行　寫於　光文講堂

「天人合一」的天人觀
——儒家生態文明的視野下的客家文化

宋德劍

【作者簡介】宋德劍（1971-），男，江西省豐城市人，漢族，嘉應學院客家研究所副所長、副研究員，主要研究方向：區域歷史與地方文化。

【摘　　要】儒家文化提倡「天人合一」的天人觀，這種「天人合一」的觀念在客家文學、客家飲食、客家建築、客家民間信仰等諸方面都得到了典型的體現，反映了客家人在傳統社會追求人與自然和諧，協調人與人、人與社會關係方面的生存智慧。

【關　鍵　詞】天人合一　客家文學　客家建築　客家飲食　客家民間信仰

「天人合一」的天人觀
——儒家生態文明的視野下的客家文化

宋德劍

前　言

　　時代進入了二十一世紀，總體而言，全球經濟繼續發展，人類的物質生活水準得到提高。然而，隨之而來的環境問題和社會問題——人與現實世界的緊張關係——卻日益突出：一方面生態平衡遭到破壞，諸如土地沙漠化、環境污染等，另一方面社會競爭加劇，族群關係緊張，戰爭、掠奪、恐怖襲擊等社會問題不斷發生。

　　解決問題的辦法顯然是多種多樣的，因為造成上述兩方面問題的原因是多種多樣的。例如，解決環境問題，在現實層面上可以、也必須主要採用科學技術的手段，動員全社會各階層的力量加以系統綜合整治；解決社會問題也需要方方面面的努力，如人們的心理障礙問題需要心理醫生的參預，人群仇恨問題可以呼籲人們消除種族偏見、摒棄宗教文化歧視等等。顯然上述解決辦法都是從制度、技術的角度進行考慮，然而如果從文化的層面上進行思考，可以發現中國古代儒家文化中蘊涵的「天人合一」思想對於我們解決上述問題具有很多的啟示，長期以來論者圍繞這個問題也做了許多深入的探討，然而大多是從哲學、思想的層面作抽象的闡述。有鑒於此，本文意欲在理論分析的架構下，就客家文化的一些具體事象，對客家文化中蘊涵的「天人合一」思想作出自己的粗淺分析，敬請同行指正。

一、「天人合一」思想的蘊意

中國傳統儒家文化中的「天人合一」思想，包涵豐富的內容。就「天人合一」思想的歷史發展進程來看，卻顯示出複雜的行進態勢，主要呈現出如下三個思想發展階段──實際歷史的思想發展並未完全按照時間的先後而顯出很強的邏輯性，即「天人合一」思想的發展呈現出歷史的和邏輯的不完全的一致性：

1.原始「天人合一」時期，人們沒有「認識自己」，對於真實的「天」的認識一片渾沌，「自我」對於「非我」即「天」頂禮膜拜、「惟命是從」，「天」在人們心目中就是神，神能生殺一切、決定一切，人基本上處於「未覺醒」狀態。《康衢謠》唱道：「立（通「粒」──引者）我蒸民，莫匪爾極（中正的準則──引者）。不識不知，順帝之則。」（《列子·仲尼篇》）古文《尚書·泰誓》中說，「天佑下民，作之君，作之師，惟其克相上帝，寵綏四方」；「天矜於民，民之所欲，天必從之」；「天視自我民視，天聽自我民聽」。上天立君立師都是為了庇佑下民，君主應像父母一樣承擔保護人民的責任，以實現上天的意志。如果君主虐待人民，那就違背天意，就必然引發「皇天震怒」，導致「天命誅之」。遠古，如帝堯時期，中華先人原始造神文化中的自然圖騰崇拜，以自然萬物為有靈之對象加以崇拜，對於盲目的自然力保持一種順從、屈服、虔敬的態度，此時的「天人合一」是人們心目中的一種「無意識」的、自然的祈願：「神人以和」。

2.隨著社會文明的進步（大體自春秋末、戰國時期始），人們認識水準的提高，逐漸認識了「自我」的存在，「天地之性人為貴」，「人者，天地之心」（〈禮運〉），人能「明於天人之分」、「制天命而用之」（荀子語）；「主體」意識增強，「自我設定非我」，「人性」得到彰顯，人有了「天若不生人，萬古常如夜」（馮友蘭語）意識，「天」在人們心目中的地位、內容複雜化了：天具層次性即神靈、人格和自然性等；天與人是異質（「天人之分」）的和相互作用、彼此影響（「與天地參」）以及人是可以有所作為基礎上的「合一」。

3.天人關係思想發展過程中最高級的狀態（大體自戰國時期始，但以宋時為盛）是人與人和諧基礎上的「天人合一」。此時，天仍具神性，不過「神性的天」是一個「虛位」的天，平時一般不會過問「人事」，天人實現新的高層次的和諧「合

一」:「天地與我並生,而萬物與我為一」（《莊子·齊物論》）;「仁者與天地萬物為一體」（《河南程氏遺書》卷二）;「乾稱父,坤成母;予茲藐焉,乃混然中處。故天地之塞,吾其體;天地之帥,吾其性。民,吾同胞;物,吾與也。」（《張子正蒙·乾稱篇》）張載的意思是,人生於天地之間,天為父,地為母,民乃我之同胞,物乃我之夥伴。在這個階段,「天人合一」昇華為一種高遠、超拔的精神境界,人能從「天道自然」的體悟中獲得強烈的美感體驗和道德薰陶。例如,孔子在江川上歎息:「逝者如斯夫!不舍晝夜。」（《論語·子罕》）「俯觀江漢流,仰視浮雲翔」（蘇武）;「俯視清水波,仰看明月光」（曹丕）;「目送歸鴻,手揮五弦,俯仰自得,游心太玄」（嵇康）;「此中有真意,欲辯已忘言」（陶淵明）,等等,這些都是人與自然和諧相處的優美、迷人的畫卷。

從對「天人合一」思想的曲折的發展歷程的上述分析中,我們可以歸納出其所包涵的深刻蘊意:「天人合一」就是要達到理想的生存狀態,是人們對於日常生活的價值目標的現實追求和理想選擇。而要實現理想的生存狀態,不但要保持人與自然關係的和諧境界——善待大自然、遵循大自然、按照自然規律辦事,而且要實現人與人之間的和諧相處。北宋哲學家張載的「民胞物與」論指出人與自然的和諧是人與人和諧基礎上的和諧,只有實現人與自然、人與人之間的和諧相處才是人與現實世界的最高層次的理想的和諧狀態。因此,「天人合一」不但是一種生存境界,還是政治行政管理之策,是超拔的道德境界和高遠的審美境界。

二、客家文化中的「天人合一」思想

客家文化是「中國傳統文化的活化石」,中國傳統文化的內核就是儒家文化,客家人的許多觀念和民俗,是和儒家文化一脈相承的。「天人合一」思想在客家人的現實生活和思維觀念之中可以得到充分的反映。以下從客家文學、客家飲食、客家建築、客家民間信仰四個方面對客家文化中蘊涵的「天人合一」思想進行論述。

㈠客家民間諺語中所透視的「天人合一」思想。

諺語是民間文學的一種特殊形式,他由一個地方的群眾總結當地生產生活經驗

口頭創作而成，凝聚著當地人的經驗與智慧，體現著人民的審美情趣和思想意識，是透視一個地區民風、民俗的重要視窗。客家民間流傳有許多諺語，這些諺語包含的內容相當廣泛❶，其中農事類諺語揭示了同農村農副業生產有關的知識和經驗，涉及到農、牧、林、漁及園藝等諸方面。如：「早禾耘三到，耘到死翹翹；晚禾耘三到，耘到穀都爆」這則諺語說明了農民對待早晚兩季水稻的田間管理上應該有的放矢，區別對待，否則就回產生事與願違的後果。又如「豬尾長過膝，枉食主人汁。」則是指養豬的問題，如果豬崽的尾巴超過豬的膝蓋，這條豬怎樣餵也養不大；再如「颱風莫放蜂，下雨好打魚」則是說放養蜜蜂和捕魚要選準時機，才能有收穫，否則就會造成一定的損失。總之這些農事類諺語將節令、物候、天氣等自然現象同當地人民群眾的生產、生活緊密聯繫起來，使客家人能及時掌握自然規律，合理適時地安排各種農事活動和生活起居，有效地避免種種自然災害，減少損失，實現人與自然的和諧統一，充分體現了客家人「天人合一」思想。

㈡客家傳統飲食知識中的飲食習慣的季節性和「冷」「熱」的分類所呈現的「天人合一」思想。

在客家傳統飲食觀念中，要維持人的機體內在的實質性均衡最主要的是要注意「冷」和「熱」的和諧，這主要表現在客家食物、藥物和補品的調理上。具體表現在以下幾個方面：一是飲食習慣具有很強的季節性，保留有許多歲時節日食品。客家人不同的季節有不同的季節性食物，如清明節的清明板、端午節的艾板、冬至的羊參枸杞燉羊肉等。以清明板為例，當地民諺云：「清明時節，百草好做藥」。每逢清明節前夕，家家戶戶都要從野外採集各種供食用的青草藥，用來製作清明板。常用的青草藥有艾草、麻葉、雞矢藤、清明菜（白頭翁）、枸杞葉等。製作方法是先將需用的草藥洗淨、去梗、煮熟，拌在預先浸透過濾乾的糯米（加適量的大米）中，用碓舂成米團，添進紅糖搓勻，製成塊蒸熟即成。端午節的艾板製作原料、方法類似。之所以每年的清明、端午期間有這種飲食習俗，是因為清明、端午為農曆

---

❶　參見友祥、小黎：〈略述粵東客家民間諺語〉，載嘉應學院客家研究所編《客家研究輯刊》1994年第 1 期。

的 4 月和 5 月，客家人稱其為惡月，在傳統社會地處嶺南山區的客家地區每到這個時期是瘴癘最為盛行的季節，也是人最容易患上各種疾病的季節，而上述製作清明板、艾板的青草藥幾乎都具有去濕熱、除百毒等治病功能，且這個時節又是出產這些草藥的季節，故此客家人根據自己的生產、生活經驗形成了這樣一套飲食習俗。同樣，客家地區有「冬至羊，夏至狗」之說，夏至進食狗肉，冬至進食羊肉的習慣，也是客家人根據季節的變換來達到人體機能的均衡和諧的目的。二是食物中嚴格的「冷」、「熱」觀念。客家傳統觀念中一向以陰陽對立的模型來判斷個體的存在是冷的或熱的，例如是冷的則多食熱的食物以平衡之，反之則食冷性食物；如果身體出現過熱現象，則應服用去熱的冷性食物或藥物，反之亦然；冬天氣候冷，因而要多使用熱性食物以補充之，夏天氣候熱，則應多食用涼性食物，以維持冷熱的均衡。由於這一冷熱調和觀念，因此客家人對食物的「冷」「熱」屬性有非常嚴格的分類。三是藥店與涼茶。以粵東梅州市為例，除下公立的醫院、藥材公司外，各種大大小小的私人藥店、診所在街上隨處可見，這些藥店很大程度上並非行使治病的功能，更重要的是保健功能。比如嬰幼兒的保健：如果碰到小孩生痱子，藥店便可以給顧客開金銀花用來煮水，給小孩洗澡，便可去痱，如果是嬰兒夜晚睡眠不好，藥店則可介紹用麥冬燉豬肉。再如有關去濕熱問題，藥店往往有各種方法予以解決。至於涼茶、藥茶則更是客家地區常用的一種傳統保健飲料。客家地區地處山區，可以用來製作藥茶的原料很多，舉凡樹葉、草根、樹皮等都可做制茶原料。客家人往往將那些有藥用價值的樹葉、草根等在其生長的季節採集起來，洗淨曬乾，隨時泡用。藥茶品種很多，藥用功效各異，在農村家庭較普遍飲用的藥茶有：消暑怯痧的「布京仁茶」、怯滯止泄的「蘿蔔苗茶」，清熱開胃的「撥子葉茶」、清炎止痢的「葫蘆茶」等。如紫金縣特產「竹殼茶」最為著名，具有清熱、怯滯、消炎、降血脂、減肥等多種功效，遠銷海內外。

(三)客家傳統建築知識系統中的表現的「天人合一」思想。

　　客家人基於一種樸實的自然生態觀念，不僅在物質生活中，而且在精神生活上，在認識上和感情上，都把山、水、土地和人及萬物放在一個共生同構的生態關係中。他們認為他們賴以生存的田地山林不但有實用價值，而且有奇異的宗教價

值、倫理價值以及其他價值,並由此形成了種種獨特的傳統觀念和價值評判,產生了許多崇拜、祭祀、禮儀、節慶等。如基於天地觀念的天神、土地神(龍神)信仰、珍惜環境的生態價值觀、愛護森林土地的鄉規民約、客家民居的風水思想等等。客家人原始生態意識集中體現在客家民居建築上。中國傳統哲學強調「天人合一」,認為人是自然的一部分,人與自然是相通的,所以古人強調「人之居處,宜以大地山河為主」,也就是說,「人、建築、自然」應該三位一體,相互協調。以粵東梅州的圍龍屋為例。圍龍屋這種客家民居建築除了體現起宗族倫理關係、神明崇拜觀念外,最為突出的一個構建意圖便是其受「天人合一」哲學觀念的影響,以風水理論為基礎,重視人與自然的和諧融洽,講求空間的圓滿和對位。

圍龍屋蘊涵的風水觀體現在以下幾個方面:

1.就地取材,土建築技術。

客家地區無論是粵東圍龍屋、閩西土樓、贛南圍屋,還是走馬樓、五鳳樓等其他形式的民居,其體現在建築文化上的一個共同特點便是採用當地的生土,運用築技術。這種建築材料與技術的運用,不僅節約了能源,保護了環境,使建築本身與當地的山水環境相得益彰,共同營造出一個和諧的景觀意境,而且這種生土建築具有冬暖夏涼的居住效應,將人與自然和諧相處的理念「表述」的淋漓盡致。

2.前低後高,美感與實用。

如果親臨客家鄉村,可以發現圍龍屋的後部都比前部高。這種情況的出現有兩種原因所致:一是有的圍龍屋是在一個前低後高的地基上依山而建所致,另一種情況是有的圍龍屋的屋脊從後面到前面是逐級降低而致❷。之所以出現這種現象如果從客家山區環境和風水理論上去考察就不難理解。風水理論對民居選擇環境的首要原則就是要求住室護陰抱陽,或稱「背陰向陽」。這是指居室朝向應以向南朝陽為主,這是從採光上保證了室內乾燥等實用角度出發,是人們在長期的選擇環境活動中理性思考的結果。然而這種「風水原則」在「八山一水一分田」的客家地區則似

---

❷ 這種情況據當地人解釋原因是當初建房時風水先生講前面的屋脊超過後面的會對子孫不利。

乎失去了可操作性，因為在客家地區很難找到一塊這樣理想的建房用地❸，因此要取得因「朝南」而致的採光、通風、透氣的實用功能便是採取一些補救措施，如此則前低後高的格局加之天井的使用無疑能起到與「坐向朝南」一樣異曲同工的效果。

3.風水塘與風圍。

風水塘與風圍是圍龍屋的兩個重要的附屬建築。風水塘來源於風水中重水的觀念。客家人對「水」更是鍾情，認為「水」有聚財的作用，因此風水塘成為圍龍屋建築不可或缺的部分。風水塘的功能是多元的，從實用功能上講，風水塘可以是一個個家庭的污水處理池（因客家人生活用水多排放到塘中，而塘中往往養魚，即可增加家庭副業收入，又可淨化污水），又可洗衣、灌溉，從生態上講，風水塘既可調節小氣候，還可以通過養殖魚、種植蓮藕從視角上營造一種和諧、恬靜的自然意境美。客家民居的另一個附屬建築就是房後的風圍。不管是依山而建的民居還是平坦地形上建的房屋，屋後都有一叢茂密的樹林，客家人稱其為風水林，把風水林的長勢看成是家族盛衰的標誌，並且對風水林「神聖化」，在客家鄉村這些樹木被稱為「神樹」，受到鄉民的頂禮膜拜。如果誰砍伐了這些樹，便會遭到神的懲罰，小則當事人有生命之禍，大則一家一族甚至一村遭受家破人亡的重創。客家人的這種自然崇拜實際上是「天人合一」思想的原始表現：從環境生態學的角度來看，風圍在保持水土、防風固沙、涵養水源、調節氣候等方面所起的作用不言而喻。

㈣客家民間信仰傳統與人際關係的協調。

傳統社會，國家的機構設置雖然都只到了縣一級，但是歷代統治者為了加強和穩固自己的統治，都力圖將自己的統治力量延伸到鄉村。國家的這種意圖突出的表現在從明代開始，國家開始設立一系列的地方組織來實施對鄉村社會秩序的維護與管理。如明代的里甲組織、清代乃至後來的民國社會都因襲明制實施的保甲制。但是，這些機構的設立其主要功能主要是為政府徵收賦稅，加派勞役，以保證國家的

---

❸ 正因為如此現在在客家地區見到的一些圍龍屋建築其大門的朝向大多是雜亂無章，並非我們一般觀念中的「面南背北」。

財政收入的實現。其對於如何約束鄉村社會，教化鄉民，並不能發揮很大的效能。在這方面，客家地區廣泛存在的民間信仰活動發揮著國家政權不可或缺的補充作用，其中原委就在於民間信仰對於地方社會具有超強的社會整合功能。

民間信仰的整合功能體現在兩個方面，一方面是民間信仰活動行使管理社區的功能。在客家地區，神明除了能祈福驅邪消災外，還能明辨是非，秉公執法，調解糾紛，平息爭訟。舊時候江西贛南定南縣老城鎮有一座城隍廟，宗族與宗族之間如發生矛盾和械鬥，縣衙不能解決，則動員雙方族長到城隍廟發誓下場了結。閩西武北湘村俗民在發生爭端時也靠向神明發誓予以解決：一種是發生小事情爭執不下的發誓，只須點上三品香，一對蠟燭，雙方跪在地上，向天地神明表明心跡，即能化戾氣為祥和。另一種是發生大事大案，如重大盜竊案、投毒案、強姦案、謀殺案等的發誓，儀式十分莊嚴。發誓時，要把忠誠菩薩（又叫蛇王菩薩、發誓菩薩）請來；要寫誓詞，並把雙方全家姓名都寫上，以便神鑒；發誓者要將蠟燭染黑，以示黑白分明；發誓要選在河壩上，讓河伯、河神、水官大帝等神明知道，以便發誓有靈。通過一系列複雜的儀式，雙方跪在忠誠菩薩面前發完了誓，最後達到了問題的和平解決。從以上幾則資料中，我們可以感受到神明崇拜的威力。在這裏，供奉神明的神壇或神廟無疑具有了「官衙」的職能而卻發揮了官衙所不能發揮的功效。

民間信仰傳統的另一種整合功能是使得客家地區不同族群之間為了共同的利益結合在在一起，結成本區域內的聯盟，推動整個社區的發展。

楊彥傑在考察福建武平縣東留溪流域內的宗族社會時發現這個區域內實際上是一個有機的整體。隨著河流自北向南的流淌，沿河兩岸的社區相互聯繫在一起，形成一個以河流為主線的區域社會。一方面流域內的各個宗族各自建有自己的神廟，相互之間保持著一定的獨立性，這些廟宇使得每個社區都成為一個統一的整體；另一方面，這些廟宇的影響力隨著河流的南下逐級增大。因而整個河段的大小不一的祭祀圈相互環套在一起，最終結成一個巨大的祭祀網路，這張網路與婚姻、經濟網路一起，在該區發揮著整合社會的功能。❹

---

❹　載楊彥傑：《閩西客家宗族社會研究》，第 234 頁，國際客家學會、海外華人研究社、法國遠東學院聯合出版，1996 年 8 月。

實際上，在客家地區普遍流行的跨區域的公王崇拜都具有協調族群關係、維持社區穩定的社會整合功能。關於這一點，楊彥傑在〈恰瑚侯王：一個跨宗族的地方土神〉❺一文中論述最為深刻。該文通過對長汀、連城兩縣交界的十三個村落（古稱河源十三坊）共同崇拜恰瑚侯王這一跨村落的神明崇拜現象的分析，認為這一現象的形成一方面與當地族群利用神明崇拜，加強相互之間的聯繫與合作，應付各種自然或社會的挑戰有關；另一方面在各族群的發展過程中必然因水源、土地等問題發生矛盾，因而十三個村落輪祀侯王，對於協調各姓關係，也找到了一個合理的解決途徑。同時指出，十三個村落輪祀侯王只是一個很鬆散的神明聯盟，在這個大聯盟還存在各種互不相干的小聯盟，奉祀各自的神明。

三、結語

中國傳統文化提倡「天人合一」的天人觀，這種「天人合一」的觀念在客家民間文學、客家飲食、客家建築、客家民間信仰等諸方面都得到了典型的體現，反映了客家人在傳統社會追求人與自然和諧，協調人與人、人與社會關係方面的的生存智慧。因此，在當代開展客家文化研究不僅對於弘揚優秀傳統文化，加深對客家地方社會的理解具有理論意義，而且如何解決當今環境惡化、族群關係緊張的社會問題具有一定的現實意義。

參考文獻

1. 任繼愈，〈試論「天人合一」〉，《傳統文化與現代化》，1996 年第 1 期。
2. 邵秦，〈「天人合一」說與可持續發展〉，《中國哲學史》，2001 年第 2 期，頁 83。
3. 李慎之，〈對「天人合一」的一些思考〉，《文匯報》，1997.5.13。
4. 〈嘉應學院客家研究所〉，《客家研究輯刊》1-21 期。
5. 宋德劍：〈國家控制與地方社會的整合：閩粵贛客家民間信仰的歷史人類學分析〉，《江西師範大學學報》，2005 年第 4 期。

---

❺ 載楊彥傑：《閩西客家宗族社會研究》，第 237 頁，國際客家學會、海外華人研究社、法國遠東學院聯合出版，1996 年 8 月。

6. 楊彥傑：《閩西客家宗族社會研究》，國際客家學會、海外華人研究社、法國遠東學院聯合出版，1996 年 8 月。

7. 羅勇‧勞格文主編：《贛南地區的廟會與宗族》，國際客家學會、海外華人研究社、法國遠東學院聯合出版，1997 年 10 月。

8. 劉勁峰：《贛南客家宗族與道教文化研究》，國際客家學會、海外華人研究社、法國遠東學院聯合出版，1999 年 8 月。

9. 劉沛林：《古村落：和諧的人聚空間》（上海：上海三聯書店，1997 年 12 月）。

上古社會的環境倫理意識與政法規範

王成儒

【作者簡介】王成儒（1954-），男，遼寧省本溪縣人，青島大學法學院教授，主要從事中國古代哲學研究。

【摘　　要】本文旨在論述上古社會的環境倫理意識和相應的政法規範。首先闡述了上古社會對自然資源的保護與利用方面，所表現出來的環境倫理意識：從軒轅黃帝「節用水火材物」，炎帝「春夏之所生，不傷不害」，到成湯的「網去三面」、「德及禽獸」；從周太子晉的「不墮山」、「不竇澤」，到君王宣導的「自養有度」、「取之有節」；從孔子的「釣而不綱，弋不射宿」，到孟子的「不違農時」，「斧斤以時入山林」，構勒出了上古社會環境倫理意識的整體框架。其次，集中梳理了以周朝為代表的關於自然資源管理方面的行政官吏設置：以山虞、林衡、川衡、澤虞為主線，旁及了跡人、卝人等職官，敘述了各官吏設置的由來、職守的範圍以及人員的配備情況，再現了上古社會對於自然資源管理的行政施行情況。最後，論述了上古社會針對自然資源的利用與保護方面設立的政法規範。從「禹之禁」到「天子之禁」；進而「先王之法」及「四時之禁」；再到「夏禁」、「冬禁」直至「春令」、「秋計」；再及「伐崇令」等等。凸現出上古社會對於自然資源管理方面的各種政法規範。

【關　鍵　詞】德及禽獸　不墮山　山虞　林衡　禹之禁　天子之法

上古社會的環境倫理意識與政法規範

王成儒

　　20 世紀 70 年代，在西方規範倫理學當中，逐漸形成爾後又頗具影響世界的環境倫理學，旨在就人類活動針對自然環境的破壞，提出了從倫理層面的依據予自然環境以保護的理論。環境倫理學所關注的問題是人類自己的生存與發展和自然環境整體的存在與發展的關係問題，是人類自身的倫理道德觀念如何拓展到自然環境的客體中去的核心問題，是人類對待賴以生存的地球報以什麼態度的問題。一言以蔽之，關注的是人與自然的關係問題。環境倫理學的研究對象是人類與自然環境的道德關係，以實現人類道德向自然環境的拓展，其實質是自然環境中的一切動物、一切生物、一切自然物全部應該視為人類的道德對象。這將是人類自我意識在道德層面上的拓展、延伸與昇華。

　　尋求現代環境倫理學的傳統文化依據、歷史上的理論積澱，最好的尋覓處一定是古老的中國文化。她形成了不同於西方文化中人與自然對立的傳統，而在中華民族的古代世界裏，似乎一開始就是追求「人與自然和諧」的文化，中華民族是以整體的和諧思維認知自然、把握世界的，進而形成了對自然的態度與對自然環境的管理、利用和改造。

　　本文擬就上古社會的環境倫理意識與以此形成的政法管理、規範方面，作出簡要探討，以再現上古社會時期，中華民族古老的哲學與環境意識、資源的管理與政法規範。

德及禽獸　仁及草木　不墮山　不竇澤
——上古社會自然資源的倫理意識

　　傳說上古軒轅之時，黃帝便是宣導節用自然資源的首創者，並以此贏得「土德」的祥瑞，方才號稱「黃帝」。《史記・五帝本紀》載，黃帝「順天地之紀，……時搏百穀草木，淳化鳥獸蟲蛾，旁羅日月星辰水波土石金玉，勞勤心力耳目，節用水火材物。」是說順應天地時令的四時變化法則，按著季節播種栽培百穀草木，人工馴養繁殖鳥獸蟲蛾，並且廣羅觀察日月星辰以及河水、土石、金玉之類的整體自然現象，方才通過勞勤心力地工作態度，以節用水火材物，節制地利用自然資源。黃帝的後代依然延續這種順應自然、節用資源的精神，其孫顓頊帝，「養材以任地，載時以象天。」曾孫帝嚳「順天之義，知民之急……取地之財而節用之，撫教萬民而利誨之，歷日月而迎送之，明鬼神而敬事之。」❶可見，遠古之時，我們的祖先就樹立了節用資源的帝王榜樣。

　　相傳炎帝亦愛護天地自然的生長之物，強調「春夏之所生，不傷不害。」同時還要「謹修地理，以成萬物。」保持春夏的生物得以自然成長，不得有所傷害；要讓萬物的地理環境得以順應的整修，以保障萬物的生長成熟。「無奪民之所利，而農順之時矣。」❷一派生機盎然，不受任何人為破壞的自然景象。

　　夏商之際，成湯的「網去三面」，被讚譽是「德及禽獸」之舉，且收到了從「網鳥」到「網國」的成效。「湯見祝網者置四面，其祝曰：從天墜者，從地出者，從四方來者，皆離吾網。湯曰：嘻！盡之矣。非桀其孰為此也。湯收其三面，置其一面。更教祝曰：昔蛛蝥作網罟，今之人學紓。欲左者，左；欲右者，右；欲高者，高；欲下者，下。吾取其犯命者。漢南之國聞之曰：湯之德及禽獸矣。四十國歸之。人置四面，未必得鳥。湯去其三面，置其一面，以網其四十國，非徒網鳥也。」❸同樣的史料，在司馬遷的筆下，有如此的讚歎：「諸侯聞之，曰：『湯德

---

❶　《史記・五帝本紀》。
❷　轉印自《群書治要・虎韜》。
❸　〔漢〕高誘注《呂氏春秋》卷十。

至矣，及禽獸。』」❹成湯網鳥，去其三面，仁德之心，及於禽獸。《北堂書鈔・體仁十六》轉載到：遠古聖人「去網去鉤，（焚鵋）春田不澤圍，田獵唯時，不殺童羊，無殺孩蟲胎夭飛鳥，川澤不入網罟，以成魚鱉之長，山林不登斧，以成草木之長，王在靈囿，麀鹿攸伏，芃芃黍苗，陰雨膏之，方苞方體，維葉泥泥。」虞世南將這一系列現象歸之於「仁及草木」，實質是說上古聖賢的仁德不僅僅停留在人與人之間的社會範圍，聖賢的仁德直至推及到花鳥魚蟲、飛禽走獸、山林湖泊以及林園草木之中，道德實現了普遍性的拓展，從人間倫理延伸到了環境倫理。

早在西元前 550 年太子晉（周靈王的兒子）關於治山治水的主張，顯示出順其自然之勢、慎逆天地之性、合理利用資源的思想。《國語》載，「靈王二十二年，谷、洛鬥，將毀王宮，王欲壅之。太子晉諫曰：不可。晉聞，古之長民者，不墮山，不崇藪，不防川，不竇澤。夫山土之聚也，藪物之歸也，川氣之導也，澤水之鍾也。夫天地成而聚於高歸物於下，疏為川谷以導其氣，陂唐汙庫以鍾其美。是故聚不阤崩而物有所歸，堤氣不沈滯而亦不散越，是以民生有財用而死有所葬，然則無夭昏劄瘥之憂而無饑寒乏匱之患，故上下能相固以待不虞，古之聖王唯此之慎。」❺治山治水、築壩修堤，都要合理利用資源，要順其自然生成的態勢，不到萬不得已不得輕易改變天地之性。真可謂「雖有智慧，不如乘勢（而為）。」對自然資源的認識、利用與改造，一切都在於是必須順應自然、服從自然。

資源的利用問題，既要因順其勢、合理運用，又要關注週期、節制適度，更要嚴禁「竭澤而漁」、只顧一時的不良行為。如此屬於環境倫理意識的思想，在上古時期可以說是「俯拾皆是」。淮南王劉安總結遠古之人利用自然資源的經驗，指出：「畋不掩群，不取麛夭。不涸澤而漁，不焚林而獵。豺未祭獸，罝不得布於野；獺未祭魚，網罟不得入於水；鷹隼未摯，羅網不得張於溪谷；草木未落，斤斧不得入山林；昆蟲未蟄，不得以火燒田。」❻不可以只看眼前，不及長遠；不可以只講人性，不及「獸情」。否則，「竭澤而漁，豈不得魚，而明年無魚；焚林而

---

❹　《史記・殷本紀第三》。

❺　〔吳〕韋昭注《國語》卷三。

❻　〔漢〕高誘注《淮南鴻烈解・主術訓》。

田，豈不獲得，明年無獸。」❼《呂氏春秋》的思想很早便道出了這一問題發展下去的嚴重性，告誡人們要合理、適度地利用自然資源，「樹木以時伐焉，禽獸以時殺焉。」而作為統治者來說，「為人君而不能謹守山林菹澤草萊，不可以為天下王。」❽資源的謹慎保護、合理利用，不僅是一個產、生活而言的經濟問題，同時也是一個對於統治、帝王而言的政治問題。

自然資源的保護、利用，一方面，是一個綜合「天、地、人」三者協調配合的問題。「是故人君者，上因天時，下盡地財，中用人力，是以群生遂長，五穀蕃植，教民養育六畜，以時種樹，務修田疇，滋植桑麻，肥磽高下，各因其宜，丘陵阪險不生五穀者，以樹竹木。春伐枯槁，夏取果蓏，秋畜疏食，冬伐薪蒸，以為民資。是故生無乏用，死無轉屍。」如上另一方面，也是一個「自養有度」、「取之有節」，「養」與「取」的相互配合問題。國「無三年之畜，謂之窮乏。故有仁君明王，其取下有節，自養有度，則得承受於天地，而不離饑寒之患矣。若貪主暴君撓於其下，侵漁其民，以適無窮之欲，則百姓無以被天和而履地德矣。」

「以往則為舜之恩被動植，湯之德及禽獸，禹之鳥獸魚鱉咸若，文王之德及鳥獸昆蟲，皆此心也。」❾可見，上古聖王心同此理，行同此理：「恩被動植」、「德及禽獸」，共有一種特別的環境倫理情懷。

不僅上古聖王如此，上古聖賢也同樣具有遠見的環境倫理意識。

如孔子「釣而不綱，弋不射宿。」❿其中「不綱」、「不射宿」，實質是君子「仁民愛物」的表現，對於物可愛之，但不必為仁。仁於民，而愛於物，是有差別的。孔子「不綱」、「不射宿」，前者，不忍盡取，不可無論小大一網打盡；後者，不忍掩取，不可乘其不備趁其所危。體現出聖人仁民愛物的高尚情操。

《孔子家語》載，「自見孔子出入於戶，未嘗越履，往來過之，足不履影。啟蟄不殺，方長不折，執親之喪，未嘗見齒。是高柴之行也，孔子曰，柴於親喪則難

---

❼ 〔漢〕高誘注《呂氏春秋·義賞》。
❽ 〔唐〕房玄齡注《管子·地數》。
❾ 〔宋〕葉時《禮經會元》卷四。
❿ 《論語·述而》。

能也。啟蟄不殺，則順人道；方長不折，則恕仁也。」❶❶「啟蟄不殺，方長不折」，是孔子把人間道德推及自然的忠恕原則，是人道的再度拓展與延伸。《禮記》中「曾子曰，樹木以時伐焉，禽獸以時殺焉。夫子曰，斷一樹，殺一獸，不以其時，非孝也。」❶❷孔子、曾子所言，不管是伐樹木，還是殺禽獸，一定要守之以時。如果於此不能遵守「時禁」，儘管是樹木禽獸之屬，也必有如人間同類，視為「不孝」之行。把對自然的樹木、禽獸的「違禁」行為，一樣納入人間「孝道」與否的評判當中。

如果說孔子的上述言行，重在以個人的修養品行作為道德評判的話，那麼我們可以說孟子的相關思想，便提高到「王道」政治的高度，加以充分闡發。孟子曰：「不違農時，穀不可勝食也；斧斤以時入山林，林木不可勝用也。……穀與魚鱉不可勝食，林木不可勝用，是使民養生喪死無憾也。養生喪死無憾，王道之始也。」❶❸在孟子看來，此類環境倫理意識的貫徹，視為是王道政治的良好開端。

上古社會存有較為普遍的環境倫理意識，從軒轅黃帝「節用水火材物」，炎帝「春夏之所生，不傷不害」，到成湯的「網去三面」、「德及禽獸」；從周太子晉的「不墮山」、「不竇澤」，到君王宣導的「自養有度」、「取之有節」；從孔子的「釣而不綱，弋不射宿」，到孟子的「不違農時」，「斧斤以時入山林」。這些對於自然資源環境的態度，是由對資源的「節用」開其端，以「德及禽獸」之道德拓展為主線，至「取之有節」與「方長不折」的屬禁思想的形成，勾勒出上古社會環境倫理意識的整體框架，為上古社會關於自然資源的行政管理與政法規範，提供了思想意識方面的理論準備。

---

❶❶　〔魏〕王肅注《孔子家語》卷三。
❶❷　〔漢〕鄭氏注〔唐〕孔穎達疏《禮記注疏》卷四八。
❶❸　《孟子·梁惠王上》。

政令施於山澤　厲禁施於林川
——上古社會自然資源的管理設置

　　由於上古時期，聖王所存有的環境倫理意識，使其道德的意義延及天地自然，甚至「德及禽獸」。不僅如此，上古時期還主動設置了相應的官吏，對自然資源施以行政管理。早期有針對動物進行管理的專職人員，如：「掌養猛獸而教擾之，則有服不氏；掌養鳥而阜蕃教養之，則有掌畜。」服不氏、掌畜是掌養調教動物的專職人員，負責對其侍養訓練、培養繁殖。體現出上古聖王「奉養有節」、「愛物之仁」的倫理意識與其踐履實踐。「先王制物之義，先王之於民物，必使之相安而後得。其所必使之相生，而各遂其宜。」先王對於鳥獸魚蟲、民眾百姓，以及自然萬物，無不使其相安、相生，滿足其最為適宜的各種條件，達到自然萬物的天然和諧。

　　據史料所載，周朝的時期，已有比較詳細的關於自然資源管理方面的行政設置。《周禮》（亦《周官》、《周官經》）中有「天官」、「地官」、「春官」、「夏官」、「秋官」、「冬官」六官的各自分屬。其中「地官」的分屬，設置了關於「山、林、川、澤」及其相應的官職，負責管理「山、林、川、澤」資源的利用與保護，所謂「掌山林之政令」，「掌巡林麓之禁令」；「掌國澤之政令」，「掌巡川澤之禁令」等等。

　　於是，有「地官之屬，山虞則掌山林而為守禁；林衡則掌巡林麓之禁令，以時計林麓而賞罰之；澤虞則掌國澤而為厲禁；川衡則掌巡川澤之禁令，以時執，犯禁者而誅罰之。跡人則掌邦田之地，為厲禁而守之；卝人則掌金石之地，為厲禁而守之；齒角羽翮以當邦賦，則角人、羽人斂之；絺綌草材以當邦賦，則掌葛斂之；以至掌炭掌染草掌茶掌蜃之屬，無不以時而征其物也。」❹管理自然資源的官吏為數可觀。

　　按周官的規定，掌管「山、林、川、澤」的官職，主要論說如下：

　　1.山虞之官。「山虞，掌山林之政令，物為之厲，而為之守禁。仲冬斬陽木，

---

❹　〔宋〕葉時《禮經會元》卷四。

仲夏斬陰木。凡服耜，斬季材以時入之，令萬民時斬材，有期日。凡邦工入山林而掄材，不禁。春秋之斬木不入禁。凡竊木者有刑罰。若祭山林，則為主，而修除，且蹕。若大田獵，則萊山田之野。及弊田，植虞旗於中，致禽而珥焉。」山虞是掌管山林政令的官吏，按屬禁原則和職掌許可權，允許春秋兩季砍伐木材，而夏冬兩季卻是有限的砍伐；對於邦國所需材用，不在受限之列；民眾耕種工具所需木材，以時日規定砍伐；但使對於偷竊砍伐木材者，一定要受到刑罰。另外，山虞還是祭祀山林的主人，負責祭祀場地道路的暢通，禁止行人通過。如有大型田獵，還要負責清除路途及獵場的雜草。而對於田地之外的荒野，樹立旗幟以示為獵場監管，同時要統計獵物的數量，以便掌握其物產平衡。

關於山虞一職人員數量，則根據山之大、中、小的實際情況，具體配備相應的管理人員。

（山虞的人員的具體配備：「每大山，中士四人，下士八人，府二人，史四人，胥八人，徒八十人；中山，下士六人，胥六人，徒六十人；小山，下士二人，史一人，徒二十人。」❶）

2.林衡之官。「林衡：掌巡林麓之禁令，而平其守。以時計林麓而賞罰之，若斬木材，則受灋於山虞，而掌其政令。」林衡是按屬禁原則巡察林麓，負責保護與巡守林木。麓是指山與山相連的部分，麓上的林木不由山虞掌管，而設置林衡之官負責。在一定的時間範圍內，林衡按林木的繁茂與不被盜伐而予以賞功，否則，予以處罰。主要職責是使所守之地物產達到平衡，所謂「平其守」是也。

林衡的配備，其原則有如山虞。

（林衡的人員配備：「每大林麓，下士十有二人，史四人，胥十有二人，徒百有二十人；中林麓，如中山之虞；小林麓，如小山之虞。」）

3.川衡之官。「川衡：掌巡川澤之禁令，而平其守。以時舍其守，犯禁者執而誅罰之。祭祀賓客共川奠。」川衡是按規定的禁令原則巡察河流湖泊，主要職責是守護與巡察，對觸犯禁條者予以處罰，目的是達到所守地產財物的平衡。另外，還負責並提供地產之物（魚、蛤之類）用於祭祀，或者備於禮待賓客之用。

川衡的人員配備原則，與林衡的原則是一致的。

---

❶ 〔宋〕王安石《周官新義》卷一六。

（川衡的人員配備：「川衡：每大川，下士十有二人，史四人，胥十有二人，徒百有二十人；中川，下士六人，史二人，胥六人，徒六十人；小川，下士二人，史一人，徒二十人。」）

4.澤虞之官。「澤虞：掌國澤之政令，為之厲禁，使其地之人守其財物，以時入之於玉府，頒其餘於萬民。凡祭祀賓客，共澤物之奠。喪紀，共其葦蒲之事。若大田獵，則萊澤野。及弊田，植虞旌以屬禽。」澤虞是掌管沼澤濕地的官吏，負責政令的貫徹執行，按沼澤地區的禁令執行賞罰。「為之厲禁」，即限制妄自進入和禁止非法之行。宗旨是平守該地區的所有物產，提供物產以為祭祀，或者為賓客所用。此外，負責為大規模的田獵清除雜草，疏通道路。也為田地以外的沼澤樹立旌旗，以示漁獵的範圍。

澤虞的人員配備如同山虞。

（澤虞人員的配備：「澤虞：每大澤、大藪，中士四人，下士八人，府二人，史四人，胥八人，徒八十人；中澤、中藪，如中川之衡；小澤、小藪，如小川之衡。」）

5.跡人之官。「跡人：掌邦田之地政，為之厲禁而守之。凡田獵者受令焉，禁麛卵者與其毒矢射者。」以禽獸留下的蹤跡而得知何處可以田獵，稱為跡人。職責是掌管該地的政令，職守限制條款與禁止規定。凡是進入的狩獵者，必須接受禁令的原則，否則不得狩獵。還特別禁止捕殺正在成長的幼小動物，更不得獵殺有孕的動物，還不得使用毒箭射殺動物。這就是跡人的職掌許可權。

（跡人的配備：中士四人；下士八人；史二人；徒四十人。）

6.卝人之官。「卝人，掌金玉錫石之地而為之厲禁，以守之。若以時取之，則物其地，圖而授之，巡其禁令。」金、玉、錫、石，當屬於金屬礦物，一定埋藏在山中。卝人掌管範圍是當時的礦物所藏之地，負責對當地礦物遮護守禁，監管按規定的時間開採取礦，並巡察厲禁的執行情況。

（卝人的配備：中士二人；下士四人；府二人；史二人；胥四人；徒四十人。）

周朝對自然資源管理方面，其官吏的設置與配備固然遠不如此，隨著歷史的發展，註定是越來越多。有如史載，「場圃所徵，載師掌之；材木蒲葦等，林衡澤虞掌之；金錫禽魚，卝人、牧人、罟人掌之。他以類推，則其法又加密矣。」[16]「晏

---

[16] 〔清〕胡渭《禹貢錐指》卷二。

子告景公曰，山林之木，衡鹿守之；澤之萑蒲，舟鮫守之；藪之薪蒸，虞候守之；海之鹽蜃，祈望守之。」❶在對自然資源管理方面的職官設置與管轄，以類相推，不斷增加。

上述主要官吏當中，山虞與林衡兩官，山林的政令由山虞掌管，斬木材的禁令由林衡掌握，且僅負責巡察，因此，「林衡正於山虞」。而澤虞與川衡兩官，國澤的政令由澤虞掌管，巡察川澤禁令是川衡的主要職責，所以，「川衡正於澤虞」。山、林、川、澤四者之命名主旨，「衡」者主要是負責巡察禁令，守護地域的物產在「以時禁取」原則下保持平衡，「知其所守而平之」，有平政的意思，所以，川林之官均以「衡」命名，「以平其守為任」，取其資源平衡利用的思想，以突出「衡」（平）字。「虞」者主要是掌握政令，山澤之中可能「藏龍臥虎」危及政治的穩定，因此有「禽獸之患」，其「虞」字有防患於未然的意思，所以，山澤之官均以「虞」命名。

由此可見，上古社會設置的負責自然資源管理的官吏，其主要職責的建立基礎：第一，山林川澤是民眾、國家所取生產、生活資料的地方，是共有的財產。作為國家既不能與民爭利，也不能列為「私有」。由財產的共有而必須維護，以保持山林川澤物產的恆常使用。第二，山林川澤所產是國家之寶，國家與民眾均不可放縱自由，「聽百姓以自取」，因此，不得不為之制定禁令。由不得肆意亂取，而巡察禁令的執行成為必要。第三，山林川澤所產均有繁殖生產的週期，必須以時取、以時禁，用以保持維護資源固有的週期性，達到「平其守」，使資源的運用與資源的生成守其平衡，以計之久長。

禹之禁　四時之禁　天子之禁　先王之法
——上古社會自然資源的法令規範

上古社會在對自然資源的開發利用與保護方面，很早就有許多相關的禁令，如「禹之禁」、「伐崇令」、「四時之禁」、「天子之禁」、「先王之法」等等，而

---

❶　〔宋〕李明復《春秋集義》卷八。

且很多禁令是以帝王開始作為榜樣規範的。

「禹之禁」的記載，在許多典籍當中屢見不鮮。「且聞，禹之禁：春三月，山林不登斧，以成草木之長；夏三月，川澤不入網罟，以成魚鱉之長。且以並農力，執成男女之功。夫然則有生而不失其宜，萬物不失其性，人不失其事，天不失其時，以成萬財。萬財既成，放此為人，此謂正德。」大禹禁令的頒發，試圖令所有的生命都能夠適宜地生長，萬事萬物都不會喪失本性，連上天也不會混亂時序，民眾百姓將順勢而為。這就是帝王的「正德」。施行大禹之禁，「泉深而魚鱉歸之，草木茂而鳥獸歸之，稱賢使能官，有材而歸之，關市平，商賈歸之，分地薄斂，農民歸之，水性歸下，農民歸利，王若欲求天下民，先設其利而民自至，譬之若冬日之陽，夏日之陰，不召而民自來，此謂歸德。」❸表明「禹之禁」的發端，所顯現出是帝王的「正德」，其「禹之禁」施行的最終結果，即「歸德」，是人心所向、萬眾所歸，以致萬物所歸。

周文王也將「厚德廣惠」作為美好的德性傳授給太子武王，以為「周之禁令」，認為其直接的結果是「和德」。史載「文王授命之九年，時維暮春在鄗，太子，發曰，吾語汝：所保所守守之哉，厚德廣惠，忠信愛人，君子之行。不為驕侈，不為靡泰，不淫於美，括柱茅茨為愛費。山林非時不升斤斧，以成草木之長；川澤非時不入網罟，以成魚鱉之長；不麛不卵，以成鳥獸之長；畋漁以時，童不夭胎，馬不馳騖，土不失宜。土可犯，材可蓄，潤濕不穀，樹之竹葦莞蒲，礫石不可穀，樹之葛木，以為締紵，以為材用。故凡土地之間者，聖人裁之，並為民利。是魚鱉歸其泉，鳥歸其林，孤寡辛苦咸賴其生，山以遂其材，工匠以為其器，百物以平其利，商賈以通其貨，工不失其務，農不失其時，是謂和德。」❾這裏，周文王的告誡，不僅僅是針對個人的德性修養而言，還擴展的對自然資源、甚至鳥獸魚鱉之類的「禁令」。可見，「和德」所包括是極其廣闊的內容，不僅僅是個人的「君子之行」，還要把這德性外推至農工商賈、山林草木，甚至鳥獸魚蟲。所謂「和德」，即人類社會與自然萬物的和諧之德。

---

❸　〔清〕馬驌《繹史》卷二十。

❾　〔晉〕孔晁注《逸周書·文傳解》卷二五。

　　周文王討伐崇侯虎所頒布的「伐崇令」，雖然是以征討其罪行為由，但是也特別強調：禁止砍伐樹木，不得屠殺牲畜，以此迫使崇侯虎歸順。史載「文王欲伐崇，先宣言曰：余聞，崇侯虎蔑侮父兄，不敬長老，聽獄不中，分財不均，百姓力盡不得衣食。余將來征之，唯為民。乃伐崇令：毋殺人，毋壞室，毋填井，毋伐樹木，毋動六畜。有不如令者，死無赦。崇人聞之，因請降。」❷「伐崇令」即是戰事檄文，「大刑用甲兵」，若不服從，罪死不赦。其中也不乏有保護自然資源的禁令。

　　上古社會又有普遍意義上的「天子之禁」，作為專門明確的「禁令」昭示天下。有道是：「壹明天子之禁曰：毋雍泉，毋訖糴，毋易樹子，毋使婦人與國事。」「天子之禁」中，突出不得因專用泉水而阻斷水利；不得隨意停止貯存穀物；當然也不得隨意變庶子為嫡長子；不得讓婦道人家參與國家大事。

　　上古社會就自然資源方面形成的相關禁令，也被後來概括為「先王之法」，廣為流傳。淮南王劉安總結道：「春伐枯槁，夏取果蓏，秋畜疏食，冬伐薪蒸，以為民資。是故生無乏用，死無轉屍。故先王之法：畋不掩群，不取麛夭，不涸澤而漁，不焚林而獵。豺未祭獸，罝罦不得布於野；獺未祭魚，網罟不得入於水；鷹隼未摯，羅網不得張於溪谷；草木未落，斤斧不得入山林；昆蟲未蟄，不得以火燒田；孕育不得殺；鷇卵不得探；魚不長尺不得取；彘不期年不得食。是故草木之發若蒸氣，禽獸歸之若流原，飛鳥歸之若煙雲，有所以致之也。」❸「不掩群」、「不涸澤」、「不焚林」，是禁止只顧現今，不及明日；只看眼前利益，不作長遠打算；做事不留餘地，從不考慮後果。按此原則，才有「屬禁」的節目：斧斤「以時」進山林；「以限制」田獵、捕魚；禁止捕是幼獸、小魚之類。「先王之法」，即先王的優良榜樣，即先王留下的典範傳統。

　　中國的上古社會是以較早的曆法文明著稱於世界文化當中，與曆法文化相聯結，在對待自然資源方面，歷史上有「四時之禁」、「夏禁」、「冬禁」之類：關於「四時之禁」，史載「農不上聞，不敢私籍於庸，為害於時也；然後制野禁，苟非同姓，農不出御（御，妻也。），女不外嫁，以安農也。野禁有五，地未辟易，不

❷　〔漢〕劉向《說苑》卷一五。
❸　〔漢〕高誘注《淮南鴻烈·主術訓》卷九。

操麻，不出糞，齒年未長，不敢為園圃，量力不足，不敢渠地而耕。農不敢行，賈不敢為異事，為害於時也。然後制四時之禁，山不敢伐材下木，澤人不敢灰僇（燒灰不以時多僇），繯網罝罦不敢出於門，罛罟不敢入於淵，澤非舟虞，不敢緣名，為害其時也。」㉒而關於「夏禁」、「冬禁」以及「春令」、「秋計」，按季節順序有如下列：

初春之時，帝王「發號出令曰：生而勿殺，賞而勿罰，罪獄勿斷，以待期年。教民樵室鑽燧，墐灶泄井，所以壽民也。耟耒耨懷，鉊鉛又橿，權渠繉緤，所以御春夏之事也。……以路無行乞者也，路有行乞者則相之罪也。天子之春令也。」「春令」的原則是「大德曰生」，「生」是上古社會認為的最為美好的德性，「好生惡殺」、「生而勿殺」。

待到「春盡而夏始，天子服黃而靜處，朝諸侯卿大夫列士，循於百姓，發號出令曰：毋聚大眾，毋行大火，毋斷大木，（毋）誅大臣，毋斬大山，毋戮大衍，滅三大而國有害也。天子之夏禁也。」總原則圍繞國家的利害為中心，此「六大」不可輕易觸犯，「大眾」、「大火」、「大木」、「大臣」、「大山」、「大衍」，直接關係國家的生死存亡，處置不好的直接後果是「國之大害」。

夏秋之際，帝王「發號出令，罰而勿賞，奪而勿予。罪獄誅而勿生，終歲之罪，毋有所赦作衍。牛馬之實在野者，王天子之秋計也。」秋季花木零落，陣陣哀氣，與之相為協調，「秋計」的核心原則是「罰而勿賞」、「奪而勿予」。

時至冬季，帝王「發號出令曰：毋行大火，毋斬大山，毋塞大水，毋犯天之隆，天子之冬禁也。」㉓四時進入隆冬季節，皚皚冰雪，凜凜寒氣，與之相為一致，中心原則是不能觸犯「天之大隆」，「冬禁」之時，絕對不能「行大火」、「斬大山」、「塞大水」。是為「冬禁」。

上古社會的「四時之禁」、「春令」、「夏禁」、「秋計」、「冬禁」一類，其後有〈月令〉的概括總結，更有《呂氏春秋》之「十二月紀」綜合論說，不斷詳盡地把天地自然之四季運行秩序與社會政治的行政規則聯繫起來，作為「上揆之

㉒ 〔漢〕高誘注《呂氏春秋》卷二六。

㉓ 〔唐〕房玄齡注《管子》卷二四。

天，下驗之地，中審之人」❷全面的統治寶典，載入政法文化的歷史寶庫。

另外，《管子》一書中，又有非常具體地針對礦藏的管理禁令。其由來是，「（齊）桓公問於管子曰：請問天財所出，地利所在。管子對曰：山上有赭者，其下有鐵；上有鈆者，其下有銀；（一曰上有鉛者，其下有鉒銀；）上有丹沙者，其下有鉒金；上有慈石者，其下有銅金。此山之見榮者也。苟山之見榮者，謹封而為禁。有動封山者，罪死而不赦；有犯令者，左足入，左足斷；右足入，右足斷。然則其與犯之遠矣。此天財地利之所在也。」❷是說有金屬表徵的礦山，應當施行封山之禁令；對於冒犯封禁而開發者，罪死不赦；對於擅自進入封禁山區的人，罰以相應的刖足之刑。遵此施行封禁礦藏之禁令，「修教十年，而葛盧之山發而出水，金從之。蚩尤受而制之以為劍鎧矛戟，是歲相兼者諸侯九。雍狐之山發而出水，金從之。蚩尤受而制之以為雍狐之戟芮戈，是歲相兼者諸侯十二。」封禁礦藏十數年後，葛盧、雍狐兩礦藏之山，金屬雖水而出。封禁帶來了顯著的成效，也以此鍛煉成劍鎧矛戟等兵器，為兼併諸侯功不可沒。

綜合上古社會的各種政法規範，較為集中的概括及意義，有如下文：「夫聖人在上，萬物各得其所，則以為之屬禁。人不得非時非禮以戕賊之也，至於牛羊犬豕之類，亦有品節犯分干時，皆所禁。如諸侯無故不殺牛，大夫無故不殺羊，士無故不殺犬豕。仲夏斬陽木，仲冬斬陰木，春獻鱉蜃，秋獻龜魚之類，皆所以安萬物使樂其生也。」❷又「天子不合圍，諸侯不掩群，夫子釣而不綱、弋不射宿，皆愛物之意也。推此心以及物，至於鳥獸若草木，裕無滔獵之過矣。」❷如此政法規範的目的與意義，落在自然資源的利用與保護、取與守的平衡方面。遠在上古社會，天子的勢力絕對可以合圍狩獵，甚至諸侯的能力也完全可以掩群而獵，之所以「不合圍」、「不掩群」，也不僅僅是遵奉狩獵之禮的意義，此「皆愛物之意也」。正是在這個意義上，「萬物各得其所」，「皆所以安萬物使樂其生也」，人與自然同樣沐浴著仁愛的道德倫理。

---

❷　〔漢〕高誘注《呂氏春秋·序意》。

❷　〔唐〕房玄齡注《管子》卷二三。

❷　〔宋〕黃倫《尚書精義》卷四。

❷　〔宋〕李明復《春秋集義》卷八。

試論儒家萬物一體的自然觀與生存觀

王國良

【作者簡介】王國良，男，江蘇江都市人，現為安徽大學哲學系教授，安徽大學中國哲學與安徽思想家研究中心主任，主要從事中國哲學、中西比較哲學與徽學研究。

【摘　　要】儒家從人是自然界長期發展的產物、人是自然界密不可分的一部分的立場來看待自然，認為人與自然息息相通、和諧共存，人與自然本質同源，同時又從人高於自然的立場確立生存觀，既利用自然、又愛護自然。儒家萬物一體的自然觀既與片面強調征服自然的人類中心主義有區別，又有別於眾生平等的觀念，對矯正現代工業文明破壞自然的弊病有重要意義，對當代正確認識人與自然的關係、發展生態文明、建構環境倫理具有獨特價值。

【關 鍵 詞】萬物一體　自然觀　生存觀

試論儒家萬物一體的自然觀與生存觀

王國良

儒家從人是自然界長期發展的產物、人是自然界密不可分的一部分的立場來看待自然，認為人與自然息息相通、和諧共存，人與自然本質同源，同時又從人高於自然的立場確立生存觀，既利用自然、又愛護自然。儒家萬物一體的自然觀既與片面強調征服自然的人類中心主義有區別，又有別於眾生平等的觀念，對矯正現代工業文明破壞自然的弊病有重要意義，對當代正確認識處理人與自然的關係、發展生態文明、建構環境倫理具有獨特價值。

一、人與自然和諧共存

人生於天地之間，為了生存與發展，就必須每日每時通過自己的活動與現實世界發生多種多樣的關係。這些關係千差萬別，千頭萬緒，但歸根結底，可被概括為兩類：一是人與物打交道，二是人與他人、社會打交道。因此，任何文化，哲學思想的發生發展，都要認識和處理兩種關係，一是人與自然的關係，或是人與世界萬物的關係、人與宇宙的關係、人與自己的生存環境（包括日月天地山川河流動植物）的關係，二是人與他人、社會（歷史）的關係問題。這兩種關係在現實世界是相互聯繫、相互作用的，其中人與自然的關係問題又是首要問題。中國儒家哲學主要是從人是自然界長期發展的自然產物、人是自然的一部分的立場來認識人與自然的關係，認為人與自然打成一片，融為一體，不可分離，如果借用思維模式的術語，可說儒家哲學對人與自然關係的態度是「萬物一體」、「天人合一」式。儒家哲學文化中包含不少對自然的客觀認識，但主要方面卻不是提倡認識自然的本質和客觀規

律，而是體驗人與自然界萬物的本質同源、息息相通，和諧交融，因此從思維模式中發展出儒家的自然觀。一般認為自然觀就是對自然的總體看法。儒家特色的自然觀既具有認識論色彩，也具有人文與倫理的色彩，同時也富有審美色彩。

「萬物一體」是儒家的基本觀念，先秦儒家對此做了許多相似相近的表述，北宋理學家程顥提出「仁者與天地萬物為一體」，❶標誌萬物一體觀作為儒家的核心觀念已然確立，王陽明說「大人者，與天地萬物一體」，❷表明儒家各派對萬物一體觀的完全肯定，本文對此不再做過多論證。儒家的自然觀主要是從萬物一體的立場來看待自然。

儒家自然觀包含兩個層面：一是人與自然的和諧共存；二是人與自然的本質同源。前者是後者的認識基礎，後者是前者的理論深化。

人與自然的和諧共存，主要表明人與自然不可分離，融為一體，人順應自然、因應自然而生活，自然不是人類的敵人，不是人類的征服對象，而是人類的親人與朋友，是人類生存的家園，熱愛自然就是關愛人類，維護自然就是維護人類自己的家園。儒家自然觀與中國文明的起源、與農業自然經濟模式有密切聯繫，從一定意義上說，儒家自然觀是中國農業文明生活方式在思想文化上的反映。早在新石器時代，我華夏先民就開始了定居的農業生活。農業生活不僅培育了家園感、故鄉情，而且最易引發對自然環境的親和感，人們對不變的土地、樹木、山川河流與周而復始變化的四時寒暑、日月運行由逐漸認識瞭解而感到熟悉親切。中國較早的經典之一《詩經》中的許多詩篇表現了人類跟隨自然的節奏而生活的過程和情趣，人們在自己的生活中體驗到與生動的自然界有不可名狀的息息相通之處，由此積澱為人與自然和諧冥契的統一心理。《豳風·七月》雖然流露出農業生活的忙碌辛苦的感歎，但更表現我華夏先民跟隨自然的節奏而生活的時新情緒：「春日載陽，有鳴倉庚，」「四月秀葽，五月鳴蜩，」「七月食瓜，八月剝棗」，「九月築場圃，十月納禾稼。」「朋酒斯享，日殺羔羊。躋彼公堂，稱彼兕觥，萬壽無疆。」詩中表現我先民通過勞動而感受到自然的流轉生機以及人的性情與自然性情相交溶的和諧統

---

❶　程顥、程頤：《遺書》卷二上，《二程集》，北京：中華書局，1981 年 7 月版。

❷　王陽明：《大學問》，《王陽明全集》卷二六，上海：上海古籍出版社，1992 年版。

一，表現出生活就是人與大地萬物的相互依託，以及在辛苦之後享受勞動成果的舒暢心情。《王風‧君子于役》和《小雅‧無羊》詩之可貴在於寫出雞群、牛羊以及牧人的悠然自得之態，寫出人與生物的親切和諧。《小雅‧甫田》表現了農人在豐收時節的喜悅心情，「乃求千斯倉，乃求萬斯箱。黍稷稻粱，農夫之慶。」並真誠地感謝四方之神的甘雨及時。《詩經》中許多詩篇都表現了我先民鑿井耕田的生活自在，對萬有生命的欣喜以及對自然全盤溶入的愉悅安足。

《詩經》所表現的人與自然和諧共存的社會心理對中國文化有深遠影響，儒道文化之起源都與此有極大關聯。

以孔子為創始人的儒家繼承發展了春秋以來的人文精神，但也初步確立了萬物一體的自然觀。《論語‧先進》記載，一日，孔子與諸弟子閑坐，孔子請眾弟子各言其志。前三位弟子都以積極入世、有所建樹為志，孔子未予贊許。輪到曾點時，曾點「舍瑟而作，對曰：『異乎三子者之撰』。子曰：『何傷乎？亦各言其志也』。曰：『莫春者，春服既成，冠者五六人，童子六七人，浴乎沂，風乎舞雩，詠而歸』。夫子慨然歎曰：『吾與點也！』」曾點所述，不過春季出遊，卻打動孔子的心，可見自然意識入人之深。值得注意的是，曾點所述，正是參加古代民俗的狂歡節。春天出遊，浴乎沂，就是到沂河裏潑水洗浴，朱熹《四書章句集注》說「今上巳祓除是也，」舞雩，即魯國社稷壇所在地，朱熹注說「舞雩，祭於禱雨之處，有壇壝樹土也」。古民俗祭天禱雨之時，往往歌舞隨之，故「風乎舞雩」也包括觀樂，參加民間藝術節。孔子說「吾與點也」，可見孔子也把對萬物一體的高峰體驗視為人生的極樂境界。

人與萬事萬物的屬性在大自然整體中平衡互補，相互影響，互為存在的前提與條件，人類為了生存，就必須依賴並充分利用外界自然，生命的本質就是通過與外界不斷的進行物質、能量的交換、不斷進行新陳代謝而延續生命。既然外部自然構成人類的生存條件，人在利用自然的同時，也有責任維護自然，也就是維護自己的生存條件與家園。儒家人與自然和諧共存的思想，還包含以農為本的生產生活順應自然節奏、保護自然環境、維護生態系統平衡的思想。據《論語‧述而》記載，孔子「釣而不綱，弋不射宿」，孔子為滿足生活需求，也釣魚打獵，但孔子不用漁網打漁，用漁網捉魚有把魚不論大小一網打盡之嫌，孔子打獵，但不射歸巢的鳥，或

歇宿的鳥，因為歸巢的鳥有可能要產卵或養育幼雛鳥。司馬遷《史記》〈孔子世家第十七〉曾記錄孔子的話說：「刳胎殺夭則麒麟不至郊，竭澤涸漁則蛟龍不合陰陽，覆巢毀卵則鳳皇不翔。何則？君子諱傷其類也。夫鳥獸之於不義也尚知避之，而況乎丘哉！」此段話不一定為孔子所言，但肯定代表儒家的思想。麒麟是古代傳說中能夠威懾虎豹、但不傷害人類的祥瑞動物，麒麟出現於郊往往預示天下吉祥太平。如果「刳胎殺夭」，即獵殺正在懷孕的動物以及幼小的動物，麒麟就不會出現，而「竭澤涸漁」、「覆巢毀卵」，都是破壞自然生態系統平衡與自然資源可持續發展的不祥不義之舉，蛟龍不能適時行雲施雨，作為百鳥之王的鳳凰就不會出現，陰陽錯亂，水旱失時，國家就不會有太平年景。動物對於物傷其類的不義之舉尚且憤慨，何況於人呢？孔子這段話雖然是聽說趙簡子殺害晉國賢大夫竇鳴犢、舜華之後發出的感慨，但同時也表明孔子對破壞生態平衡、破壞人類與自然和諧共存的舉動的義憤。孟子完全繼承了孔子的思想，告誡人們要有節制的利用自然：「數罟不入洿池，魚鼈不可勝食也；斧斤以時入山林，材木不可勝用也」（《孟子・梁惠王上》）。數張漁網不能同時在一個池塘裏捕魚，魚類生物才能持續繁衍，上山伐木必待冬季，春季萬木生長季節不能砍樹，才能保證林木不可勝用。荀子把維持生態平衡看成是政治穩定、國富民安的基礎：「上不失天時，下不失地利，中得人和，」「則萬物皆得其宜，六畜皆得其長，群生皆得其命，」「草木榮華滋碩之時，則斧斤不入山林，不夭其生，不絕其長也；黿鼉魚鼈鰍鱔孕別之時，罔罟毒藥不入澤，不夭其生，不絕其長也；春耕、夏耘、秋收、冬藏，四者不失時，故五穀不絕，而百姓有餘食也；汙池淵沼川澤，謹其時禁，故魚鼈猶多，而百姓有餘用也；斬伐養長不失其時，故山林不童，而百姓有餘材也」（《荀子・王制》）。荀子還認為，人只要愛護自然，就能夠與自然相生相養，長期和諧共存：「今是土之生五穀也，人善治之，則畝數盆，一歲二再獲之；然後瓜桃棗李一本數以盆鼓，然後葷菜、百疏以澤量，然後六畜禽獸一而剸車，黿龜魚鼈鰍鱔以時別一而成群，然後飛鳥鳧雁若煙海，然後昆蟲萬物生其間，可以相食養者不可勝數也。夫天地之生萬物也固有餘，足以食人也矣；麻葛、繭絲、鳥獸之羽毛齒革也固有餘，足以衣人矣。」至遲完成於秦漢時期的《禮記・月令》，就已明確要求人們根據自然界的變化來調整自己的生存活動。〈月令〉要求人們根據一年十二個月天文、氣候的變化

節奏開展農事活動以及政治活動。例如春季，孟春之月，「命祀山林川澤，犧牲毋用牝（母畜），禁止伐木，毋覆巢（傾覆鳥巢），毋殺孩蟲（幼蟲），」「毋竭山澤，毋漉陂地，毋焚山林」。許多國家政府都規定春季禁止伐木采樵、在動物繁殖期間禁止捕殺鳥獸等等，都是受到儒家思想的影響。

中國儒家人與自然和諧共存的思想，確實提供了豐富樸素而又精闢的關於保護生態環境的見解，這是不容否認的。積極繼承和有效開發這些思想資源和生態智慧，無疑將對現代社會條件下保護環境、維護生態平衡有所啟發和助益。西方文化長期以來科技理性過於發達，片面強調改造、利用、征服自然，對於保護自然環境缺乏相應的思想資源和理論準備。當然，我們並不是要反對認識改造自然，中國文化中也不缺乏認識自然、利用自然為人類服務的思想，即正德、利用、厚生的思想，《易經》中包含豐富的認識自然的思想，神話傳說中的精衛填海、夸父追日、大禹治水，蘊含著豐富的改造自然、征服自然的精神，但儒家思想中重視人與自然相互依存、人類要有節制的利用自然的思想顯然具有更為高遠的人文價值。西方自近代以來，認識自然征服自然成為近現代文明的主題，工業文明愈發展，對自然環境的破壞性就愈大，大氣污染，海洋污染，水土流失，動物減少，濫伐森林，濫採煤油，溫室效應，臭氧層破壞，所有這一切已經使人類的生存家園變得岌岌可危。環境保護已經成為全球關注的嚴峻課題。中國文化中的人與自然相和諧的思想理當在現代條件下顯現其意義和價值。

二、人與自然本質同源

儒家自然觀的第二層面涵義是人與自然的本質同源。人與自然萬物、植物、動物同根同類，人是天地萬物之一部分，人與天地萬物共同組成大自然。人與萬物雖各有特殊性，但在本性與所遵循的規律性方面都與天地自然一致，這種一致是人與天地萬物的最高原則。儒家早就認識到人是自然的一部分，人是自然界長期發展的產物，如《易傳·繫辭》說：「日月運行，一寒一暑。乾道成男，坤道成女。」孔子曾說：「天何言哉？四時行焉，百物生焉，天何言哉？」（《論語·陽貨》）天不說話，只是運行不已，產生萬物，這個「生」字，表明儒家認為自然的本質就是

「生」，後來北宋理學家據此正式確立儒家的生命本體論。《易傳》說「生生之謂易」，「天地之大德曰生」（《易傳·繫辭上》），肯定自然界生生不息，天地的根本德性就是「生」。荀子雖然提出天人相分，「明於天人之分」（《荀子·天論》），但只是否定天具有神性，認為天是自然之天，並有自身的自然規律：「天行有常，不為堯存，不為桀亡」（《荀子·天論》）。荀子認為人與自然萬物相生相養的前提依然是人與自然同根同源，並肯定「生」為自然之本：「天地，生之本也」（《荀子·禮論》），萬物與人都是由自然的長期演化發展而產生：「列星隨旋，日月遞炤，四時代御，陰陽大化，風雨博施，萬物各得其和以生，各得其養以成」，人也是因自然天功的作用而「形具而神生」（《荀子·天論》）。

北宋儒家學者把先秦儒家提出的「生」的根本原則、《易傳》的「天地之大德曰生」與孔孟的仁學結合起來，認為仁的重要內涵是「生」，宇宙最高本體「理」是「生之理」，仁、生、理相同，這是理學家對孔孟仁學的創新。

歐陽修提出「天地以生物為心」的重要命題，他說：「天地之心見乎動復也，一陽初動於下矣，天地所以生育萬物者，本於此，故曰天地之心也。天地以生物為心者也。」❸歐陽修繼承了大易的理論特色，從生物運動的觀點解釋宇宙自然界發展，把自然界與人看作是有機連續的生命流行發育的過程，這對理學天人理論有深刻影響。周敦頤正式提出「生，仁也；成，義也」❹的命題，把生與仁結合起來，開始儒學創新的過程。眾所周知，張載是第一個完整提出「天人合一」的理學家。張載認為仁就是性，「仁通極其性」，❺說明仁是性的根本內容。「學者當須立人之性，仁者人也，當辨其人之所謂人，學者學所以為人。」❻人性即仁，「性即天也」，故天即仁。天仁天德即是「生物」之心。「大抵言『天地之心』者，天地之大德曰生，則生物為本者，乃天地之心也。」❼天地只是生物，天理流行，天命不息，天地之心最終在人心中實現，人心即是天地之心，人為天地之心，最終實現萬

---

❸　歐陽修：《易童子問》卷一，《歐陽文忠全集》卷七十六，北京：中國書店，1986 年第一版。

❹　周敦頤：《通書·順化》，《周敦頤集》，北京：中華書局，1990 年版。

❺　張載：《正蒙·至當》，《張載集》，北京：中華書局 1978 年 8 月版。

❻　張載：《張子語錄》中，《張載集》，北京：中華書局 1978 年 8 月版。

❼　張載：《橫渠易說·上經·復》，《張載集》，北京：中華書局 1978 年 8 月版。

物一體，天人合一。

　　程顥說：「『生生之謂易』，是天之所以為道也。天只是以生為道，繼此理者，即是善也」，❽認為「生」是天地宇宙之道，「仁者渾然與物同體」❾，人與萬物根據「生」的原理自然發展，就是善的實現。程顥說：「生之謂性，性即氣，氣即性，生之謂也」，「只理會生是如何。」❿二程用「生之理」釋仁，仁源於天道生生之理而具於心，成為人之所以為人之性。程顥強調人與天地萬物的一體境界，程頤則似更突出仁的形而上學的超越意義。

　　程顥的人「與物同體」的境界，就是從萬物一理的整體思維出發，以人為天地萬物之心，以心為天地萬物之仁的天人合一論。這種仁者以天地萬物為一體的思想，也是以自然界「生生之理」為其總根源。人和萬物都來源於「生生之理」，這是自然界合目的性發展的結果，人作為自然界的最高的產物完成了、實現了自然的目的，人從此擔負起推進生生的使命。生生之理便在天地萬物之中，天地萬物發育流行，便是生生之理的體現。

　　生生之理為天道，其實現於人者，則為人道，人道即是天道。人道荷載天命，替天行道，天道靠人道來實現，此所以天命不息。

　　朱熹對生生之理之仁作了總結提高，提出仁是天地生物之心，「天地以生物為心者也，而人物之生各得夫天地之心以為心者也。……蓋仁之為道，乃天地生物之心即物而在。」⓫「仁者天地生物之心，而人之所得以為心者也。」⓬朱熹反覆說明的「天地生物之心」，就是指天地之「生意」、「生理」，天只有一個「生理」，天地「別無所為，只是生物而已，亙古亙今，生生不窮。」⓭人也是天地所生之物，故人心便是天地生物之心，人的生生是宇宙自然的最高表現，是自然生生

---

❽　程顥、程頤：《遺書》卷二上，《二程集》，北京：中華書局，1981 年 7 月版。

❾　程顥、程頤：《遺書》卷二上，《二程集》，北京：中華書局，1981 年 7 月版。

❿　程顥、程頤：《遺書》卷八，《二程集》，北京：中華書局，1981 年 7 月版。

⓫　朱熹：《朱子全書》，《仁說》，上海：上海古籍出版社，合肥：安徽教育出版社，2002。

⓬　朱熹：《朱子全書》，《孟子或問》卷一，上海：上海古籍出版社，合肥：安徽教育出版社，2002。

⓭　〔宋〕黎靖德編：《朱子語類》卷五十三，北京：中華書局，1986。

不息的擔當者。「當來天地生我底意，我而今須要自體認得。」⓮人能自覺體認生生不息之天理流行，故人能弘道，人的生存發展創造乃天賦之偉大使命，人生在世就是為了盡天命而自強不息，積極有為。

理學家把本來標誌人的倫理性、精神性品格的仁範疇與大易的生生易道結合，把仁提升為本體範疇，生生之謂仁，仁既概括了自然界與人的無窮發展過程的統一，又是二者實質的提煉，即把自然界的生理與人的性理結合起來，以生生不息之仁實現天人合一。這是理學家們的偉大創造，理學的全部積極價值也許就在於此。仁不僅有了新的內涵，從人道、人的精神性品格的範疇上升為天道，體現了自然世界與人類生存發展的生生不息，無有窮盡的過程，而且更重要的是，仁道與《易傳》中的易道結合、統一起來了，「仁者，天地生物之心」⓯的命題與〈易傳〉中的「生生之謂易」、「天地之大德曰生」等命題結合起來，使「生生不息」成為中國哲學的第一原理和最高原則，並且為中國哲學建立起理論基礎堅實的生命本體論。

人與自然同根同類，人就能夠與自然互相關照，互相為用，儒家學者認為，人能夠從自然萬物中引伸出審美的價值，人倫的品格，化自然的品格為人的品格。孔子非常欣賞松柏的氣質，他曾說：「歲寒，然後知松柏之後凋也」（《論語·子罕》），秋盡冬來，萬木凋零，松柏卻鬱鬱青青，傲立蒼穹，這分明是崇高美的境界，更可以啟發人的堅貞不屈的品格。我們贊許驥——千里馬日行千里的能力，但我們更稱許驥的品德，⓰美玉則具有多種君子的品德，值得效仿，荀子認為「夫玉者，君子比德也」（《荀子·法行》），具有仁、知、義、行、勇等多種品德。孔子對山水有獨特見解：「智者樂水，仁者樂山」（《論語·雍也》），這不僅是觀覽山水時得到審美的娛樂，同時也是從山水中獲得培養人的品格的啟示，「剛毅木訥近仁」（《論語·子路》），仁的品格應像高山一樣巍然聳立，而智的品格則應像水一樣具有流動性與靈活性，按照水勢晝夜不息的流動前進。孟子繼承孔子的立場，認

⓮　〔宋〕黎靖德編：《朱子語類》卷六，北京：中華書局，1986。
⓯　〔宋〕黎靖德編：《朱子語類》卷六，北京：中華書局，1986。
⓰　參見《論語·憲問》：「驥，不稱其力，稱其德也。」

為流水象徵君子之「志於道」：「觀水有術，必觀其瀾。日月有明，容光必照焉。流水之為物也，不盈科不行；君子之志於道也，不成章不達」（《孟子·盡心上》）。流水所到之處，滿盈之後才繼續前進，君子也要像流水那樣，為了實現志與道而堅定地一步步前進。荀子記載孔子的評論說水具有多種品質，「其赴百仞之谷不懼，似勇」，「其萬折也必東，似志」（《荀子·宥坐》），儒家學者喜歡以水的特徵作為人應該效仿的榜樣。北宋理學家喜歡觀天地生物氣象，體驗自然之生意，周茂叔窗前草不除，云與自家意思一般，張載觀驢鳴，體會自然之生命氣息。二程則以自然現象來類比儒家學者的聖賢氣象：「仲尼，天地也；顏子，和風慶雲也；孟子，泰山岩岩之氣象也」。❶⑦從以上這些論述可以看出，儒家的自然觀不僅具有認知的價值，同時也飽含審美的體驗與倫理的觀照。

三、人高於自然的生存觀

應該承認，道家也肯定人與自然的本質同源，天是自然之天，人是自然之人，人類是自然的一部分。但儒家與道家的自然觀又有重大區別，儒家在肯定人與自然本質同源時，又看到人與自然的差別，認為人高於自然，人是自然界長期發展的最高產物，道家老莊則否認人與自然的差別性，否認人之為人的本質，認為人與自然可以相互轉化，人可以變成泥土、牛馬、翅膀車輪等。《莊子·至樂》說莊子妻死，莊子並不悲傷，而是「鼓盆而歌」，因為人死是回歸自然，像四時運行一樣自然，何必悲傷呢！老子說「天法道，道法自然」（《老子》），莊子說：「天地與我並生，而萬物與我為一」（《莊子·齊物論》），人可以通過「坐忘」、忘我、喪我而意識到人與自然融為一體。誠如荀子所說，道家的缺陷在於「蔽於天而不知人」。

儒家把自然與人看成是有機連續的統一體，把人看成是自然界長期生生不已發育流行的最高產物，人與自然處於發展序列的不同階段，只有人能自覺地體認天命，體認生生不息之仁，窮理盡性，弘揚天命，使人的主體精神昂然挺立，人獨立

---

❶⑦　程顥、程頤：《遺書》卷五，《二程集》，北京：中華書局，1981年7月版。

蒼茫天地之間，人高於自然，又不遺棄自然，而是與天地萬物成一體，儒家正是從人高於自然的立場確立生存觀。

在被儒家奉為《五經》之一的《尚書》中，就提出了人高於自然的觀點：「惟天地，萬物之母，惟人，萬物之靈」（《尚書·泰誓》），天地生萬物，人是萬物之精華與靈長。荀子與《禮記》都表述了「人最為天下貴」的思想。荀子說：「水火有氣而無生，草木有生而無知，禽獸有知而無義，人有氣、有生、有知亦且有義，固最為天下貴也」（《荀子·王制》）。荀子認為人高於自然之處在於人具有德性倫理和具有合群的團隊精神。北宋理學家周敦頤和明代王陽明也認為人在宇宙自然的長期發展中因具有「中正仁義」之德性而高於動物，「惟人焉，得其秀而最靈」。❶實際上，人的「知」與動物的「知」也有根本區別，動物的智慧只能服務於自己的本能需要，而人的智慧比如孟子的良知良能與王陽明的良知，則能夠認識自然萬物，利用自然萬物為人類的需要服務，人類正是通過認識與利用自然而生存。孟子曾指出，人正是通過種桑養蠶而使五十歲以上者可以衣帛，通過飼養雞豚狗彘之畜而使七十歲以上者得以食肉，通過耕田種植而使數口之家得以溫飽。值得注意的是《周易·易傳》對人類認識自然、利用自然來為人類服務做出許多精到的論述：「觀乎天文，以察時變；觀乎人文，以化成天下」（《賁卦·彖傳》）。「天地之道恆久而不已也」，「日月得天而能久照，四時變化而能久成，聖人久於其道而天下化成」（《恆卦·彖傳》）。天地自然之道永遠變化，因此人類社會也要不斷發展變革，這裏的自然之道已經完全是自然規律的含義。《易傳·繫辭傳下》對人類根據自然現象原理來製造器物、推進人類文明發展作了許多描述：「刳木為舟，剡木為楫，舟楫之利，以濟不通，致遠以利天下，蓋取諸《渙》。……弦木為弧，剡木為矢，弧矢之利，以威天下，蓋取諸《睽》。上古穴居而野處，後世聖人易之以宮室，上棟下宇，以待風雨，蓋取諸《大壯》。」上面的描述不一定正確，但人利用自然、高於自然的生存觀已得到鮮明表達。最明確的表達人利用自然而生存的觀點的大儒應是王陽明。王陽明第一次把人的良知提升為宇宙萬物的本體，提升到「與物無對」的絕對高度，高揚了人的主體精神。王陽明順延儒家萬物一體的思路，認

---

❶　周敦頤：《太極圖說》，《周敦頤集》，北京：中華書局，1990 年版。

為人是宇宙自然界長期發展的產物，而人的良知又是人的「靈明」，因此良知是天地的最高產物，用王陽明的話說就是「良知是造化的精靈。這些精靈生天生地，成鬼成帝，皆從此出，真是與物無對。人若復得它完完全全，無少虧欠，自不覺手舞足蹈，不知天地間更有何樂可代。」❶這就是說，良知賦予天地萬物以規定性，能夠決定萬事萬物的生滅變化，與良知相比，萬事萬物皆處於從屬地位。故良知與物無對。如果沒有我的良知，天地萬物皆不成萬物、至多只是混沌。這也就等於說，我的良知是宇宙的主宰。王陽明繼續說：「人的良知就是草木瓦石的良知，若草木瓦石無人的良知，不可以為草木瓦石矣。豈惟草木瓦石為然，天地無人的良知，亦不可為天地矣。蓋天地萬物與人原是一體，其發竅之最精處，是人心一點靈明。風霜露雷，日月星辰，禽獸草木，山川土石，與人原只一體，故五穀禽獸之類皆可以養人，藥石之類皆可以療疾。只為同此一氣，故能相通耳。」❷人與天地萬物是一個有機系統，人是該系統的最高目的，其他事物都是為了人而存在，如果沒有人的良知，其他事物的存在都失去了意義。人與天地萬物一氣流通，這一氣流通說是存在意義的連續，故「人的良知就是草木瓦石的良知」，人的「一點靈明」決定了天地草木瓦石的意義。自然萬物，包括動物，都在為人利用服務的向度上才物盡其用，各遂其性。陽明繼續發揮說：「可知充天塞地中間，只有這個靈明，人只為形體自間隔了。我的靈明便是天地鬼神的主宰。天沒有我的靈明，誰去仰他高？地沒有我靈明，誰去俯他深？……今看死的人，他這些精靈遊散了，他的天地萬物尚在何處。」可見，王陽明是從人規定天地萬物的性質、賦予天地萬物以存在意義的角度確立良知為宇宙萬物之本體。王陽明良知說的重要意義在於，天地萬物不能認識、支配自然，只有人能夠認識自然、規定自然。王陽明認識到，自然萬物是互相依賴、互相為用的序列，低一級的生物服務於高一級的生物，人處於這一序列的最高處，人雖然要關愛萬物，但不得不取萬物以為用，這是具有合理性的有價值的推理。他說：「禽獸與草木同是愛的，把草木去養禽獸，心又忍得，人與禽獸同是愛

---

❶　王陽明：《傳習錄》下，《王陽明全集》，上海：上海古籍出版社，1992 年版。
❷　王陽明：《傳習錄》下，《王陽明全集》，上海：上海古籍出版社，1992 年版。

的，宰禽獸以養親與供祭祀，心又忍得，……這是道理合該如此。」❷

應該強調的是，儒家認為人高於自然，必須利用自然而生存生活，但正如前述，儒家強調在利用自然的同時更要保護自然，關愛萬物，把自然看做人類的生存家園，要維護自然的生態平衡，注意自然資源的可持續發展，決不允許破壞自然，破壞自然甚至會危及國家的安全。儒家認為要把核心價值仁愛的精神施及於自然，孟子提出為後世儒家一致尊奉的基本原理：「親親而仁民，仁民而愛物」（《孟子·盡心上》），《禮記·中庸》提出通過盡人之性達到盡物之性，「能盡人之性，則能盡物之性」。盡物之性就是，使物成之為物，即使物各得其所，按照其自身固有的秉性和規律存在與運行。《中庸》還提出「成己成物」：「誠者非自成己而已也，所以成物也。成己，仁也，成物，知也，性之德也，合內外之道也。」按照成語的解釋，成己成物是指由己及物，自身有所成就，也要使自身之外的一切有所成就。從張載到王陽明，也都主張人與萬物為一體，萬物並育而不相害，人類要利用自然而厚生，但人又要像關愛人類自身一樣關愛自然，保護生態，而不是破壞自然，毀壞自己的生存家園。

四、儒家自然觀的現代價值

應該承認，儒家傳統的萬物一體的自然觀有一定的理論缺陷與不足。儒家傳統不重視認識論，對人如何在認識、利用自然的基礎上做到人與自然和諧相處沒做認真具體的、實際可操作的探究。自然物、包括動物在內，不可能自覺地與人和諧相處，主動適應人的需求，只有人能夠自覺地認識到、追求與自然的和諧相處，人除了要有高遠的天人合一的境界之外，還必須依靠人自己的認識、實踐，掌握自然物本身的規律，以改造自然物、利用自然物，使自然物為人服務，為人利用，即正德、利用、厚生；特別是要認識不同自然物的具體特殊屬性，不能籠統地講萬物一體，理一分殊，認識理一，不能代替對分殊的認識，也不同於對分殊的認識。西方哲學在對分殊的認識方面高於中國哲學，在認識自然，利用自然、支配自然方面自

---

❷　王陽明：《傳習錄》下，《王陽明全集》，上海：上海古籍出版社，1992 年版。

有其長處。但與儒家自然觀的缺陷相比，其理論的合理之處具有更高的現代價值。現代工業文明的發展所導致的環境污染和生態危機越來越威脅著人類自身生存，西方哲學受到猶太教與基督教支配自然、征服自然思想的影響，㉒過度張揚主客二分，導致濫用自然，剝削自然，破壞自然，結果是破壞人類自己的生存家園，過分的突出人與自然的區分，沒有看到人與自然、植物、動物雖有級差區別，但根本一體的本質特徵，缺乏憐惜、關愛自然之心，甚至受到進化論的消極影響，把人類也分出優劣等級，蔑視所謂「劣等民族」，缺乏人類平等同類的關愛同情心，過分誇大自然界的自然選擇、生存競爭，並運用於人類社會，把人類社會變成屠場，對天神天意缺乏敬畏之心，導致天命的淪喪，諸神的退隱。現在，保護環境、維護自然界生態平衡、保持自然資源的可持續發展幾乎成為全球共識與普世價值。儒家萬物一體的自然觀在這方面可以提供豐富的理論資源，對人類中心主義為滿足人類需求而犧牲自然環境的弊病起到矯正與遏制的作用，有助於人們從新的視角看待自然。西方許多環境哲學家在分析環境危機的思想與文化原因、探尋環境哲學智慧與文化傳統的關係時，都不約而同地轉向中國古代思想文化，儒家人與自然和諧共存的思想、人與自然同根同源又有序列階段差別的思想被西方學者概括為「在自然之中生存」的合理生態思維。㉓

　　有一種觀點認為，環境污染、環境破壞只有通過進一步發展科學技術來解決，而不是到古代思想中找出路。這種看法是狹隘的進化至上主義者。事實證明，科學技術可以解決一些問題，而有些問題科學技術根本無法解決。水污染可以通過污水處理來解決，但河流湖泊、海洋污染導致 1000 多種魚類滅絕，科學技術是無法復原的，同樣，荒山禿嶺只有通過重新植樹造林來解決，水土流失也只有通過在江河上游退耕還林、恢復植被來解決，特別是石油的開發與利用，造成大量的廢氣、毒氣，造成大氣污染、溫室效應，而無限制的開採石油對地球本身會造成什麼破壞、或已經造成什麼破壞，我們是根本不知道的，要避免環境危機的發生，只能是減少

㉒　參見〔英〕克萊夫·龐廷著：《綠色世界史》，第 160-161 頁；上海：上海人民出版社，2002 年 8 月版。

㉓　參見〔美〕彼得·S·溫茨著：《現代環境倫理》，《代總序》，上海：上海人民出版社，2007 年 6 月版。

開採，改換思路，尋求可替代的清潔能源。

儒家人高於自然的生存觀，不同於西方的征服自然觀，對正確認識處理人與自然的關係也有積極意義，比如王陽明特別強調「宰禽獸以養親」是「良知上自然的條理，不可逾越」，表明人類要依靠利用自然而養生，這就與當代西方的一些非人類中心主義區別開來。在當代西方，一些人完全抹殺人與自然物的區別，認為動物與人具有同樣的權利，具有同等價值，以致主張在夜間寧可讓蚊子咬也不要打死它。佛教「眾生平等」的思想在保護生物方面有一定積極意義，但也是抹殺人與動物的區別，主張割肉貿鴿、以身飼虎，忽視了人與動物的級差區別，不惜犧牲人類來維護動植物，過度地伸張了人類的慈悲之心。

總之，我們現在建設生態文明、探索現代環境倫理時，要用儒家仁者以天地萬物為一體的思想、境界為指導，充分汲取其合理因素，重視、吸收西方哲學中認識自然、支配自然的精神，合理的利用自然，在利用自然的同時，也使自然得到按其自身規律要求的發展，使自然與人類和諧共存，使自然環境成為人類的美好家園，使天地本身所具有的無言之大美，既按其本性、又符合人類最高審美境界追求的面貌展現出來，讓萬物一體同時也成為真善美的統一。

從後現代社會的生態文明視角
重讀「存天理，滅人欲」

王　劼

【作者簡介】 王劼（1982-），女，上海市人，講師，主要從事英語發展及跨文化研究。

【摘　　要】 本文首先從歷時性角度分析儒學從先秦民間儒學到宋（元）明政治儒學到近現代精神儒學之後發展成為後現代生存儒學的趨勢。隨後將儒學這一「中國宗教」與印度佛教及西方基督教進行共時性比對，指出其作為經世哲學在維護生態文明、維繫人類生存發展上的不可替代性。最後結合現今實際對作為其核心問題的理、欲進行不同生態層面下的多視域後現代解讀，提出把「存天理，滅人欲」去政治化並普及內化為全民精神上的生存需求方能達到環境生態、人本生態、精神生態乃至儒學自身生態的長久動態平衡。

【關 鍵 詞】 後現代生存發展儒學　生態文明　環境生態　人本生態　精神生態儒學生態

從後現代社會的生態文明視角
重讀「存天理，滅人欲」

王　劼

　　德國哲學家雅斯貝爾斯說：「人類一直靠軸心時代所產生的思考和創造的一切而生存，每一次新的飛躍都回顧這一時期，並被它重新燃起火焰。自此以後，情況就是這樣。軸心期潛力的蘇醒和對軸心期潛力的回憶，或曰復興，總是提供了精神力量。對這一開端的復歸是中國、印度和西方不斷發生的事情。」如，歐洲的文藝復興就是把目光投向其文化源頭古希臘，使歐洲文明燃起新光輝，對世界產生重大影響；中國的宋明理學在印度佛教文化的衝擊後，充分吸收和消化了佛教文化，再次回歸先秦孔孟把中國儒學提高到一個新的水準，對朝鮮半島、日本、越南的文化產生重大影響。當今人類社會正處在一個大變動的時代，社會發展速度打破了自然規律，沾沾自喜於工業、科技迅猛進步的同時，也不得不承擔由此引發的社會乃至人類生存的諸多問題。西方文化源頭給不了他們答案，世界各地的思想界出現了對「新軸心時代」的呼喚。這次世界的目光投向了中國傳統文化，這要求我們更加重視對古代思想智慧的溫習與發掘，回顧我們文化發展的源頭，同時用發展的視角詮釋其歷時意義。選擇朱熹理學作為切入點因為其在中國歷史乃至世界範圍內的影響及其系統性。朱熹為理學的集大成者，由其精心節選並刻印發行的「四書」（《大學》、《中庸》、《論語》、《孟子》）後成為教科書，使儒家思想成為中國封建社會的主導思想，影響深遠；引入對自然規律的探討賦予儒學更長久的生命力，也是今時今日全球聚焦儒學的重要原因。從某種意義上說朱熹正是遵循了「審時度勢－批判性的繼承－有選擇的吸納」這條自然規律，才維繫了儒學發展的生態平衡。

一、儒學的生態之路

中國的儒學如果從孔子算起，綿延至今已有兩千五百餘年的歷史了。在這漫長的歲月裏，隨著社會的變化與發展，儒家學說從內容、形式到社會功能也在不斷地發生變化與發展。不暸解儒家學說的歷史演變，是很難做到客觀地評價儒家學說的社會歷史意義和展望其未來發展的。基於對儒家學說的內容、形式和社會功能等進行綜合的宏觀考察，對其發展階段的劃分基本有兩種意見「三段式」和「四段式」，區別為後者在前者基礎上把第二階段做了一個細分——以董仲舒、《白虎通義》為代表的兩漢政治制度化和宗教化的儒學和以程、朱、陸、王等為代表的宋、明、清時期的性理之學的儒學。筆者認為不分亦可，自兩漢起儒學成為統治者的正統學說，理學初衷乃係約束王者私欲以協助其治國安邦，同劃入政治儒學不失妥當。牟宗三先生率先將儒家哲學劃分為先秦儒、宋（元）明儒、現代新儒三大黃金時代，由杜維明先生廣布於天下。劉述先先生則將儒家哲學劃分為三個互相關聯的面相，民間的、政治的和精神的。筆者試將兩家劃分從生態角度融合同時引入後現代生存儒學的概念。

(一)先秦民間儒學

原始儒學的主要內容都是關於「士」的修身方面的道德規範和從政方面的治國原則。從孔子、孟子到荀子，他們所提出的各種道德規範和治國原則，都是十分具體的、為人處世中踐行的規範和原則，而非一般的抽象的形上學原理，這也是稱先秦儒學為民間儒學的緣由。人把孔子之學稱為「仁學」，由於孔子把「仁」作為最根本的道德規範來要求弟子，《論語》中記載了許多弟子問「仁」的問題。孟子除進一步發展孔子以「仁」修身的思想外，以推行「仁政」學說而著稱於世，但也多為基於感性直觀的具體內容。荀子的思想則具有更多的現實主義傾向，在重視禮義道德教育的同時，也強調了政法制度的懲罰作用；在強調自我修養、道德自覺的重要的同時，更為強調「師」與「法」的教育與規範作用。他們提倡的道德修養學說在「士」階層中有著深遠的影響，卻由於太脫離當時諸侯稱霸、群雄割據的社會現實了，始終未能得到當權者的賞識和採用。所以，原始儒家學說與以後成為實際社

會制度依據的儒學不同，它還只是一種關於道德修養和政治理想的一般性學說。

但這不阻礙先秦民間儒學在生態意義上的建樹。孔子賦予天人格神和自然之天兩種角色，強調自然之天有客觀變化規律，處於永遠生生不息變化之中，而人則是生生不息的天地自然的一部分，應與自然和諧相處。天命觀中提到賢明不違背時宿，不逆明而行，不依靠卜筮來掌握吉凶，將「畏天命」與「君子」人格結合，初現天人合一的生態理論意識。他將「仁，愛人」的人際道德準則擴展到自然界萬物以協調人與自然的關係，所謂「仁愛萬物」。甚至「孝、禮、義」的人際倫理範疇也被擴大到人與物的關係上「斷一樹，殺一獸，不以其時，非孝也。」後孟子、荀子繼承發展了孔子的生態理論。孟子視「仁民」為「愛物」的前提，將生態道統看得高於人際道統；而荀子強調了人對生態的增益義務「君者，善群也。故養長時則六畜育，殺生時則草木殖。」即提出培養保護林木，按時節變化組織農耕，使百姓有餘食、有餘材，此乃維護生態平衡、保護生物資源、關係國計民生、君王實行仁政的根本制度。

(二)宋（元）明政治儒學

漢初統治者為醫治秦末苛政、戰亂造成的社會民生極度凋敝的狀況，採用了簡政約法、無為而治、與民休息的方針政策，以恢復社會的生機。與此相應，在文化思想上則主要是推崇和提倡黃老道家學說。這種情況一直延續到漢武帝時才有所變化。與儒學政治制度化發展過程的同時，兩漢時期也出現了一股把儒學宗教化的傾向。儒學社會政治層面功能的形成和加強，同時也就減弱了儒學作為一般倫理道德修養和政治理想層面的作用。到了漢末，政治制度化了的儒學禮教（名教），一方面成為束縛和壓制人的自然感情的東西，一方面又成了那些偽君子沽名釣譽的工具，因而引起了人們的強烈不滿。玄學乘此流弊而起，以後，儒學儘管在政治制度層面仍然保持著它的統治地位，佛道的學說在人們的修身養性方面所起的作用遠比儒學為大。這引起了一部分儒者的不滿與不安，他們認為以佛道理論修身養性將使人們不守儒學禮法，從而危及社會的統治秩序。於是他們以佛教提倡出家有違忠孝之道，僧侶不僅不從事生產，且其佛事活動、廟宇建築等又勞民費財等為由大肆進行辟佛。有一部分儒者注意到佛學並不完全與儒學對立，於是深入研究佛學，借鑒

佛教心性形而上深入儒學深處。最終性理學家積極吸收和融合玄學、佛教、道教（和道家）的理論復興了倫理道德、身心修養層面的儒學。重新充分發揮儒學道德修養方面的社會功能，奪回被佛、道佔據了七百年優勢的身心修養、思想理論領域。

在生態意義上，朱熹發展了孔子的「仁愛萬物」及孟子的「親親、仁民、愛物」，從「理學」的角度談到人與生物的關係「事事物物皆有理」，並發展了荀子關於人在與自然關係中的主動性「水火有氣無生，草木有生而無知，禽獸有知而無義。人有氣、有生、有知、亦且有義，故最為天下貴也。」「人能弘道，非道弘人」都體現了人在自然系統中的主體地位，是其成為與天、地並列的一個因素，同時也是儒家的理性體現。

㈢近現代精神儒學

近代特別是五四運動以來人們對儒學進行了激烈的批判，斥其為「吃人的禮教」，高喊要「打倒孔家店」等等。這在當時反封建制度的革命情勢下是可以理解的。經過中國閉關自守、西方科技飛速發展的三百年，西方艦船禮炮終於打垮了封建制度，以性理學為代表儒學、科舉也走向了邊緣和衰落。隨著民國建立、軍閥割據、列強環伺，中國幾乎有淪為次殖民地的威險。一戰結束僥倖獲勝的中國在巴黎和會上簽署了喪權辱國的不平等條約，消息傳出激發了學生愛國運動，中國面臨著亡國滅種的危急局面，一大批先進的中國人奮身而起，為救亡圖存而鬥爭。此時的儒學，不管在制度層面還是在思想意識層面，都在相當程度上起著阻礙社會改革和進步的作用。從康有為開始的，儒學迎來了與西方近代民主、科學思想交流融通的近現代新階段。五四運動狹義上是政治運動，廣義上為文化運動。但也應當看到這種對儒學簡單的全盤的否定是不科學的。梁啟超不諳西文也熟悉日本資料，一向熱心介紹西方觀念的他一戰後卻改變了整個觀點。西方所謂的進步造成了毀滅性的後果，歐洲的凋疲殘破絕不應成為中國發展的楷模。他重新看到了傳統中一些有價值的成分。他的《歐遊心影錄》影響了梁漱溟、張君勱等人，打開了現代新儒學的復興機運。經過全民抗擊帝國入侵、中國變革海下對峙、美在越韓戰爭中潰敗及其國內黑人爭權婦女平等、亞洲經濟騰飛等事件改變了人們對（東方）儒家文化的估

價。同時多元文化成為主流讓東西哲學家在文化形態學之外考慮文化之生態、創造的問題。

　　史賓格勒經歷一戰後在傳世之作《西方的沒落》中揭露了進步的西方其實有很嚴重的問題；方東美先生深受尼采的影響，在文化形態學之外考慮文化生態創造的問題，文化本身的發展問題，認為「理想主義」與「自然主義」不能兩極化為對立二元，精神與自然應尋找會通的可能。儒學本身的生態平衡就是在一代與一代處境不同脈絡有異、精神上繼承作為上與時俱進中被維繫和不斷發展的。

㈣後現代生存發展儒學

　　近代以來以實證科學為基礎的現代學術發展迅猛，科學與人文嚴重分裂，科技代表的「真」所站的高度是「善」和「美」望塵莫及的。尤其是社會分工和知識體系碎化愈演愈烈，專業人才都缺乏人文關懷，人類不得不面對與自然、社會、他人、心靈和文明的多重衝突。人類一心追求現代化，片面追尋經濟效益，忽略了與自然和諧共生，資源用盡、環境污染、溫室效應、物種滅絕、各種疾病、如此種種給人類繁衍生存帶來巨大威脅。隨之而來的生態、社會、道德、精神、價值五大危機是人類迫切需要解決的重大課題。解決的關鍵是對存在的問題有自我覺醒，面對問題有自我責任意識。儒學最為經世哲學是救治科學與人文分裂的重要思想資源。

　　當全世界成為一個日益狹小的村落，資源有限，若不同族群、國家、文化、宗教相互衝突，未能產生一種嶄新的「全球意識」，勢必引發破壞甚至毀滅性後果。因此各種文化不應固步自封或隨波逐流，僅僅相容並包還不夠，需要深切自省對自我傳統坦誠批判，還要大力推動宗教對話，如斯威德勒所說「不對話，即死亡。」全球化對中國文化的影響，使得我們得到對自身文化傳統自省的機會。這為儒學從傳統走向現代再向將來奠定了基礎。新的現代儒學要能為人類社會「可持續發展」提供哲理指引，要為促進各民族共同發展提供精神力量，要為人類自身健康發展提供智慧支援。當然緊靠儒家一學要完全解決全人類的問題並不是最佳選擇，僅以儒學作為最基礎或內化的智慧，結合各民族的文化創造出豐富的具體實學來共同應對各類問題才是上策。

　　後現代儒學應是包容的儒學、開放的儒學、自省的儒學、彈性的儒學、堅守的

儒學，唯有這樣才是能維繫其自身生態平衡的健康儒學，從而長期協助人類生存發展。包容人類犯下的錯誤，對外開放相互交流，反省自身不斷完善，與時俱進因地制宜，最後堅守豐富的人文精神。在物欲橫流的今天最後一點顯得尤為重要。《周易》的自強不息、厚德載物；《禮記大學》的格物、致知、誠意、正心、修身、齊家、治國、平天下；范仲淹的「先天下之憂而憂，後天下之樂而樂」；顧炎武的「天下興亡，匹夫有責」無不洋溢著積極入世以天下為己任的人文關懷。張載的「為天地立心，為生民立命，為往聖繼絕學，為萬世開太平」更是對中國人文關懷的最高概況。真是這些警示傳統中的豐厚人文精神是中國文化歷經滄桑仍蓬勃發展的寶貴資源，是中華文化生態平衡的不朽動力。

二、自由的「宗教」

由於無節制地擴張物質欲望而不擇手段，片面地追求發展速度和短期的經濟效益而不計代價和後果，人類正在吞咽自己釀造的苦酒。當前，疫病的流行、環境的污染、生態的破壞、資源的匱乏，已經嚴重地威脅到人類的生存安全和生活品質以及子孫後代的生計，迫使人們從根源上對自己的行為進行深刻的反思，對人與自然的關係以及人在宇宙自然中的位置進行重新定位。在此情形下，西方傳統文化人類中心論受到了越來越多的質疑。梁漱溟早對三大宗教的特性進行了一番論述：人類基本上有三種意欲，西方文化是以意欲向前要求為其根本精神；中國文化是以意欲自為調和持中為其根本精神；印度文化是以意欲向後要求為其根本精神。所以西方是前進的文化，印度是後退的文化，中國是雙行的文化。且不論其關於前進、後退的判斷是否準確，但中國文化乃至中華民族確是雙行的，或者說懂得審時度勢、趨利避害。這種精神正是當今人類生存發展所必需的。

(一)基督教──意欲向前

人類中心論是西方文化的傳統立場，它主張將人與自然兩分，強調人與自然的對立，注重探索自然的奧秘並進而征服自然，缺乏人與自然和諧相處的意識。在這種哲學觀念主導下，人們習慣於認為自己是自然的立法者而凌駕於自然之上，把自

然萬物當成人類取之不盡的資源庫，把征服自然看作是自己最大的樂趣和成就，通過榨取自然的手段實現人類利益的最大化。西方將人類中心主義視為理所當然，源於基督教將地球釋為人們路途中一個住所不再是母親。聖經舊約《創世紀》中說上帝是一切的主宰，而人類是上帝唯一拯救的生物，是大自然的主人。中世紀哲學家、神學家阿奎納也說過「理性是決定一切事物的卓越性，智力越高卓越性就越高，地球上只有人有智力，所以所有創造物都受人支配。」這些宗教哲學思想造就了西方「把人視為宇宙中心或最後目的」、「按照人類的價值觀來考慮宇宙間所有的事物」的價值觀。

在人類一定歷史時期這種思想確實大大推進了工業文明的發展，然背後的代價卻是慘痛的。這樣的人類中心論，是導致生態環境上災難性後果的認識根源，必須進行認真的反思。

(二)佛教——反身向後

與基督教相反，印度佛教和儒學都有早熟的毛病。佛教認為人、自然界與宇宙間一切存在物都是平等的，都是因緣和合所生。《中阿含經》卷四中說「此有則彼有，此無則彼無，此生則彼生，此滅則彼滅。」所有存在物相生相依，沒有自性或自體，毫無差異，都是生命現象，眾生平等。一草一木都是生命的存在，都是存在的合理性和現實性。人和動植物一樣，一切眾生皆有佛性及內在價值，人與其他無高低貴賤之分。這些思想在諸如《金剛經》、《大智度論》、《華嚴經》、《大船若經》中都有充分體現。

佛教教義誠實對人類中心的傲慢、自大進行無情批判，也不把人作為一切價值的來源，不以人的利益和需要思考人與對象的關係，因此不為了自身權利和地位破壞其他存在和發展。這雖對維護自然和諧與平衡有積極作用，卻因弱化了人在與自然關係問題上的主體性，否定了人存在的意義和價值，抹殺了人保護、增益自然的可能性。

(三)「中國宗教」——持中雙行

對於持中雙行梁漱溟也有妙解：雖也有「早熟」的毛病但儒家文化是雙行的，

在必須前進的時候會毫無保留的全盤西化；但戮天役場、專講功利競爭的文化開始漏洞百出時懂得轉入重視人際關係、社會和諧的中國文化；最後人終無法避免生死問題，借用印度皈依佛門的超脫之道。這種與時俱進、通權達變、無過無不及的態度符合孔子對「中庸」詮釋。「人類中心論」也可以有不同的類型，那就是儒家的生態倫理思想。這種人類中心論並不認為人是自然萬物的主宰，不主張征服自然，而是把人看作是自然界的一個特殊部分，強調人對萬物的生養負有不可推卸的道德義務。兼有「早熟」和「人類中心論」特點給儒學雙行創造了可能。

維護人與自然的和諧統一是貫穿儒家思想的重要原則，持中雙行正是這一原則的具體體現。發展的同時要顧及自然規律，正如中國歷代都是一朝攻打天下一朝安邦休民，決不激進。儒家認為自然界中天地萬物是一個普遍和諧的整體，認識這一和諧整體的一部分，人應把對自然界的態度納入倫理道德領域，應與自然界共生共榮、協調發展、和諧相處。「天人合一」源於《周易》「以天地合其德」，給為政者提出了順應自然的道德要求。「天道」即自然界變化法則及規律，「人道」即道德準則及為政治國之道，二者應相結合。無論是孔子的「仁愛萬物」、「釣而不綱，弋不射宿」，還是孟子的「仁民愛物」、「恩足以及禽獸」，亦或朱熹的「心之德而愛之理」都體現了對萬物的仁愛之心；無論是荀子的「天行有常，不為堯存，不為桀亡」還是朱熹的「事事物物皆有理，如一草一物，一禽一獸，皆有理……」都體現了對自然規律的尊重；無論是孔子的「人能弘道，非道弘人」，荀子的「制天命而用之」、「假輿馬者，非利足也，而致千里；假舟楫者，非能水也，而絕江河」還是朱熹的「與天地參」、「輔相天地之宜」，都體現了儒學合理性，認為人應善於利用自然規律為人類服務，人對自然規律有增益，創造自身價值時能「兼乎萬物，兼利天下」。

在經濟和生態危機指數共同增長的今天，人類呼喚這種雙行的態度。它是一種值得重視的思想資源，對於建立人與自然萬物和諧相處的良好關係，對於保護生態環境，實現人類社會的可持續發展，都具有不可忽視的啟發和借鑒意義。否則留給後代的將是一個環境、社會、精神都失衡的生態系統。

三、天理、人欲

(一)「存天理、滅人欲」的原先意義

一直被當作朱熹的發明而流傳。事實上，這一概念在《禮記・樂記》中已有記載「人化物也者，滅天理而窮人欲者也。於是有悖逆詐偽之心，有淫泆作亂之事。」這裏「滅天理而窮人欲者」即泯滅天理而為所欲為者。二程也有「人心私欲，故危殆。道心天理，故精微。滅私欲則天理明矣。」之詞，朱熹不過具慧眼而集大成。

朱熹在「存理滅欲」理論上的貢獻在於闡明如何實現。「天理人欲，其間甚微。於其發處，仔細認取那個是天理，那個是人欲。知其為天理，便知其為人欲。既知其為人欲，則人欲便不行。」在朱熹看來，要「存理滅欲」首先要「認取那個是天理，那個是人欲」。只有通過明理才能滅私欲，他更多地宣揚「明天理、滅人欲」。「『孩提之童，莫不知愛其親；及其長也，莫不知敬其兄。』人皆有是知，而不能極盡其知者，人欲害之也。故學者必須先克人欲以致其知，則無不明矣。」可見朱熹以為「存理滅欲」屬自我修養、復歸於人本心的道德範疇，即便是統治者也必須遵從。「今日格一物，明日格一物，正如遊兵攻圍拔守，人欲自消鑠去。」（《朱子語類・卷十二》）「既知學問，則天理自然發見，而人欲漸漸消去者，固是好矣。」在朱熹看來「存理滅欲」須通過個人自身道德修養，循序漸進「自然純熟」。

朱熹所指「人欲」是超出正當要求及違反社會規範的「私欲」，與正當欲望非同一概念。「若是饑而欲食，渴而欲飲，則此欲亦豈能無？」（《朱子語類・卷九十四》）他並不一概反對人的欲望，反對的是沉溺於欲望之中。「如『口之於味，目之於色，耳之於聲，鼻之於臭，四肢之於安佚』，聖人與常人皆如此，是同行也。然聖人之情不溺於此，所以與常人異耳。」他甚至認為：「人欲也未便是不好。謂之危者，危險，欲墮未墮之間，若無道心以禦之，則一向入於邪惡，又不止於危也。」（《朱子語類・卷七十七》）朱熹推崇通過「即物以窮其原」，正確區分天理與人欲。

但朱熹的理論也有缺陷，把天理與人欲對立起來，所謂「天理存則人欲亡，人欲勝則天理滅」。在對「天理」內容尚無合法界定的當時，易被統治者肆意賦予各種內涵而導致戴震所說「為天地立心，為生民立命，為往聖繼絕學，為萬世開太」。

(二)「存天理，滅人欲」的歷時意義

對於「天理」的界定其實自古就有。「天人合一」中「天」即天地萬物，在中國哲學之思想源頭的《周易》哲學中已奠定了基本精神方向。「天理」即萬物生發消亡的自然變化規律。與西方外在人文精神相對，中國傳統哲學是實為內在人文主義，強調歸根結底人是內在於天地萬物，其自身發展與天地萬物息息相關，因此人不僅需遵循自然變化規律以與自然和諧相處，更須利用自然規律來增益自身和天理以達長遠發展。

《周易》借助於卦爻符號，建構了一個縱貫天、地、人，橫闊時、空與變化而又一體相連的整體宇宙系統；不僅肯定了天地萬物是處於永恆變化過程中的，而且鮮明地將「易」釋為生命流行；不僅把天地看作是包括人類在內的萬物生命之源（〈說卦傳〉：「乾，天也，故稱乎父；坤，地也，故稱乎母。」），且明確地把「生」實為天地最高的德性（〈繫辭〉：「天地之大德曰生。」）即不斷地創發新的生機與生意，這就進一步揭示了天地宇宙、萬事萬物間作為「生命」一體的內在關聯。而作為萬物之靈的人既內在於自然，又有著自己的特殊使命。《周易》哲學從兩方面凸顯了內在性：其一，天地萬物構成了人之為人的存在前提；其二，天地宇宙乃人的價值之源，人之為人所應具的德性是「法天效地」的結果。《易傳》則明確將「裁成天地之道，輔相天地之宜」（《泰·象辭》）指認為是人的責任與義務。《論語》所謂「人能弘道，非道弘人」（《論語·衛靈公》），《孟子》所謂「盡心知性知天」（〈盡心上〉）、所謂「踐形」，《中庸》所謂「唯天下至誠，為能盡其性；能盡其性，則能盡人之性；能盡人之性，則能盡物之性；能盡物之性，則可以贊天地之化育；可以贊天地之化育，則可以與天地參矣」（《中庸》）；張載所謂「為天地立心，為生民立命，為往聖繼絕學，為萬世開太平」所言明無外乎此理：人之為人不僅要效法天地成就自己作為人的德性，還有內在的義務與責任將天地之德性施之於

萬物，以切實盡到參贊化育之責，充分實現天地生生之德，使宇宙更加充滿生機與活力；只有通過天地間唯一靈明之人的努力，萬物自身本有的價值才能實現得更為充分亦更為豁顯。

正如朱熹所釋應滅之「人欲」絕非人的一切欲望。「天理」是指天地間萬事萬物的發展變化規律，自然包括人這一內化與天地的靈明生物的發展規律。人除了是生物人還是社會人，因此關乎人的「天理」還應包括社會倫理及人心理的發展規律。滅除一切欲望實在有違「天理」。若「天理」中人的生存部分未受到必要維護，人的生生受到威脅，也必將威脅到天地宇宙其他事物。只有人當欲得到維護，人的生生得到保證，人方能弘其道盡其德以增益天地。

中國哲學文化生態模式的另一個重要特點是平衡性，即它將萬物走向和諧看作是一個趨向於生機平衡即事物的構成要素之間和諧共處、共生並形成相對穩定、協調之均勢的過程。生態系統對外界干擾和壓力有一定彈性，當平衡被打破時它會通過自我調節能力修復。天地萬物的運動變化被看作如車輪之流轉，周而復始、物極必反被認為是適切於一切運動變化過程而沒有例外的。但這種承受力也是有限度的，當壓力超過承受閾限自我調節能力遭到破壞時生態系統將開始衰退，甚至崩潰。那時現有的平衡難再達到，只有尋找更低級的平衡點。

中國哲學對事物運動變化力求維持一定水準上的平衡穩態的迴圈式文化生態模式，與西方強調人和自然二元對立通過征服佔有挖掘自然求得人類不斷進步增長的文化生態模式並非完全對立但卻對比鮮明。迴圈式也包含不斷打破舊的不合理的平衡達到新的更合理的平衡，發揮主觀能動性去維護有益的平衡、摒棄不合發展規律的平衡、建立新的平衡，是生態系統更健康更完善更具生命力。但平衡是否合理需要遵循「天理」而非「私欲」，自然動態平衡的建立是一個長期的過程，有些平衡一旦打破靠人力是無法重新建立的，因此不要輕易去干預大自然打破這個平衡，而要尊重生態平衡幫助自然維護它。否則在萬物相聯的天地間失衡所帶來的連鎖反應是人類無法預料難以想像的。

在對待人際、社會、民族或國家關係時也一樣，不要為眼前利益輕易打破平衡，也不要加壓超過承受閾限，這些可能帶來的連鎖反應是讓人始料不及的。而應該主動維護平衡，這樣利他更利己。

四、結語

綜上，中國儒家哲學最值得發揚的是它的內在人文主義，「存天理，滅人欲」的後現代解讀是：人的正當欲望乃天理的一部分，屬於天地萬物自然變化規律，不應該把其外化與「天理」。當人類把自身內化與天地萬物中，並認識到自身的義務和責任就不會有「天理」、「人欲」之分，因為天理即人欲、人應欲天理，萬物興則人興、萬物衰則人衰、萬物亡則人亡。

參考書目

1. Herbert Fingaratte, *Understanding Confucian Philosophy: Classical and Sung-Ming,* Westport, Conn.: Praeger Publishers, 1998.
2. Herbert Fingaratte, *Essentials of Contemporary Neo-Confucian Philosophy*, Westport, Conn., London: Praeger Publishers, 2003.
3. Robert Commings Neville, *Boston Confucius:Portable Tradition in the Late-Modern World*, SUNY Press, 2000.
4. 朱熹，《四書章句集注》，1983 年，中華書局。
5. 張樹驊，宋煥新，《儒學與實學及其現代價值》，2007 年，齊魯書社。
6. 范瑞平，《儒家社會與道統復興》，2008 年，華東師範大學出版社。
7. 劉述先，林月惠，《當代儒學與西方文化》，2005 年，中央研究院中國文哲研究所。
8. 吳光，《當代儒學的發展方向——當代儒學國際學術研討會論文集》，2005 年，漢語大辭典出版社。
9. 蔡方鹿，《新視野，新詮釋——朱熹思想與現代社會》（上、下），2007 年，四川大學出版社。
10. 朱傑人，《邁入 21 世紀的朱子學》，2001 年，華東師範大學出版社。

建構儒家生態學的三個理論難點

王曉華

【作者簡介】王曉華（1962-），男，吉林省吉林市人，文學博士，哲學碩士，深圳大學文學院中文系教授，中國文藝理論研究學會理事，主要從事文學、文化、哲學研究。

【摘　　要】由於儒家基本理念與生態學思想具有同構性，因此，建構儒家生態學完全可行。不過，儒家的基本理念畢竟誕生於前現代社會，不可能與現代乃至後現代語境中的生態學理念完全相洽，因此，上述可能性要落實為具體的理論建構，還要克服諸多難點：1.儒家天地思想與生態理念的差異；2.儒家的弱人類中心論與生態學理念的緊張；3.愛有差等的倫理法則如何轉變為泛愛眾生的生態道德。要克服上述難點，儒家必須在生態學視域中進行創造性轉型。

【關 鍵 詞】儒學　生態學　難點

建構儒家生態學的三個理論難點

王曉華

自 1869 年誕生以後，生態學就開始推動世界文明的轉向。到了上個世紀中葉，這種生態學轉向（ecological turn）影響漸大，以至於基督教和佛教走向了「綠化」之旅。重視天人關係的儒家學者同樣意識到了生態學轉向的意義，以生態學理念重新闡釋儒學。1998 年，哈佛大學出版了《儒家與生態學》（*Confucianism and Ecology*）一書，正式向西方世界展示了建構儒家生態學的努力。

從總體上說，建構儒家生態學完全可行：1.儒家的天地圖式與生態世界觀至少具有部分同構性；2.儒家對人的定位接近於生態學理念；3.儒家仁民愛物的實踐法則可以轉化為生態倫理。不過，儒家的基本理念畢竟誕生於前現代社會，不可能與現代乃至後現代語境中的生態學理念完全相洽，因此，上述可能性要落實為具體的理論建構，還要克服諸多難點。

一、儒家天地思想與生態理念的差異

天和地乃儒家的基本範疇，與此相應的宇宙圖式優於人類中心論的世界觀。在建構儒家生態學的過程中，漢語學者時常寄希望於天地概念，試圖從天地概念出發推演出整個體系。然而，儒家的天地思想意味著一個等級性的宇宙圖式，這與生態世界理念存在重大差異。

在儒家的宇宙圖式中，天與地並非平等的二元：天為上，為陽，為剛，為開闢，為尊；地為下，為陰，為翕合，為卑。《周易》曾如此言說天地之序：「天尊

地卑，乾坤定矣。卑高以陳，貴賤位矣。」❶這種觀念與古希伯來文化中的天地觀念有類似之處：「根據希伯來詞源學，『天』大概意味著『至高處』，而『地』則意味著『較低地區』，即在下面的地區。」❷這種等級觀念至少部分地通向對大地的貶抑，不符合現代生態學理念。生態學（ecology）是「研究生物體在家（環境）中生存的科學」，大地則是生物體的家，因此，生態學在誕生之後始終重視大地。早期生態倫理學曾被稱為大地倫理學（Land ethics），即是這種重視的明證。從生態學的角度看，大地是生命化育之所，是有機體的家，是敬畏的對象，因此，等級制的天地觀念與生態學理念相悖。

落實到細節上，貶抑大地會引發許多理論難題。在儒家世界觀中，天與地的等級制對應著生命的等級制。「高貴」的生命歸屬天，「卑賤」的生命則歸屬地。從性別的角度看，儒家認為「乾道成男，坤道成女」，因而「天尊地卑」意味著「男尊女卑」。在物種維度，它同樣以屬天和屬地來裁決生命的貴賤。張載就曾以「有息」和「不息」為尺度，將動物和植物分別劃屬天與地：「動物本諸天，以呼吸為聚散之漸；植物本諸地，以陰陽升降為聚散之漸。」；「有息者根於天，不息者根於地。根於天者不滯於用，根於地者滯於方，此動植之分也。」❸既然「根於天者不滯於用，根於地者滯於方」，那麼，「根於天」的動物顯然高於「根於地」的植物。這種等級制的生命圖式既不利於建構統一的生命圖式，也違背生態學的眾生平等理念。

「生態圈中的平等主義」（biospherical egalitarianism）是現代生態學的基本理念。❹在現代生態學視野中，「大象不比土蚓高，蠑螈與麻雀同樣珍貴，甘藍和國王具有相同的進化地位。」❺要順應這種平等的生命理念相應，當代儒家顯然應該建構平等的天地圖式：如果天與地不被如其所是地領受為平等的二元，那麼，人類必然

---

❶　《周易·繫辭上》。

❷　〔德〕莫爾特曼《創造中的上帝》，三聯書店 2002 年出版，第 218 頁。

❸　張載《正蒙》動物篇第五。

❹　*Deep Ecology for the 21ˢᵗ century*, Edited by George sessions, Boston and London: SHAMBHALA Publications, 1995, pp.151-152.

❺　*The Ecocriticism Reader*, The University of Georgia Press, ATHENS AND LONDON, 1996. p.22.

根據生命接近天的程度而為之劃分等級，因此，要建構儒家生態學，就必須改變天尊地卑的傳統觀念，創造新的宇宙圖式。然而，對天地二元的劃分和定位屬於儒家的深層傳統，推動其實現創造性轉化意味著巨大的挑戰。

二、儒家的弱人類中心主義與生態學理念的緊張

在論及儒家與生態學的關係時，成中英先生認為儒家肯定宇宙中所有生命的夥伴關係，意在於建立和諧的宇宙而非僅僅聚焦於人性化的社會，其思想核心乃「涵括性人道主義」（inclusive humanism）。❻上述說法敞開了儒家對人的複雜定位：一方面，儒家將人的使命理解為「配天」即「贊天地之化育」，另一方面，它還保留了弱人類中心主義理念（weak anthropocentrism），因而儒家思想與生態理念既有相合之處，又不無抵牾。

天、地、人三位一體（the trinity of Heaven, Earth and Human）乃儒家的基本信念。在儒家的宇宙學視野中，人居於天地之間，是天地的效法者和助手。這種對人的定位雖然不同於現代西方的人類中心論，但仍可稱為弱人類中心主義理念（weak anthropocentrism）：

> 《易》與天地准，故能彌綸天地之道。仰以觀於天文，俯以察於地理，是故知幽明之故。原始反終，故知死生之說。精氣為物，遊魂為變，是故知鬼神之情狀。與天地相似，故不違。知周乎萬物，而道濟天下，故不過。旁行而不流，樂天知命，故不憂。安土敦乎仁，故能愛。範圍天地之化而不過，曲成萬物而不遺，通乎晝夜之道而知，故神無方而《易》無體。❼

斷定人類話語可以「範圍天地之化而不過，曲成萬物而不遺」，等於相信一個物種可以窮盡宇宙的秘密。即便其前提是「仰以觀於天文，俯以察於地理」，但仍然將

---

❻　*Confucianism and Ecology*, Cambridge and Massachusetts: Harvard University Press, 1998. p.217.

❼　《周易·繫辭上》。

人類推到不恰當的高度，可謂弱人類中心論（承認天地權威的中心論）。如果說《周易》中的人尚需仰天觀地的話，那麼，《中庸》則將物性涵括在人性之中，認為盡人性就可以盡物性：「唯天下至誠為能盡其性。能盡其性，則能盡人之性。能盡人之性，則能盡物之性。能盡物之性，則可以贊天地之化育。可以贊天地之化育，則可以與天地參矣。」❽後世大儒張載將盡性理解為「大其心」的努力：「大其心則能體天下之物，物有未體，則心為有外。世人之心，止於見聞之狹，聖人盡性，不以見聞梏其心。其視天下，無一物非我。孟子謂盡心則知性知天以此。天大無外，故有外之心，不足以合天心。」❾上述觀點不但存在許多邏輯上的難題（如「盡人性」不等於「盡物性」），而且不符合生態學視野中的人類觀：人不過是眾生之一，存在於與其他生命的交往網路中，並在這個網路中認識世界；由於交往網路的有限性，其認知也註定是有限的，無權將自己的體認等同於其他存在者的特性；斷言「大其心則能體天下之物」，表達的仍是弱人類中心論的理念。

建構儒家生態學的前提是儒家思想符合生態學的基本精神，因此，克服這種弱人類中心論勢在必行。這涉及對天、地、人、物四者關係的重新闡釋，甚至需要以天－地－人－物四重奏取代天－地－人三位一體的圖式。對於習慣於言說天－地－人三元結構的儒家來說，完成上述轉型無疑有較大難度。

三、愛有差等的倫理法則
如何轉型為泛愛眾生的生態道德？

儒家文化中的人立於天地之間，乃天地之子，而在天地之間生存的並非僅僅是人類，因此，他必須關愛非人類生命。在為《儒家與生態學》一書所寫的序言中，Mary Evelyn Tucker 和 John Berthrong 曾以認同的口氣說：「儒家的天、地、人關係被表述為親緣關係，與這種意象一致的是人乃宇宙之子的概念，即，他應為前者

---

❽　《中庸》第二十二章。
❾　張載《正蒙》大心篇第七章。

的關愛和持續負責。」[10]他們認為，這種以宇宙為背景的親緣觀念使人「不僅有能力在其內部產生共鳴，而且有能力與其他動物、植物、樹、山脈與河流乃至自然整體產生共鳴」。[11]確實，儒家重視人與所有生命的親緣關係，甚至要求「愛物」：「君子之於物也，愛之而弗仁。於民也，仁之而弗親。親親而仁民，仁民而愛物。」[12]然而，這種愛物的精神儘管與生態學理念具有親和性，但其愛有差等的倫理法則卻與生態道德有較大差異。在傳統儒家視野中，親親、仁民、愛物並非同等重要的三種道德實踐：親親乃是第一位的，親親後才能仁民，仁民方可愛物，故曰愛有差等。將愛有差等的倫理學理念放到生態學視野中，我們就會發現其局限：生態學（尤其是深生態學）強調所有生命都有生存和走向興盛的平等權利，反對在生命內部設置等級，要求人泛愛眾生，因此，與徹底的生態道德相比，愛有差等的倫理法則顯現出明顯的狹隘品格。要克服愛有差等與泛愛眾生兩種原則之間的緊張，儒家需要以生態學語境中的平等、博愛、權利理念消解其家族本位思想、等級主義、弱人類中心論。問題的關鍵是：這種消解和相應的轉型是否可能？

要克服愛有差等的理念，難度很大：其一，天、地、人三位一體乃儒家的基本信念，對三者關係的演說已經暗含了一種弱人類中心論，設定了人與物的等級關係；其二，作為儒家最為重視的幾種關係，父子、兄弟、夫婦、君臣、朋友之交始終存在先後次序，墨子的兼愛主張曾受到儒家的激烈批判，因此，由人倫關係引發出的人物關係似同樣要被納入差等之中。不過，這都是相對於傳統儒家而言的。與基督教和佛教一樣，儒家也在進行創造性轉型。既然基督教和佛教都創造出了各自的生態倫理學，人們顯然沒有理由單單斷言儒家沒有這個潛能。在論文《從天－地到自然：中國的環境概念及其對政策貫徹的影響》中，Robert P. Weller 和 Peter K. Bol 曾談及這種轉型的路徑，可惜並不深入。[13]成中英先生的論文《儒家人格中宇宙學、生態學、倫理學之三位一體》也對《周易》中的下列話語進行現代闡釋：

與天地相似，故不違。知周乎萬物，而道濟天下，故不過。旁行而不流，樂天

---

[10] *Confucianism and Ecology*, Cambridge and Massachusetts: Harvard University Press, 1998, p.xxxviii.

[11] *Confucianism and Ecology*, Cambridge and Massachusetts: Harvard University Press, 1998, p13.

[12] 《孟子》盡心章句上第四十五章。

[13] *Confucianism and Ecology*, Cambridge and Massachusetts: Harvard University Press, 1998, pp.313-338.

知命，故不憂。安士敦乎仁，故能愛。他認為這段話表達了這樣的理念：「作為天與地的代理，人不為了自己的安適和享樂而征服自然，因為他有知識。甚至，這種涵括性的知識使人有能力關懷其他生命形態，欣賞和關愛自然。」❶不管此類闡釋是否能獲得普遍認同，它們都顯現了儒家生態倫理學成形的可能性。如果說「天地代理」說還未克服弱人類中心論，如果說與之相應的理念也難以消解愛有差等的道德法則，那麼，儒家經典中的某些原始話語則向我們展示了建構儒家生態倫理的前景。孔子要求人「毋意，毋固。毋必，毋我」，倘若將「我」理解為人類之我，一條超越愛有差等原則的通道就會顯現出其輪廓：作為天地之子，人完全可以將自己還原為生命共同體的成員，平等地愛各種生命形式。在《西銘》中，張載曾說：「乾稱父，坤稱母。予茲藐焉，乃混然中處。故天地之塞，吾其體。天地之帥，吾其性。民吾同胞，物吾與也。」將物當作「吾與」的對象，實際上將人－物關係設定為夥伴關係，二者的交往乃兩種生態主體之間的交往。「與」的概念接近於現當代西方的主體間性概念。與這種主體間概念相應，張載反對獨成，提倡涵括人－物關係的兼愛：「性則萬物之一源，非有我之得私也。惟大人為能盡其道，是故立必俱立，知必周知，愛必兼愛，成不獨成。」❶這種超越人類場域的「俱立」和「兼愛」精神，顯然已經與現代生態思想相通。由張載的思想軌跡，我們可以領受到儒家生態學化的可能性。

結語：走向儒家生態學

本文論述了建構儒家生態學的三個難點，目的不在於證明儒家生態學概念難以成立，而是想敞開儒家生態學化的具體方向和路徑。克服三個難點的關鍵是儒家能否在生態學視域中完成創造性轉型。僅僅證明傳統儒家思想與生態學思想具有同構性，顯然不能完成這個目標。最重要的是建構而非闡釋。這就是我強調「走向儒家生態學」的原因。

---

❶ *Confucianism and Ecology*, Cambridge and Massachusetts: Harvard University Press, 1998, p.223.

❶ 張載《正蒙》誠明篇第六。

儒學文化如何面對現代生態困境

嚴忠明

【作者簡介】嚴忠明（1963-），男，湖南人，暨南大學歷史學博士，現主要從事土地規劃工作。

【摘　　要】本文以作者自己曾考察和研究過的土地生態規劃實踐案例為據，提倡從儒學的視角重新審視現代生態問題。作者認為，人類生存的生態環境應該包括自然生態環境和社會生態環境，而特定社會生態環境下人們的價值判斷，是決定人們對自然生態環境採取何種行為方式的主要因素。西方生態學偏重於從自然生態的研究結論去解決人與自然協調相處的問題，而對特定社會生態環境下人們價值觀的決策作用研究則較薄弱。儒學文化提供了一種有價值的東方視角，即從社會生態層面理解人類面對的生態困境，探討突破生態困境的社會組織方式。

【關鍵詞】儒家文化　生態災難　生態規劃　汶川地震　天人關係

儒學文化如何面對現代生態困境

嚴忠明

　　現代生態問題是工業革命的直接結果。自 17 世紀以來，特別是在剛剛過去的 20 世紀，人類科學技術飛速發展，人類在征服自然的同時，也出現了很多與生存狀態密切相關的環境問題，自然資源日益枯竭、生態環境日益惡化已成為現代生活的主要特徵。從時間跨度看，東方哲學裏儒學學說長達兩千多年的傳統，既不是生態哲學的起點和原因，也不是對生態問題所總結出的理論和所導致的結果，因此，從這個意義上說，生態哲學和儒家學說並沒有必然的聯繫。

　　生態哲學一般是指討論人與人、人與自然、人與社會和諧共存，社會全面可持續發展等課題的學問。而儒學的研究傳統正是始終關注人的問題，如人與人的相處、人與社會以及人的獨處。這兩者之間，有許多議題十分相似。從這種意義上說，儒學作為一種全方位思考人類社會和人的生存狀態，不斷發展演化的學說，是有獨特傳統的觀察世界的方式。在世界文化多元化發展的今天，各種文化之間融會貫通的全球化時代，對於生態文化這種正迅速發展的新的思想形態來說，用儒家的視角進行比較研究，又可以提供很多有價值的見解。

　　生態問題的提出，可以追溯到 1972 年在斯德哥爾摩聯合國召開的人類與環境會議，該會議上通過了著名的「人類環境宣言」。大會面對人類社會經濟增長的極限、能源危機等問題提出了一個全球性可持續發展的模式。要求人類在保護自然環境的前提下，認真考慮人與自然生態系統的相互依存關係，並考慮代際公平和代內公平等社會目標的實現。目前，生態哲學已經發展成為對人類決策和行為有重大影響的主流思潮。

　　總結目前面臨的生態問題，主要包括兩方面的內容，一是自然生態環境問題，

如生存環境日趨惡化，能源危機、環境污染、水資源短缺、氣候變暖、土地荒漠化、動植物物種大量滅絕等災難性的現象，正日益威脅著人類的生存發展。二是社會生態問題，人類要生存發展，必須組建成特定的社會形態。在目前全球人口極度膨脹、全球化趨勢勢不可擋的社會環境之下，什麼樣的社會形態最有利於人與自然的和諧相處，人與人該如何相處，人又該如何獨處？都是屬於複雜的社會生態問題。

就目前的研究來說，西方社會從自然生態的意義上進行了廣泛的科學研究，並產生了許多有價值的研究結論，建立了複雜的學術體系。但現實世界的實踐證明，僅僅從技術手段和科學意義上，並不能完全解決人類生存環境的全部問題，人與自然的互動關係，並不能完全按物質世界的規律進行處理。也就是說，人類面臨的生態環境問題的完整解決，必須從自然生態和社會生態問題兩方面尋求更全面的解決方法。

一、傳統儒家文化不曾面對的生態問題

目前中國土地使用和規劃方面面臨的許多複雜決策問題，就是中國生態問題的集中體現。筆者作為土地規劃的從業人員，在此以自己親身考察的案例以資探討。大約在十年前，我曾經在孔子的故鄉曲阜參與研究過當地的區域旅遊規劃問題，並較系統考察過當地風貌。當時我們就為生態環境問題所困擾。我們曾經假設過，如果讓孔子現在突然回到他出生的故鄉時，他將如何思考和回應他所看到的自然環境中的生態問題呢？

我們曾對孔子在《論語》中提到過的，現在仍然可以對應觀察的山水環境和地點進行了大致的考察。如《論語》中談到了泰山，孔子曾感歎道「泰山其頹也，哲人其萎也」；在黃河邊孔子也曾感慨時間的流逝：「子在川上曰，逝者如斯夫，不舍晝夜」（《論語‧子罕》）。

特別是，孔子在與他的學生子路、曾點等討論人生理想時，曾點談到自己的理想生活是：「暮春者，春服既成，冠者五六人，童子六七人，浴乎沂，風乎舞雩，詠而歸」（《論語‧先進》），孔子聽後大加讚賞說，「吾與點也」。也就是說，我

和曾點的想法是一樣的。在這裏,孔子和學生們談到了沂水,也就是目前曲阜城中的小沂河,他們討論的是在小沂河中游泳的生活趣事。

如果現在孔子能穿越二千多年的時空回到故鄉,他會發現他曾經生活的環境都已經變了。泰山顯然再也不是那種難以攀登的高山。目前每年約有五百萬的遊客,衝著泰山這一世界自然文化遺產前來觀光遊覽。人們通過泰山的索道,大概只用半個小時左右的時間,就可以從山底直達山頂,泰山之巔不再是可比天庭的神聖之地,而是一個遊客密集的所謂「天街」。人在高山面前,不再像歷史上那樣充滿敬畏;而是有了如飛鳥般的自由,勝走獸般迅捷的瞬間移動能力,人們的態度也由此從仰視變成了俯視。

黃河的情況也不容樂觀。黃河在兩千多年的歷史裏,儘管下游經歷過多次改道,但在濟南附近大概還是故道黃河。但現代黃河最大的特點是已經逐漸演變成了一條懸河,河堤之高已成奇觀。那滾滾的黃沙依然在流淌,但由於季節性缺水,黃河已經常出現斷流的現象。

小沂河作為曲阜的母親河,南通臨沂市,可連接京杭大運河,目前的生態環境更不容樂觀。周邊工廠排污和城市生活用水的匯入,使得在這條河裏根本不可能像兩千多年前孔子時代那樣下河游泳,淤塞的河道周邊也沒有像樣的景觀可以觀賞。也許近年來政府的治理計畫,會使得這條河流的情況有所改觀。但孔子如果要自由地在河中游泳,回味一下舊時的生活,短期內恐怕是萬難的事。

（小沂河在曲阜市的位置）

（孔子所曾提到的沂河景觀現狀）

　　而這一切問題，都同現代人的土地使用方式有關。孔子將面臨的最大驚訝，應該是巨量的人口擠在他的周圍，對他的生活和思維形成的壓力和震撼。因為據目前的研究，孔子時代全中國的人口數大概是兩千萬。但是，目前曲阜所屬的臨沂市已

有七百多萬人口，北面泰山區域的泰安市更接近六百萬人口，僅周邊這兩市目前的人口數已超過 1300 萬，如果加上濟南人口總數，這個數量已經遠超過孔子時代全中國的人口數。

生態環境的變化、人口數量的巨量增長，高聳入雲的現代建築，車水馬龍的現代生活，一定讓回到現代社會的儒學鼻祖孔子大感驚訝。面對芸芸眾生的目光，孔子這位偉大的先哲，能夠提供什麼樣的意見給現代人呢？

二、科學主義無法完全解決的土地生態難題

面對現在社會生態環境不斷惡化的情況，生態哲學、生態倫理學以及生態學的思想成果正在不斷的向各個領域滲透。其中，在土地規劃方面，用生態學的方法對城市、鄉村、海洋、陸地、植被、氣候等進行系統研究，並進行系統規劃以避免歷史上環境問題的弊端，實現可持續發展的原則，已成為土地規劃界的基本共識。

在對土地的生態規劃研究成果中，要首推美國賓西法利亞大學教授麥克哈格（I.L. Meharg, 1920-2001）。他是 1990 年由喬治·布希總統頒發的全美藝術獎章的獲得者，該獎項表彰了他在運用生態學原理處理人類生存環境方面做出的傑出貢獻。他所主持完成的美國里士滿林園大道選線方案，費城大都市開放空間研究，沃辛頓河谷地區及波托馬沿河流域研究等項目，為人們探索生態規劃原則提供了一種方法論，是目前各國規劃人士推崇和競相模仿的範例。

他認為，地球實際上就是懸掛在宇宙中的一個大的飛行倉，這個系統資源有限，相對孤立，很難取得外援。因此，要妥善地對待這個飛行倉中的所有環境問題，要不然人類會很快面對如何在地球上生存下去的終極性問題。

在土地規劃方面，他特別反對過去那種僅僅只考慮空間的使用，忽略對整個生態環境進行人類適應性分析的規劃方法。就區域規劃來說，他會按照生態學的原理，首先研究土地的宜居性，對土地的坡度、地表水、土壤等地貌特徵和歷史價值、自然風景等進行詳細的研究，按照需要保留的資源、人類的可居住性、以及區域生態環境的完整性等多方面考慮，對規劃區進行圖層疊加，最後決定區域按生態學原則最合理的道路選線、居住空間、商業空間、保留區和休閒區，充分保留自然

系統的完整性和人類居住的安全適宜性。

這種由生態學指引的規劃思路，要求完整評估地層的地質、地貌、洪泛平原、土壤特徵、陡坡、森林和林地，由自然特徵決定開發強度，避免掠奪性的土地使用開發。如對不適合人類居住的河谷地區，坡度超過 25 度的山地，應保留森林面貌，不允許進行住宅開發。還要保留足夠的綠色廊道，保存生態系統的完整性。這種規劃思想，是建立在現代地理資訊系統的基礎上進行系統分析的科學結論，這一模式目前已普遍使用在對土地的評估與規劃方面。

但是，這種僅僅從生態學的自然層面考慮生態系統的完整性的規劃思路，在現實中仍然無法解決當今社會所面臨的生態困境。

去年在四川汶川大地震以後，我曾經考察過遭受嚴重損失的什邡市，走訪了災情慘重的紅白鎮。從自然地貌來看，紅白鎮位於青白江的上游峽谷區，山坡坡度普遍都大於 25 度，極為少有的空曠之地，都已用於工業和市政用地。作為地震頻發地區，按生態規劃的原則，這種山地應列入不適宜人類居住的區域。從規劃理論的角度，很易得出這種結論。

（紅白鎮原有建築聚落大多沿陡峭的峽谷分布）

（由於土地緊張，救災工作只能在路邊展開）

　　但是，現實的決策問題卻遠比生態問題的理論研究要來得複雜，在討論災區的重建計畫時，人們發現社會問題更加棘手。如果讓河谷區域的所有人都搬遷異地重建，合適的地點選擇將成為一大難題。四川本來就人口稠密，可使用的土地非常少，大量的人口搬遷根本不現實，強行遷移將破壞其他地方的生存環境，使得生態和就業壓力等社會問題倍增。因此，政府不得已考慮的重建計畫，依然是就地重建。但這將對生態規劃原則提出嚴峻的挑戰。

（地震後河谷中巨大的工廠廢墟需要考慮重建計畫）

　　社會問題、社會認識以及社會利益的分配機制，在最根本的利益上制約著人們面對自然的行為，在中國如此人口稠密的土地上，土地規劃根本不可能完全按照生態規劃的原則進行實施。人與自然的矛盾，不僅充分地體現在對自然環境方面，更集中反映在社會矛盾上。生態和環境問題在嚴峻的社會選擇面前，僅僅利用科學主義的手段是無法完全解決的。

三、儒家文化獨特的社會生態視角

　　西方生態學的發展是西方科學發展的必然結果。西方科學注重於從物質層面上研究問題，具有很強的分析性。西方科學思維的模式，可以簡單總結為這樣的思維定式：一旦什麼地方出現了問題，就應該進行科學分析，直到找到解決問題的最後物質載體，甚至最後的原子、分子，這是科學主義分析的研究邏輯。因此，在土地使用上，科學主義的規劃方法主要停留在物質層面上的策略調整方面。

以儒家學說為代表的東方哲學，則代表了另一種截然不同的思維模式。那就是，一旦社會發生什麼問題，應該追究的首先不是自然界的物質形態，而是人間社會中某些人的行為出了問題。應該檢討的首先是人的行為及準則。

如在儒學的天人觀中，孔子主張人間君子必須上知天命，下通人事，要以天作為自己行為的準則。外部世界的一切，都是天意，天作為自然界規律的總匯和代表，是不可能改變的。人類只有不斷的修身養性，來適應天意，並按天的安排去過自己有責任、有承擔的生活。

在董仲舒的天人合一思想中，天人相應的觀念發展得非常完整。所有人間的災禍，都是天的意志的表現。人間君主是天在人間的代表，具有人格神的力量的天，主要降祥瑞和災異來表達自己的意志，幾乎所有我們現在稱為生態災難的問題都是上天的譴告。

儒學家不大去追究洪水、地震這些大的災難產生的深刻的自然原因，而是首先提醒當權者要注意自己的行為。這也許是它的局限，但也是它的特點。也就是說，在儒家的理解中，天人有別，天人之間有界限，天是主導因素，具有深不可測的無限能力，人是承受者、適應者，是有限世界的寄居者，人類要根據天的表現及時調整人間治理的方法和策略，這樣才可以趨利避害。總結為一句話，如果社會出現大的災異，那首先一定是社會系統和人本身出了問題，應該從這方面進行深入的反省。科學的發展可以讓人類在自然天命哪裏爭得一些自由、奪得一些地盤，但天人關係的主次不會變，本質也不會變。

如果從這個意義上設想，當孔子回到現代社會他的故鄉時，他會用在《論語》所表達過的相同的思路，來思考和回答現代的生態問題。

首先，基本上所有的儒學家都是入世的，他們不會消極地回避問題。歷史上的孔子，就是有很強的社會責任感的人士，他不僅有改革社會的思想，並且有具體的行為。董仲舒更是獻三策，對漢代政治走向產生了重大的影響；尤其他提出的「罷黜百家，獨尊儒術」的思想，幾乎奠定了中國封建社會的基本的政治倫理架構。所以可以設想，孔子一定是勇敢而冷靜地面對艱難的時事，以積極的態度正面回答現實問題的。

其次，孔子會用他獨特的視角來看待生態問題。他會從人類社會目前的狀態方

面入手進行評估，生態問題無疑可看成是上天的警告。他會發現人的欲望在這個時代已經膨脹到了極點，人們不再像過去那樣遵從天意和天道。人類龐大的人口數量，以及對消費的無節制的盲目追求，使得全社會已經進入一種不顧未來的狂躁中。這個世界一定是在主價值觀上，在天與人的主次關係上，也就是所謂市場經濟所提供的享樂觀上，產生了巨大的認知偏差，是人們推崇的物質主義與所謂的競爭意識造成了目前的困境。從這個意義上講，《論語》中所強調的修身養性的觀念，需要在現代生活中進行重新審視，君子三省吾身的話並未過時。

再者，在體現平等、公平的社會制度方面，在人與人相處的道德問題上，人們需要深刻檢討當前的社會結構與機制。己所勿欲，毋施於人的基本規範，應該成為人與人相處的倫理道德基礎，要對形態冷漠、私欲橫行的社會結構進行改造。不然，環境問題作為一種公權問題，不會真正被社會大眾所重視。

所以在孔子看來，要解決這個社會面臨的生態問題，除了科學研究的方法以外，更應該從社會規則方面提供新的解決之道，這就是重整倫理結構和社會道德，提倡個人修養，調整人類的核心價值觀，重新思考人類的生存哲學和方式。

沿著這一思路，儒學家應該可以總結出一種新的天人感應哲學，天作為自然規律和環境的代表，和人類的關係正在發生變化。董仲舒曾經說過，「道之大，緣出於天，天不變，道亦不變」。這句話隱含的邏輯是說，天變，則道也變；因此，理解天意、適應變化也應該是儒家哲學的核心問題。陰陽五行相生相剋的學說也許可以揚棄，但人類應該深刻反省同自然相處之道的話題卻沒有過時。

由此看來，對社會生態問題的治理，不僅僅是一種科學，更是一種藝術。儒家所提倡的君子之風、社會秩序、倫理道德、和諧和人的原則，正是這種社會治理藝術的表現。

儒學的視角是一種成熟的思考模式，像孔子那樣始終關注於人間事物的思路，是東方哲學務實的體現，在現代仍然具有重大的參考價值。儒家學說是一種安身立命的哲學，一種生活信念的表現。儒家學說所提倡的自強不息、安平樂道的人生觀，注重知行合一的信念，可以同科學精神交相映輝，在未來人們處理人與自然、人與人、人與社會的關係方面，成為全球生態倫理的基礎。

從自然關切到生態文明——略論儒家生態倫理思想及其當代價值

曾　勇·黃　慧

【作者簡介】

曾勇（1971-），男，湖北棗陽人，武漢大學哲學博士，江西師範大學政法學院哲學系副教授，碩士生導師，主要從事倫理學、生命哲學與生命教育研究。

黃慧（1986-），江西省九江市人。江西師範大學政法學院 09 級倫理學研究生。

【摘　　要】儒家生態倫理以天人合一為基本理念，以「仁及萬物」的德性論和「聖王之制」的禮義觀為理論支撐，從人性與物性的關聯，從人道與天德的匹配，確立人在宇宙中的道德主體地位，具有宇宙家族主義的人文情懷，這些對當下的生態文明建設不乏參考價值。

【關　鍵　詞】儒家　生態倫理　「仁及萬物」　「聖王之制」　當代價值

從自然關切到生態文明——略論
儒家生態倫理思想及其當代價值

曾　勇·黃　慧

　　儒家倫理思想以農耕為基礎，以氣血為紐帶，具有強烈的宇宙家族主義情懷。這與以商貿文化為根基，以對立衝突為特徵的西方工業文明，形成很大的反差。這種反差明顯地體現在人與自然的關係問題上，包括對人在宇宙中的地位確證、人性與物性的關聯，及世界應然走向的關注。儒家生態倫理思想是我們重要的文化資源，其對自然萬物的關切，對人文精神的高揚，無疑對當今工商時代日趨嚴峻的生態危機、環境惡化等全球性問題，具有一定的借鑒意義，對我們的生態文明建設也不乏參考價值。

一、「仁及萬物」的德性論

　　儒家生態倫理思想是其倫理思想的重要組成部分，她對自然環境、萬事萬物的關切有其重要的文化、哲學及思維方式的依據。

　　以先秦孔孟時代為例。從時空維度而言，西元前 6 世紀中葉到西元前 4 世紀，中國地曠人稀，人口總量 2500 萬左右，生產力水準低下，屬於典型的農耕時代，國人的生存發展與自然環境關聯密切，人類的活動對自然環境的影響不甚明顯，從總體上看，不存在由於人為因素導致嚴重的環境破壞與生態惡化問題，相反，自然生態為國人生產、生活提供物質資源與精神食糧。「天人合一」已經成為此時自然與人為關係的精當表述。

　　天人合一是中國古人的一種生活智慧，也是一種道德實踐，還是儒家追求的最高道德境界。這種境界在儒家那裏表述為「仁」。儒家倫理思想以「仁」為核心，而以「仁」標示的境界，乃是「德配天地」的生命境界。

　　儒家經典《易傳·繫辭下》說：「天地之大德曰生。」「生」意味著孕育、創造。天地創生萬物，人乃萬物中之一物。沒有天地自然的好生之德，人類世界、一切生命便無從說起。在儒家先賢看來，人類之佼佼者可稱之「大人」——「夫大人者，與天地合其德，與日月合其明，與四時合其序，與鬼神合其吉凶。先天而天弗違，後天而奉天時。」（《易傳·乾·文言》）大人不違背天地運行之律則，不悖逆春夏秋冬之秩序，帶領百姓安排農事，祭祀鬼神。大人所作所為，合乎天地之德。儒家所謂天人合一，即為天人（統）合（於）德，或曰，人是以德合天，人合於天地之處也便在此「仁」德。

　　儒家倫理思想注重「仁」德，然而，「仁」除卻「仁者愛人」之意，還要進一步推衍開去，推及「愛物」。譬如：《論語·述而》講孔子「釣而不綱，弋不射宿」；《孟子·盡心上》說：「親親而仁民，仁民而愛物。」在儒家倫理學家看來，人既然來自天地自然，與宇宙萬物具有共同的生成機制，就不存在西方人所謂的「人類中心主義」或「非人類中心主義」之類的人類與他物之間的對立與衝突，因為，人與物皆屬天地自然造化、一氣相通的生命形式。於是，儒家之「仁」自然可以延伸到愛自然環境、愛動物植物。如《大戴禮記·衛將軍文子》記孔子說：「開蟄不殺當天道也，方長不折則恕也，恕當仁也。」相反，不能以「仁」德體恤萬有、感通萬物者，在儒家看來不足為道，甚至處於生命不完備狀態，類似中醫狀述「麻木不仁」之症。儒家哲學旨在追求生命完備，本質上乃生命哲學。

　　在此生命哲學之域，天、地、人是一大的生命系統。在此生命系統中，人性與物性，人道與天道，彼此貫通，不曾阻隔。萬事萬物從生命產生之源頭，到生命存活發展之動力與趨勢，都無一例外遵從同樣的律則。萬物莫不「天生」「地成」，自然生就，氤氳化成。人居天地之間，其天職「天命」乃輔助天地，「繼善成性」。在儒家看來，天地陰陽之氣使萬物得以生、成、長、養；人秉受天地之氣，持承「天道」而參與、輔佐自然萬物，此乃人道善行；成就天道的事業正是人的本性。此即「一陰一陽之謂道。繼之者善也，成之者性也」。（《易傳·繫辭上》）可

以說，在人性論問題上，儒家「寓含有人的善性源自天道，源自宇宙生生之德，同時又強調人的後天努力，效法天道、擴充其性的雙重含義。」❶而且，儒家對包括草木瓦石的自然萬物，從不將其視為自己的身外之物，更非人類自我生存發展的對立面、敵對物，相反，將其納入道德關愛的視域，並視為生命之「至寶」，正如《易傳·繫辭下》所言：「天地之大德曰生，聖人之大寶曰位。何以守位曰仁。」這種「仁及萬物」的善德是「聖人」耐以守「位」之本分。在不同的儒者那裏，對居仁之士，在稱謂上雖有「大人」「聖人」之區別，但在以「仁」配天之德性內涵，及以「繼善成性」為人生要務上，則無甚殊異，二者都是儒家美德高標──「仁者」。

如果說先秦儒家側重於對自然生態的道德情感上的關切的話，那麼可以說，宋明理學更從形上層面為先秦儒學論證並夯實了「仁」學倫理精神的本根論依據。如邵雍《觀物內篇》、《觀物外篇》裏的「聖人」，概莫能外，彰顯「仁」學倫理精神：他並非與天地自然對立，而是與之融洽，並非「任我」由我宰制萬物，而是以物觀物，順物理，盡物性。如說，「人亦物也，聖亦人也」。而所謂「聖人」，就在於「其能以一心觀萬心，一身觀萬身，一物觀萬物，一世觀萬世」，在於「其能以心代天意，口代天言，手代天工，身代天事」，以及能「上識天時，下盡地理，中盡物情」。宋儒張載《正蒙·至當》更以「大人」代言其「繼善成性」之義舉：「大人者，有容物，無去物，有愛物，無殉物，天之道然。天以直養萬物，代天而理物者，曲成而不害其直，斯盡道矣。」

理學大師朱熹訓「仁」為「心之德，愛之理」，此理也就是天地之心以生萬物之理。「惟有由於天地以生物為心之理，始能生愛。」❷心學大儒王陽明更從「萬物一體」的高度論「仁」。其《大學問》言：

> 大人者，以天地萬物為一體者也。……是故見孺子之入井，而必有怵惕惻隱之心焉，是其仁之與孺子而為一體也。孺子猶同類者也，見鳥獸之哀鳴觳

❶ 參見郭齊勇：《中國哲學史》，高等教育出版社 2006 年 5 月版，第 102 頁。

❷ 陳榮捷：《朱子論集》之「朱熹集新儒學之大成」，臺灣學生書局 1982 年版。

觫，而必有不忍之心，是其仁之與鳥獸而為一體也。鳥獸猶有知覺者也，見草木之摧折而必有憫憫之心焉，是其仁之與草木而為一體也。草木猶有生意者也，見瓦石之毀壞而必有顧惜之心焉，是其仁之與瓦石而為一體也。

草木瓦石與人皆為一體，因為在儒者看來，「草木猶有生意」，仁者「見瓦石之毀壞而必有顧惜之心」，這就是典型的「萬物一體」、「感同身受」，也是獨具特色的中國生命哲學。在這種生命哲學中，儒者強調「為仁由己」的德性修養與自我人性完善，詮釋了人「安身立命」之所在，具有美德倫理的特色。

二、「聖王之制」的禮義觀

儒家高歌道德，並不排斥經濟——經世濟民。相反，按照儒家以德配位之說，德性高尚者（「內聖」），方可「外王」執政，致力惠民強兵富國。農耕時代的基礎經濟與主導產業，無疑便是農業，而農業收入的富庶與否，便是國家實力強弱的基本標示。據《論語·子路》中記述，孔子到衛國，「子曰：庶矣哉！冉有曰：既庶矣，又何加焉？曰：富之。曰：既富矣，又何加焉？曰：教之。」百姓富庶，再加以道德教化，社會民風才會走向良性發展，國家政治才會穩定強大。又據《論語·顏淵》記述，「子貢問政。子曰：足食，足兵，民信之矣。」顯然，要「富之」，要「足食」，在當時就是要發展農業，而農業發展、經濟繁榮（民富）就進一步推動國家穩固（國強）、民風醇厚，百姓也更加信任支持政府。據《論語·學而》所載，孔子還說：「道千乘之國，敬事而信，節用而愛人，使民以時。」就是強調為政者要有敬畏心、民生行、節流意及時政感。

孟子對於發展農業生產與保護自然資源也有獨到的見解。據《孟子·梁惠王上》所載，孟子曾經對梁惠王說：「不違農時，穀不可勝食也；數罟不入洿池，魚鱉不可勝食也；斧斤以時入山林，材木不可勝用也。穀與魚鱉不可勝食，材木不可勝用，是使民養生喪死無憾也。養生喪死無憾，王道之始也。」這裏的「數罟不入洿池」、「斧斤以時入山林」，就是要求適時、合理地開發利用自然資源，實現農業與生態的可持續發展。

　　荀子的生態倫理思想也十分特出，尤其是在如何開發和利用自然資源的問題上，提出了以「聖王之制」為代表的禮義觀。

　　首先，荀子肯定由「聖」而「王」的合理性。《荀子·王制》篇談到人的獨到與可貴：水火有氣而無滋長，草木滋長而無性識，禽獸有性識而無禮義，在生命層級上，它們都不及人類。「人有氣、有生、有知，亦且有義，故最為天下貴也。」而人類中，那些善能以禮義使人別尊卑、和上下，結為社會生命倫理者為「君」，「而人君者，所以管分之樞要也」（《荀子·富國》）。「內聖外王」即為「人君」，總理天下要務。

　　其次，荀子對自然資源的開發的樂觀態度。荀子認為，天地之間有著豐富的自然資源，「足以食人」、「足以衣人」。《荀子·富國》說：「今是土之生五穀也，人善治之則畝數盆，一歲而再獲之，然後瓜桃棗李一本數以盆鼓，然後葷菜百疏以澤量，然後六畜禽獸一而剸車，黿鼉、魚鱉、鰍鱣以時別，一而成群，然後飛鳥鳧雁若煙海，然後昆蟲萬物生其間，可以相食養者不可勝數也。夫天地之生萬物也，固有餘足以食人矣；麻葛、繭絲、鳥獸之羽毛齒革也，固有餘足以衣人矣。」

　　再次，荀子強調「君道」之禮義規範的重要性。他說：「人知貴生樂安而棄禮義，譬之是猶欲壽而剄頸也」（《荀子·強國》）；強調君以其道──「序四時，裁萬物」，統領寰宇，則天地萬物皆得其所，群生各安性命：

> 君道當則萬物皆得其宜，六畜皆得其長，群生皆得其命。故養長時則六畜育，殺生時則草木殖，政令時則百姓一，賢良服。聖王之制也，草木榮華滋碩之時則斧斤不入山林，不夭其生，不絕其長也；黿鼉、魚鱉、鰍鱣孕別之時，罔罟毒藥不入澤，不夭其生，不絕其長也；春耕、夏耘、秋收、冬藏四者不失時，故五穀不絕而百姓有餘食也；汙池、淵沼、川澤謹其時禁，故魚鱉優多而百姓有餘用；斬伐養長不失其時，故山林不童而百姓有餘材也。
>
> （《荀子·王制》）

　　最後，荀子明確主張要制定「以時禁發」等禮義規範。《荀子·王制》認為，有了豐富的自然資源，還必須合理的開發、利用和保護，這就是「山林澤梁以時禁

發」。這裏的「發」，就是開發利用；「禁」，就是保護；「以時禁發」，就是要根據自然規律，把自然資源的開發利用與保護緊密結合起來。這樣才能使自然資源「不夭其生，不絕其長也」，使百姓「有餘食」、「有餘用」、「有餘材」。

為此，荀子提出要設立專門負責管理自然資源開發的官員，他在《荀子·王制》中說：「修火憲，養山林藪澤草木魚鱉百索，以時禁發，使國家足用而財物不屈，虞師之事也。」荀子主張從國家政府方面切實保證「以時禁發」，這在當時是很有見地的，至今在制度建設方面也不乏借鑒意義。

儒家要求人們遵循自然規律，強調人「與天地參」，與自然相和諧，認為自然界是互相聯繫、互相作用的有機整體，並且提出「仁民愛物」的生態倫理觀和「以時禁發」的合理利用與開發自然資源的思想，都充分反映了儒家具有豐富的生態倫理思想。而且，儒家的這些思想對於今天依然具有重要的價值。

三、人文精神的一貫性

儒家以「天人合德」為埠，以「為仁履禮」為己任，以「擇善固執」為方向，其理想路數為「內聖外王」，真誠地「修己以安百姓」，「博施於民而能濟眾」，在盡人事盡人性的同時，佐天輔物盡物性，敬天侍天配天德。這些具有重要的人文精神意蘊。如《禮記·中庸》說：「惟天地至誠，故能盡其性，能盡其性，則能盡人之性，能盡人之性，則能盡物之性，能盡物之性，則可以贊天地之化育，能贊天地之化育，則可以與天地參矣。」就是說，人只有至誠盡己之性，盡物之性，在地位上才能與「天地」並稱，加入「生生不息」的「天地之化育」。人以此凸顯其非凡的價值，而且，人只有如此也配稱之為人。正如《禮記·禮運》所言：

> 故人者，天地之德，陰陽之交，鬼神之會，五行之秀氣也……故人者，天地之心也，五行之端也，食味、別聲、被色而生者也，故聖人作則，必以天地為本。

「以天地為本」的人，秉承「天地之德」，自譽「天地之心」。那麼，人何以

為「天地之心」？在儒家看來，人以其文化創造而能「為天地立心」，成為德性主體，但這個所謂的主體，是以實現人與自然和諧統一為目的的德性主體，而非以控制、征服自然為目的的知性主體，也不是以「自我」為中心、以自然為「他者」的價值主體。這便是儒家道德擔當的理論前提，也是儒家道德實踐的內在動力。儒家認為人因其道德理性而優越於動植物，人的道德關切、尤其是將這種關切付諸實踐的次序，也一般是由人類推及其他生命，甚至到山川瓦石。但這並不意味著人的價值就絕對高於其他生命，人就可以為自己的目的和利益對其他生命為所欲為。作為道德的主體，人與天地的關係是融洽無間的，而不能以世界萬物的主宰而自居，不能視自然為奴僕，相反，她視天地為父母，視所有生命都與自己相同的精神。於是，替天施仁，體恤萬物，幫助它們實現各自的價值，從而，也實現人之為人的內在價值，這就是儒家肩負的道德使命，也是儒家一以貫之的人文精神。這一精神可以為現代處在生態危機嚴重困擾中的人們提供深厚的價值資源支援。

回眸近 300 多年的工業文明，人類憑藉技術的進步「極大地增加了人類的財富和力量，人類作惡的物質力量與對付這種力量的精神能力之間的『道德鴻溝』，像神話中敞開著的地獄之門那樣不斷地擴大著裂痕。在過去的 5000 年間，這種巨大的『道德鴻溝』，使人類為其自身種下了極為慘重的災難。」❸

筆者認為「災難」產生的原因固然很多，但其中最為基本的就有信仰的偏差，如所謂「知識就是力量」，所謂「人定勝天」等，隨著科學主義的暢行，人文信仰被漸次「解魅」而束之高閣，「人」少有敬畏與同情，更多執著於擁有與較量，少有辭讓與關愛，極力爭奪與計較；還有主客二元對立的認知方式，誠如美國著名倫理學家雅克·蒂洛指出：「即使是我們今天的關注重點，也往往在於對自然的破壞是否會影響我們自己的生活，而不是自然本身也具有獨立的價值。」反映在「人類與自然的關係」，「對於大多數現代的、『文明的』人而言，這是一個新的範疇，但實際上它是原始人類的一個古老理念，他們往往將自身與自然的密切聯繫看得比我們重得多。」蒂洛堅持認為，「我們對自然及其所包含的一切，特別是在自然秩

---

❸　〔英〕阿諾德·湯因比著，徐波等譯：《人類與大地母親：一部敘事體世界歷史》，上海人民出版社 2001 年版，第 526 頁。

序中與我們切近的那些動物，負有明確的道德義務。」❹儒家天人合一論無疑屬於蒂洛所言「古老理念」，而這一古老理念，內在地包含了人對自然萬物的道德義務。

在儒家倫理思想中，自然界是人類賴以生存的生命系統。人類不能通過知性的方法窮盡對自然界的認識，更不可肆無忌憚地掠奪自然資源而應以感激之情報答自然界的生養化育之恩，而以敬畏之心時時反省自身的行動，以誠敬功夫完成德性，以輔佐萬物成就自己為善舉，以實現「天地萬物一體」為最高境界，在人文關懷中實現人與自然的高度統一。這就是一種人文主義精神，是一種飽含宇宙家族主義情懷的人文精神。作為一種精神資源，針對當下生態困境，她要求摒棄對抗自然的文化，拋棄人駕馭統治自然的偏執，建設「尊重自然」的文化，按照人與自然和諧發展的價值觀，匹配人與自然和諧共處的倫理精神，實現人與自然的共同繁榮。

❹　雅克·蒂洛、基斯·克拉斯曼著，程立顯、劉建等譯，周輔成審閱：《倫理學與生活》（第 9 版），世界圖書出版公司 2008 年 8 月版，第 354 頁。

論儒學背景下
學校生態文化的倫理化構建

趙國權

【作者簡介】趙國權（1961-），男，河南滎陽人。河南大學教科院教授、碩導，日本中央大學訪問學者、廣島大學倫理研究中心研究員，開封市政協委員。

【摘　　要】影響學校的所有生態因數，大至學校周圍的自然環境，小至教材及教學方法，經過長期的積累與優化，構成獨具特色的學校生態文化。而儒學是中國傳統文化的主流，其最根本的價值取向是它的倫理化，當它被定位為官方意識形態後，便充分發揮自身的引領作用，使得學校生態文化逐步趨向倫理化，從而又構建起中國特色的學校倫理生態文化。

【關 鍵 詞】儒學　倫理　學校文化　倫理文化

論儒學背景下
學校生態文化的倫理化構建

趙國權

作為中國傳統主體文化的儒學,是孔子在集夏、商、周三代禮制文化之大成的基礎上形成的,又為漢以後歷代統治者定位為官方哲學而一統天下。儒學的基本價值取向是它的倫理化,它「以倫理問題為核心,著重於對人的倫理特性的研究,把人看作從群體需要出發維護社會群體生存的倫理主體,要求人人都致力於道德人格的完善,以便維持一種以道德理性為原則、用道德關係作為調節槓桿的穩定的社會秩序。」❶因而在其引領和統帥下,作為政治統治工具之一的學校,無論是官學、私學還是書院,也無論是學校的生態因數諸如建築設施、規約制度、教育目的、內容和方法,也都被深深打上倫理的烙印,從而構成獨具特色的學校倫理生態文化。

一、學校倫理生態文化肇端於三代之「禮」制文化

倫理,作為調節人與人之間關係的一種準則和行為規範,是人們在長期的生產和生活中逐漸形成和約定俗成的,是人類種族得以延續和走向文明進步的基本條件,是隨著人類的出現而出現,隨著教育的產生而產生的,並滲透於人類社會生活的各個領域。如此說來,學校倫理生態文化也自然是隨著學校的產生而產生的,原因很簡單,學校是育人的場所,需要對教育者實施一系列的教化,包括知識傳授和

---

❶ 中華孔子學會,《儒學與現代化》(北京:人民教育出版社,1994年),頁149。

倫理道德教育，使其成為一個成熟的、合格有用的社會成員。於是，在學校產生的那一刻起，倫理便與學校相伴而行，構成學校教育工作的重要內容。

據有關記載，可以斷定學校倫理生態文化肇端於夏、商、周三代，當時為維護奴隸制社會秩序，統治者特別強調用「禮」對人的言行予以約束，以致每一朝代都有自己特定的禮制。這種禮制文化也同時反映到教育上，對學校教育進行全面滲透，主要表現在以下幾個方面：

(一)學校名稱有特定的倫理內涵

一般而言，學校的名稱在最初裁定時都賦予特定的含義或意義，這種不約而同的規定在學校產生時就已存在。據考證，在五帝時代就已出現學校，名曰「成均」。鄭玄認為，「均，調也，樂師主調其音」。可見，「成均」之學以樂教為主。而何以強調樂教？近代學者劉師培云：「古代教民，口耳相傳，故重聲教。而以聲感人，莫善於樂。」❷可以說是，通過音樂教化使人知禮，倫理之教初見端倪。到唐虞時代，便有「庠」的記載。《禮記·王制》曰：「有虞氏養國老於上庠，養庶老於下庠。」《禮記·明堂位》亦載曰：「米廩，有虞氏之庠也。」可見，「庠」既是食品儲藏室，又是養老之地，還是兒童接受教育的地方，體現出濃厚的尊老愛幼意識，也即「人倫」觀念。夏朝統治者重視軍事教育，教育的主要內容為「習射」，還要求「習射」時，射者與觀者遵守長幼先後的順序。所謂「序者，射也，射以觀法，有先後之次焉。」因而，學校取名為「序」。商代的學校，除「庠」、「序」之外，還設置有「學」和「瞽宗」。其中，「瞽宗」是樂人的宗廟，用於祭祀之地，同時又是兒童接受禮樂教化的機構，體現出殷人重視禮樂和祭祀的特點。

(二)設官職掌倫理教化

據記載，在堯舜時代就設置有負責教育的學官。《尚書·舜典》說：「帝曰：契！百姓不親，五品不遜，汝作司徒，敬敷五教，在寬。」此處所謂「五品」，是

---

❷　劉師培，《劉申叔先生遺書》（19卷），甯武南氏校印本。

指父子有親、君臣有義、夫婦有別、長幼有序和朋友有信，也即「五倫」。而「五教」是指父義、母慈、兄友、弟恭和子孝。可見，司徒是專職倫理教化的官員。

㈢教育宗旨和內容在於「明人倫」

三代學校的教育目的皆在「明人倫」，如朱熹在《孟子集注》中所言：「父子有親，君臣有義，夫婦有別，長幼有序，朋友有信，此人之大倫也。庠、序、學、校皆以明此而已。」顯然，是在把「五倫」作為協調人際關係的基本準則，使人人各安本分，各盡其責，不再有「蕩檢逾閑」、「犯上作亂」的行為，這也正是統治者所企盼的一種統治秩序。

與教育目的相對應的教育內容是重視「禮」、「樂」、「詩」、「書」的教學。尤其是強調「禮」，把「禮」作為六藝之首，宣導「以禮造士」，讓兒童習禮的目的在於「明人倫」。同時，還寓「禮」教於樂教之中，「使親疏、貴賤、長幼、男女之理，皆形見於樂。」可見，樂教也是為「禮」教服務的。據此，西周國學所規定的教學科目分別是：(1)「三德」：志德，以道為本；敏德，以行為本；孝德，以知逆惡。(2)「三行」：孝行，以事父母；友行，以尊賢良；順行，以事師長。(3)「六儀」：祭祀之容、賓客之容、朝廷之容、喪紀之容、軍旅之容和車馬之容。(4)「六藝」：禮、樂、射、御、書、數。鄉學的教學科目比較簡單，主要是「三物」，即：(1)六德：知、仁、聖、義、忠、和；(2)「六行」：孝、友、睦、姻、任、恤；(3)「六藝」。可以看出，無論國學還是鄉學，其教育內容多是倫理道德方面的。

㈣養老與視學制度充滿人倫關懷

據《禮記‧王制》記載，養老制度始於虞舜時代，就國中或鄉里中選出具有功勳和道德的老者迎養於學校，國中的稱為「國老」，鄉里的稱為「庶老」，天子、諸侯每年視學時都要舉行隆重的養老典禮。「有虞氏深衣而養老……用燕禮；夏後氏燕衣而養老……用饗禮；殷人縞衣而養老……用食禮。」不僅如此，還要行「乞言」、「合語」之禮。所謂「乞言」，即向老者乞善言；「合語」即與老者論「五倫」之道。至周朝，天子視學當日，要先祭先聖先師。第二天，舉行養老典禮，先

祭祀先老，然後宴請眾老，一方面表示「尊年敬德」，以籠絡人心，同時乞討善言善行，以維繫統治秩序。當然，在舉行養老典禮時，在校學生都要參與，以接受教化。如王應麟《玉海》所云：「天子一入學而所教者三：釋典以教其重道，合樂以教其崇德，養老以教其致孝。」

此外，對學生的學業考核也有倫理方面的規定。諸如《禮記·學記》中所載國學考試的標準，就有「辨志」、「樂群」、「親師」、「取友」等內容。如果發現不受教者，天子會命三公、九卿、大夫入學習禮加以感化，如不改變，天子則親自視學以示警告，仍不知悔改的，則遷送遠方，終身不齒。

二、孔子集三代禮制之大成，
構築學校倫理生態文化的理論和實踐基礎

周初的分封制導致後起的諸侯稱霸、烽火連年之勢，從而造成「禮樂崩潰」、「學在四夷」局面。對此，有識有志之士深為憂慮，紛紛豎起私學大旗，著書立說，授徒講學，探討並宣傳著各種各樣的治國治民方案。在大浪淘沙般的爭鳴中，孔子所創立的儒學脫穎而出，成為當時影響最大的一支學術流派。

孔子十分推崇古代禮制，尤其是對夏、商、周三代禮制文化更感興趣，他曾經到過杞國學「夏禮」，到宋國學「殷禮」，到周朝學「周禮」，還念念不忘「復禮」、「從周」。於是，他集三代禮制之大成，編輯「六經」，口述《論語》，為世人勾畫出一幅符合社會發展要求和大眾者利益的倫理畫面。他的倫理思想的核心是「仁」和「禮」，以「孝」和「忠」為基礎，還提出「義」、「信」、「寬」、「恕」、「悌」、「惠」、「恭」等一系列倫理觀念，皆在協調君臣、父子、夫婦、長幼和朋友之間的「五倫」關係，另外還涉及到人人之間、師生之間關係的協調。

孔子不僅提出具體的倫理要求，更重視倫理實踐，認為「力行近乎仁」。因此，他說：「弟子入則孝，出則悌，謹而信，泛愛眾而親仁，行有餘力則以學文。」❸還指出要「言必信，行必果」；要「擇善而從，其不善者而改之」；要

---

❸ 楊伯峻，《論語譯注》（北京：中華書局，1980 年），頁 4。

「見賢而思齊焉，見不賢而內省也」；要「聞過則喜」，「不二過」。看待一個人要「聽其言觀其行」等。他期以實踐，以形成思維和行為定勢，也即養成合乎倫理的習慣。

之後，孟子、荀子對孔子思想加以繼承、發展和完善。孟子發展孔子「仁」的學說，力主「德治」，形成「王道」思想，明確提出教育的目的在於「明人倫」，並以「五倫」為人際關係的基本準則，指出：「聖人，人倫之至也。欲為君盡君道，欲為臣盡臣道。」要求人人各盡其道，只有這樣，社會才能長治久安。荀子則發展孔子「禮」的學說，力主「禮治」，形成「霸道」思想。在他看來，「禮」是制度、法令和倫理道德等社會行為規範的總和，是節制人欲、協調人際關係及維護社會統治秩序的最有效工具。孟、荀對儒學的發展為後世所關注，開啟漢代以後以「王道」為主、王、霸並用治理天下之先，同時也對學校教育產生深刻影響。

三、漢以後開始學校倫理生態文化的全方位構建和實踐

儒學誕生於諸侯爭霸年代，但它只適於治天下，不適於打天下，因而不被各國諸侯所用自然可以理解。相反，荀子開啟的「霸道」思想卻被秦國所採納而一統天下，雖也採取「行同倫」和「設三老」等推行倫理教化措施，但也未能挽救「短命王朝」的命運。漢初的「黃老之學」，也沒能夠使統治者走出困境。自漢武帝招納「賢良方正」，董仲舒的《對賢良策》使統治者終於找到「救命稻草」。董仲舒對儒學加以改造，確立「三綱五常」在倫理道德中的核心地位，不僅使儒學神學化，還使儒學登上政壇，處於「獨尊」之位，成為官方意識形態。在其統帥和引領下，歷代王朝通過各種文教措施及選士制度❹對學校教育實施有效控制，使以儒學為主導的學校倫理生態文化體系得以逐漸形成和完善，並大致可以分為物質、制度和觀

---

❹ 漢以後歷代王朝所採取的文教政策基本上都是「尊孔崇儒」的，具體表現為加封孔子及其後代，重用儒臣，修訂、刊行儒家經典等。在選士問題上，漢代的察舉制度設置有「孝廉」一科，凡是孝順父母者，經推薦皆可入朝做官，而「孝」即為「人倫」之基；魏晉南北朝時期的「九品官人法」，十分重視對「德行」的品定；隋唐以後的科舉制度，雖以考試為主，但考試內容離不開四書五經。因而，漢以後的文教政策和選士制度一直左右著學校教育，使其儒學化和倫理化。

念三個層次。

㈠學校物質文化倫理化：建築設施充滿倫理色彩

　　學校的物質文化主要是能夠看得見的學校周圍的自然環境尤其是學校內部的各種建築設施，在古代主要有學堂、講堂、藏書樓、宿舍、道路、大門、祭祀及其它輔助性設施等。為充分發揮它的育人作用，掌教者就著力賦予其倫理內涵，主要體現在名稱的取捨上。諸如南朝時期的宋朝，散騎常侍雷次宗設置一所專門研究儒經的學校，稱為「儒學館」。唐高祖李淵在國子學設置周公祠、孔廟，四時致祭，親臨釋典。元代的國子學設置六齋，各齋的名稱均來自《論語》，上兩齋為「時習」和「日新」，中兩齋為「據德」和「志道」，下兩齋為「游藝」和「依仁」。自元之後，地方學校或書院多設置「明倫堂」，在學校為藏書之地，在書院為講學之所。明代的國子監有「彝倫堂」、「繩愆廳」、「孔廟」等設施，教學上設置有六堂：初級堂稱為「正義」、「崇志」和「廣業」，中級堂稱為「修道」和「誠心」，高級堂為「率性」。明代的武學也分為六齋，分別稱為「居仁」、「由義」、「崇禮」、「宏智」、「惇信」和「勸忠」。另外，明代的地方官學在校門口立有一塊「臥碑」，上刻政府所頒布的 12 條「禁例」，讓學員過往學校門皆能看到，不僅耳熟能詳，還要時刻提醒自己照著去做。

　　書院內的建築也是如此，甚至書院自身的稱呼也都充滿倫理色彩，諸如江蘇的「節孝書院」、「孝廉書院」和「忠孝書院」，上海的「求忠書院」和「明德書院」，江西的「正德書院」、「依仁書院」和「復禮書院」，山東的「懷德書院」，河南的「懷仁書院」，山西的「修身書院」，陝西的「成德書院」和「居善書院」，河北的「近聖書院」、「忠孝書院」和「敬義書院」，貴州的「為仁書院」和「明德書院」等。

㈡學校制度文化倫理化：規章制度充滿倫理約束

　　學校制度文化包括招生、考核、祭祀、視學、經費、圖書、告假、學規、禁例、學官選拔等，可以說，每一項制度或規定都充滿倫理教化和約束。比如學官設置，漢代太學設有祭酒，為博士領袖，但不是後來意義上的最高長官，主要是負責

禮儀灌輸。在地方上,從鄉縣到郡國均設有負責地方官學、私學和民眾教化的學官「三老」。據《後漢書‧百官志》載:「三老掌教化,凡有孝子順孫,貞女義婦,讓財救惠,及學士為民法式者,皆扁表其門,以興善行。」宋代的學官設置比較齊全,據《宋史‧職官志》載,所置博士「掌分經講授,專校程文,以德行道藝訓導學者」;學正、學錄負責制定學規和監督學規的執行;直學掌管名冊檔案、告假及聽課;齋長「掌表率諸生,凡厭規矩者,糾以齋規五等之罰,仍月考齋生行藝,著於籍」。再如考核制度,從漢代開始重視對學生「德行」的考察,漢代規定太學生必須具備的一個條件是「敬長上」。唐朝規定,對品行不良、不堪教誨的學生,予以開除。宋代太學實施的「三舍法」,學生能否升舍,平時的「行藝」是一項重要的考核內容。宋徽宗崇寧以後,又設立「八行八刑」制度。「八行」是指孝、悌、睦、姻、任、恤、忠、和等八種德行,分為三等:上等為孝、悌、忠、和,中等為睦、姻,下等為任、恤。凡具備「八行」的隨時都可以被貢入太學,還可以免試補為上舍生。「八刑」是指反「八行」之罪。明代對地方學校學生的考核內容有三項,即德行、經藝和治事。

在諸多制度中,最有代表性的是漢代以後各級各類學校所制定的學規學約,其中不乏倫理化規定。如明代國子監的「監規」,共有 56 款,其中最嚴重的一款便是倫理方面的規定:「在學生員當以孝悌忠信禮義廉恥為本,必先隆師親友,養成忠厚之心,以為它日之用。敢有毀辱師長及生事告訐者,即係干名犯義,有傷風化,定將犯人仗一百,發雲南地面充軍。」❺明代的社學重視講習冠婚喪祭之禮,著名學者王守仁在擔任地方官時還親定《社學教條》,要求生員「凡習禮,須要澄心肅慮,審其儀節,度其容止,毋忽而惰,毋徑而野,從容而不失之迂緩,修謹而不失之拘局。」清朝初年,國子監也制定有 18 條監規,對謁廟典禮、師生相典禮以及防止學生越軌行為都有明確規定。康熙執政後演變為《聖諭十六條》,雍正時又修訂稱為《聖諭廣訓》,其中規定:「敦孝悌以重人倫」、「篤宗族以昭雍睦」、「和鄉黨以息爭端」、「明禮讓以厚風俗」及「解仇忿以重生命」等。地方學校同樣立有「臥碑」於明倫堂之左,要求諸生做到「上報國恩,下立人品」。

---

❺　黃佐,〈南雍志〉,載張廷玉:《明史‧志‧藝文二》(卷九)(北京:中華書局,1974 年)。

如同官學一樣，書院在創辦之初就重視學規建設，其中以朱熹所制定的《白鹿洞書院揭示》最為典型。《揭示》首先將書院的教育宗旨歸納為「五教」，即「父子有親，君臣有義，夫婦有別，長幼有序，朋友有信」，然後提出「為學之序」、「修身之要」、「處事之要」和「接物之要」。此《揭示》成為後世書院制定學規的藍本，並有學約、學程、章程、學則、條約、規條、規約、條規、規章、教約、學範等不同稱呼，但不管如何變化，總離不開「五倫」之教。如清光緒六年（1826年），河南輝縣知縣周際華所擬定的《百泉書院學約十條》，第一條為「立學」，稱「學於古訓乃有獲，學者斅也。斅為父子，斅為君臣，斅為長幼、夫婦、朋友，全要在五倫上用功。」❻

(三)學校觀念文化倫理化：觀念形態充滿倫理說教

學校的觀念文化主要是指教育目的、教育內容、教材及教育教學方法等，皆在對學生灌輸一定的合乎政治和社會需要的思想理念。在漢以後的整個封建社會乃至於半封建半殖民地社會，因起支配作用的官方意識形態是儒家思想，所以學校的觀念形態處處充滿倫理說教。首先表現在教育目的和教育內容上，無論何等學校，皆以「明人倫」為宗旨，誠如朱熹所言：「小學是事，如事君、事父兄等事。大學是發明此事之理，就上面講究所以事君、事父兄等事是如何。」❼他認為「五倫」之教，「學者學此而已」。王守仁主張，社學「與之教者，教以人倫。後世記誦詞章之習起，而先王之教亡。今教童子，惟當以孝悌忠信禮義廉恥為專務」。❽清代學者顏元，亦主張「學，所以明倫耳」。至近代，張之洞提出學校教育要以「中學為體」，而「中學」中最著重的就是綱常名教，因為「五倫之要，百行之源，相傳數千年更無異議。聖人所以為聖人，中國所以為中國，實在於此。」1903年張百熙、榮慶、張之洞在《重訂學堂章程折》中明確提出「立學宗旨」，在於「無論何等學堂，均以忠孝為本，以中國經史之學為基」。在《學務綱要》中談到學校讀經

---

❻　周際華，《輝縣誌·書院》，清道光十五年刊本。

❼　朱熹，〈小學輯說〉，轉載顧樹森：《中國古代教育家語錄類編》（下冊）（上海：上海教育出版社，1983年），頁162。

❽　王守仁，《陽明全書·語錄二》（卷二），中華書局《四部備要》本。

的目的時說：「中國之經書，即是中國之宗教。若學堂不讀經書，則是堯舜禹湯文武周公孔子之道，所謂三綱五常者盡行廢絕，中國必不能立國矣。」❾

依據教育目的和教育內容，歷代學校所使用的教材幾乎是清一色的儒家經典。自漢代太學開始用「五經」為教材，設置五經博士進行講授，同時《論語》也開始走進課堂。唐朝學者孔穎達編訂的《五經正義》，被推舉為全國統一教材。王安石等編著的《三經新義》，也成為宋代的法定教材。明代則頒布有《四書大全》、《五經大全》和《性理大全》等統一教材。同時，各代學者也根據儒家提出的綱常名教，結合政治和社會需要而編輯出新的教材，尤其是蒙養教材的編寫，諸如《三字經》、《千字文》、《弟子規》、《神童詩》、《名賢集》、《小兒語》、《增廣賢文》、《蒙求》、《太公家教》以及《日記故事》等，無不融入倫理綱常名教之內容。如宋代王應麟所編著的《三字經》，內容有：「為人子，方少時，親師友，習禮儀。香九齡，能溫席，孝於親，所當執。融四歲，能讓梨，弟於長，宜先知。」「三綱者，君臣義，父子親，夫婦順」。「高曾祖，父而身，身而子，子而孫，自子孫，至玄曾，乃九族，人之倫。父子恩，夫婦從，兄則友，弟則恭，長幼序，友與朋，君則敬，臣則忠，此十義，人所同」。又如清代學者李毓所撰《弟子規》，正文四個部分是將孔子《論語·述而》中的「弟子入則孝，出則悌，謹而信，泛愛眾而親仁，行有餘力則以學文」這句話一分為四，即「入則孝出則悌」、「謹而信」、「泛愛眾而親仁」、「行有餘力則以學文」，內容涉及生活起居、行為儀止、道德品性、處世之道等。尤其是等突出倫理道德教育，開篇即云：「弟子規，聖人訓：首孝悌，次謹信，泛愛眾，而親仁，有餘力，則學文」。

在教育教學方法上，突出倫理實踐和對學生「德行」的考核。諸如朱熹強調小學要「學其事」，即從灑掃、應對、進退做起，將愛親、敬長、隆師、親友之道貫穿之中，「欲其習與智長，化與心成」。王守仁在《訓蒙教約》中，規定社學教學要以道德實踐為先，知行合一，要求每天早晨，教師要逐一問詢學生：「在家所以愛親敬長之心，得無虧缺，未能實踐否；往來街衢，步衢禮節，得無放蕩，未能謹飭否；一應言行、心術，得無欺妄非僻，未能忠信篤敬否。」因而，他在《社學教

---

❾　舒新城，《中國近代教育史資料》（上冊）（北京：人民教育出版社，1985 年），頁 200。

條》中所規定的每日課程，把「考德」列為首先要做的事情，以檢查學生的道德踐履情況，即「每日功夫，先考德」。

四、古代學校生態文化倫理化對當代教育的啟示

可以看出，學校生態文化的倫理化肇始於學校初創之時，到周朝初現雛形，是宗法和封建制在教育上的具體體現。後經孔子的整合和定制，從漢代確立「獨尊儒術」政策之後，開始有目的有計劃地全方位構建，滲透於學校教育的各個領域，成為中國傳統文化中充滿魅力而又美麗的一朵奇葩。其最根本的導向和最實質性的問題就是教育年輕一代學會做人，學會如何與他人和諧相處，學會如何在複雜的人際關係之中去生存，這給我們當前正在進行的教育改革自然帶來許多啟示。

啟示之一：提倡「以人為本」。可以說，倫理的核心是人，皆是圍繞著人和人之間的關係或者人事而展開的，以此凸現人的價值，包括人的家庭價值和社會價值。按照《禮記·大學》中提出的，人首先要「明明德」，這是修身的前提，並把「止於至善」作為最高境界。只有「正心誠意」地去修身，才能實現「齊家、治國、平天下」的目標。於此可見，強調以人為本，並非一味地張揚個性，還與家庭和國家的利益密切相關。這樣，就把個人修身與家庭和諧、國家治安和天下太平緊緊聯繫在一起，這種「人本」意識很值得我們深思。當前，我們的教育改革也提倡「以人為本」，強調「教師本位」和「學生本位」，但實際上往往是「領導本位」和「考試本位」，也即領導一言堂、一切為考試讓路，好像提倡以人為本會背離學校教育宗旨似的。在這種情況下，學校真正的主人翁即「教」之主人教師和「學」之主人學生往往是處於服從地位，很是被動地去教去學，缺乏積極、主動、自覺意識和創新精神。在學校究竟如何貫徹「以人為本」，這應該是目前教育改革中所面臨的一個重要課題。

啟示之二：重視養成性教育。古代的學校都特別重視倫理道德教育，不僅在倫理層面要求嚴格、具體、全面，更重視倫理實踐，要求學生從生活中的小事情做起，即從灑掃、應對、進退開始做起，並通過多重考核和相關制度加以約束，極力促使養成合乎倫理道德的行為習慣和方式。尤其是，為人師者處處以身作則，對學

生不僅行言教，還尤重身教，以致其自身的美好德性在學生身上都得到很好的張揚。諸如宋代教育家胡瑗，蔡襄在〈太常博士致仕胡君墓誌〉稱其「及為蘇湖二州教授，嚴條約，以身先之，雖大暑，必公服終日以見諸生，嚴師弟子之禮。」正因為這樣，不僅「禮部貢舉，歲所得士，先生弟子十常居四五」，且「其言談舉止，遇之不問，可知為先生弟子。其學者相語稱先生，不問可知為胡公也。」❿而今，我們也在強調養成教育，卻收效甚微，人們往往用「5＋2＝0」來形容，甚至出現「信仰危機」和「道德滑坡」，同時還造成教師之間、師生之間以及學生之間人際關係緊張，這一切都與應試教育有太多的關係。看到韓國人在中國公園裏撿垃圾，看到韓國的少年兒童在鄭州二七廣場跪在地上相擁而泣道歉，我們不能不為自己的倫理道德「丟失」而憂慮。因而，學校在抓知識教育的同時，更應該關注學生的倫理道德教育和良好行為習慣的培養。

啟示之三：和諧社會需要和諧人格的培養。倫理特別強調的是人與人之間的和諧，只有人人和諧相處，才能安居樂業，社會才能穩定，教育也就自然要承擔起培養和諧人格的任務。那麼，在當今舉國進行和諧社會建設的時候，我們自然會想到要打造和諧教育，使年輕一代能夠學會與他人、與社會、與自然和諧相處。要做到這些，必須徹底擺脫應試教育的困擾，在大力發展中高等教育的同時，進一步深化教育的深層次改革，切實貫徹中央提出的素質教育精神。此外，還要特別關注家庭教育和社會教育對少年兒童成長的巨大影響，力求使學校、家庭和社會教育一致起來，形成「合力」，營造一種良好的教育外部環境，使少年兒童「耳目遊處，所見皆善」。

---

❿　歐陽修，《居士集》（卷二十五），商務印書館《四部叢刊》本。

道統、學統與政統
——以朱子《白鹿洞書院揭示》和
陸子《白鹿洞書院論語講義》爲中心

鄭曉江

【作者簡介】鄭曉江（1957-），男，江西省萬載縣人，教授，江西師範大學道德與人生研究所所長，中國哲學史學會理事，中華炎黃文化研究會理事，中國實學研究會理事，武漢大學傳統文化研究中心兼職研究員，主要研究中國哲學與中國文化，尤擅生死哲學與生命教育的研究。

【摘　　要】本文主要通過解讀朱熹《白鹿洞書院揭示》和陸象山《白鹿洞書院論語講義》二篇文獻，從道統、學統與政統關係的角度來揭示中國古代書院教育的核心內容與制度，並延伸考察現代中國教育的一些主要的問題，並從傳統的書院教育中獲得對促進現代教育發展的某些啓迪。

【關　鍵　詞】朱熹與陸象山　教育理念與制度　反思與啓迪

道統、學統與政統
——以朱子《白鹿洞書院揭示》和
陸子《白鹿洞書院論語講義》爲中心

鄭曉江

2008 年 8 月 8 號晚 8 時，在中華人民共和國 59 年的歷史上，在中國共產黨 81 年的歷史上，在中華民族 5000 年的歷史上，都將是重彩濃墨的一筆，因為中國舉辦了全世界的體育盛會——北京 2008 年第 29 屆奧林匹克運動會的開幕式。這個令全世界人民驚歎的開幕式，主要是以現代世界的語言講述中國故事，主要構成元素基本上都是中國傳統文化的樣式。這是中國綜合國力顯著提升的結果；同時，也是中國悠久的歷史與文化傳統結出的豐碩果實。在這樣一個大的背景下來討論中國古代書院教育，我們應該提出這樣一個問題：如何駐足於現代教育的發展來反觀中國古代書院的教育傳統，尋找到可資借鑒的文化因素，以推動現代中國教育的健康發展。

一

書院是中國古代社會特有的教育機構，自唐以來，書院遍及全國各地，總數多達 7000 餘所，是我國教育史上的璀璨明珠。清末之後，書院或廢除或改為學堂、學校，有的則發展成了現代的大學。

要理解中國書院的辦學理念及制度，重要的切入點應該在探討書院的學規；而

在中國書院史上，影響最大的學規當屬朱熹撰寫並頒行的《白鹿洞書院揭示》。南宋淳熙六年（1179），朱熹知南康軍，修葺白鹿洞書院，次年設立了嚴格的書院規章制度——《白鹿洞書院揭示》。南宋紹熙五年（1194），朱熹任湖南安撫使，將《白鹿洞書院教條》頒於嶽麓書院，對嶽麓書院的教學與學風產生了重大影響。應該說，嶽麓書院與白鹿洞書院是有血緣關係的，是朱子辦白鹿洞書院經驗的推廣之地。到宋淳佑六年（1246），「理宗詔頒《白鹿洞學規》於各州府縣立石」。這樣《白鹿洞書院揭示》便成為全國性的學校和書院的「教規」了，並成為了南宋以後700 年中國古代書院教規的範本，是中國教育史上最早的教育規章制度之一。其正文內容為：

白鹿洞書院揭示
父子有親，君臣有義，夫婦有別，長幼有序，朋友有信。
右五教之目。堯舜使契為司徒，敬敷五教，即此是也。學者學此而已。而其所以學之序，亦有五焉，具列如左：
博學之，審問之，慎思之，明辨之，篤行之。
右為學之序。學問思辨四者，所以窮理也。若夫篤行之事，則自修身以至於處事、接物，亦各有要，具列如左：
言忠信，行篤敬，懲忿窒欲，遷善改過。
右修身之要。
正其誼，不謀其利；明其道，不計其功。
右處事之要。
己所不欲，勿施於人；行有不得，反求諸己。
右接物之要。

熹竊觀古昔聖賢所以教人為學之意，莫非使之講明義理，以修其身，然後推己及人。非徒欲其務記覽，為辭章，以釣聲名，取利祿而已也。今之為學者，則既反是矣。然聖賢所以教人之法，具存於經，有志之士固當熟讀而問辨之，苟知理之當然，而責其身以必然，則夫規矩禁防之具，豈待他人設

之，而後有所持循哉！近世於學有規，其待學者為已淺矣。而其為法又未必古人之意也。故今不復施於此堂，而特取凡聖賢所以教人為學之大端，條列於左，而揭之楣間。諸君相與講明遵守，而責之於身焉，則夫思慮云為之際，其所以戒謹恐懼，必有嚴於彼者矣。其有不然，而或出於禁防之外，則彼所謂規者，必將取之，固不得而略也。諸君其亦念之哉。

次年，也就是淳熙八年（1181 年）二月，白鹿洞書院史上發生了一件大事，陸象山及門人來南康拜會知軍朱熹，朱子與他們一行同遊星子落星湖，然後請象山登白鹿講席，「以吐所聞」，「得一言以警學者」。陸九淵欣然應允，開講《論語》中「君子喻於義，小人喻於利」一章。其云：

> 此章以義利判君子小人，辭旨曉白，然讀之者苟不切己觀省，亦恐未能有益也。某平日讀此，不無所感：竊謂學者於此，當辨其志。人之所喻由其所習，所習由其所志。志乎義，則所習者必在於義，所習在義，斯喻於義矣。志乎利，則所習者必在於利，所習在利，斯喻於利矣。故學者之志不可不辨也。科舉取士久矣，名儒鉅公皆由此出。今為士者固不能免此，然場屋之得失，顧其技與有司好惡如何耳，非所以為君子小人之辨也。而今世以此相尚，使汩沒於此而不能自拔，則有與聖賢背而馳者矣。推而上之，則又惟官資崇卑、祿廩厚薄是計，恐不在於義耳。誠能深思是身，不可使之為小人之歸，其於利欲之習，怛焉為之痛心疾首，專志乎義而日勉焉，博學審問，慎思明辨而篤行之。由是而於場屋，其文必皆道其平日之學、胸中之蘊，而不詭於聖人。由是而仕，必皆共其職，勤其事，心乎國，心乎民，而不為身計，其得不謂之君子乎？❶

據記載，象山先生的這次演講非常的成功，因切中當時士人的痼疾，聽講者甚

---

❶ 〔宋〕陸九淵《陸九淵集》卷二十三《白鹿洞書院論語講義》，中華書局 1980 年版，第 275-276、276 頁。

至感動得流下了眼淚：「當時說來痛快，至有流涕者，元晦深感動，天氣微冷而汗出揮扇」。講學之後，朱子贊為「切中學者隱微深痼之病，聽者莫不悚然動心。」「熹在此不曾說到這裏，負愧何言。」其云：講義「至其所以發明敷暢，則又懇到明白，而皆有以切中學者隱微深痼之病，蓋聽者莫不悚然心動焉，熹猶懼其久而或忘之也，復請子靜筆之於簡，而受藏之，凡我同志，於此反身而深察之，則庶乎其可不迷於入德之方矣。」❷

　　為何象山的講辭對朱子有如此大的震撼呢？其實陸子所批判的學者為學不應該以場屋、入仕、俸祿為念的意思，朱熹在《揭示》中也談到了，即其所云：士子為學應該在「講明義理，以修其身，然後推己及人」，而「非徒欲其務記覽，為辭章，以釣聲名，取利祿而已也」；但為何又說「熹在此不曾說到這裏，負愧何言」，且十分受用呢？因為朱子雖然已看到學者學以為「科考」與「利祿」之弊，突出了書院求道行道式的教育與官學學以為科考功名之教育的水火不容，在道德的理想主義方面確實達到了相當高的程度；但現實卻是，中國每一年都有成千上萬名知識分子孜孜於科考。若僅僅高舉道德理想主義的旗幟，一味地斥責科舉考試，則無形中把無數科舉士子們推離出儒家的軌範；特別是，僅僅以道德理想主義來立論，無疑將造成民間書院教育與官學教育的尖銳矛盾。

　　象山先生的《講義》正好有助於化解這一矛盾。象山先生此講的方法論進路是直指人之「志」，「志」者，動機也。在象山先生看來，人在社會中生活，可能很難免俗。科舉取士作為國家定制已很久了，名儒鉅公皆由這一途徑而產生，士人們又怎能不汲汲於此人生之途呢？但是，象山先生指出：科舉考試的成功與不成功，往往取決於士人們經典學習的熟練程度和考官的好惡，並不能顯示考生的道德水準，即區分不了是「君子」還是「小人」，唯有從「志」之不同才能做出判別。一種人參加科考，其志在「義」，故而由科考而入仕，為的是一展平生所學來安邦治國，拯斯民於水火，為天下蒼生盡心盡力；而有些人參加科考，其志在「利」，則其參加科舉、謀求官位，皆為一己之私。前者是為「君子」，後者則是「小人」。這樣一種說法，既認同了每年絡繹不絕參加科舉考試士子們行為的必然性及正當

---

❷　同上。

性，又將其納入到儒家道德理想主義的大旗之下。也就是說，陸象山所言既為士子們參加科考、取功名、得官位尋找到了道德的合理性解釋，又為書院教育的正當性、必要性打下了堅實的基礎。而且，特別重要的是，象山先生此說，實際上也把書院的德性知行教育與官學的科考經世教育之間的矛盾消弭於無形，把士子們「治、平」之求奠立在「修、齊」之基礎上。這就是朱子讚歎陸子的地方，也是朱子沒有講到之處。受此啟發，朱子甚至利用白鹿洞的教學資源，為即將奔赴臨安參加省試的舉人開辦「舉人培訓班」，其發布的《招舉人入書院狀》云：「竊惟國家以科舉取士，蓋修前代之舊規，非以經義、詩賦、論策之區區者為足以盡得天下之士也。然則，士之所以講學修身以待上之選擇者，豈當自謂止於記誦、綴緝無根之語，足應有司一旦之求而遂已乎？今歲科場，解赴省待補之士二十有八人，文行彬彬，識者蓋稱之，郡亦與有榮焉。然惟國家之所以取士與士之所以為學待用之意，有如前所謂者。是以更欲與諸君評之。今白鹿洞諸生各已散歸，山林閑寂，正學者潛思進學之所。諸君肯來，當戒都養，給館、致食以俟。」❸希望利用白鹿書院免食宿式的集訓來幫助舉人們立其「志」，明瞭德性培育是入仕的基本前提，以彌補官學教育「止於記誦、綴緝無根之語」的弊端。

二

從對朱子的《白鹿洞書院揭示》與陸子的《白鹿洞書院論語講義》的解讀中，我們可以發現中國古代書院教育的二個核心是：第一，由孔子「朝聞道，夕死可矣」開啟之儒家求「道」、傳「道」與行「道」之終生追求，到宋明理學家完善的「道統」觀。所謂「教」，即是教學人明瞭此「道」，並能自覺地踐履此「道」。第二、也是由孔子開啟的「私學」，奉行「有教無類」的原則，成為「萬世師表」、「至聖先師」，而由韓愈闡明的「師者，所以傳道授業解惑也」的「學統」觀。這二者構成了儒家基本的教育理念及教育體制。但是，在「道統」、「學統」之外，社會上還有一個強大的「政統」。在原儒孔孟荀的時代，學者們往往追求三

---

❸ 陳谷嘉、鄧洪波主編：《中國書院史資料》，浙江教育出版社 1998 年版，第 70 頁。

統合一，要以「道統」和「學統」來駕馭「政統」。所以，他們都堅信上古有一個堯、舜、禹「三代」的「聖人之治」（聖王）的歷史時代；而春秋時期的孔子則被漢儒追認為「素王」（有王者之德，無王者之位者）；再到了戰國時期，則只剩下了孟子「如欲平治天下，舍我其誰」、「格君心之非」的豪言壯語及行為。這種歷史過程，實際上是儒家學者一種歷史理想化的觀念構造，根本意圖是要把「政統」置於「道統」和「學統」的統帥之下。可是，現實情況卻是：孔子一生為推行「仁道」而奔波各地，卻「淒淒惶惶」，「纍纍若喪家之犬」，「干七十二君無所遇」；孟子倡「王道」而遭遇「王顧左右而言他」的冷落。

從秦漢開始，與儒家學者企盼相反的一種發展在中國歷史上逐漸成型，這即是由李斯宣導的「以法為教，以吏為師」的教育理念與制度，其核心恰恰是把「道統」、「學統」全部歸攏到「政統」的統帥之下。儘管唐宋元明清歷代歷朝，不乏儒家的學者及大臣「以道抗君」、為「帝王師」（含有一種學統至上的影子）的狀態出現，但從總的趨勢來說，「政統」壓倒「道統」及「學統」、使後二者成為附庸已是中國社會發展進程中不爭之事實。

但是，歷史上儒家第一流的學者從來就沒有放棄用「道統」、「學統」來引領「政統」的努力，除孜孜以求成「帝王師」、通過教導歷代皇帝以儒家經典來引領整個社會文化、經濟、政治發展之外，一種特別的制度化安排即是孜孜不倦地推行書院教育。所以，中國歷史上 7000 餘所書院主要是興於唐，盛於宋，終結於清末，這不是偶然的，是和儒家學者建構一個獨立於「政統」之外的「道統」及「學統」的努力相一致的。

我們試以江西為例。江西書院創建早、數量多、影響大，是中國古代書院教育最發達的地區之一。高安縣境內的桂岩書院始建於唐憲宗元和年間（806-820），是江西最早的書院，也是中國最早的聚徒講學書院之一。此後，江西人文昌盛，書院代有增置。據清雍正《江西通志·書院》統計，江西共有書院 368 所，其中唐代 5 所，南唐 2 所，宋代 131 所，元代 36 所，明代 166 所，清代 28 所。其中白鹿洞書院、鵝湖書院、白鷺洲書院和豫章書院並稱江西四大書院，曾在不同的歷史時期成為全國或區域的教育與學術研究中心，促進了文化的繁榮，培養了大批棟樑之材。

這些資料也表明宋明時期是中國書院教育最發達的時期，因為，宋代是中國知

識分子最受朝庭優待的時期，明代則是中國知識分子抗爭精神特別突出的年代（比如東林黨人與東林書院），其背後作為人力資源與思想資源支撐的當然是發達的書院教育，所以，宋明時期也就成為中國書院最繁榮的時期。可以說，書院在中國歷史上，一方面是一種教育與學術研究的機構，更重要的則是中國第一流的知識分子對求「求道」、「傳道」和「行道」的熱切追求與踐行。

但是，就現實狀況來看，中國歷史上從來就沒有出現過「政統」從屬於「道統」及「學統」的年代。在唐以後中國書院系統逐漸發達的同時，中國官方教育機構太學、州學、府學、縣學等國立教育體系日趨完善，甚至許多原來為民辦的書院也逐漸收歸為官辦的教育機構，這些構成了中國古代教育的最大系統。隋唐科舉考試的興起，這些官方的學校成為了培養科舉考試人才的大本營。

一般而言，漢代以後，無論是官學還是私學，皆以通經教育為主；但儒家學者清楚地意識到，官方學校與書院教育有著通經「以為科考利祿」還是通經「以為聖賢」之教育理念的分野。許多學人認為，「聖賢」的理念太高，太遙遠，吾等何能高攀？習儒家經典以為科考的敲門磚倒成為了社會上大多數士子們現實的選擇。不過，儒者們仍然堅持通經是為了「實做聖賢」，而以書院教育為其載體。所以，中國歷史上長期並存的這二大教育系統固然有滲透、有合流的情況，但不可否認的是，其內在也有相當的張力，書院教育應該說長期保持了其相對的獨立性，並形成了自身的特色：第一、從教學的內容來講，主要是解決「知」與「行」的問題，知則從儒家經典中知人倫道德；行則以人倫道德之知貫之以「修身」、「處事」、「接物」等行為之中。所以，「求道」、「傳道」與「行道」應該是中國古代書院教育的首要特徵。元代著名大儒吳澄曾說南北宋時期嶽麓書院的特點是：「開寶之肇創也，蓋惟五代亂離之餘，學政不修，而湖南僻遠之郡，儒風未振，故俾學者於是焉而讀書。乾道之重興也，蓋惟州縣庠序之教沉迷俗學，而科舉利誘之習蠱惑士心，故俾學者於是焉而講道。」❹第二、為學的方法——博學、審問、慎思、明辨、篤行。第三為學目的：即朱子點明的：「古昔聖賢所以教人為學之意，莫非使

---

❹ 〔元〕吳澄《嶽麓書院重修記》，見陳谷嘉、鄧洪波主編《中國書院史資料》第 321 頁，浙江教育出版社 1998 年版。

之講明義理，以修其身，然後推己及人」。第四、「廟學合一制」，即在書院內建設類似於祠堂或廟宇的建築，來祭祀特定的聖賢，這為書院的教學活動嵌上了超越性的信仰。這樣的教育制度使中國傳統知識分子不僅由儒學經典獲得傳統的倫理道德的知識，更在對已具有人格神身分的「聖師」的膜拜中獲得超越性的價值之源，凝聚成一種道德的本體意識，從而堅定其為「聖賢」的具體的道德踐履活動。第五、書院有其特有的教學形式。有學者以朱子掌管的白鹿洞書院為例，指出書院的教學形式主要有：(1)升堂講說。現在白鹿洞幾種志書中尚保存了朱熹在白鹿洞書院升堂講說的講義。如《中庸首章》、《大學或問》、《白鹿洞書堂策問》等。朱熹還請陸九淵在白鹿洞書院升堂講學。(2)自行理會。朱熹在白鹿洞書院的教學活動主要是採取學生刻苦鑽研、自行領會的方式，閱讀經、史、子、集各類書籍包括程朱理學的大師們的注釋。(3)質疑問難。朱熹提倡詰難。他說：「往復詰難，其辨愈詳，其義愈精。」書院生徒之間的互相切磋，師生經常質疑問難，是書院師生群居的一種「日課」，白鹿洞書院又以講會為重要方式。(4)展禮。展禮是儒家教育、教學的重要形式。也是書院教育、教學活動中不可缺少的方面。白鹿洞書院在它長期的發展過程中建立了許多祠廟，除禮聖殿外還有宗儒祠、先賢祠、忠節祠、紫陽祠等。此外，師生之間、生徒之間、迎客送賓、升堂講說、課試，均有禮儀，均需展禮。

我們尤其要注意書院教學形式之一的「講會」，其在宋代書院教育中已相當普及，而在明代已成為一個社會性知識分子及其他人士參與的修道傳道習道的教學活動。

三

從中國古代書院的興起及發展，來反觀中國現代的教育。應該說，中國現代知識分子已無獨立於政統之外的「求道」、「傳道」和「行道」的熱忱了，「道」出自於政統，「學」亦出自於政統已成不爭之事實。所以，書院賴以建立的基礎——有獨立於政統之外的「道」、有以求道傳道行道為責任之「師」已然冰消，法家「以吏為師」的理念在現代中國幾乎是完美地全面地實現了。其表現可分二個方面

來看：

第一、從學校這方面來看。「官學」（由小學、中學、大學、研究院構成的國民教育系統）還是那個官學（猶如古之太學州學縣學府學等），不過古代官學是以通過科舉考試為目標演化成了現今學校以通過中考、高考、名校的錄用考試為教學目的；私學（私人辦的學校）則已不是那個私學（民間書院等）。二十世紀八、九十年代以來，中國已有許多私人投資建立的學校，但絕不以求道傳道行道為職志，而是以贏利為目的的職業技術學校或中小學校。這一切導致的一個結果是：道德理想主義的沉淪，以及科技型、功利型、文憑型主導的教育大行其道。

當然，現今的國民教育的系統也建立了一整套的思想政治課、品德修養課的體系，但沒有超越性的信仰層面來支撐它，在教學上則往往淪為政治的、道德的知識灌輸而非知行合一之健全人格、道德境界的養成，所以，其成效之低可以說幾乎到了可以不計的程度。此外，由於缺乏獨立於「政統」之外的「道統」、「學統」的建構和制度化安排，現今各級各類學校都是教育行政主管部門的下屬單位，許多學校領導、各類老師從事教育往往不是把培養「受教育者」視為工作的核心向度，而是把教育活動當作滿足上級教育行政主管部門要求的一種「教育行政工作」，一些教育工作者從事教育的內在動力可悲地定格在提升自己的「行政級別」、不斷地謀取更高的官職的基礎上，或者得到經濟上、物質上更多的實惠。

試舉二例：我們江西師範大學道德與人生研究所的老師與學生去某幼稚園調查生命教育問題，該園的園長說：「其實，我們幼稚園的生命教育主要是安全教育。因為安全是我們最重要的工作，如果安全出了問題，那麼有再大的業績也是白搭。我們採取了許多的方法來保護幼兒，而很少讓孩子去學自己保護自己，例如：幼稚園的水泥地面要放上安全墊，以防孩子摔傷；桌子或者其他有安全隱患的地方我們都要考慮到，其實就是營造一種溫室環境。有一次上級來評估時，專家發現園中有一塊地方沒有安全墊，他們就說不行，要趕緊補上。其實這是把孩子放在一個保溫箱裏，希望他們生活在一個沒有危險的環境中，我也知道，這樣對於孩子來說，就失去了鍛煉自己的機會，孩子的自身保護能力反而削弱了，但是我們也沒有辦法。」什麼叫「沒有辦法」？因為出了問題的話，其頭上的「烏紗帽」可能不保。也就是說，為了對付上級的檢查，或者所謂「安全問責制」，便違背教育規律，把

幼兒人為地關進「溫室」中,使其不接觸到任何一點生活中的「風浪」,這對幼兒的成長是好還是不好呢?顯然是不利的,教師們也知道這一點,可是就是不去改變,反而還要堅持這樣去做。為何許多中國的小孩子在生活中極端缺乏「抗壓力」,經不住風吹雨打,經不住困難挫折,也許問題的根源還要追溯到幼稚園的教育。其次,我們再去某縣一個鄉村小學調查生命教育問題。劉校長說:「我作為一個領導,既要做好教書育人這方面的工作,又要管好學校的安全工作。安全工作在農村小學來說,非常重要,如果出了安全問題,既要丟掉自己的『烏紗帽』,同時還有可能丟掉自己的飯碗。學校如果出現比較重大的安全事故,領導老師都要受到處分。現在老師的職業成了高風險的職業,有這樣一種說法:『學生的命是金子,要重視;老師的命是狗屎,不如學生;校長的命連狗屎都不如』。」所以,學校下課,老師們都發一個紅袖套帶著,站在學校操場四周,虎視眈眈地盯著學生,不准學生們有肌體碰撞的任何活動;體育課也取消所有的激烈運動;春遊全部停止,等等。這一切是為受教育者著想嗎?可見,我們許多的教育部門要麼是為上級做教育,要麼是為經濟利益做教育,就是沒有為受教育者本人來做教育,這是最大的悲哀啊!不解決這一問題,我們的教育,無論是幼稚教育,還是小學、中學,乃至大學教育都會出現重大的問題,這是需要我們深思及盡快地加以解決的。

第二、從「教師」一方而言,現今的學校裏大概只有「教員」而無「老師」,只有「經師」沒有「人師」。許多教師都只是一名「教書匠」,只是知識的傳授者,相當於古代之「經師」,而無法成為「人師」──以「道」的追求來培育學生的人格與道德境界。所以,現在許多學生在學校中受教育,往往只是在知識的接受方面有進展,而其人文生命與道德生命卻沒有成長,甚至萎縮,表現在一組讓我們驚心的數字上:北京大學兒童青少年衛生研究所於 2006 年 5 月 17 號公布的〈中學生自殺現象調查分析報告〉說明:中學生 5 個人中就有一個人曾經考慮過自殺,占樣本總數的 20.4%,而為自殺做過計畫的占 6.5%。(自殺意念:在過去 12 個月內,曾經考慮過自殺;自殺計畫:在過去 12 個月內,曾經為自殺做過計畫。)也就是說,一個擁有二千學生的中學,就可能有約五百人考慮過自殺;有約一百三十人為自殺做過計畫,這樣一個資料確實讓人震驚。另據北京聯合大學資訊學院 02 級學生程小龍在〈大學生「輕生」現象的調查及其原因剖析〉一文中透露:通過調查發現將近 1/3 的在校

大學生曾有過自殺念頭。如此多的青少年有自殺的念頭，我們的教育還不自我警醒嗎？

一般而言，知識的問題可以在課堂上通過科學的講授來解決；但學生們的生命成長卻需要靠老師與學生在情感交流、人格融匯、精神文化生命的潛移默化中才能完成。這就要求老師必須是「經師」與「人師」的合一，但恰恰是在這一塊，我們現行的教育系統出了大問題。老師幾乎已經喪失了成為學生「人師」的素質與能力，與學生缺乏生命層面的溝通、交流、感召，使學生只關注生活問題而置生命存在於不顧，於是，便出現了如此之多「不想活了」的學生，這可能是我們教育的最大悲哀與危機。

四

從以上對中國古代書院教育及現代中國教育存在問題的論述中，可以引伸出一些解決之道：

第一，應該大力提倡民間書院式教育以與國民教育相配合。其實，從上世紀八、九十年代始，中國以書院為載體的民間教育已起步，而進入二十一世紀，隨著中國傳統文化日益受到全世界的矚目，書院教育也已在全國各地蓬勃興起。比如珠海的平和書院、西安的中和書院、曲阜的洙泗書院、武漢的雲深書院、長春松山的長白山書院、長沙的六和國學書院、昆明的益州書院、廣西興安的灕江書院，等等。不過，其中許多書院都是以普及中國傳統文化的知識、廣開習國學的社會性的培訓班為主，性質上還不能等同於中國歷史上的書院教育。最引人注目的當屬現代儒者蔣慶先生創辦的陽明精舍，蔣先生對如何辦一所真正意義上的書院自有他的看法，他說：「民間確實是興起了好多書院，但有些書院雖然興起民間，然名實不相符合。如果我們要用書院這個名稱的話，就一定要符合書院的實，要名實相符。現在我們發現，有些書院沒有符合實。傳統書院，它要符合幾個要件，第一個，肯定是民間性質的，不是官辦的，因為它不是官學。這體現在它的經費、財產、建築、主持書院的人員，如山長，都是民間的。還有，它的講學內容也是民間的，也就是說，私人性很強，誰辦的書院就講誰的學問，陽明辦的書院就肯定是講陽明的學

問、陸象山辦的書院就講陸象山的學問，張敬夫在嶽麓書院主持的時候，也是講他自己的學問，這就是說書院的私人性很強，你是什麼學派，就講什麼。又比如明代，朱子學是官學，但書院講的朱子學是民間儒者或學者自己理解的朱子學，不是朝廷規定的朱子學。它的內容是民間性的，這是最基本的特徵。第二個，書院的主要功能是傳道，不是傳授知識。但並不意味著書院就不重視知識，因為儒家的道統，在長期的歷史中也變成了知識，經書從孔子整理後，無數人注解，就變成了知識，講道的紀錄通過後人整理編纂也變成了知識。因此書院有傳授儒家文化知識的功能，但這不是主要的，主要的是傳承儒家的道統。對於知識的保存、傳授，主要責任在政府，因為它有這個條件和資源，古代的書造價是很貴的，民間收藏有困難。所以書院主要的功能是傳道、弘道、講道。而書院所謂講學，也是講『道』意義上的學，即經學、道學、心學等，而不是講現代學術意義上的學，即純粹知識性的學。」❺應該大力提倡和允許辦一些比較純粹意義上的中國古代式的書院，其根本使命在為這個世俗及功利的社會保留一塊「求道」、「傳道」和「行道」的教育場所，引領中國人的精神生活、建構中國人的道德人格、純潔中國人的心靈。

第二、駐足於中國古代書院教育的經驗，來反觀現代中國的教育事業，我們必須意識到，在教學方法與內容上應該學習中國古代書院的某些好的傳統，改變以往的教學模式，要突出教師對學生的生命涵養。也就是說，老師不僅要在課堂上傳授知識，更應該在師生共處中實現彼此生命的融通，以使學生在知識增長、身體長高的同時，獲得生命的成長。一般而言，課堂講授的知識是共性的東西，所有的學生在課堂上接受大致相同的科學知識；而在生命的層面，人都是具體的人：人的出身不同，地域不同，文化背景不同，教育及家庭也不同，所以，人們往往有不同的生命個性。那麼，僅僅是課堂的共性化教學便遠遠不能適應這種生命個性化培育的需要，必須求助於老師與學生親密交往中的生命融通。為此，筆者受中國古代書院教育中盛行的「講會」傳統的啟發，開發出一種「講會方式」的教學方法，其宗旨是：老師與學生「相與講明，兼取眾善，深通義理，以修其身。」孔子有語云：「古之學者為己，今之學者為人」；大儒柳宗元云：「今之世，為人師者眾笑之，

---

❺　參見儒教復興網。

舉世不師，故道益離」；朱子亦有言曰：「師之所以教，弟子之所以學，則皆忘本逐末，懷利去義」。三位大哲所憂所慮之弊端，誠當世為甚矣！為此，筆者特舉辦了「講會」，具體做法是：請二三老師，攜學生十五六，於古賢哲講學之地講明義理，相聚討論，「潤物細無聲」；諸生則濟濟一堂，學聖希賢，商量之，問辯之，甚或責難之。然後，師生共悠遊山水之間，訪古賢哲之故地，體察當今之國計民生，吟詩作文，陶冶情性，風乎舞雩，詠而歸。2007 年上半年和下半年，我們分別舉辦了曾經在歷史上發生了著名的「朱陸之辨」的「鵝湖講會」和在吉水明狀元羅洪先修學之地石蓮洞舉辦的「石蓮洞講會」，以及在曹洞宗祖庭舉辦的「洞山講會」。在這些著名的古賢哲講學、求道之地，學生與老師身臨其境，討論的不是「知識的學問」，而是「生命的學問」。然後，師生共去大詞人辛棄疾、大詩人楊萬里的墓前，背誦和吟詠他們的詩詞；還在良價大和尚的墓塔前吟頌禪詩，這就是一種生命涵養的方式。總之，知識的問題可以在課堂上通過科學的講授來解決；但學生們的生命成長卻需要靠老師與學生在情感交流、人格融匯、精神文化生命的潛移默化中才能完成。

當然，筆者也深知，雖然以復宋明之「書院講會」相號召，其實與之相距甚遠。最關鍵的差距在於：參與講會者難以產生真正的相互辨難。原因在於，古之學者多習相同的經典，有共同的文本，必產生理解上的諸多歧義，由之，講會中當然會有論辯；今之人，專業分工越來越細，即便都是學社會科學或人文科學的學者與學生，也難以有共同的文本，共同的語言，因之相互間的論辯不易發生，這確實是現代恢復講會最難克服的障礙。也許，我們應該在大學生、中學生，甚至小學生進校伊始，即分批把新生送入有著濃厚傳統文化積澱的古代書院內集中先習中國傳統經典，並進行禮儀等一系列的訓練，先進行道德與人格的培養，然後再進入學校開始學習專門的人文及科技知識。

總之，身為龍的傳人，我們的文化之根、血脈之流、人脈之基一定要根植於深蘊著治世之道、為人之理，以及卓越的生存智慧的中國傳統文化之中。為此，我們一定要在學校教育的過程中，引入中國古代書院式的教育方式，以培養學生以中國優秀的傳統文化內深厚的人文精神為資源，從心性的層面提升生命氣象；從文化的血脈上構建「窮則獨善其身，達則兼濟天下」的高尚情操；以源遠流長的國學精粹

滋育志存高遠、胸懷寬廣的超邁人格；用妙不可言的傳統智慧來涵養做人做事的博雅神韻。為學生們構建健康的人生觀、生命存在的模式和生活的樣式，這是我們每一個中國人終極的安身立命之處，也是我們永恆的精神家園。這即是中國古代書院教育可以提供給當代教育發展的一些啟示。

參考文獻

1. 陸九淵，《白鹿洞書院論語講義》，《陸九淵集》，卷二十三，北京：中華書局 1980 年版。
2. 見陳谷嘉、鄧洪波主編，《中國書院史資料》，杭州：浙江教育出版社 1998 年版。
3. 〔元〕吳澄，《岳麓書院重修記》，見陳谷嘉、鄧洪波主編，《中國書院史資料》，杭州：浙江教育出版社 1998 年版，第 321 頁。

範疇與體系：淺論精神生態批評

朱鵬傑

【作者簡介】朱鵬傑（1981-），男，河南省許昌市人，博士，主要從事生態批評研究。

【摘　　要】目前國內關於「精神生態批評」的理論建構方面仍處於探索與嘗試階段，本文吸收中國傳統文化中儒家、道家裏的生態思想資源，討論了「精神生態批評」的幾個重要範疇，如精神、精神圈、自然、天人合一，並初步探討了根據這一系列基本範疇構成的「精神生態批評」體系。「精神生態批評」主要關注精神領域的平衡與潔淨，關注精神性主體在地球生態系統中的位置與作用，它以維護生態系統的整體利益作為自己的價值指歸，對地球生態系統的平衡穩定與當今社會的和諧發展均具有重要意義，對人類內在價值系統具有指導作用，作為人類精神之花的文學藝術是精神生態批評的重要關注部分，對形成一個潔淨健康的精神生態環境具有不可替代的作用。

【關 鍵 詞】精神　生態系統　精神生態批評　文學藝術

範疇與體系：淺論精神生態批評

朱鵬傑

　　精神生態批評是生態批評的一個分支，它主要關注精神生態系統的平衡與穩定，精神生態從提出到現在已經有二十餘年的歷史，筆者統計資料表明❶：1979-1988 年，使用「精神生態」的文章有 12 篇，1989-1998 年，增加到 183 篇，1999-2008 年，猛增到 1832 篇，對「精神生態」的使用和研究呈現出急劇增長的趨勢，但與之相關的「精神生態批評」卻沒有明確的體系界定，對它的基本範疇、研究對象、研究方法、基本原理尚缺乏深入的研究，本文正是圍繞上述問題展開，主要思考如下問題：什麼是精神生態批評？屬於它自己的獨特範疇有哪些？這個體系的關注對象與價值觀是什麼？它將走向何處？

一、「精神生態批評」的提出背景

　　1972 年，聯合國環境會議通過《人類環境宣言》提出，環境問題是全人類面臨的重大危機。1973 年，阿恩·納斯創立「深層生態學」，在關注生態系統的同時也關注人類的精神家園，具有深厚的人文內涵。大約與此同時，生態學發生了明顯的人文轉向。在這個轉換過程中，「生態學已經確鑿的擴展到社會科學以及諸多人文學科，生態學者的目光也逐漸由自然生態學、社會生態學擴展到人類文化生態、精神生態層面，生態哲學、生態倫理學、生態美學都成為新的增長點，生態學

---

❶　筆者在中國知網上使用「全文搜索」、「精確匹配」條件對 1979 年至 2008 年的中文期刊進行搜索得出的結果。

已經演化成為一種觀點，一種統攬了自然、社會、生命、環境、物質、文化的基本觀念，一種革新了的、尚且有待進一步完善的世界觀」❷，如今生態問題已經成為一個世界性的、劃時代的話題，生態危機已經彌漫在自然、社會乃至更為內在的精神層面，生態觀念作為一種新的世界觀開始重新審視人類的生存理念和行為準則，並作為一種彌漫性的背景滲透進各人文學科領域。相較於歐美 70 年代就開始的生態學人文轉向，中國大陸的轉向開始較晚，大致開始於 90 年代，從 80 年代初改革開放至今，中國社會生產力得到持續發展，物質生活水準比以前極大豐富，然而精神生活水準卻並未隨之提高，社會精神狀況不容樂觀，拜金主義增長，消費主義盛行，人文精神失落，人性普遍被資本所異化，因此才出現了 90 年代中期的人文精神大討論，對這種現象進行反思，這場討論過後，人文精神的重要性被重新認識，結合當前全球性的生態運動，考慮到日益嚴重的生態危機，大陸開始了生態學科的人文轉向，越來越多的學者們認識到了自然生態危機惡化及由此帶來的大量社會問題與人類精神出現滑坡有著密切關係，精神生態批評就是在這個時代背景下提出並得到發展的。

精神生態批評主要是對人類精神生態領域進行的批評實踐活動，對精神生態的理解是精神生態批評得以開展的基礎，國內較多學者對精神生態進行了闡釋，我們以魯樞元先生的理解來瞭解精神生態的涵義❸，魯樞元先生從「自然生態、社會生態、精神生態」三個層次建構起對精神生態的理解，他認為人不僅是一種生物性的存在，一種社會性的存在，同時還是一種精神性的存在，就人的生存狀態而言，除了自然生態、社會生態，還應當有一種「精神生態」，他指出「自然生態體現為人與物的關係、人與自然的關係；社會生態體現為人與他人的關係；精神生態則體現為人與他自己的關係」❹，人類個體擁有作為實體存在的生物性軀體，對應自然生態層面；擁有作為關係存在的社會位置，對應社會生態層面，擁有人類的本質屬性精神性，對應精神生態層面。作為精神性存在主體的人類是聯接這三個層面的關鍵

---

❷ 魯樞元：《生態批評的空間》，華東師範大學出版社 2006 年版，第 6 頁。

❸ 國內對精神生態進行解釋的有一些學者，但是對其進行持續關注和闡釋的以魯樞元先生為代表，具體情況另當撰文論述。

❹ 魯樞元：《生態文藝學》，陝西人民教育出版社，2000 年版，第 147 頁。

部分。

當魯樞元先生提出「精神生態」的概念時❺，他嘗試著把人類精神和生態系統結合起來談論，後來的諸多學者包括他自己推進了他的思考，把精神生態原初考慮的「精神和生態系統的關聯」推進為「關於精神和生態系統的思想體系」。這個思想體系主要關注三個維度，一是不同精神個體及不同精神群落之間的關係，二是個體與自我內在價值系統之間的關係，三是精神性主體與主體所棲居世界之間的關係。這個體系是精神生態批評提出的思想背景。

精神生態批評在生態學的人文轉向和精神生態思想體系兩個背景下生成，是使用生態批評方法對精神生態領域進行的批評實踐活動，要想理解什麼是精神生態批評，首先需要瞭解精神生態批評的基本範疇。

二、「精神生態批評」的基本範疇

範疇是關於客觀事物特性和關係的基本概念，是作為思維對客觀事物本質聯繫的概括反映，是反映認識對象、範圍和種類的思維形式。它在認識世界的實踐活動中產生，轉而指導人的實踐活動。❻精神生態批評的基本範疇是反映精神生態批評的最一般最本質的特徵、關係的基本概念，是批評主體在闡釋精神生態過程中得到的理論成果。精神生態批評在形成發展過程中，吸收中華民族傳統文化資源尤其是儒家、道家文化中豐富的生態思想資源，逐漸形成了具有中國文化特色的一些基本範疇，這些範疇主要包括精神、精神圈、自然、天人合一，以下分別予以闡釋：

1.精神：在精神生態批評體系中，精神是核心範疇。人之所以為人，與其擁有精神密切相關，精神性是人類個體本質屬性之一，精神表達了作為人的內在的、本質的含義。人類個體既是自然界實存的一員，同時也是精神性主體，與自然界其他物種相比，思維較發達、擁有意識的人類天然具有運用精神能量的優勢。魯樞元先

---

❺ 經筆者考證，國內最早提到精神生態的並非魯樞元先生，但魯樞元先生較早有意識將其作為概念使用並持續予以關注。

❻ 此處借用劉文良對範疇的界定，《範疇與方法：生態批評論》，人民出版社，2009年版第1頁。

生認為，精神是「宇宙間一種形而上的真實存在，一種流動著、綿延著、富有活力的生命基質，又是人性中至尊彌貴的構成因素」❼，他認為，「就一個相對的主體而言，其內在的目的性、意向性的組織與活動就是精神」❽，他結合舍勒的論述歸納出精神的五個特點：⑴精神是自由的、獨立的；⑵精神是自我意識，是一種自我超越、自我提升的意向；⑶精神是永遠屬於人本身的，是一種產生著的行為的秩序結構；⑷作為一種心靈的意向，精神為生命的本能指明方向；⑸精神在情性或心靈中的理性把握世界的本質，把本質與此在分離開。在地球生態系統中不能缺少精神的位置，德日進早在 1947 年就提出，要在「生物進化的機制中給人類進化過程中精神現象所產生的特殊力量以應有的地位」❾。精神是地球生態系統的一個重要變數，通過精神意識上的轉變，人類可以調節自己精神生態，維護地球生態系統。在這方面予以較多思考的是魯樞元先生，他認為科技時代的精神問題不會隨著科學技術向著尖端的快速發展而自行消失，「精神的資源是蘊藏於人類內心深處的資源，人類的開發行為似乎也已經到了『向內轉』的時候，只有精神性的價值觀念在民眾中牢固確立，人類對地球的掠奪性開發才有可能得到有效的控制，人類面臨的生態問題才有可能取得實質性的緩解」❿，與物理學時代注重技術、物質不同的是，生態學時代更看重的是關係、交往，更看重精神在世界中的整合昇華作用。

2.精神圈：亦是精神生態的核心範疇之一。德日進認為「在地球生物圈之上，借助人類進化各種因素正在形成一個特殊的生物實體，一個由思維物質構成的全球包裹層，我們稱之為『精神圈』」⓫，「精神圈的產生是從普遍的物質到精神之金的變化結果，是通過信仰攀登上的人類發展的峰巔，體現為對世界的信仰、對世界中精神的信仰，對世界中精神不朽的信仰和對世界中不斷增長的人格的信仰」⓬，

---

❼　魯樞元：《生態批評的空間》，華東師範大學出版社 2006 年版，第 86 頁。

❽　魯樞元：《生態批評的空間》，華東師範大學出版社 2006 年版，第 198 頁。

❾　〔法〕德日進（Pierre Teilhard de Chardin 1881-1955），王海燕譯：《智慧圈的形成——一種可接受的有關人類歷史的生物闡釋》，《德日進集》，上海遠東出版社，2004 年版，第 196 頁。

❿　魯樞元：《生態批評的空間》，華東師範大學出版社 2006 年版，第 19 頁。

⓫　同❼。

⓬　轉引自魯樞元：《生態批評的空間》，華東師範大學出版社 2006 年版，第 25 頁。

精神圈的作用主要體現在「精神圈方式的遺傳」，人類個體從誕生那天起就處在精神圈中，「經行為或語言儲存下來的各種傳統，還有學校、圖書館、博物館、各類法律、宗教、哲學或科學資料彙編等，所有逐漸積累、組織、重複和固定起來的東西共同組成了人類的集體記憶」❸，通過氛圍環境傳遞作用，人類個體得以構建自己的內在世界。貝塔朗菲強調包括語言在內的符號的地位和作用，他認為，符號宇宙對於人類來說是唯一的，因為有了符號宇宙的存在，人類才有了歷史傳統和對於未來的憧憬，符號系統使這個宇宙變得穩固了：「在懸浮的現象中飄忽不定的東西，在思想中安定下來了」❹符號宇宙相當於德日進所說的精神圈，是地球生態系統中精神層面的存在。魯樞元先生提出，「在地球之上，在人類社會的政治經濟生活的上空，還懸浮著一個圈，一個以人的信念、信仰、理想、想像、反思、感悟、追求、憧憬為內涵的圈，這個虛懸著的圈，該是地球的精神圈」❺，這個精神圈主要關注人的心靈性的、精神性的存在。結合他們三人的論述，我們可以初步概括出精神圈的涵義：精神圈由人類意識、信仰、想像等精神性存在所組成，具體表現為各種符號，它為出生就存在於其中的人類個體提供了精神生活的內容，提供支撐人類生存的價值觀、世界觀，對人類精神生態系統的平衡穩定起著關鍵作用。

3.自然：自然是人類精神的根，沒有自然，人類精神就失去了生長的基點。自然中萬物蓬勃生長，帶給人類的不僅僅是果腹的食物，還有對萬物生生不息的體味——不同的生命共同生活在自然這個家中欣欣向榮。自然對於人類不只是外在環境或者客體，它更是人類和其他生命共同棲居的處所，是與人類息息相關的生態因素，自然以其博大神秘啟示著人類，賦予人類以靈性。人類大腦與自然萬物始終保持著一種無法言說的聯繫，杜維明先生認為「大腦——人體最優秀和最精細的『氣』與自然界的萬物自始至終保持著惺惺相惜的關係。『感應』的功能體現了大

---

❸　同❼，第 200 頁。

❹　〔奧〕馮・貝塔朗菲（Bertalanffy）張志偉等譯：《人的系統觀》，華夏出版社 1989 年版，第 32 頁。

❺　魯樞元：《生態批評的空間》，華東師範大學出版社 2006 年版，第 25 頁。

自然乃和諧的一體，並以此傳達給人腦」⑯。只有與自然聲息相通的人才能真正明白生命的意義，那些把自然當作外在客體，當作理性認識研究的對象，當作需要開發征服對象的人，永遠無法體味自然中所蘊含的生命的奧義。當自然被城市化的進程踏平重建，人類所獨具的神性也就漸漸消失，為何我們時常感到彷徨無依？為何我們始終不能體味生命的真諦？為何我們只能在抽象的思維層面陷入推理的困境？恐怕與個體生命歷程中淳樸自然的缺失有關吧，不去體味與人類惺惺相惜的自然，我們如何體味她帶給人類的種種啟示呢？如何能夠領悟包括自己在內的生命的真諦呢？

　　魯樞元先生認為，作為「精神生態」的重要範疇，自然的涵義更接近於「天人合一」中「天」的意思，是「無限的、擁有生機的、擁有自己的意志與目的的、化生萬物的、與人渾然一體的絕對存在」⑰，這個自然不同於英文中「Nature」所指的非人工的、自然形成的實在的世界（即「自然界」），而是作為「萬物之源」而存在的自然，是「宇宙內部不依賴外力的一種無形而深潛的存在，一種不同於實存的萬物萬象，卻又支配著萬物萬象的存在」⑱，人類只能順應這樣的自然，與自然融為一體，才能詩意的棲居在世界之中。方東美先生認為，「自然是宇宙普遍生命的大化流行的境域，在時間中，無一刻不在發育創造；在空間內，無一處不是交徹互融的。……自然是一個和諧的體系，是本位的至真之境，是萬有價值的淵藪，是純善、純美、潔淨無暇的」⑲，他把自然視為天人合一、優美至善的整體。同時方東美先生也指出了理性的缺陷「理性的單一化、絕對化，破壞了人的自然天性」⑳，他希望人們以平等的心情，待人接物，自不難達到與天地並生，與萬物為一的境界，來共證創造生命的神奇。

　　人類作為獨一無二精神性個體，天然就具有保護自己原初精神來源——自然的

---

⑯　〔美〕杜維明，劉諾亞譯：〈存有的連續性：中國人的自然觀〉，《世界哲學》，2004 年第 1期。

⑰　魯樞元：〈生態批評視域中「自然」的涵義〉，《廣西民族大學學報》，2009 年第 3 期。

⑱　同⑭。

⑲　方東美，《生命理想與文化類型》，廣西師範大學出版社，2005 年版，第 130-131 頁。

⑳　同⑯，第 507 頁。

義務和責任，隨著科學技術與生產力的發展，自然被作為獨立於人類主體之外的客體，成為人類理性認識的對象，被一步步揭去神秘的面紗，在理性主義、科學主義的眼光下呈現出實體的面貌，而作為人類精神根源的自然則在此過程中逐漸歸隱，直到生態失衡，人類精神出現危機，人們才認識到自然不僅僅是生存的環境，更是人類精神不竭的根源，只有尊重自然，敬畏自然，人們才能從中得到生存的智慧，才能解決精神的危機，才能為社會和生態的危機尋找到一條可行的道路，「精神生態體系」的發展與維護與自然是密切聯繫的，沒有自然，就沒有人類「精神生態體系」的平衡與潔淨，自然是人類「精神生態體系」存在的前提，是精神生態批評的重要範疇。

4.天人合一：「天人合一」是精神生態批評體系所強調突出的世界觀❷❶。這是一種生態型的世界觀，是一種「人類宇宙統一論的世界觀，一種天人之間互動共感的世界觀」❷❷，這種世界觀強調人與自然的之間的相互作用，「人與自然在精神上是不可分的，因為他們兩者同享生命無窮的喜悅與美妙，自然是人類不朽的經典，人類則是自然壯美的文字」❷❸。「天人合一」世界觀來源於對自然「整體性」的體悟和認識，是通過對生態系統整體性、系統性和普遍聯繫等特徵的認識和總結而得出來的。「天人合一」世界觀經歷三個階段的發展演變而來的，在原始的「天人合一」階段，人類對不可知事物充滿簡單的敬畏和崇拜，把神秘事物當作神來崇拜，形成多神崇拜的特徵；在隨後的主客二分階段，以理性為主導的人類主體發揮主觀能動性，進一步的瞭解認識外在於主體的客體，但同時也造成了作為認識主體的人與作為認識客體的物之間的疏離，形成人改造自然征服自然的世界觀，這種世界觀是導致生態系統破壞的罪魁禍首；而在新「天人合一」階段，個體對其所棲居的自然以及二者的關係有了較深的認識，達到了「天人合一」的境界，這個階段的「天

---

❷❶　關於「天人合一」世界觀的說法，借鑒了張世英先生把個人精神發展分為「原始的『天人合一』階段、『主體─客體』關係階段、高級的『天人合一』階段」的說法（張世英《哲學導論（修訂版）》北京大學出版社 2008 年 6 月第 2 版，第 23-25 頁），並從精神生態批評角度對三個階段做出闡釋。

❷❷　〔美〕杜維明，《對話與創新》，人民出版社，1992 年版，第 183 頁。

❷❸　同❶❻，第 386 頁。

人合一」已經超越了原始的對萬事萬物的粗淺認識的階段，認識到了主客二分思維模式帶來的危害，是深入瞭解萬物後的返歸自然，是經過「主客二分」階段後螺旋上升到的一個較高層次的認識階段。在這個階段，個體對自己所棲居的世界有了更加深入的認識，認識到人類個體是與其他生命一起「棲居」在世界中，個體與世界、與萬事萬物是緊密相連、共生共榮的關係，所以在從事任何實踐活動的時候都能夠以整體性作為出發點，以普遍聯繫作為指導原則，更好地把握個體與世界的關係。「『天人合一』就是『自然與人』的和諧，這一問題涉及一個人所操持的人生觀，也涉及人類面臨的所有問題，從人類社會的理念與秩序到個人的價值取向、精神風貌。」❷❹「天人合一」的世界觀有利於保護地球生態系統平衡穩定，維護人類精神生態系統健康和諧。

同樣屬於精神生態批評體系的範疇還有生態精神、精神生態系統，限於篇幅，不能一一予以論述。通過這些範疇，我們可以初步勾勒出精神生態批評的基本體系。

三、「精神生態批評」的基本體系

「精神生態批評」在當下主要關注人類精神領域的平衡和潔淨，關注以精神性為本質屬性的人類如何調節自己內在價值系統，如何維持人類精神生態系統的穩定。通過精神生態系統的有效運轉，人類得以消滅各種精神污染，在精神領域裏達到一種和諧的境界，進而推動自身所在的地球生態系統平衡穩定的運轉。精神生態批評已經由初發時關注人類主體外客體環境的改造轉變為關注人類整體精神狀況和地球生態系統的穩定，多樣性和整體性是這個批評體系的價值指導原則，普遍聯繫是精神生態系統運轉的的基本法則，在普遍聯繫和整體性原則的指導下，「精神生態批評」已成為一個以人類精神領域生態平衡為主要關注對象的思想體系。

精神生態批評的須遵守兩個基本原則：一、現實實踐原則。精神生態批評並非是純粹在理論層面上進行的學理性討論，而是和現實社會緊密結合的思想體系，它

---

❷❹　來自魯樞元先生未出書稿，在此予以說明。

利用其所認可的價值取向來進行改善人類精神的批評實踐活動，對當下地球精神圈的生態平衡有促進作用，直接影響乃至改變人類在現實社會中的實踐活動，是與現實緊密結合的生態批評體系；二、緊密結合時代背景原則。我們討論精神生態批評時要考慮到當下兩大時代背景，一是經濟趨向全球化，二是文化趨向多元化，這是兩個相互交錯的方面。經濟全球化要求全球的文化、經濟、政治在最大限度上趨向一致，經濟不容許它的全球流動遭受生態系統不平衡的阻攔，資本帶著抹平一切差異的力量在生態系統中流動。與此同時，文化的全球化為精神生態系統的多樣性提供了基礎，多元文化形成多種精神部落，不同的精神部落縱橫交錯，共同組成精神生態系統，複雜的精神生態系統阻擋了資本將人類單一化的趨勢，為人類的創新思維和全面發展創造條件，同時也為生態系統保持多樣性提供了認識論基礎，精神生態批評正是在經濟全球化和文化多元化的張力中發揮自己的作用的。

精神生態批評是人類精神引入傳統生態系統之後產生的一種新的批評方法，它的特徵主要體現在如下四個方面：

第一、將精神因素引入到生態系統中，確定精神在地球生態系統中的地位。以前對生態系統的認識一般局限在自然學科範圍內。近年來，人類對地球生態系統影響越來越大，人類在地球生態系統中的位置與作用逐漸得到重視。經過生態批評學者和各界生態保護人士的共同努力，人類終於認識到生態危機實際上由人的錯誤選擇造成的。人類對生態資源進行過度的毀滅性的開發，破壞了自然自我恢復的能力，導致地球生態系統逐漸走向崩潰。精神性是人類的本質屬性之一，思維意識決定人類的行動觀念和方式。人類精神在地球生態系統的有重要地位，一批學者認識到精神在地球生態系統所能發揮的作用，把精神因素引入到了生態系統，這樣可以帶來雙重效應，一是人類內在素質的提高，二是人類外在環境壓力的緩解❷❺。人類是地球生態系統的組成部分之一，把精神因素引入到地球生態系統中，人類可以在改善內在自我與外在環境之間尋找到一個統一點。

第二、發揮精神在維護生態平衡、改善生態系統方面的作用。魯樞元先生認為，精神作為人的一種內在的、意向的、自由的、能動的生命活動，在一個更高的

---

❷❺　魯樞元：《生態批評的空間》，華東師範大學出版社 2006 年版，第 20 頁。

層面上對地球生態系統發揮著潛隱的巨大的作用。進入工業時代以來，科技的發展帶來了生產力飛速提高，同時也給地球生態系統造成了嚴重破壞，目前地球生態系統已經不堪重負。生態的破壞有多方面的因素，而其中最根本的一點，在於社會生態、文化生態、精神生態的破壞。要從根本上解決地球人類面臨的生態危機，必須首先改變我們的精神觀念，要生態重建，必須精神重建。這就需要通過影視、書報、電臺、網路等傳媒手段，使人類能夠認識到自己作為生態系統一分子的責任與義務，矯正自己不利於生態系統持續發展的觀念，確立保護生態的意識進而付諸行動，改善地球生態系統。通過把精神導入地球生態系統，人類從自身做起，對維護生態平衡、改善生態系統有巨大作用。

第三、解決精神污染，應對精神危機，維護精神生態系統的潔淨。科學技術的發展使人類的物質生活水準迅速提高，但人類的精神生活水準並未提高到相應程度。在科技發展取得的顯著物質成果刺激下，人類喪失了對自然的敬畏和尊重，認為在理性指導下憑藉科技可以成為「造物主」，人類把自己的大部分精力放在了開發使用自然資源、提高物質生活水準上，相應忽視了自己精神層次的提高。自然生態危機向精神層面蔓延，造成了精神生態危機，主要表現為：「人的物化、類化、單一化、標籤化，意義、深度、道德感、歷史感的喪失，審美能力，愛的能力的喪失」❷⑥，正如海德格爾所言，在原子彈、氫彈毀滅人類之前，人類很可能在精神領域已經先毀滅掉自己。精神領域的問題只有從精神層面上才能解決，通過「精神生態」的調節作用，人類可以改善自己的精神生活，提升自己的精神境界，在精神層面達到一種穩定與和諧，進而才能保持地球生態系統穩定，在物質層面取得更進一步的發展。

第四、注重精神對物質世界的引導和昇華作用，使物質世界的發展與生態系統的平衡協調起來。物質與精神一起組成了人類個體的生存基礎，物質是生存保障，精神是生存意義，通過改善人類的「精神生態」來推動人類改善自身的生存環境是十分必要的方法，正如魯樞元先生所言「生態平衡要走出進退維谷的境地，就必須引進一個『內源調節』的機制，在動態中通過漸式補償，推動社會發展的同時達成

---

❷⑥　同❷①，第 22 頁。

人與自然的和解。這個內源就是『心源』，就是人類獨具的精神因素❷」，發揮精神的調節作用，通過「精神生態」的運轉機制，引導人類拯救自我愛護地球，避免人類走向自我毀滅。魯樞元先生認為「人將通過自身的改進與調節，努力改善與自然萬物的關係，從而創造出一個更美好、更和諧、更加富有詩意的世界」❷總之，「精神生態」關涉到人類精神領域的和諧與發展，對作為精神性個體存在的人類個體來講具有本源性的意義。

在精神生態批評實踐過程中，文學藝術是作為精神通道的作用而被發現並重新認識的，「文學藝術是人類的一種近乎本能的精神需求，一種根本意義上的存在方式，一種人類生命活動輝煌燦爛的景觀」❷它是人類精神流淌的通道，是人類文化延續的河流，藝術的生殖力得於大地的生殖力，它的根深深植於自然之中。人類的精神領域主要包括哲學、宗教、文藝三大部分，哲學偏向於抽象的分析和繁瑣的論證，有一定深度但是不夠形象生動，不能為廣大受眾所普遍接受；宗教則偏向於神秘與不可知論，在注重內心層次提高的同時也受限於嚴肅的儀式，缺少文學藝術的隨和可親。而文學藝術同時具有哲學的深度和宗教的感染力與影響力，並能將二者的缺點有效地予以避免，文學以生動優美的文字將精神種子播撒在億萬受眾的心田，其他各種藝術形式通過不同的表現方式進入到受眾的日常生活，在潛移默化中影響、改變他們的世界觀，進而影響到他們的實際行動，為地球生態系統的可持續發展做出貢獻。在文學藝術的審美作用下，一種強調真善美、著眼普遍聯繫、以認識生命的豐富多彩為目的的「精神生態思想體系」正在逐漸形成，這樣的思想體系有助於改變人類主客二分的思維模式，有利於培養人類健康的價值觀與人生觀，緩解當下精神危機與生態危機。當下的生態危機大部分是由人類活動引起，當下的精神危機更是人類自我造成的精神內部的危機，解鈴還須繫鈴人，人類引起的危機最終還要靠人類自己去解決，而要想解決危機，人類要首先去改變自身的思維觀念與思維模式，把人類征服自然的歷史改變為人類與自然攜手共進的歷史。

---

❷　同❷，第 28 頁。

❷　同❷，第 24 頁。

❷　魯樞元，〈文學藝術與生態學時代——兼談「地球精神圈」〉，《學術月刊》，1996 年第 5 期。

　　精神生態批評要求我們在進入生態系統的時候能夠看到人類精神與地球生態系統內在關聯，看到「精神」在改善地球生態環境中的重要作用，生態的困境不僅體現在自然生態系統被破壞上，同時也體現在人類精神生態遭受污染上，「精神生態」與自然生態，與人類文學藝術精神三者具有「同構」的關係，是同時展開、相互關聯的，因此，拯救地球生態系統應該也從拯救人類精神衰落開始，只有人類的觀念有所變化，地球生態系統才能從根本上得到拯救。精神生態與自然生態之間是相互作用的關係，精神生態的平衡與有效運行會促進自然生態好轉，同時自然生態的好轉又會進一步促進精神生態的和諧穩定，兩者並沒有先後主次關係，我們以前過於注重發展科技生產力豐富物質產品，忽視了精神生活水準的同步發展，由此造成了自然生態的破壞和精神生態的污染，所以如今在強調保護自然生態的同時提出注重維護精神生態平衡，通過二者協調發展共同促進地球生態系統的好轉，是人類和其他物種的共同福祉。

參考文獻

一、著作

1. 陳鼓應：《老子注釋及評價》，中華書局，1984 年版。
2. 朱熹：《論語集注》，上海古籍出版社，2007 年版。
3. 孫通海譯注：《莊子》，中華書局，2007 年版。
4. 湯用彤：《魏晉玄學論稿》，上海古籍出版社，2005 年版。
5. 嚴春友：《精神之謎》，中國社會科學出版社，1991 年版。
6. 魯樞元：《精神守望》，東方出版中心，2004 年版。
7. 魯樞元：《生態文藝學》，陝西人民教育出版社，2000 年版。
8. 魯樞元：《猞猁言說——關於文學、精神、生態的思考》，社會科學文獻出版社，2001 年版。
9. 魯樞元：《生態批評的空間》，華東師範大學出版社，2006 年版。
10. 魯樞元主編：《精神生態與生態精神》，南方出版社，2002 年版。
11. 劉文良：《範疇與方法：生態批評論》，人民出版社，2009 年版。
12. 〔法〕德日進（Pierre Teilhard de Chardin, 1881-1955），王海燕譯，《德日進集》，上海遠東出版社，2004 年版。
13. 〔德〕古茨塔夫・勒內・豪克，李永平譯，《絕望與信心》，中國社會科學出版社，1992

年版。

14. 〔奧〕馮・貝塔朗菲（Bertalanffy），張志偉等譯，《人的系統觀》，華夏出版社 1989 年版。

15. 〔美〕林文剛（casey man kong lum）編，何道寬譯，《媒介環境學：思想沿革與多維視野》，北京大學出版社，2007 年版。

16. 〔美〕杜維明：《對話與創新》，人民出版社，1992 年版。

17. 〔美〕杜維明，彭國翔編譯：《儒家傳統與文明對話》，河北人民出版社，2006 年版。

18. 〔德〕海德格爾（Martin Heidegger, 1889-1976）：《詩・語言・思》，黃河文藝出版社，1989 年版。

19. 〔英〕約翰・斯托里（John Storey）：*Cultural Studies and the Study of Popular Culture*，Edinburgh University Press &北京大學出版社，英文影印版第 2 版，2007 年版。

20. 方東美：《生命理想與文化類型》，廣西師範大學出版社，2005 年版。

21. 方東美，李溪編：《生生之美》，北京大學出版社，2009 年版。

二、論文

1. 思之：〈有關人與文化的兩點思考〉，《蘭州學刊》，1985 年第 1 期。

2. 劉再復：〈有關人與文化的兩點思考〉，《讀書》，1985 年第 4 期。

3. 暢廣元：〈經濟全球化時代的文化危機與文學的價值取向——走向生態境界生存的文學期待〉，《學術月刊》，2001 年第 1 期。

4. 王嶽川：〈生態文化啟示與精神價值整體創新〉，《江西社會科學》2008 年第 4 期。

5. 王嶽川：〈太空文明時代的中國文化身分〉，《學術月刊》2006 年第 7 期。

6. 王嶽川：《消費社會中的「精神生態」困境——博得利亞後現代消費社會理論研究〉，《北京大學學報》，2002 年第 4 期。

7. 王嶽川：〈生態文學與生態批評的當代價值〉，《北京大學學報》，2009 年第 3 期。

8. 陳家琪：〈關於「精神生態」的通訊〉，《東方文化》，2001 年第 1 期。

9. 蓋光：〈美的多重自由與人類存在的生態系統〉，《江漢大學學報》，2004 年第 5 期。

10. 蓋光：〈生態文藝推進人的和諧性生存〉，《江淮論壇》，2007 年第 6 期。

11. 魯樞元：〈來路與前程——在張家界全國第二屆文藝心理學研討會上的發言〉，《文論報》1989 年 9 月 5 日。

12. 魯樞元，夏中義：〈從藝術心理到「精神生態」〉，《文藝理論研究》，1996 年第 5 期。

13. 魯樞元：〈生態批評視域中「自然」的涵義〉，《廣西民族大學學報》，2009 年第 3 期。

14. 魯樞元：〈文學藝術與生態學時代——兼談「地球精神圈」〉，《學術月刊》，1996 年第 5 期。

15. 魯樞元：〈百年疏漏——中國文學史書寫的生態視域〉，《文學評論》，2008 年第 6 期。

16. 程相占：〈生態精神與美學、文藝學研究〉，《江蘇大學學報》2005 年第 3 期。

17. 戴木才：〈試論精神文明學的幾個基本問題〉，《江西師範大學學報》，1993 年第 1 期。

18. 趙欣：〈中國精神是一種生態精神〉，《科技智囊》，2009 年 5 月。

19. 傅榮、瞿宏：〈行為、心理、精神生態學發展研究〉，《北京師範大學學報》，2000 年第 5 期。

20. 傅榮、盧光：〈建立「精神生態學」芻議〉，《爭鳴》，1990 年第 4 期。

21. 常如瑜：〈由「向內轉」到「向外轉」——從《生態批評的空間》來看魯樞元近年文藝觀的轉變〉，《南方文壇》，2009 年第 5 期。

22. 楊文聖：〈論人文精神在構建和諧社會中的作用〉，《雲南社會科學》，2007 年第 3 期。

23. 金欽俊：〈重振人文精神，改進批評方法〉，《學術研究》1994 年第 6 期。

新儒學人文主義的意念理性傾向
——兼論其契合於新人文主義的思想特徵

朱壽桐

【作者簡介】朱壽桐，澳門大學中文系主任、教授。

【摘　　要】本文試圖通過新儒學人文主義的思想形態分析，析示其與西方新人文主義的契合點，並揭示其意念理性傾向的精神特徵，從而對這種人文主義與傳統人文主義的原則區別進行更加顯豁的學術把握。文章首次明確提出在工具理性、價值理性之外存在著意念理性的思想形態，而意念理性顯然最適合於分析新儒學人文主義的思想特徵。文章通過這一新的視角，更加清晰地析示出新儒學人文主義內部的巨大差異，並總結出最能代表新儒學人文主義本質特徵的是意念理性傾向。

【關 鍵 詞】人文主義　新儒學　意念理性

新儒學人文主義的意念理性傾向
——兼論其契合於新人文主義的思想特徵

朱壽桐

新儒學人文主義包含工具理性、價值理性和意念理性這三種基本理性形態，但其與西方新人文主義最為契合的則主要體現在意念理性傾向。梁漱溟被稱為「本著他的思想而行動的人」。張君勱的主要興趣是在「儒行」而不是「儒言」或「儒觀」，他們是工具理性的新儒學代表；習慣上被稱為第二代新儒學家的唐君毅、牟宗三、徐復觀等人，試圖在紛亂複雜的社會喧囂中宣示他們的新儒學人文主義價值理性，並試圖訴諸於文化運作，進而影響社會；除此而外的新儒學家則大多傾向於意念理性，因而與西方新人文主義最為契合。新儒學人文主義的意念理性明顯表現在其內證性傾向。如果說強調由主體出發向外延展、施法的外鑠性傾向代表著新儒學人文主義得工具理性力量，則熊十力、賀麟、馮友蘭等堅持的意念理性則體現為內證傾向，就是從加強內心修養的角度以達到正心、誠意的儒學境界，這樣的境界幾乎天然地契合著新人文主義。

在現代漢語文化圈，新儒家以及新儒學研究者在各種理論場合都非常樂於祭起人文主義的旗幟，將他們的信奉與堅守概稱為「真正的人文主義」❶，「儒家式的人文主義」❷或「新儒學人文主義」❸。對「新儒家」概念外延認知一直存有歧

---

❶ 唐君毅：〈世界人文主義與中國人文主義〉，《中華人文與當今世界》，第 411 頁，廣西師範大學出版社 2005 年。

❷ 徐復觀：〈人文主義的完成〉，《徐復觀文集》第 2 卷，第 174 頁，湖北人民出版社 2002 年。

異，同時對此概念的把握與強調都可能將一些重要的現代儒學現象排除在外，因此，用新儒學人文主義概括現代中國以及世界漢語文化圈中的此類思想文化現象往往更具有理論涵蓋力。新儒學人文主義具有雙重人文主義傳統，其一是中國固有儒學人文傳統的延續，另一脈則是白璧德新人文主義影跡的時或呈現。儒學人文傳統的絕對影響與新人文主義的相對參照，凸顯出新儒學人文主義的理性精神，這也是這一現代思潮的基本特性。

一

事實上，韋伯對於作為意念理性的價值形態既不能清晰地認知，也不能明確地闡論，因而對於他本來就備感陌生的中國儒學傳統的意念理性特徵就難以準確把握。像是一個異教徒對上帝的一切隔膜莫名，韋伯把儒學所代表的「中國人文主義」理解為「儀式主義」❹，在臺灣學者的翻譯中則是「中國的人文主義之禮儀的」「性格」❺。當然，中國傳統倫理包括儒學思潮中，確實存在著許多富於禮儀內涵的思想理念，但如果就此將中國傳統文化概括為儀式主義，顯然失之誇張；且不說中國傳統文化每常將禮儀與忠信、孝義、廉恥相提並論，賦予「禮儀」的乃是意念與價值的意義，而不是所謂「儀式主義」的形態；即便是中國傳統人文禮儀中的「儀式」，也還是較之西方以及東方的其他國家禮教儀式更簡單質樸。韋伯注意到中國儒學的「禮」的中心概念，並將「禮」簡單地理解成儀式：「受過傳統習俗教育的人，會以恰如其分的禮貌虔敬地參加古老的儀式典禮。」但實際上他不可能說出古老的儀式典禮包含哪些內容，他完全是在漫不經心之際將中國傳統文化中的禮儀成分作了誇張的想像。也許他自己也覺得單憑這些想像並不能自圓其說地認定儒學的儀式主義，於是韋伯不得不坦率地承認，即使是在遙遠的往古，中國的禮儀

---

❸　杜維明：〈新儒學人文主義的生態轉向——對中國和世界的啟發〉，《中國哲學史》2002 年第 1 期。

❹　〔德〕馬克斯·韋伯：《儒教與道教》，第 127 頁，洪天富譯，江蘇人民出版社 1995 年。

❺　〔德〕韋伯：《中國的宗教：儒教與道教》，第 175 頁，簡惠美譯，遠流出版事業公司 1996 年。

更多地強調在價值理性層面甚至更沉潛的意念理性層面：「與古伊斯蘭的封建武士所具有的熱情與炫耀相反，我們在中國發現的是警覺的自制、內省與謹慎，尤其是對任何形式的熱情（包括欣喜在內）的抑制，因為熱情會擾亂心靈的平靜與和諧，而後者正是一切善的根源。」❻這說明，他其實看到了中國的儒學禮儀觀更主要地更本質地體現在價值理性甚至意念理性層次，而絕不停留在轟轟烈烈的工具理性層面。即便如此，一些中國學者還難以瞠乎其後，認定「儒學缺乏工具理性的支持，這是它的最大缺陷」❼。工具理性是一種思想體系訴諸於社會現實運作的前提與基礎，思想體系的現實可行性及實踐性價值往往通過這一理性層次加以實現；價值理性是工具理性的觀念前提與理論基礎，是構成思想體系的基本價值要素和主體形態，體現著與此思想息息相關的價值傾向、邏輯導向，甚至理念意志；然而構成這種傾向、導向與意志的意念前提與思想基礎更不容忽視，那便是意念理性，它往往並不處於穩定的、成熟的狀態，卻代表著一種或多種富有價值和潛力的思考甚至是態度，對於人們的價值理性和工具理性保持批的姿態和評論的自由；它不會真正與具體的社會運作直接聯繫起來，它公認不具有可操作性，它甚至不宜用來作為信念、號召與主張，它常處於思辯和邏輯的狀態，代表著更加深刻與沉潛的理念。

韋伯觀察到中國儒學傳統具有「警覺的自制、內省與謹慎」，以及「對任何形式的熱情（包括欣喜在內）的抑制」，這體現著他對傳統儒學中誠意、正心的意念理性的準確把握，雖然他並不十分清楚這樣的意念理性與他所深入闡述的價值理性之間並非完全同一的關係，同時他更不會注意這樣的意念理性與新人文主義理念的兩相契合。

白璧德新人文主義與傳統人文主義的根本區別，就在於它的意念理性意義大於價值理性特性。人文主義一向體現為價值理性的觀念特性，它或者以人本傾向作為社會運作和文化建設的價值尺度，或者以人道主義和個性主義作為個人權利與尊嚴的價值標桿，在社會文明的批判與設計中表明著強烈的主張與宣導。白璧德新人文

---

❻　〔德〕馬克斯・韋伯：《儒教與道教》，第 182 頁，洪天富譯，江蘇人民出版社 1995 年。

❼　蒙培元：〈目的與工具——儒學與現代文明的一個理論課題〉，《北京社會科學》，1997 年第 4 期。

主義當然也有所主張與宣導，但它更多地傾向於在意念意義上批判、建構與調適，而不是強調，當然也並不奢望這種意念在社會實際領域發揮影響和作用。因此，它雖然積極進行文明批評和社會批評，但卻始終立足於文學批評的價值立場和批評身分，在相當程度上體現的仍然是文學批評流派特徵。白璧德曾認為，「文學批評家應特別樂於與哲學家相遭遇」，「哲學家已經走出了冷冰冰的抽象觀念的陰影，他們已經變得文人化了。實際上，他們的文學化已達到這樣一種程度，即好像到了文學家們反過來讚美偉大的哲學家、要成為最好的文學家就要先成為好的哲學家的時代。」❽白璧德在這裏所想表述的是，哲學家已經呈現出疏離價值理性的趨勢，他們以文學化的姿態涉足於意念理性的營構，這樣的理性離文學越近，便離社會實踐越遠。幾乎所有的新人文主義者，包括白璧德的中國傳人如學衡派文人等，都常常圍繞著文學問題展開自己的批評理論乃至文化或社會思想，這正體現了這一派思想家普遍的文人視角和文學情懷，這樣的視角與情懷註定了他們往往只擅長於內宇宙的審視與意念理性的營構，而不擅長於將所形成的意念打造成「觀念之力」，提升為價值理性以求推行於世。

白璧德在闡述他的人文主義思想時，也總是強調這種思想的意念理性品質與形態。他認為「人文主義者（正如我們從歷史中所瞭解到的）在極度的同情與極度的紀律和選擇之間遊移，並根據他調節這兩個極端的情況而相應地變得更加人文。」立足於人文的意念境界而不是人文的社會實際內容：「人通過這種融合自身相反品質的能力來顯示其人性以及高於其他動物的優越本質。」「人是一種註定片面的造物，然而人之成為人文的，就在於他能夠戰勝自身本性中的這個命定之事；他所能達到的人文程度，完全取決於他調和自身相反德行的程度。」❾需要什麼樣的德行呢？他在這個意念問題上與中國的儒學傳統命題取得了很高的理論契合度：「一個人文主義者在警惕著過度同情的同時，也在防範著過度的選擇；他警惕過度的自由，也防範過度的限制；他會採取一種有限制的自由以及有同情的選擇。」❿完全是在意

---

❽　白璧德：《法國現代批評大師》，孫宜學譯，第 2 頁，廣西師範大學出版社 2002 年。

❾　白璧德：《文學與美國的大學》，張沛等譯，第 16-17 頁，北京大學出版社 2004 年。

❿　白璧德：《文學與美國的大學》，張沛等譯，第 40-41 頁，北京大學出版社 2004 年。

念理性上展開自己的思想，而且立意於儒家克己修身式的內在道德建設，這種正心、誠意、內在修身的意念理性，正是儒家文化與新人文主義特別吻合的精神內涵；孔子的克己復禮學說與白璧德的內心制裁（inner check）的契合是最具原則性、最重要、最根本的思想契合，這在意念理性意義上是新人文主義與新儒學人文主義高度趨近的基本要素。

當然，中國傳統儒學內涵相當豐富，遠非白璧德從新人文主義意念理性角度所認同並張揚的那些關鍵性命題。儒學傳統包含著工具理性、價值理性和意念理性等多個層次及全方位的精神素質，但傳承給現代新儒學家的則主要側重於意念理性的觀念層次，正是在這一方面顯示著新儒學人文主義的思想特徵，且決定了它與新人文主義有著諸多契合與相容；由此可以認清新儒學人文主義與新人文主義的共同點，從一個有效的觀察點區分傳統儒學與新儒學的思想差異，區分新人文主義與舊人文主義的原則分別。

二、新儒學人文主義的多維觀念形態

對於各種人文主義者來說，現代中國社會早已經賦予它們灰暗的色彩甚至給予它們黑色的詛咒，因為它們在批孔反儒的新文化主潮中先已被賦予了原罪的色彩，背負了沉重的時代包袱。這使得各路新儒學家以及具有新儒學人文主義傾向的文人們，例如學衡派文人等，在宿命的「保守」陣容中獲得了相互間難得的親近感，他們比新文化界的任何一個文人群體都更願意彼此聯合，在相對「惡劣」的時代環境和氣氛中相濡以沫，他們的新儒學人文主義理念各有個性，其中有人熱衷於在工具理性意義上進行社會實踐，有人熱衷於在價值理性層面向社會發布自己的理論主張和思想宣導，有人熱衷於在意念理性形態固守於自己的獨特而富有深度的思維與思想。新儒學人文主義從來就全面地包含著上述工具理性、價值理性和意念理性這三種基本理性形態，但其與西方新人文主義的契合則主要體現在意念理性層面。

在不同世代的新儒學家中，梁漱溟、張君勱屬於偏重於工具理性的人文主義者。他們比任何其他新儒學家都更加熱衷於社會事件和實際事務，因而其儒學人文主義色彩也相對黯淡。梁漱溟價值理想的表達是：「他是一個有思想，又且本著他

的思想而行動的人。他是一個思想家，同時又是一社會改造運動者。」⓫這清楚地表明，他的思想重心在於行動，在於社會改造的運作，在於由此而體現的工具理性方面。事實上他在理論上也並不排斥工具的意義，他認為，人的本能就是工具，但這種工具「是為人類生活所不可缺少的工具」，只是這樣的工具「必當從屬於理性而涵於理性之中」，⓬這豈不正是工具理性的理論圖解？這樣的工具理性論者顯然不會過分沉溺於理念的論辯；他在意念理性方面殊少精論，而熱心於鄉村建設之類的社會運作卻可謂另闢蹊徑，膽識過人。儘管他對新儒學人文主義的關鍵命題如「人之所以為人，獨在此心」⓭、「理性早啟」、「道德中心」等等，把握相當到位，但他還是無法抵達新人文主義的意念理性境界，因為他熱衷於工具理性則必然失掉了新人文主義意念理性的精粹。也由於他對工具理性的依賴，涉及的社會事務過於具體，在 50 年代便難逃一劫。

倡言「以儒為本」的張君勱當然注重儒學的正心意義，不過他更關心的是這種正心理念的現實效用。他是一個思想家、哲學家、儒學家，同時又是教育家、政治家；作為政治家他在現代中國影響甚巨，曾是中國第一個專題考察代議制政治的學者。正像古今中外所有的學者一樣，一旦與政治家的名銜掛上鉤，則此人其他的一切名銜都成了陪襯；一旦與政治學扯上了關係，其他的一切學問都失去了真正的獨立性。政治是最實際的社會操作，對政治感興趣的人士哪怕是學養深厚的儒者，也不可能再停留在意念理性層次上作學術的探究。唐君毅將他稱為「立身則志在儒行，論政則期於民主」，⓮正是對張君勱工具理性傾向的一種絕好的概括。他的主要興趣確實是在「儒行」而不是「儒言」或「儒觀」。他的「期於民主」也與新人文主義對民主的批判截然有異。作為一個對儒學有著深刻的悟解的思想家，他深信中國傳統文化特別是儒家學說對於中國現代化的重大意義：「儒家思想的復興有助

⓫ 梁漱溟：〈《中國文化要義》自序〉，《梁漱溟集》，第 81 頁，群言出版社 1993 年。

⓬ 梁漱溟：《人心與人生》，《梁漱溟集》，第 443 頁，群言出版社 1993 年。

⓭ 梁漱溟：《人心與人生》，《梁漱溟集》，第 403 頁，群言出版社 1993 年。

⓮ 唐君毅：《經濟意識與道德理性》，黃克劍：〈「志在儒行，期於民主」——張君勱文化思想探要〉，《張君勱集》，第 8 頁，群言出版社 1993 年。

於或者是中國現代化的先驅。」因為「現代化的程式應從內在的思想著手」，**⑮**但儒學思想在他的現代化國家理想中則成了「程式」上的環節，而失去了本體論的意義；在「程式」意義上理解儒學的現代化意義，便是在工具理性上給儒學定位。

習慣上被稱為第二代新儒學家的唐君毅、牟宗三、徐復觀等人，已經不具有梁漱溟、張君勱等人相應的社會條件和文化環境進行富有儒學色彩的工具理性的社會運作。但他們又不甘心也不安心於像熊十力、賀麟、馮友蘭等師長輩儒家那樣，只是在默然地、潛沉地進行意念理性的新儒學人文主義思想體系的建構，他們仍然想在紛亂複雜的社會喧囂中宣示自己以為最正統最穩妥最富有民族文化底蘊因而也最富有生命力的新儒學人文主義價值理性，以旗幟鮮明的文化立場對整個社會宣示這樣的價值理性，並試圖訴諸於文化運作，進而影響社會。這種價值理性表達的典型標誌與文本，是他們聯合已經失去社會政治實踐條件的張君勱，在 1958 年年初發表的〈中國文化與世界——我們對中國學術研究及中國文化與世界文化前途之共同認識〉，又稱〈為中國文化敬告世界人士宣言〉，**⑯**該宣言分析世界人士研究中國學術文化之三種動機與道路及其缺點，指出中國哲學理想在中國文化中之地位及其與西方哲學之不同，肯定中國文化中的倫理道德與宗教精神，並強調中國傳統學術中的心性之學及其意義，認為這種心性之學「最為世之研究中國學術文化者所忽略所誤解」，但又恰恰是「中國學術思想之核心」，是「中國思想中之所以有天人合德之說之真正理由所在」。這一宣言方式其實就已經表明，這一批新儒學家完全不像熊十力、賀麟、馮友蘭那輩更接近新人文主義的「儒者」，不再滿足於意念理性意義上的論辯與學理建構；他們雖然也不再有梁漱溟、張君勱當年的機會和條件進行社會與政治的改革實踐，但他們雄心猶在，壯志不已，願意通過價值理性的宣示和張揚對於社會潮勢乃至政治傾向產生某種輿論的影響，企求通過這種體現價值理性的言論作警世和醒世之努力，與熊十力、賀麟、馮友蘭以及學衡派新人文主義者滿足於意念理性意義上的喻世之論拉開了很大距離。

---

⑮　張君勱：《中西印哲學文集》，第 579 頁，第 593 頁，臺灣學生書局 1981 年。

⑯　該宣言分別刊載於《民主評論》、《再生》1958 年元旦號。參見劉雪飛：《現代新儒學研究》，第 343 頁，中華書局 2003 年。

　　這批新儒家本來都具有從意念理性意義上接近新人文主義的思想素質，也不缺乏這方面的興趣。唐君毅、牟宗三、徐復觀等雖然是思想家和哲學家，但對於文學、文學史和文學批評、文學欣賞都有不同程度的關注和涉獵；一個文學批評家或文學研究者理應有這樣的素質及相應的投入，但作為儒學家、思想家和哲學家，他們表現出這方面的興趣，多少顯露出了一種遠離工具理性和價值理性，而願意在意念理性意義上流連、徘徊的思想意向。但是，他們不甘心於將自己的聰明才智只是以意念理性的方式和狀態作思想的甚至僅僅是學術的呈現，而更希望憑藉著中國傳統文化特別是新儒學人文主義的觀念之力，將自己的儒學思想凝聚成或鍛造成一種足以影響世界觀和社會價值理念的強烈的觀念傾向，從而使之成為一種具有一定主導力量的價值形態，這便是新儒學人文主義的價值理性形態。這種價值理性形態與梁漱溟、張君勱所熱衷的工具理性形態有所不同，從唐君毅的某些表述中，能夠清楚地看出這樣的差異。如果是工具理性的人文主義，在面對社會文化問題的時候，會訴諸實用的、實際的和實驗的方法，力圖通向問題的解決，而站在價值理性的立場上，唐君毅表示，他們首先著眼於探討解決問題的方法與理路。「我們要解決現代文化問題是不是讓純粹文化思想之力量與現實政治經濟等之力量，繼續結合糾纏在一起來解決呢？我個人認為應該採取分開來解決的方式。文化的領域要分。我不主張政治、經濟、社會之問題同學術思想、宗教、藝術全部合在一起……」。**❶❼**至於如何分開，分開以後的問題又須如何解決，則不是他們能夠回答、願意回答並加以解決的問題了，他們提出這些問題已顯示自己的價值思考，並不意味著須從工具理性的層面負責問題的解決，他們提出這些問題的動機與目標其實都是在價值理性意義上的人文主義思想呈現，提出類似的價值理性的問題既是他們的理論起點也是終點。

　　唐君毅對於中國文化基本精神——原始精神的界定，與馬克斯·韋伯中國儒學所代表的「中國人文主義」理解為「儀式主義」**❶❽**相一致，認為「中國文化之原始

---

❶❼　唐君毅：〈當前世界文化問題〉，《中華人文與當今世界》，第 389 頁，廣西師範大學出版社 2005 年。

❶❽　〔德〕馬克斯·韋伯：《儒教與道教》，第 127 頁，洪天富譯，江蘇人民出版社 1995 年。

精神，歷唐虞夏商至周，即可以周代之『禮』、『樂』二字表示。」❶即認為禮樂體現著中國文化根本的精神，並且進一步闡述說：在周代之禮樂之文化中，禮有文化性、宗教性、道德性的意義，亦有政治意義。❷這倒確實比德國學者論述得更準確，中國文化的禮儀確實是與義氣、廉恥等價值觀念和倫理精神聯繫在一起的。且不論將中國傳統文化概括為禮儀主義或禮樂精神是否真正符合文化史實際，至少這樣的理解將中國文化的本質精神作了價值理性乃至工具理性的處理，疏離了意念理性的本質。無論是儒是道，對中國歷史和自然萬象的把握都是意念理性的，如「道」的理念所體現的那樣。唐君毅作為一個新儒家，居然放棄了相對於各種「器」的「道」——儒家和道家往往奉為文化本體的理念，而將處於文化規範意義上的禮樂等凸現出來，加以強調，實際上是從價值理性的思維習慣理解中國文化傳統的結果，這樣的結果最大限度地忽略了中國文化根本精神的意念理性品質。雖然他對於中國文化原始精神的把握已經超過韋伯的「禮儀主義」，在文化、宗教、道德相交叉的角度論述禮樂精神，從而讓自己的價值理性成功地疏離了工具理性，並一度徘徊在價值理性與意念理性的邊緣地帶。

　　牟宗三作為一個新儒家，同樣也常徘徊在價值理性與意念理性的邊緣地帶。他甚至比唐君毅更注重分辨自己的價值理性與一般工具理性之間的差異，從而也廓清自己的價值觀念與那種重實際的工具理性的界限。他認識到，人的「文化意識之提高」，就是「反物化」，「這是人文主義的基本精神之一。」❷他同時批判「時風中的理智主義」，指責這種理智主義「只承認『經驗事實』為學問的唯一對象」，其實這就是對偏重於科學的工具理性的批判和否定。他提出人文主義的價值觀念系統必須含有「三個部門」的建構，一是「道德宗教的學問之綱維及其轉為文制」，二是「作為政治生活的常軌的民主政治，必須視為生命中生根的真實理想」，其三

---

❶　唐君毅：〈中國文化之原始精神及其發展〉，《中華人文與當今世界》，第 604 頁，廣西師範大學出版社 2005 年。

❷　唐君毅：〈中國文化之原始精神及其發展〉，《中華人文與當今世界》，第 605 頁，廣西師範大學出版社 2005 年。

❷　牟宗三：《人文主義的基本精神》，《牟宗三集》，第 161 頁，群言出版社 1993 年。

是「科學代表知識」等。❷❷從這番議論中,可以發現牟宗三的新儒學人文主義理解實際上偏重於價值理性,特別是對道德宗教的宣導,對民主政治的強調,同時也並不排斥科學知識,體現出對於一種理念和價值傾向的宣導,其中包含著很少的意念理性成分。有時候他可能通向意念理性的人文主義表述,例如,他探討並論述過道德與理想等人文主義意念理性的命題,但他真正付諸表述的時候,卻立足於道德「之心」或「之感」的強調,說是「『理想』的原意根於『道德的心』……道德的心,淺顯言之,就是一種道德感。」❷❸這就將道德與理想的意念、內涵的探討置換為道德感、道德心的價值形態的講求,因而過渡到了價值理性的思想層面。因此,牟宗三雖有一定的意念理性意識,雖然堅決排拒工具理性,卻最終是一個習慣於價值理性思考和表述的新儒學人文主義者。

徐復觀在這批價值理性傾向的新儒學人文主義者中,與唐君毅的許多價值理念頗為相通。唐君毅提倡開放的、能夠「溝通中西」的「真正的人文主義」,❷❹徐復觀主張「大量移植西方文化」:「中國為了爭取生存,為了充實人之所以為人的向上向前發展的願望,而應大量移植西方文化,這可以說是一種自然的趨向。」❷❺他甚至認為除了尊重西方的文化而外還應憧憬西方的宗教:「我們很尊敬各種偉大宗教及宗教的虔誠教徒;因為我們認為這一切可以和中國文化中崇高的道德精神,相輔相成,藉以充實我們的人格世界。」❷❻——不過從這樣的表述中不難體會到,作為一個新儒家,他的價值立場還是在中華文化建設這樣一個主體位格上,體用關係不言自明。他同樣領悟人文主義概念的學術史意義,在〈原人文〉一文中,提請人們注意「Humanism 一詞,在西方的長期發展中,含有多方面的意義。所以用中文加以意譯時,有人性、人道、人文、人本等不同名稱,而以『人文主義』一詞,用

❷❷ 牟宗三:《人文主義的基本精神》,《牟宗三集》,第 161-163 頁,群言出版社 1993 年。

❷❸ 牟宗三:《理想的理想主義》,《牟宗三集》,第 151 頁,群言出版社 1993 年。

❷❹ 唐君毅:〈世界人文主義與中國人文主義〉,《中華人文與當今世界》,第 411 頁,廣西師範大學出版社 2005 年。

❷❺ 徐復觀:〈這是「中國人要堂堂正正地做為一個中國人而存在」的象徵〉,《徐復觀文存》,第 280 頁,臺灣學生書局 1991 年。

❷❻ 徐復觀:〈這是「中國人要堂堂正正地做為一個中國人而存在」的象徵〉,《徐復觀文存》,第 283 頁,臺灣學生書局 1991 年。

得最為普遍」，❷學術把握似乎更加穩妥而准當。不過他比較注重人文主義概念中的人性意涵，曾專門著述《中國人性論史》，認為「人性論不僅是作為一種思想，而居於中國哲學思想史中的主幹地位，並且也是中華民族精神形成的原理、動力」，❷顯然誇大了人性論在中國文化發展和文明旅程中的作用與地位，這也是他同唐君毅一樣習慣於從價值理性角度把握人文主義的思想結果：人性是訴諸於價值評判的對象，它包含的意念理性成色較少，因而不可能成為意念理性的審視對象。徐復觀最習慣的也還是價值理性的人文主義思維方法，因而他終究難以抵達意念理性的新人文主義。不過他在價值理性意義比新人文主義表現得更加現代：他認同民主科學，並且讚賞體現民主與科學精神的文學藝術：「我們需要發揚民主科學的理性；需要與民主科學一脈相通的健康的文學藝術」。❷

　　唐君毅、牟宗三、徐復觀在價值理性意義上闡解和表述新儒學人文主義，顯示出與工具理性的人文主義與意念理性的人文主義的明顯參差。對於這樣的參差，一些研究者感受到了，但不能作精確把握，於是認知上出現了嚴重的混亂並作出了這樣的判斷：「相對於激進的儒家；熊十力、牟宗三、唐君毅諸先生可稱之為超越的儒家（transcendental confucianist），因為他們是從超越的、先驗的方面去把握事物」，而「激進的儒家是儒家的正宗，超越的儒家是儒家的支流」。❸這裏的認知混亂主要不體現在將熊十力置於唐君毅、牟宗三一脈，並將徐復觀與唐君毅等區分開來，而是體現在從傾向性上將儒家分為「激進的」與「超越的」這樣兩種其實並不具有嚴格相對性的類別。其實，新儒家的社會、政治、文化理念都建立在新儒學人文主義基礎之上，觀念傾向上的差異不應如此誇大；他們的區別在於思維方法和觀念形態方面，其中偏重於意念理性的新儒學人文主義則趨近於新人文主義。

---

❷　徐復觀：〈原人文〉，《徐復觀文集》第 2 卷，第 92 頁，湖北人民出版社 2002 年。

❷　徐復觀：《中國人性論史》，《徐復觀文集》第 3 卷，第 2 頁，湖北人民出版社 2002 年。

❷　徐復觀：〈回答我的一位學生的信並附記〉，《徐復觀文存》，第 230 頁，臺灣學生書局 1991 年。

❸　陳昭瑛：〈一個時代的開始：激進的儒家徐復觀先生〉，《徐復觀文存》附錄，第 366 頁，臺灣學生書局 1991 年。

三、新儒學人文主義意念理性的內證傾向

一般研究者傾向於將在上個世紀卓有成就和影響的新儒家分為三代：除了歐陽竟無這樣的儒學先驅者而外，梁漱溟、張君勱、熊十力、馬一浮、賀麟、馮友蘭、方東美等廁身於戰爭與和平之間，潛行於政治與社會邊緣的現代哲人為第一代，唐君毅、牟宗三、徐復觀等活躍於臺港文化界並長期成為熱點人物的為第二代，而杜維明、成中英等寄身海外而熱衷於復興儒學並身體力行者為第三代。從新人文主義的價值立場言之，其中，梁漱溟、張君勱以及第三代新儒家奉行新儒學人文主義的工具理性，身體力行新儒學人文主義的文化觀、社會觀和政治觀，以其實際的功用性疏離了新人文主義；第二代新儒家由於處在特定的社會文化環境中，新儒學人文主義有了成為社會關注的熱點的可能，但尚不具備實際推行的政治與文化條件，於是在價值理性意義上高標其幟，宗旨也仍在社會事功，同樣與新人文主義有相當的差異；唯第一代新儒家中的大多數，除了梁漱溟、張君勱等政治學者和社會學者以外，由於以不合時宜的儒學面目廁身於時代潮流之外，以反抗新文化強勢的姿態追求建立批判的功績，所顯示的批判和建構的理路頗似於白璧德當年在美國的情形，因而與新人文主義頗多吻合，也頗為相像。

新儒學人文主義在第一代新儒家那裏明顯劃分出兩種傾向：外鑠與內證。這裏的外鑠是指由主體出發向外延展、施法的儒學影響力與推動力，也就是工具理性的新儒學人文主義力量的顯示，此一傾向為梁漱溟、張君勱等所主導。另一種內證傾向，就是從加強內心修養的角度以達到正心、誠意的儒學境界，這樣的境界幾乎天然地契合著或接近於講求「內心制裁」（inner check）的白璧德新人文主義。正是如此，無論是白璧德還是中國新人文主義的繼承者，都在遵奉儒學的同時屬意佛學；同樣的道理，從白璧德到中國新人文主義的繼承者，他們在佛學方面的研修並不在意佛教的宗教規範，而在於它的心性道德之說，這一與新人文主義相接近的哲學命題在方家則被稱為「內學」。歐陽竟無主持的支那內學院所承載的正是這樣的儒學兼佛學的道義，於是從學者悟解道：「內學者，內證之學也。」❸❶從學者湯用彤、

---

❸❶　熊十力：《唯識學概論》，《熊十力全集》第 1 卷，第 45 頁，湖北教育出版社 2001 年。

熊十力等也都是兼善儒學與佛學的人文主義者。

　　作為外鑠型的新儒學人文主義者，梁漱溟雖然同樣信守和遵奉儒學原則，卻對側重於內證之學的熊十力頗多不以為然之處；這種不以為然實際上是工具理性與意念理性的人文觀念的差異性的展示。梁漱溟與熊十力後來成為朋友，但在此之前甚至在此之後可謂論爭不斷，梁漱溟這樣評價熊十力的學術：「熊先生經理壯盛時，不少傳世之作。比及暮年則意氣自雄，時有差錯，藐視一切，不惜詆斥昔賢。」[32]有時候甚至兩人之間還有學術之外的紛爭與誤會，據熊十力的學生所記：「先生昨在曹州，因一事誤疑梁漱溟先生，大怒。梁先生亦不辯。先生蓋久之而後自知其誤，以告陶開士先生。開翁曰：疑而不匿，悟而能改，觀過知仁矣。」[33]這樣的磕磕碰碰抑或是齟齬爭持，表明梁漱溟與熊十力這兩個現代儒家之間存在著諸多不協調因素，其實從學術思路到為人風格，所體現的是外鑠型的人文主義工具理性與內證型的人文主義意念理性之間的差異與摩擦。梁漱溟圍繞著鄉村建設等具體的社會框架問題腳踏實地地進行試驗和探索，並作出了自己的貢獻，在這樣的實踐心態之下，他當然不可能對熊十力全力建構唯識論的意念建構採取十分欣賞的態度。熊十力建構唯識學理論，是旨表明自己的這樣一種社會識力和意念價值，其最遠大的價值目標是「導人群以正見」，[34]乃是在意念理性上以求得有所建樹，與梁漱溟等試圖用自己的學識和見解在社會實踐中創造一個模型，不僅有相當大的差距，而且有迥然不同的價值取向，雖然他們在儒學思想方面頗多相通，雖然他們都曾專攻過唯識學。基於儒學和佛學修養，熊十力傾其全身心致力於唯識學的玄學系統，試圖以此形成一個獨立的學問體系，以闡釋和張揚新儒學人文主義，這在專務實學、堅持體用並舉的梁漱溟看來一定匪夷所思。梁漱溟的唯識學研究固然也從頗有新儒學人文主義意味的「心」出發，宣導天人合一與心物合一，不過合一的結果在於弘揚自我，光大自我意識，因而通向了唯意志主義和直覺論。熊十力的唯識論超越了一般知識論甚至認識論的範疇，而以極富有儒家傳統色彩以及陽明哲學色彩的「心」當

---

[32]　梁漱溟：〈憶熊十力先生〉，董駒翔、董翔薇編：《哲人憶往》，第 435 頁，中國青年出版社 1999 年。

[33]　《尊聞錄》，《熊十力全集》第 1 卷，第 588 頁，湖北教育出版社 2001 年。

[34]　〈編者序〉，《熊十力全集》第 1 卷，第 4 頁，湖北教育出版社 2001 年。

作本體命題，展開「翕、辟」兩種勢能的系統的玄學論證。相比之下，兩者都以新儒學人文主義的「正心」為哲學和倫理學基礎，又都結合西方現代哲學和心理學知識，而對於佛學的唯識學作了兩種不同方向的推衍：梁漱溟本著工具理性，在體用結合的意義上注重「用」字，由唯識學發展得與西方唯意志論和直覺論相趨合的思想理論體系；熊十力立足於意念理性，甚至拒絕了價值理性的闡發與主張，而在以心為體的玄學層面，以意念價值形態營構自己的哲學體系，並建立批判的視角，與西方新人文主義有著較明顯的吻合。

　　傾向外鑠的新儒學人文主義意在自我擴張以實現社會價值，鼓勵自由意志與直覺意識，而這恰好是取向於內證的新儒學人文主義所排斥並加以批判的對象，因為內證取向的新儒學人文主義旨在正心誠意，對自我的內心世界負責其重要性要遠遠超過對於外在現實活動負責，而自由意志與直覺意識最不利於自我內心世界的建設或修行。凡是人文主義，無論是新人文主義還是傳統人文主義，抑或是中國傳統文化框架中的新儒學人文主義，都不會片面地排斥現實因素的考量與現實社會的批判，但新人文主義立足於內心世界的道德建構，立足於人文心境的自我完善，主張以這樣的完善之功對於社會進行批判、建構等正面影響，於是須克服意志論特別是直覺論。因此，對於梁漱溟宣導的直覺說，新儒家兼人文主義者賀麟也採取審慎的批判態度。賀麟比學衡派文人稍遲一些時候留學哈佛，也未與年邁的白璧德教授有所過從，不過他所師從的懷德海教授在思想上與白璧德頗為接近。在賀麟的回憶中，懷德海同白璧德一樣，對中國的新文化運動以及在此運動中的全面反傳統的運作十分不滿，「他對胡適全面拋棄中國傳統文化的態度，覺得有些過火。他關心中國人現在是否還讀老子和孔夫子這些他所謂中國古典的書籍。因為依他看來，文化是有繼續性的，新文化的建立，是不能與古典的傳統脫節的……」**㉟**懷德海的這種文化態度，使得賀麟作為新儒家同時與新人文主義相接近成為可能。與新人文主義相接近的文化觀念自然會排斥，至少不會照搬自由意志理論和直覺論。賀麟曾這樣評價梁漱溟：「中國思想界近一二十年來，第一個宣導直覺說最有力量的人，當然

㉟　賀麟：《懷特海》，《賀麟選集》，第 290 頁，吉林人民出版社 2005 年。

要推梁漱溟先生。」他認為這種敏銳的直覺，就是孔家的「仁」。❸這樣的直覺理論雖然與孟子的倫理學和風格氣質論有著密切的聯繫，但與孔子的仁學之間的聯繫就非常勉強，尤其是「克己復禮為仁」的新儒學人文主義傳統，就是要理性地調節自己的精神世界，合理地安排內心秩序，建立相應的道德規範，這些都與直覺論相抵觸。賀麟儘管對梁漱溟執弟子禮，但對其直覺論中的非儒學成分還是有所惕懈；顯然他更接近於熊十力，更習慣於在意念理性層面奉獻出自己的思想成果。

在上個世紀 20－30 年代眾多有成就的儒學家中，賀麟樂於與歐陽竟無、熊十力、馬一浮等交遊，問學，而這些人都是在意念理性層面對新儒學人文主義深有心得也多有貢獻的儒者，思想意念與新人文主義吻合更多。歐陽竟無、馬一浮都是坐而論道的著名學者，他們在正心誠意的意義上為儒學的現代弘揚作出了卓越的學術努力，這種努力的結果不是在工具理性層面的外鑠影響，也不是在價值理性層面的獨樹一幟並廣為號召，而是意念理性層面的思想建樹，在坐而論道的學理意義上探究儒學的真諦，並造成現實影響。歐陽的內學修養很深，以至於梁啟超等都樂於私淑。至於馬一浮，其主持復性書院與歐陽竟無主持支那內學院自然是異曲同工，都在為建構和傳播新儒學人文主義意念設壇論學。馬一浮為復性書院訂立的《學規》中，有「主敬，窮理，博文」等重要內容，其中「主敬為涵養之要者」，即把「敬」這一本來屬於價值理性的做人原理解釋為意念理性的思想原則：「《孝經》曰：『敬親者，無敢慢於人。』故聖狂之分，在敬與肆之一念而已。」其他如「窮理為致知之要者」，「博文為立事之要者」，如此等等，❸其主導的價值意向顯然是重內證而輕外鑠，重意念修養而輕社會實務，重理性邏輯而輕知識範疇。他強調涵養，認為致知的目的不是在格物，在實踐甚至創造，而是在「窮理」，顯示出意念理性建構與批判的新儒學人文主義特徵，而這樣的特徵與新人文主義的吻合度遠遠高過傳統人文主義，包括一般的新儒學人文主義。

堅持工具理性的新儒學人文主義，在社會事功的層面立足於建功立業，固然符合傳統儒學，卻只是傳統儒學的一個重要方面的體現，並不是傳統儒學的全部。傳

---

❸　賀麟：〈宋儒的思想方法〉，《哲學與哲學史論文集》，第 175 頁，商務印書館 1990 年。
❸　馬一浮：《復性書院講錄》，第 8-13 頁，江蘇教育出版社 2005 年。

統儒學的立功、立德、立言的不朽之論，分別體現著通過工具理性和意念理性抵達新儒學人文主義的可能和有效路徑，其中立德、立言正是新儒學人文主義意念理性傳統的體現。就現代社會情形而言，意念理性所要排斥的乃是工具理性包括知識論和科學主義的價值理念。賀麟承認自己在相當一段時間內，不自覺地站在人文主義的立場上，對培根的知識論和科學主義採取批判態度：「我們知道，斯賓諾莎對培根的哲學提出過嚴刻批評。對這些批評，過去我是站在斯賓諾莎這一邊的，因為斯賓諾莎是理性主義者，而過去我總覺得理性主義要比經驗主義高明一點似的。」❸這是 1961 年他站在唯物主義的立場上進行學術檢討的結果，唯物主義的宇宙觀自然克服了他歷來信奉的新儒學人文主義，更不用說，也讓他遠離了新人文主義的意念世界和價值立場。

比起其他與新人文主義相契合的新儒家，馮友蘭就人生理念提出的境界說，註定了他在與白璧德新人文主義的思想聯繫上擁有更突出的位置。他在頗具原創性的哲學著作《新原人》中提出：「就大同方面看，人所可能有底境界，可以分為四種：自然境界，功利境界，道德境界，天地境界。」❹這是從人生哲學的角度提出的價值理念，與白璧德等新人文主義者提出的三界之說非常吻合。學衡派文人通過閱讀白璧德及其學生薛爾曼的著作，曾領悟出新人文主義分有三界，「即所謂天界、人界、物界之分別，亦即宗教信仰與人文道德與自然主義之分別也。」❹不過儘管這是從自然與社會發展的文明水準提出的階段劃分，馮友蘭的人生哲學四境界說確與之有異曲同工之妙，只見亦不難產生相對關係：其中「功利境界」與「道德境界」可以對應於新人文主義的「人界」。

馮友蘭對四境界的解釋，更是明顯地突出了人文主義的「內證」特性。他闡釋道：「自然境界的特徵是：在此種境界中底人，其行為是順才或順習底。所謂順才，其意義即是普通所謂率性。」❹將本來是客觀的自然境界理解成主觀情致的

---

❸　賀麟：〈關於研究培根的幾個問題〉，《哲學與哲學史論文集》，第 562 頁，商務印書館 1990 年。

❹　馮友蘭：《新原人》，《馮友蘭學術論著自選集》，第 224 頁，北京師範學院出版社 1992 年。

❹　〈薛爾曼現代文學論序〉（浦江清譯），《學衡》第 57 期。

❹　馮友蘭：《新原人》，《馮友蘭學術論著自選集》，第 224 頁，北京師範學院出版社 1992 年。

「率性」，這就是人文主義內證意念的明顯體現；其所論述的「道德境界的特徵」是：「在此種境界中底人，其行為是『行義』底。義與利是相反亦是相成底。」與功利境界之間形成了巨大的心理落差：「在功利境界中，人的行為，都是以『佔有』為目的。在道德境界中，人的行為，都是以『貢獻』為目的。」❷這種落差的克服便構成了人文進步的心路歷程。至於「天地境界」，在馮友蘭看來，並不是簡單的神學境界或宗教境界，而是一種宇宙意識：「在此種境界中底人，瞭解於社會的全之外，還有宇宙的全，人必於知有宇宙的全時，始能使其所得於人之所以為人者盡量發展，始能盡性……」在新儒學人文主義的意義上他將這樣的天地境界闡釋為一種更高的人文道德境界或曰「仁義境界」──「所謂天地境界，應稱為道德境界。」❸說到底，仍然是以自我的道德完善為價值內核，為最高的人生境界和哲學境界。這樣的闡論所體現的意念正與新人文主義的三界之說相接近。

與其他新儒家有所區別的另外一點，便是馮友蘭將儒家學說與道家學說結合起來，然後在人文主義的意念理性意義上進行總結和提煉，使得他的思想表述在客觀上更加趨近於新人文主義而不是新儒學人文主義。從四境界之說的「天地境界」也即「仁義境界」而言，他聯繫到了道家對仁義的基本觀點，發現「道家鄙視仁義，認為失道而後德，失德而後仁，失仁而後義」，❹這樣的理解雖然對儒學的關鍵命題「仁義」有所質疑，但並沒有消解其中的人文主義意念的強調，那便是道德的堅持。

馮友蘭在人生哲學四境界的論述中，每每引道家元典作為論證材料，來補救、修正儒學理念的片面與疏漏。他感覺到這樣的理論現實：「道德境界與天地境界的分別，儒家認識，不甚清楚。因此儒家常受道家的批評。其批評是有理由底。不過道家以為儒家所講，只限於仁義；儒家所說到的境界，最高亦不過是道德境界。這『以為』是錯底。」❺雖然他為儒家辯護說，儒家常說的仁義，其實並非只限於仁義；「儒家所說到底最高底境界，亦不只是道德境界」，而包含著諸如「養吾浩然

❷　馮友蘭：《新原人》，《馮友蘭學術論著自選集》，第 227 頁，北京師範學院出版社 1992 年。
❸　馮友蘭：《新原人》，《馮友蘭學術論著自選集》，第 228 頁，北京師範學院出版社 1992 年。
❹　馮友蘭：《新原人》，《馮友蘭學術論著自選集》，第 228 頁，北京師範學院出版社 1992 年。
❺　馮友蘭：《新原人》，《馮友蘭學術論著自選集》，第 285 頁，北京師範學院出版社 1992 年。

之氣」的精神氣質的提倡，❻但是，他仍然認為單憑著儒家的意念闡述尚不能充分地體現人文主義的精神。

有些研究者注意到馮友蘭的「天地境界」所具有的人文主義品性，不過認為它「體現了馮友蘭價值理性的意義，代表了其價值理性的建構方式」，❼甚至認為馮友蘭的價值理性具有「多層面性」，而且是通過天人之際和文化的普遍性思維及哲學理性途徑來建構的。這樣的論述顯然是機械地理解了韋伯等人的工具理性與價值理性的概念，漠視了在此兩種理性形態之外，尚有更沉潛更深致的意念理性。馮友蘭是一個偏向於意念理性的人文主義者，他的《新理學》、《新原人》、《新原道》等名著正與熊十力的唯識學一樣，致力於基本人文意念的建構與探討，屬於典型的意念理性著作，這樣的意念理性使得他與新人文主義相當接近，因為後者主要體現為意念理性而不是價值理性，當然更不是工具理性。馮友蘭非常警惕工具理性對於其哲學的可能干擾，他指出，「哲學只對於真際有所肯定，而不特別對於實際有所肯定。真際與實際不同，真際是指凡可稱為有者，亦可名為本然；實際是指有事實底存在者，亦可名為自然。真者，言其無妄；實者，言其不虛；本然者，本來即然；自然者，自己而然。」因此，他堅持「哲學可以不切實際，不管事實」，❽嚴正地宣布了哲學──至少是他的哲學，與工具理性的巨大分野。

當然，馮友蘭的另外一些著作，如《新知言》、《新世訓》、《新事論》等等，雖然仍然屬於他的新理學的思想體系，但體現的意念理性特徵並不明顯，而價值理性的意味則相當濃厚。但無論如何，馮友蘭人文思想及其思維的基本特徵是意念理性而不是價值理性，這是他與新人文主義理念較為趨近的主要緣由。馮友蘭明確認為體現意念理性的新理學就是他的哲學，道理也很簡單：「理學即講理之學」，「若理學即是講我們所說之理之學，則理學可以說是最哲學底哲學。」這樣的理學和哲學，既不是具體工具的實施，也不是某種價值理念的宣示與號召，而是

❻　馮友蘭：《新原人》，《馮友蘭學術論著自選集》，第 286 頁，北京師範學院出版社 1992 年。

❼　王中江：〈馮友蘭的價值理性及其建構方式──「天地境界」與「天人之際」及文化普遍性思維和哲學理性〉，《中州學刊》2004 年第 6 期。

❽　馮友蘭：《新理學·緒論》，《馮友蘭學術論著自選集》，第 20-21 頁，北京師範學院出版社1992 年。

一種意念的論證與闡示。❹

　　熊十力、賀麟、馮友蘭等新儒學家則熱衷於建構理念，自己的文化價值觀和現實人生觀都只圖體現在哲學理念和思想觀念之中，很少通過工具理性追求現實社會領域的實施，也很少通過價值理性將這些理念宣示為某種文化傾向、理論主張和宣言號召；他們更多地沉潛於價值理性形成之前的意念思辨與探索之中，將思辨與探索的成果以意念理性的價值形態呈現於文壇和思想界，表明一種觀念，一種態度，一種可以討論同時也足資參照的價值體系。現代社會可以高度關注工具理性意義上的社會運作，因為這樣的社會運作足以對社會乃至人民生活產生一定範圍和一定程度的影響；現代社會也會十分警惕價值理性層面的文化運作，因為這樣的運作可以成為支援或干擾社會意識形態的力量或因素；但現代社會和文化對沉潛於人們思想理念中的意念理性則應保持寬容甚至讚賞的態度，因為各種各樣的價值觀念或人文理念在未嘗顯示出社會或文化實現的訴求之前，都有益於思想文化的多元格局的建構。對於這樣的意念理性，現代社會應該高度防範兩種偏激的態度。一是在思想專制的思維定式下嚴禁不同思想觀念的理性表達，強求意識的統一，打壓各種被認為不協調的理念。這是將意念理性當作價值理性甚至工具理性去嚴陣以待的結果，這樣的結果往往是萬馬齊喑的社會慘狀。二是廉價地鼓勵各種意念理性竄升為價值理性，甚至當作工具理性，在寬容與讚賞之餘宣導各種意念付諸實施。這仍然是將意念理性混同於價值理性乃至工具理性的結果，這樣的結果必然是社會價值體系的紊亂。其實，有些意念理性的內容在思想主題的不斷努力和修正下，可以擢升為價值理性，成為一種宣導和號召的合理樣態，但也有相當多的意念理性，它們只適合存在於意念狀態，不足以形成價值目標，不適合付諸現實實施。新人文主義所包含的主要命題，特別是與新儒學人文主義相吻合的那些部分，正體現著這樣的性質與特徵。學衡派文人所闡述的道德人文主義，以及新儒學家們所討論的各種思想意念，正具備這樣的性質與特徵。這樣的性質與特徵通向對現代漢語文化圈中新人文主義的基本認知。

---

❹　馮友蘭：《新理學·緒論》，《馮友蘭學術論著自選集》，第 13 頁，北京師範學院出版社 1992年。

　　新儒學人文主義正心、誠意的內證性思想觀念，在某種意義上說就是現代漢語文化圈中的新人文主義——一種與傳統儒家人文主義相比，在開放性和時代感方面具有明顯新質的人文主義。這種人文主義在中國本土影響雖然有限，但在更廣泛的漢語文化世界卻有著不同凡響的聲譽與影響。儘管在過去的一百年間，儒學總是不斷地受到質疑與批判，然而在更廣泛的漢語文化世界，儒學則又是成為國學或漢學中的中堅，作為主流甚至先導備受重視與推崇的顯學。這時候的儒學，在更模糊更習慣的稱呼上則是新儒學，早已經打開了思想的門戶，打開了文化的禁錮，打開了語言的路徑，對於世界範圍內現代思想體系中的各種精神元素和價值資源加以吸收與融化，於是它與白璧德新人文主義的遇合或者契合幾乎是一種必然。

心靈轉向　文明轉型　共建生態家園
——第五屆儒學國際學術研討會宣言

　　近幾個世紀以來，隨著科技和工業化的迅猛發展，人類社會取得了亙古未有的經濟成就，物質財富大幅增長，生存條件顯著改善，人類完全有理由為自己的創造性力量而感到自豪。然而，在這一成就的背後卻是慘重的生態代價：資源枯竭、物種滅絕、環境污染、自然災害頻發……人類在享受發展帶來的愉悅的同時，也在經受著生態惡化帶來的痛苦。嚴酷的生存現實使生態問題越來越成為全球關注的焦點，與之相應的，則是生態文明理論的提出及其初步實踐。基於對地球生態和人類社會未來發展的深度關切，2009 年 12 月 11-14 日，全球 130 多位儒學研究者聚會廣東省珠海市北京師範大學－香港浸會大學聯合國際學院，以「儒家思想與生態文明」為主題展開對話和討論，達成多項共識，茲宣言如下：

　　我們認為：

　　——生態危機的形成經歷了一個複雜的歷史過程，是諸多因素共同作用的結果。生態危機從表面看是發展模式的危機，從深層次看，則是文化危機、文明危機，更進一步說，是精神危機、心靈危機。面對危機，人類必須徹底反思和檢討人與自然的關係，反省和審視人之精神與物質的關係、人之存在價值與意義。

　　——生態危機根源於以戡天役物、征服自然為目標，以工具理性、技術理性為指導的文明形態，以追逐功利、滿足物欲為生命根本價值的心靈狀態。一般意義上的控制污染，減少破壞，無法化解這一危機。只有扭轉心靈，逆轉文明，才是根本解決之道。心靈必須轉向：節制物欲，壯大精神，追求人自身和諧全面發展；文明必須轉型：尊重自然，善待自然，追求人與自然和諧共生。

——生態文明以人與自然和諧共生為核心理念，是人類社會繼原始文明、農業文明、工業文明之後的一種新型文明形態，它的出現標誌著人類文明的重大轉折。建設生態文明是人類走向未來的必然選擇，也是唯一選擇。生態文明的建設必須根植於人類的心靈轉向之上，否則，將如沙上建塔，終難成功。

——生態文明的建設剛剛起步，其理論內涵亟待充實，體系亟待完善，需要從世界範圍內的不同文化中汲取養分。儒家思想以天人合一為根基，主張愛物成物，取之有時，用之有度，所謂「必有以知天地之恆制，乃可以有天地之成利」，包含著豐富而獨特的生態思想，與生態文明深度契合，是深化和發展這一理論的寶貴資源。更為重要的是，儒家思想不以物質財富增長為基本價值取向，所謂「天因人，聖人而因天。人自生之，天地形之，聖人因而成之。」而是致力追求人格提升和德性開顯，這對於實現人類心靈轉向，具有重大意義。可以說，生態危機的出現與生態文明的建設，啟動了儒家思想中沉睡的寶藏，使古老的思想煥發出現代的光芒，為振興儒學提供了歷史契機。

我們呼籲：

——全球各界積極參與，利用多種形式，通過多種途徑，廣泛深入地開展生命教育和生態教育，以重塑心靈格局，樹立生態理念，強化自律意識；推動生態立法和生態制度體系建設，強化他律力量，促使生態型生產方式和生活方式得到普遍踐行。積極投身生態實踐，探索生態實踐的新方式、新途徑，為生態文明建設貢獻具有創新性的實踐經驗。

——全球學界積極參與，進一步加強生態問題研究，豐富和完善生態文明理論，不斷推進理論創新，以更有效地指導生態實踐；注重研發生態技術，為建設生態文明提供強大的技術支撐。

——全球儒學界積極參與，自覺擔負起歷史與時代賦予的莊嚴使命。儒家的禮樂之學來自於自然的天地之學，《禮記》曰：「夫禮樂之極乎天而蟠乎地，行乎陰陽而通乎鬼神，窮高極遠而測深厚。樂著太始，而禮居成物。著不息著天也，著不動者地也。一動一靜者，天地之間也。故聖人曰禮樂云。」所以，我們一方面深度開掘和創造轉化儒學中蘊藏的生態智慧，並以之為基礎，廣泛借鑒和吸取其他文化和理論的營養，加以融合創新，嘗試構建生態儒學，推進儒學的現代發展，強化儒

學的時代效用；另一方面，高揚行動精神，做生態實踐的典範。從自己做起，從現在做起，從小事做起，節約資源，綠色消費，以自身行動影響和帶動周邊的人，由個人而至家庭，而至社區，進而擴展到更大的區域，不斷凝聚和壯大生態保護力量。藉由理論和實踐的雙向紮實努力，促進生態文明建設，塑造儒學和儒學界的嶄新形象。

　　保護生態，就是保護人類自己。讓我們攜手行動，共建美好生態家園！

第五屆儒學國際學術研討會

全體與會同仁

2009 年 12 月 14 日

儒家思想與生態文明
——第五屆儒學國際學術研討會綜述

伍紅玉·王　琴·楊　勇

　　由北京師範大學－香港浸會大學聯合國際學院主辦的第五屆儒學國際學術研討會近日在珠海舉行。來自中海內外 80 多家高校和機構的 130 多名學者參加會議。

　　要把中華的傳統文化放在一個可以與世界文化對話交流的位置。郭少棠教授認為，此次研討會以「儒家思想與生態文明」為主題，具有重要意義，正體現了中華文化對世界發展的回應。美國夏威夷大學成中英教授發表了題為〈本體與生態：導向環境倫理天人關係八原則〉的主題演講，提出了儒家天人生態倫理學八原則：即陰陽自然創生原則；人存涵攝天地原則；仁者和樂一體原則；涵養致知克治原則；天人德性互通原則；良知貫通知行原則；返本善意篤行原則；生生更新文明原則。

　　北京大學龔鵬程教授指出，科學技術與社會研究領域中的環境議題，雖然談論者多，但往往缺乏實際行動，很少顯現在政策行為中。他認為，一方面要從現代性批判的角度去重讀儒家經典，體會並發掘其生態思想，以貢獻於世界，強化西方生態主義的論述，以扭轉現代化的路程。另一方面，我們談儒學，也要由過去偏於內聖、個人道德主體性、內在超越的講法，擴及開物成務的部分，由「窮理盡性以知天」，進而兼至經天緯地、參贊化育的天人之道。

　　部分論文通過對儒家典籍的細讀，以現代學術眼光對儒家諸子內蘊的生態思想進行了梳理與現代闡釋。中國傳媒大學杜寒風教授指出，儒家思想的重要代表人物孟子強調「仁民愛物」，在善待動物植物，愛護生態環境及改善生態環境上都提出了自己的主張。其生態環境保護思想與關注民生經濟相關，又與實現王道政治相

連，至今對生態文明建設仍具有引導的意義。

　　儒家生態學理論的建構與反思也是此次討論會的一個理論熱點。深圳大學文學院王曉華教授認為，由於儒家基本理念與生態學思想具有同構性，因此，建構儒家生態學完全可行。不過，儒家的基本理念畢竟誕生於前現代社會，不可能與現代乃至後現代語境中的生態學理念完全相洽，因此，上述可能性要落實為具體的理論建構，還要克服諸多難點，包括儒家天地思想與生態理念的差異；儒家的弱人類中心論與生態學理念的緊張；愛有差等的倫理法則如何轉變為泛愛眾生的生態道德等，王教授指出，要克服上述難點，儒家必須在生態學視域中進行創造性轉型。

　　與會學者在閉幕式上連署發表了〈生態宣言〉，倡議身體力行地實踐生態型生活方式。〈生態宣言〉以「心靈轉向文明轉型共建生態家園」為題，倡議全球儒學界積極參與生態問題研究，深度開掘和創造轉化儒學中蘊藏的生態智慧，廣泛借鑒和吸取其他文化和理論的營養，融合創新，構建生態儒學，推進儒學的現代發展，強化儒學的時代效用。這是儒家學者作為一個整體，第一次回應當下世界面臨的生態問題。

國家圖書館出版品預行編目資料

儒家思想與生態文明
第五屆儒學國際學術研討會論文集
伍鴻宇主編. – 初版. – 臺北市：臺灣學生，2011.08
面；公分

ISBN 978-957-15-1540-3 (精裝)

1. 儒學 2. 文集

121.207   100016614

儒家思想與生態文明
第五屆儒學國際學術研討會論文集

主　　　　編：伍　　　　鴻　　　　宇
出　版　者：臺 灣 學 生 書 局 有 限 公 司
發　行　人：楊　　　　雲　　　　龍
發　行　所：臺 灣 學 生 書 局 有 限 公 司
　　　　　　臺北市和平東路一段七十五巷十一號
　　　　　　郵 政 劃 撥 帳 號 ： 0 0 0 2 4 6 6 8
　　　　　　電　話　：（ 0 2 ）2 3 9 2 8 1 8 5
　　　　　　傳　眞　：（ 0 2 ）2 3 9 2 8 1 0 5
　　　　　　E-mail：student.book@msa.hinet.net
　　　　　　http://www.studentbook.com.tw
本 書 局 登
記 證 字 號：行政院新聞局局版北市業字第玖捌壹號
印　刷　所：長 欣 印 刷 企 業 社
　　　　　　新北市中和區永和路三六三巷四二號
　　　　　　電　話　：（ 0 2 ）2 2 2 6 8 8 5 3

定價：精裝新臺幣七○○元

西 元 二 ○ 一 一 年 八 月 初 版

12155
ISBN 978-957-15-1540-3 (精裝)